화엄경소론찬요
華嚴經疏論纂要

화엄경소론찬요 ㉔
華嚴經疏論纂要

◉ 일러두기 ◉

1. 이 책의 원서는 명말청초 때의 승려인 도패 스님*이 약술 편저한 《화엄경소론찬요》이다. 《대방광불화엄경》 80권본을 기초로 하여, 경문에 청량 스님의 소초(疏鈔)와 이통현 장자의 논(論)을 붙여 상세하게 풀이하였다.

2. 경(經), 소(疏), 논(論)은 원문에 토를 붙여서 그 뜻을 이해하기 편하도록 했으며, 원문 바로 아래 번역문을 넣었다.

3. 원문을 살려 그대로 옮겨 놓음을 원칙으로 하다 보니 본문의 제목 번호에 있어서 다소 혼동이 올 수 있다. 그럴 경우 목차를 참고하기 바란다.

4. 산스크리트어 표기는 〈표준국어대사전〉과 〈불광 사전〉 등에 등재된 음역어를 사용하였으며, 불교 용어에 대한 설명은 주로 〈불광 사전〉을 참고하였다.

5. 내용을 좀 더 쉽게 풀기 위하여 중간에 체계가 약간 바뀌었음을 밝힌다.

※ 위림도패(爲霖道霈, 1615~1702) 스님은 명말청초 때의 조동종 승려이다. 14세 때 백운사(白雲寺)에서 출가하여 경교(經教)를 공부했다. 영각원현을 모시며 법을 이었고, 천동산(天童山) 밀운원오(密雲圓悟)에게 배워 크게 깨달았다. 그 후 백장산(百丈山)에 암자를 짓고 5년 동안 정업(淨業)을 닦았다. 나중에 고산(鼓山)으로 옮겨 20여 년 동안 살았는데 귀의하는 사람이 매우 많았다.
저술로는 《인왕반야경합소(仁王般若經合疏)》 3권을 비롯하여 《화엄경소론찬요(華嚴經疏論纂要)》 120권, 《법화경문구찬요(法華經文句纂要)》 7권, 《불조삼경지남(佛祖三經指南)》 3권, 《위림도패선사병불어록(爲霖道霈禪師秉拂語錄)》 2권, 《여박암고(旅泊庵稿)》 4권, 《선해십진(禪海十珍)》 1권, 《사십이장경지남(四十二章經指南)》, 《불유교경지남(佛遺教經指南)》, 《고산록(鼓山錄)》 6권, 《반야심경청익설(般若心經請益說)》, 《팔십팔불참(八十八佛懺)》, 《준제참(準提懺)》, 《발원문주(發願文註)》 등이 있다.

● 간 행 사 ●

《화엄경소론찬요》번역서를 간행하면서

《화엄경》은 비로자나 세존께서 보리도량에서 처음 정각을 성취하신 후, 일곱 도량 아홉 차례의 법문에서 일진(一眞)의 법계(法界)와 제불의 과원(果願)을 보여주시어 미묘한 현지(玄旨)와 그지없는 종취(宗趣)를 밝혀주신 최상의 경전이다. 이처럼 《화엄경》은 법계와 우주가 둘이 아닌 하나로 그 광대함을 말하면 포괄하지 않음이 없고, 그 심오함을 말하면 갖춰져 있지 않음이 없어 공간으로는 법계에 다하고 시간으로는 삼세에 통하고 있다.

이러한 이유에서 《화엄경》은 근본 법륜으로 중국은 물론 동양 각국에서 높이 받들며 수많은 주석서가 간행되어 왔다. 그러나 세상에 널리 알려진 것은 청량 국사의 《대방광불화엄경소초(大方廣佛華嚴經疏鈔)》와 통현 장자의 《대방광불화엄경론(大方廣佛華嚴經論)》이다. 소초(疏鈔)는 철저한 장구(章句)의 분석으로 본말을 지극히 밝혀주었고, 논(論)은 부처님의 논지를 널리 논변하여 자심(自心)으로 회귀하고 있는 것이 특징이다. 이처럼 청량소초와 통현론은 양대 명저(名著)로 모두 수증(修證)하는 데에 지극한 궤범(軌範)이었다.

탄허 대종사께서는 이러한 점을 토대로 통현론을 주(主)로 하고 청량소초를 보(補)로 하여 번역하심으로써《화엄경》이 동양에 전해진 이후 동양 최초의《화엄경》번역이라는 쾌거를 이룩하셨다. 일찍이 한국불교에 침체된 화엄사상은 대종사의 번역에 힘입어 다시 온 누리에 화엄의 꽃비가 내려 화엄의 향기로 불국정토를 성취하여 더할 수 없는, 지극한 법륜을 설하셨다.

그러나 대종사께서 열반하신 이후, 불법은 날로 쇠퇴하고 중생의 근기는 날로 용렬하여 방대한 소초와 논을 열람하기에는 역부족이었다. 이에 대종사의《화엄경》을 다시 한 번 밝히기 위해서는 또 다른 모색을 필요로 할 시점에 이르렀다. 보다 쉽게 볼 수 있고 간명한 데에서 심오한 데로, 물줄기에서 본원을 찾아갈 수 있는 진량(津梁)을 찾지 않는다면 대종사의 평생 정력을 저버리게 된다는 절박한 마음이 없지 않았다.

청대(清代) 도패(道霈) 대사는 청량의 소초와 통현의 논 가운데 그 정요(精要)만을 뽑아《화엄경소론찬요(華嚴經疏論纂要)》를 편집하였다. 이는 매우 방대한 소초와 논을 축약하여, 가까이는 청량 국사와 통현 장자의 심법을 전수하였고 멀리는 비로자나불의 묘체(妙諦)를 밝혀주는 오늘날 최고의《화엄경》주석서이다.

이에《화엄경소론찬요》를 대본으로 하여, 다시 대종사의 번역서를 참고하면서 현대인이 보다 쉽게 이해할 수 있는 번역서를 간행하기에 이르렀다.

이제 돌이켜 생각하면 무상한 세월 속에 감회가 적지 않다. 내 지난날 출가 입산하여 겨우 이레가 되던 날, 처음 접한 경전이《화엄경》이었다. 행자 생활을 시작한 영은사는 대종사께서 오대산 수도원이 해산된 후, 이의 연장선상에서 3년 결사(結社)를 선포하시고《화엄경》번역이라는 대작불사를 시작하여 강의하셨던, 한국불교사에 한 획을 그려준 역사의 도량이었다.

그 당시 대종사께서는 행자인 나에게《화엄경》을 청강하라 하시면서 "설령 알아듣지 못할지라도 들어두면 글눈이 생겨 안 들은 것보다 낫다."고 권면하셨다. 이제 생각해보면 행자 출가 즉시《화엄경》공부 자리에 참여했다는 것은 전생의 숙연(宿緣)이 아니었으면 어떻게 그 당시 그 법회에 참석이나 할 수 있었겠는가. 이는 행운 중 행운으로 다겁의 선근공덕이 아닐까 생각되며, 아울러 늦게나마 대종사의 영전에 하나의 향을 올리는 바이다.

처음《화엄경》설법을 듣는 순간, 끝없는 우주법계의 장엄세계가 황홀하고 법계를 맑혀주고 무진 보배를 담고 있는 바다의 불가사의한 공덕이라는 대종사의 사자후가 머릿속에 쟁쟁하게 울려왔을 뿐, 그 도리를 이해한다는 것은 나의 근기로써는 도저히 불가능한 일이었다. "쭉정이만도 못하다."고 꾸지람을 하시던 대종사의 방할(棒喝)을 맞으며 영은사에서의 결사가 끝난 후, 나는 단 한 번도《화엄경》을 펼쳐 볼 엄두를 내지 못했다.

그러던 몇 해 전, 무비 스님께서 범어사에서《화엄경》을 강좌하시면서 서울에서도《화엄경》강좌를 열어보라고 권할 적만 하더라도 언감생심《화엄경》을 강의하겠다는 생각을 하지 못하였다. 그러나 씨앗을 뿌려놓으면 새싹이 돋아나듯, 반드시 인연법은 사라지지 않는 모양이다. 영은사에서의 《화엄경》 인연이 자곡동 탄허기념박물관에 화엄각건립불사를 발원하게 되었고, 화엄각건립불사를 위하여 《화엄경》 강좌를 열기에 이를 줄은 꿈에도 생각지 못하였다.

미력한 소견으로 강좌를 열면서 정리된 강의 자료를 여러 뜻있는 이들과 다시 한 번 토론하고 강마하면서 우선 〈세주묘엄품〉 출간을 시작으로 계속 연차적으로 간행하고 있다.

이 책이 간행되어 그동안 추진되어온 화엄각 창건 불사 또한 원만히 성취되길 기원한다. 이 귀한 인연공덕으로 다시 한 번 화엄사상이 꽃피어 온 누리에 탄허 대종사의 공덕이 빛나고, 아울러 화엄정토가 구현되어 남북의 통일과 세계의 평화가 이루어지길 진심으로 축원하는 바이다.

五臺山 後學 慧炬 合掌 再拜

• 추천사 •

인류사에서 가장 위대한 화엄경의 가르침

평소에 늘 두려워하며 존경하는 도반 혜거 스님이 《화엄경소론찬요》를 번역하고 출판하여 이 분야의 사람들을 온통 놀라게 하였습니다. 본디 화엄경에 이 몸을 바친 사람으로서, 어찌 가슴 떨리는 일이 아니겠습니까. 《화엄경소론찬요》 번역을 세상에 알리고 추천하는 글을 이 우둔한 글솜씨로라도 백 번이라도 쓰고 싶습니다.

화엄경이란 무엇입니까? 만약 화엄경을 알지 못하면 불법의 이치를 알지 못합니다. 또 화엄경을 알지 못하면 사람이 본래로 청정법신비로자나 부처님이라는 사실을 알지 못합니다. 이 세상이 그대로 화장장엄세계라는 사실도 알지 못합니다. 세간과 출세간의 진리를 전혀 알지 못합니다. 아름다운 세상과 환희로운 인생을 결코 알 길이 없습니다. 그러니 화엄경을 읽지 않고 어찌 불교를 입에 담으며 어찌 부처님을 입에 담겠습니까. 그래서 청량(淸涼) 스님은 화엄경을 두고 "이 몸을 바쳐서 그 죽을 곳을 얻었다[亡軀得其死所]."라고 하였습니다. 이 얼마나 가슴 저미는 말씀입니까. 그러므로 "화엄경이 있고서야 비로소 불교가 있다."라고 하겠습니다.

화엄경이 흥하면 불교가 흥하고, 화엄경이 흥하면 국가가 흥하였습니다. 원효(元曉) 스님과 의상(義湘) 스님이 화엄경을 흥성(興盛)시키던 신라가 그러했으며, 청량 스님과 통현(通玄) 장자가 화엄경을 흥성시키던 당(唐)나라가 그러하였습니다.

거기에 더하여 찬요(纂要)란 무엇입니까? 그것은 청량 스님의 화엄경에 대한 소(疏)와 통현 장자의 논(論)을 잎과 가지는 남겨두고 뿌리와 큰 줄기에 해당하는 요점만을 추려서 모아온 것입니다. 마치 흙과 잡석들을 걷어내고 진금들만을 모아왔으니 이 어찌 빛나지 않겠습니까. 그래서 화엄경을 그토록 빛나게 한 것은 알고 보면 소론찬요(疏論纂要)였던 것입니다.

옛말에 "산고수장(山高水長)이요, 근고지영(根固枝榮)"이라 하였습니다. 근세 한국의 불교를 중흥시킨 경허(鏡虛) 스님은 수월(水月)·혜월(慧月)·만공(滿空)·한암(寒巖) 등 기라성 같은 제자들을 길러내었는데, 한암 스님 밑으로 선교(禪敎)를 겸비하신 희대의 대석학이요 대선사이신 탄허(呑虛) 큰스님이 계셨습니다.

한암 스님 밑에서 오래 사셨던 범용(梵龍) 스님은 평소에 상원사에서 한암 스님이 화엄경을 강의하시던 일을 들려주셨습니다. 당시 교재는 통현 장자의 《화엄경합론(華嚴經合論)》이었으며 중강(仲講)은 언제나 탄허 스님이셨으므로, 대중들이 모두 동원되는 큰 운력까지도 면해주셨다고 하였습니다. 그날의 그 화엄법수(華嚴法水)가 흘러 흘러 영은사의 혜거 행자에게까지 전해지더니 수십 년이 지난 오늘에는 드디어 이와 같은 《화엄경소론찬요》 출판 불사의 큰 바다를 이루게 되었습니다. 이 얼마나 기쁘지 아니합니까. 큰스님께서도 또한 크게 환희용약하시리라 믿습니다.

　필자도 또한 작은 인연이 있어서 역경연수원 수학과 큰스님께서 《화엄경합론》을 번역하신 후 교열하고 출판하고 기념 강의를 하시던 일까지 함께하였으니, 가슴이 뜨거운 홍복(洪福)이라는 사실을 알고 있습니다. 그것에 더하여 처음 통도사 강주로 가기 전에 법맥을 전해주시어 큰스님의 뜻을 잇게 하였으니 더없는 영광이지만, 그 보답을 다하지 못하여 아직도 큰 짐을 내려놓지 못하고 있습니다.

　앞으로 남은 시간이라도 혜거 화엄도반과 함께 인류사에서 가장 위대한 화엄경의 가르침을 깊이깊이 공부하여 더욱 널리, 더욱 왕성하게 펼쳐서 크나큰 은혜에 보답하려 합니다.

　나아가서 이 아름다운 출판 불사에 뜻을 함께한 모든 분께도 큰 감사의 인사를 올리며 이 책이 만천하에 널리 유포되기를 마음 다해 추천하는 바입니다. 이 인연으로 부디 화엄의 큰 물결이 온 세상에 흘러넘쳐서 집집마다 평화와 행복이 가득하기를 기도드립니다.

　나무 대방광불화엄경
　나무 대방광불화엄경
　나무 대방광불화엄경

　　　　　　　　　　신라 화엄종찰 금정산 범어사 如天 無比 삼가 씀

● 목 차 ●

간행사 《화엄경소론찬요》 번역서를 간행하면서 5
추천사 인류사에서 가장 위대한 화엄경의 가르침 9

화엄경소론찬요 제106권 ● 입법계품 제39-9

[4] 10명의 선지식을 십회향+廻向에 붙여 말하다 019

제1. 청련화장자靑蓮華長者,
구호중생이중생상회향救護衆生離衆生相廻向 선지식 019
1. 가르침을 따라 선지식을 찾아가 법을 구하다 020
2. 친견하여 절을 올리고 법을 묻다 022
3. 선재동자를 칭찬하면서 법을 전수하다 024

제2. 뱃사공 바시라船師婆施羅, 불괴회향不壞廻向 선지식 048
1. 가르침을 따라 선지식을 찾아가 법을 구하다 049
2. 친견하여 절을 올리고 법을 묻다 052
3. 선재동자를 칭찬하면서 법을 전수하다 054

제3. 무상승장자無上勝長者,
　　등일체불회향等一切佛廻向 선지식 079
　　　　1. 가르침을 따라 선지식을 찾아가 법을 구하다 079
　　　　2. 친견하여 절을 올리고 법을 묻다 081
　　　　3. 선재동자를 칭찬하면서 법을 전수하다 085
　　　　4. 몸을 낮추면서 선지식의 훌륭함을 추켜올리다 090

제4. 사자빈신비구니師子嚬申比丘尼,
　　지일체처회향至一切處廻向 선지식 096
　　　　1. 가르침을 따라 선지식을 찾아가 법을 구하다 097
　　　　2. 친견하여 절을 올리고 법을 묻다 098
　　　　3. 자기의 법계를 전수하다 127

제5. 바수밀다婆須密多,
　　무진공덕장회향無盡功德藏廻向 선지식 142
　　　　1. 가르침을 따라 선지식을 찾아가 법을 구하다 143
　　　　2. 친견하여 절을 올리고 법을 묻다 148
　　　　3. 자기의 법계를 전수하다 152

제6. 비슬지라鞞瑟胝羅,
　　입일체평등선근회향入一切平等善根廻向 선지식 166
　　　　1. 가르침을 따라 선지식을 찾아가 법을 구하다 167
　　　　2. 친견하여 절을 올리고 법을 묻다 167
　　　　3. 바로 자기의 법계를 전수하다 168
　　　　4. 몸을 낮추면서 선지식의 훌륭함을 추켜올리다 177
　　　　5. 뒤의 선지식을 소개하다 179

13

제7. 관자재보살觀自在菩薩,
　　등수순일체중생회향等隨順一切衆生廻向 선지식 185
　　　　1. 가르침을 따라 선지식을 찾아가 법을 구하다 187
　　　　2. 친견하여 절을 올리고 법을 묻다 188
　　　　3. 선재동자를 칭찬하면서 법을 전수하다 193
　　　　4. 몸을 낮추면서 선지식의 훌륭함을 추켜올리다 205
　　　　5. 뒤의 선지식을 소개하다 206

제8. 정취보살正趣菩薩, 진여상회향眞如相廻向 선지식 214

제9. 대천신大天神,
　　무박무착해탈회향無縛無著解脫廻向 선지식 221

제10. 안주지신安住地神,
　　등법계무량회향等法界無量廻向 선지식 235

화엄경소론찬요 제107권 ● 입법계품 제39-10

　　[5] 10명의 선지식을 십지十地에 붙여 말하다 253

　　제1. 바산바연저주야신婆珊婆演底主夜神,
　　　　환희지歡喜地 선지식 253
　　　　　　1. 가르침을 따라 선지식을 찾아가 법을 구하다 254
　　　　　　2. 친견하여 절을 올리고 법을 묻다 256
　　　　　　3. 선재동자를 칭찬하면서 법을 전수하다 262
　　　　　　4. 몸을 낮추면서 선지식의 훌륭함을 추켜올리다 295

5. 뒤의 선지식을 소개하다 297

6. 덕망을 흠모하면서 절을 올리고 떠나가다 298

제2. 보덕정광주야신普德淨光主夜神, 이구지離垢地 선지식 304

1. 가르침을 따라 선지식을 찾아가 법을 구하다 305

2. 친견하여 절을 올리고 법을 묻다 306

3. 선재동자를 칭찬하면서 법을 전수하다 307

제3. 희목관찰중생주야신喜目觀察衆生主夜神,
발광지發光地 선지식 338

1. 가르침을 따라 선지식을 찾아가 법을 구하다 339

2. 친견하여 절을 올리고 법을 묻다 344

3. 자기의 법계를 보여주다 345

1) 명제의 체성을 밝히다 345

2) 하는 일과 작용을 밝히다 347

3) 그런 작용이 나오게 된 원인을 밝히다 380

4. 몸을 낮추면서 선지식의 훌륭함을 추켜올리다 419

5. 뒤의 선지식을 소개하다 419

화엄경소론찬요 제108권 ● 입법계품 제39-11

제4. 보구중생묘덕주야신普救衆生妙德主夜神,
염혜지焰慧地 선지식 429

1. 가르침을 따라 선지식을 찾아가 법을 구하다 429

2. 법계를 듣고 보다 431

1) 방광을 나타내어 가피를 내리다 432

2) 방광을 입어 이익을 얻다 433
　　3) 신구의 삼업을 공경하고 찬탄하다 442
　　4) 법을 얻은 인연에 대한 문답 451
　3. 몸을 낮추면서 선지식의 훌륭함을 추켜올리다 519
　4. 뒤의 선지식을 소개하다 520

화엄경소론찬요 제109권 ● 입법계품 제39-12

제5. 적정음해주야신寂靜音海主夜神, 난승지難勝地 선지식 535
　1. 가르침을 따라 선지식을 찾아가 법을 구하다 535
　2. 친견하여 절을 올리고 법을 묻다 536
　3. 선재동자를 칭찬하면서 법을 전수하다 537
　4. 몸을 낮추면서 선지식의 훌륭함을 추켜올리다 600
　5. 뒤의 선지식을 소개하다 601
　6. 덕망을 흠모하면서 절을 올리고 떠나가다 602

제6. 수호일체성주야신守護一切城主夜神, 현전지現前地 선지식 609
　1. 가르침을 따라 선지식을 찾아가 법을 구하다 609
　2. 친견하여 절을 올리고 법을 묻다 610
　3. 선재동자를 칭찬하면서 법을 전수하다 612
　4. 몸을 낮추면서 선지식의 훌륭함을 추켜올리다 646
　5. 뒤의 선지식을 소개하다 649

화엄경소론찬요 제106권
華嚴經疏論纂要 卷第一百之六

●

입법계품 제39-9
入法界品 第三十九之九

大文第四 有十善友 寄十廻向

今初靑蓮華長者는 寄救護衆生離衆生相廻向이라

在廣大國者는 創入廻向故ㅣ니 廻向衆生故廣이오 廻向菩提故大니 廻向實際는 義通廣大니라

言鬻香者는 鬻者는 賣也ㅣ니 香質雖小나 發氣彌布하고 善根雖微나 廻向普周니라 又若賣若買에 二俱得香이니 自他善根을 俱可廻向이라

靑蓮華者는 蓮華ㅣ 處淤泥而不染이 猶護衆生而離相이니 靑蓮華는 爲水中之最오 救護는 爲入生死之尊이라

文亦分六이라

第一 依敎趣求

[4] 10명의 선지식을 십회향에 붙여 말하다

제1. 청련화장자, 구호중생이중생상회향 선지식

'광대국'에 있다는 것은 처음 회향에 들어간 때문이다. 중생에게 회향한 까닭에 넓다[廣]고 말하고, 보리에 회향한 까닭에 크다[大]고 말한다. 실제에 회향함은 '廣大'한 의미에 통한다.

'鬻香'의 '鬻'은 판매하는 것이다. 향의 바탕은 비록 작지만 풍기는 기운이 가득 퍼지듯이, 선근은 비록 미미하나 회향은 널리 두루 미치는 것이다. 또한 판매한 자, 구입한 자, 두 사람 모두 향을 얻는다. 나와 남의 선근을 모두 회향하는 것이다.

청련화란 연꽃이 진펄에서 피어나지만 물들지 않음이, 마치 중생을 구호하되 모양에서 벗어남과 같다. 청련화는 水草 가운데 으

뜻이고, 구호는 생사에 들어감이 존귀하다.

경문은 또한 6단락으로 나뉜다.

1. 가르침을 따라 선지식을 찾아가 법을 구하다

經
爾時에 善財童子 因善知識敎하야 不顧身命하며 不着財寶하며 不樂人衆하며 不耽五欲하며 不戀眷屬하며 不重王位하고
唯願化度一切衆生하며
唯願嚴淨諸佛國土하며
唯願供養一切諸佛하며
唯願證知諸法實性하며
唯願修集一切菩薩大功德海하며
唯願修行一切功德하야 終無退轉하며
唯願恒於一切劫中에 以大願力으로 修菩薩行하며
唯願普入一切諸佛衆會道場하며
唯願入一三昧門하야 普現一切三昧門自在神力하며
唯願於佛一毛孔中에 見一切佛호되 心無厭足하며
唯願得一切法智慧光明하야 能持一切諸佛法藏하야
專求此等一切諸佛菩薩功德하고 漸次遊行하니라
至廣大國하야

그때, 선재동자가 선지식의 가르침을 따라

몸과 목숨을 돌보지 않고,

재물에 집착하지 않고,

사람들을 좋아하지도 않고,

다섯 가지 욕락을 탐하지 않고,

권속을 그리워하지 않고,

왕의 지위를 소중히 여기지 않고서,

오직 일체중생을 교화하고 제도하기만을 원하였고,

오직 부처의 국토를 청정하기만을 원하였고,

오직 일체 부처님께 공양하기만을 원하였고,

오직 모든 법의 참된 성품 알기만을 원하였고,

오직 일체 보살의 공덕 바다를 닦아 모으기만을 원하였고,

오직 일체 공덕을 수행하여 물러서지 않기만을 원하였고,

오직 언제나 일체 겁에 큰 서원으로 보살의 행 닦기만을 원하였고,

오직 일체 부처님의 대중법회 도량에 들어가기만을 원하였고,

오직 하나의 삼매문에 들어가 널리 일체 삼매문의 자재한 신통력을 나타내기만을 원하였고,

오직 부처의 한 모공에서 일체 부처님을 보되 싫어하는 마음이 없기만을 원하였고,

오직 일체 법의 지혜 광명을 얻어 일체 부처의 법장을 지니기만을 원하였다.

이와 같은 일체 부처와 보살의 공덕을 오롯한 마음으로 구하

면서 차례차례 나아가 광대국에 이르렀다.

◉ 疏 ◉

趣求中에 先은 依敎興願이니 以是廻向大願之首故오 後'漸次下
는 趣求後位라

　　선지식을 찾아가 법의 요체를 구하는 가운데, 앞은 가르침을 따라서 서원을 일으킴이다. 이러한 회향이 큰 서원의 으뜸이기 때문이다.
　　뒤의 '漸次' 이하는 뒤의 선지식을 찾아가 법의 요체를 구함이다.

―

第二 見敬咨問
　　2. 친견하여 절을 올리고 법을 묻다

經

詣長者所하야 頂禮其足하며 遶無量匝하며 合掌而立하야
白言호되 聖者여 我已先發阿耨多羅三藐三菩提心하야
欲求一切佛平等智慧하며
欲滿一切佛無量大願하며
欲淨一切佛最上色身하며
欲見一切佛淸淨法身하며

欲知一切佛廣大智身하며
欲淨治一切菩薩諸行하며
欲照明一切菩薩三昧하며
欲安住一切菩薩總持하며
欲除滅一切所有障礙하며
欲遊行一切十方世界하노니
而未知菩薩이 云何學菩薩行하며 云何修菩薩道하야 而能出生一切智智리잇고

장자의 앞에 나아가 엎드려 절하고 한량없이 돌고 합장하고 서서 말하였다.

"거룩하신 이여, 저는 이미 아뇩다라삼먁삼보리심을 내고서,
일체 부처님의 평등한 지혜를 구하고자 하며,
일체 부처님의 한량없는 큰 서원을 만족하고자 하며,
일체 부처님의 최상의 육신을 청정히 하고자 하며,
일체 부처님의 청정한 법신을 뵙고자 하며,
일체 부처님의 광대한 지신(智身)을 알고자 하며,
일체 보살의 모든 행을 청정하게 다스리고자 하며,
일체 보살의 삼매를 밝히고자 하며,
일체 보살의 다라니에 안주하고자 하며,
일체 장애를 없애고자 하며,
일체 시방세계를 행각하고자 합니다.
그러나 보살이 어떻게 보살의 행을 배우며, 어떻게 보살의 도

를 닦아, 일체 지혜의 지혜를 내는 것인지 모르겠습니다."

第三 稱讚授法
先讚 後授니 授中二니 先은 總標所得이오 後'所謂'下는 別顯業用이라

今은 初라

3. 선재동자를 칭찬하면서 법을 전수하다
(1) 찬탄이며,
(2) 전수이다.

'전수' 부분은 2단락이다.
(ㄱ) 얻은 바를 총괄하여 밝혔고,
(ㄴ) '所謂' 이하는 하는 일과 작용을 개별로 밝혔다.
이는 '(ㄱ) 얻은 바의 총괄'이다.

經

長者 告言하사대 善哉善哉라 善男子야 汝乃能發阿耨多羅三藐三菩提心이로다 善男子야 我善別知一切諸香하며 亦知調合一切香法하니

장자가 말하였다.

"훌륭하고 훌륭하다. 선남자여, 그대가 아뇩다라삼먁삼보리심을 내었구나.

선남자여, 나는 일체 모든 향을 잘 분별하여 알며, 또한 모든 향을 화합하여 만드는 법을 알고 있다.

◉ 疏 ◉

知世諸香으로 以表法香이니 謂以戒定慧慈悲等香으로 熏修生善滅惡習氣故니라 善知一切香者는 差別行也오 亦知調合者는 融通行也니 以金剛杵碎之하고 實相般若波羅密調和하야 令純雜無礙하고 悲智圓融하야 成廻向故니라

세간의 향을 아는 것으로 법의 향을 나타냄이다. 戒香·定香·慧香·慈悲香 등으로 그을리고 닦아서 선업을 내고 악업의 습기를 없애주기 때문이다.

"모든 향을 잘 분별하여 안다."는 것은 차별의 행이며,

"또한 모든 향을 화합하여 만드는 법을 안다."는 것은 융통의 행이다.

금강 방망이로 부수어 실상반야바라밀로 조화하여 하여금 순수하고 혼잡함에 걸림이 없으며, 자비와 지혜로 원융하게 하여 회향을 성취하기 때문이다.

▬

二 別顯業用

中二니 先은 總相顯知오 後는 指事別顯이라

今은 初라

㈎ 하는 일과 작용을 개별로 밝히다

이는 2단락이다.

첫째, 총상으로 지혜를 나타냈고,

둘째, 사안을 들어 개별로 밝혔다.

이는 '첫째, 총상'이다.

經

所謂一切香과 一切燒香과 一切塗香과 一切末香이며
亦知如是一切香王所出之處하며 又善了知天香과 龍香
과 夜叉香과 乾闥婆와 阿修羅와 迦樓羅와 緊那羅와 摩
睺羅伽와 人非人等의 所有諸香하며
又善別知治諸病香과 斷諸惡香과 生歡喜香과 增煩惱
香과 滅煩惱香과 令於有爲에 生樂着香과 令於有爲에 生
厭離香과 捨諸憍逸香과 發心念佛香과 證解法門香과
聖所受用香과 一切菩薩差別香과 一切菩薩地位香하야
如是等香의 形相生起와 出現成就와 淸淨安穩과 方便境
界와 威德業用과 及以根本은 如是一切를 我皆了達호라

이른바 일체 향, 일체 사르는 향, 일체 바르는 향, 일체 가루 향이다.

또한 이와 같은 일체 좋은 향이 나오는 곳도 알고 있다.

또한 하늘 향, 용의 향, 야차의 향, 건달바·아수라·가루라·긴나라·마후라가·사람·사람 아닌 이들의 향을 잘 알며,

또한 모든 병을 다스리는 향, 악업을 끊어주는 향, 환희의 마음을 내는 향, 번뇌를 키워주는 향, 번뇌를 없애주는 향, 유위의 법에 애착을 내게 하는 향, 유위의 법에 싫은 생각을 내게 하는 향, 모든 교만과 방일을 버리는 향, 발심하여 염불하는 향, 법문을 이해하는 향, 성인이 수용하는 향, 일체 보살의 각기 다른 향, 일체 보살의 지위의 향들을 개별로 잘 알고 있다.

이와 같은 향의 형상, 생겨나는 것, 나타나고 성취함, 청정하고 편안함, 방편과 경계, 위덕과 작용, 그리고 근본, 이런 일체 모든 것을 내가 모두 잘 알고 있다.

● 疏 ●

有四니
一은 知香體異오
二 '又善了'下는 約類辨異오
三 '又善別'下는 知力用異니 前二는 約世오 此는 兼出世니라
四 '如是等'下는 明委窮本末이라
上四는 各有事理하니 思之어다【鈔_ '上四各有事理'者는 如 '一知香體異'는 約事可知어니와 約理者인댄 如燒香은 謂以智火 發揮萬行하야 普周徧故며 塗香者는 以性淨水로 和之하야 飾法身故오 末香者는 以金剛智로 碎令無實故니 卽以智及性淨等으로 爲生處也니라

'二約類辨異'는 言約理者인댄 香卽習氣니 行天之因이면 是天習

氣니 熏灼成果故오 亦是道習이니 從天而來는 好光淨等이라
'三知力用'者는 上二는 約文理니 但約世香하야 而含約理오 此則
文自具二니 如厭有爲等이라 約事인댄 治諸病香은 白檀은 治熱하고
熏陸은 治冷이오 約理인댄 則對治行이니 所謂慈悲不淨觀等이라
斷諸惡香은 如安息香이니 能碎惡邪니 正見智慧 無惡不斷이오 又
十善行等이오
生歡喜香은 如沉檀等이니 卽稱根器行하야 施悅自他等이오
增煩惱香은 如蘭麝等이니 謂愛染行이니 如有漏定이 增愛味等이오
滅煩惱香은 如牛頭栴檀·先陀婆等이니 卽諸智忍等이오
令於有爲生愛著等은 唯約理說인댄 此卽人天勝因이오
厭離有爲는 卽無常等이오
捨憍逸香은 無我忍辱과 不放逸等이오
發心念佛香은 讚佛功德과 說淨土行等이오
證解法門은 深觀行等이오
聖所受用은 卽觀眞如無分別이오
一切菩薩差別香은 三賢十地所修勝劣等이오
一切菩薩地位香者는 所證如智有淺深故니라】

    4단락이다.

    ① 향의 체성이 다름을 앎이다.

    ② '又善了' 이하는 향의 종류를 들어 그 차이를 분별함이다.

    ③ '又善別' 이하는 힘과 작용의 차이를 앎이다.

    앞의 2가지는 세간을 들어 말하였고, 이는 출세간을 겸하였다.

④ '如是等' 이하는 본말을 자세히 다함을 밝혔다.

위의 4가지는 각각 사법계와 이법계가 있다. 생각하면 알 수 있다.【초_ "위의 4가지는 각각 사법계와 이법계가 있다."는 것은 "① 향의 체성이 다름"을 사법계로 말하면 이는 말하지 않아도 알 수 있지만, 이법계로 말하면 예컨대 '사르는 향'은 지혜의 불로써 萬行을 발휘하여 널리 두루 다하기 때문이며,

'바르는 향'은 성품의 청정한 물로 조화하여 법신을 꾸미기 때문이며,

'가루 향'이란 것은 금강 지혜로써 이를 부숴 알갱이가 없도록 만들기 때문이다. 이는 지혜 및 性淨 등으로 생겨난 곳을 삼았다.

"② 향의 종류를 들어 그 차이를 분별함"은 이법계로 말하면 향은 곧 습기이다. 하늘의 원인을 행하면 이는 하늘의 습기이다. 그을리고 구워가면서 결과를 이루기 때문이다. 또한 도의 습기이다. 하늘로부터 온 것은 아름다운 광명 청정 등이다.

"③ 힘과 작용의 차이를 앎"은 위의 2가지는 문맥으로 말하였다. 다만 세간의 향을 들어서 이법계를 포함함이며, 이는 바로 문장에 스스로 2가지를 갖추고 있다. 예컨대 '유위의 법을 싫어한다.' 등이며,

사법계로 말하면, '모든 병을 다스리는 향'이란 백단향은 열을 다스리고, 훈육향은 냉기를 다스리는 것이다. 이법계로 말하면, 행을 다스리는 것이다. 이른바 자비관·부정관 등이다.

'악업을 끊어주는 향'은 안식향이니 惡氣와 邪氣를 부숴주는

것이다. 바른 지견의 지혜가 모든 악업을 끊어주지 않음이 없으며, 또한 10가지 선행 등이다.

'환희의 마음을 내는 향'은 침향·단향 등이다. 이는 근기에 맞추어 보시를 행함에 나와 남을 기쁘게 하는 등이다.

'번뇌를 키워주는 향'은 난초향·사향 등이다. 애욕에 오염된 행을 말한다. 유루의 선정이 애욕을 더하는 등과 같다.

'번뇌를 없애주는 향'은 '우두산에서 나오는 전단향', '선타바' 등이다. 이는 모든 지혜바라밀과 인욕바라밀 등이다.

'유위의 법에 애착을 내게 하는 향' 등은 오직 이법계를 들어 말하면 이는 인간계나 천상계의 수승한 원인이다.

'유위의 법에 싫은 생각을 내게 하는 향'은 無常 등이다.

'모든 교만과 방일을 버리는 향'은 無我의 인욕과 방일하지 않음 등이다.

'발심하여 염불하는 향'은 부처의 공덕을 찬탄함과 정토행을 설법하는 등이다.

'법문을 이해하는 향'은 깊이 행을 관찰하는 등이다.

'성인이 수용하는 향'은 분별이 없는 진여를 관찰함이다.

'일체 보살의 각기 다른 향'은 三賢十地에서 닦는 우열 등이다.

'일체 보살의 지위의 향'은 증득 대상의 진여 지혜에 얕고 깊음이 있기 때문이다.】

二 指事別顯

둘째, 사안을 들어 개별로 밝히다

經
善男子야 人間에 有香하니 名曰象藏이라 因龍鬪生이니 若燒一丸에 卽起大香雲하야 彌覆王都하야 於七日中에 雨細香雨하며 若着身者인댄 身則金色이오 若着衣服宮殿樓閣하야도 亦皆金色이며 若因風吹하야 入宮殿中에 衆生齅者 七日七夜를 歡喜充滿하야 身心快樂하야 無有諸病하며 不相侵害하야 離諸憂苦하며 不驚不怖하고 不亂不恚하며 慈心相向하야 志意淸淨하나니 我知是已에 而爲說法하야 令其決定發阿耨多羅三藐三菩提心케호라

善男子야 摩羅耶山에 出栴檀香하니 名曰牛頭니 若以塗身하면 設入火坑이라도 火不能燒니라

善男子야 海中에 有香하니 名無能勝이니 若以塗鼓와 及諸螺貝하면 其聲發時에 一切敵軍이 皆自退散이니라

善男子야 阿那婆達多池邊에 出沈水香하니 名蓮華藏이니 其香一丸이 如麻子大를 若以燒之하면 香氣 普熏閻浮提界하야 衆生聞者 離一切罪하야 戒品淸淨이니라

善男子야 雪山에 有香하니 名阿盧那라 若有衆生이 齅此香者는 其心이 決定離諸染着이니 我爲說法하야 莫不皆

得離垢三昧니라

善男子야 羅刹界中에 有香하니 名海藏이라 其香이 但爲轉輪王用이니 若燒一丸하야 而以熏之하면 王及四軍이 皆騰虛空이니라

善男子야 善法天中에 有香하니 名淨莊嚴이니 若燒一丸하야 而以熏之하면 普使諸天으로 心念於佛이니라

善男子야 須夜摩天에 有香하니 名淨藏이니 若燒一丸하야 而以熏之하면 夜摩天衆이 莫不雲集彼天王所하야 而共聽法이니라

善男子야 兜率天中에 有香하니 名先陀婆니 於一生所繫菩薩座前에 燒其一丸하면 興大香雲하야 徧覆法界하야 普雨一切諸供養具하야 供養一切諸佛菩薩이니라

善男子야 普變化天에 有香하니 名曰奪意니 若燒一丸하면 於七日中에 普雨一切諸莊嚴具니라

　　선남자여, 인간 세계에 향이 있는데, 그 이름을 '상장향'이라 한다. 용이 싸울 적에 생겨난 향이다. 한 알만 살라도 바로 큰 향 구름이 일어나 왕의 도읍을 가득 뒤덮으면서 이레 동안 은은한 향이 어린 비가 내린다. 만약 그 빗물이 몸에 닿으면 몸이 금빛이 되고, 만약 의복 궁전 누각에 닿아도 또한 금빛으로 변하며, 만약 바람에 날려 궁전 안으로 들어가면 그 향기를 맡은 중생은 이레 동안 밤낮으로 기쁨이 충만하여 몸과 마음이 즐거워 질병이 없으며, 서로 침범하지 않아서 모든 근심과 고통에서 벗어나고, 놀라지도 두려워

하지도 어지럽지도 성내지도 않으며, 인자한 마음으로 서로 대하여 마음이 청정하게 된다. 나는 이런 것을 알고서 설법하여, 그들로 하여금 반드시 아뇩다라삼먁삼보리심을 내도록 하였다.

선남자여, 마라야산에서 전단향이 나오는데, 향의 이름을 '우두(牛頭)'라 한다. 그 향을 몸에 바르면 불길 속에 들어가도 타지 않는다.

선남자여, 바닷속에 향이 있는데, 그 이름을 '무능승(無能勝)'이라 한다. 북이나 소라에 바르면 그 소리가 울려날 적마다 모든 적군이 모두 절로 물러간다.

선남자여, 아나바달다 연못가에서 침수향이 나오는데, 그 이름을 '연화장'이라 한다. 삼씨만큼 작은 그 향의 한 알을 사르면 향기가 염부제에 널리 풍기어, 이 향기를 맡은 중생은 모든 죄업에서 벗어나 계행이 청정하게 된다.

선남자여, 설산에 향이 있는데, 그 이름을 '아로나'라 한다. 중생이 이 향을 맡으면 마음이 반드시 물든 집착을 여의게 된다. 내가 그들을 위해 설법하여 때를 여읜 삼매를 얻지 못하는 이가 없다.

선남자여, 나찰 세계에 향이 있는데, 그 이름을 '해장'이라 한다. 그 향은 전륜왕만을 위하여 쓰이고 있다. 한 알만 살라 풍겨도 전륜왕과 네 군단의 병사가 모두 허공에 날게 된다.

선남자여, 선법천에 향이 있는데, 그 이름을 '정장엄'이라 한다. 한 알만 살라 풍겨도 널리 여러 하늘로 하여금 마음으로 부처님을 생각하게 한다.

선남자여, 수야마천에 향이 있는데, 그 이름을 '정장'이라 한다. 한 알만 살라 풍겨도 야마천 대중들이 천왕의 처소로 모여들어 다 함께 법문을 듣지 않은 이가 없다.

　　선남자여, 도솔천에 향이 있는데, 그 이름을 '선타바'라 한다. 일생보처 보살이 앉은 앞에서 한 알만 사르면 큰 향 구름이 일어나 두루 법계를 뒤덮고서 일체 공양거리가 널리 내려 일체 부처와 보살께 공양한다.

　　선남자여, 선변화천에 향이 있는데, 그 이름을 '탈의'라 한다. 한 알만 사르면 이레 동안 일체 장엄거리가 널리 내린다.

● 疏 ●

別顯中에 有十種香하니

初象藏香은 具前本末十事니 一은 但語香名에 必有形相이오 二는 龍鬪가 爲生起오 三은 興雲이 爲出現이오 四는 雨雨가 爲成就오 五는 金色이 爲淸淨이오 六은 喜樂이 爲安穩이오 七은 無病等이 爲方便이오 八은 慈心等이 爲境界오 九는 意淨이 爲威德이니 其業用一種은 義通前七이라 十'我知'下는 是根本이 本爲菩提心故니라

若就菩提心하야 顯十義者인댄 以菩提心香이 似如來藏하야 因善惡相攻而生하나니 若一發心이면 興慈雲하고 注法雨하며 心所及者로 令歸眞淨하고 得法喜樂하며 離惑業苦하고 展轉興慈하며 志願純淨이라 餘之九香도 皆應具法喩之十이나 畧故로 或二或三이라

摩羅耶者는 國名이니 國多此香故니라 此卽忍香이니 瞋火不燒니라

三은 卽進香이니 魔軍退散이라
次五는 如次니 是五分法身香이라
九는 卽稱法界香이라 先陀婆는 一名四實이니 此宜用鹽이니 香似此故니라
十은 忘能所香일새 故名奪意니라 餘三은 可知니라【鈔_ '若就菩提心'下는 二. 約法이니 似如來藏은 本覺眞心이 性德圓備하니 稱理發心일새 故似藏也니라
二因善惡相攻而生은 卽同因龍鬪生故니 六波羅密經에 云'善惡互相熏이 猶如二象鬪라 弱者去無廻하고 妄盡無來去'라하고 起信에 云'眞如熏無明故로 能發心厭求'라하니라
三'若一發心'下는 出現이오 四'霍法雨'는 是成就오 五'心所及'下는 淸淨이오 六'得法喜樂'은 卽安穩이오 七'離惑業苦'는 卽方便이오 八'展轉興慈'는 卽境界오 九'志願純淨'은 卽威德이니 亦業用은 義通前七이라
'次五如次五分法身'者는 戒定可知오 三'王及四兵皆騰空'者는 慧證空故니라 四'心念於佛'은 脫五欲故오 五'集聽法'은 是知見故니라】

　　개별로 밝힌 부분에는 10가지의 향이 있다.

　　① 상장향이란 앞의 본말 10가지 일을 갖추고 있다.

　　㉠ 향의 이름만을 들어 말한 데에는 반드시 형상이 있고,

　　㉡ 용이 싸우는 것은 생겨난 곳이며,

　　㉢ 구름을 일으킴은 나타남이며,

㉣ 비처럼 내리는 것은 성취이며,

㉤ 황금색은 청정이며,

㉥ 기쁨은 평안함이며,

㉦ 질병 없는 등은 방편이며,

㉧ 자비심 등은 경계이며,

㉨ 마음이 청정함은 위신력과 공덕이다. 그 業用이라는 하나의 뜻은 앞의 7가지에 모두 통한다.

㉩ '我知' 이하는 근본이 보리심이기 때문이다.

만일 보리심으로 10가지 의의를 밝힌다면 보리심의 향기가 여래장과 같아서 선악이 서로 공격함으로 인하여 생겨난 것이다. 만약 한 번 발심하면 자비의 구름이 일어나고, 법비를 내려주며, 마음에 받아들인 자로 하여금 진실한 청정에 돌아가게 하고, 법의 기쁨을 얻으며, 혹업의 고통을 여의고, 점점 자비의 마음을 일으키며, 뜻과 서원이 순수하고 청정하게 된다.

나머지 9가지 향도 모두 법의 비유 10가지를 갖추고 있으나 여기에서 생략한 까닭에 혹은 2가지, 혹은 3가지로 말하였다.

② '마라야'란 나라 이름이다. 그 나라에 이 향이 많기 때문이다. 이는 인욕의 향이다. 성냄의 불길이 이를 불태우지 못한다.

③ 정진의 향이다. 마군을 물리친다.

다음 5가지는 차례와 같이 5분법신향이다.

⑨ 법계에 걸맞은 향이다. '선타바'는 하나의 이름에 4가지 뜻(그릇, 말, 소금, 물)이 있다. 여기에서는 소금의 뜻으로 썼다. 향이 이

와 같기 때문이다.

⑩ 주체와 객체를 잊은 향이기에 그 이름을 '奪意'라 한다.

나머지 3가지는 말하지 않아도 알 수 있다.【초_ '若就菩提心' 이하는 둘째 향은 법을 들어 말하였다.

① "여래장과 같다."는 것은 본각진심은 성품의 공덕을 두루 갖추고 있다. 이치에 맞게 발심한 까닭에 '광 또는 창고[藏]'와 같다.

② "선악이 서로 공격함으로 인하여 생겨난다."는 것은 용이 싸움으로 인하여 생겨난 것과 같기 때문이다. 육바라밀경에 이르기를, "선악이 서로서로 훈습함이 마치 두 마리의 코끼리가 싸우는 것과 같다. 약자는 떠나가 다시는 돌아오지 않는 것처럼 허망한 마음이 다하면 오고 감이 없다."고 하며, 기신론에 이르기를, "진여가 무명을 훈습하기 때문에 발심하여 이를 싫어하고 벗어나 도를 구한다."고 말하였다.

③ '若一發心' 이하는 출현이며,

④ '霪法雨'는 이 성취이며,

⑤ '心所及' 이하는 청정이며,

⑥ '得法喜樂'은 평안이며,

⑦ '離惑業苦'는 방편이며,

⑧ '展轉興慈'는 경계이며,

⑨ '志願純淨'은 위덕이다. 이 또한 업용은 그 뜻이 앞의 7가지에 모두 통한다.

"다음 5가지는 차례와 같이 5분법신향이다."란 계향·정향은 말하지 않아도 알 수 있다.

셋째 혜향에서 "전륜왕과 네 군단의 병사가 모두 허공에 날게 된다."는 것은 지혜로 空을 증득하였기 때문이다.

넷째 해탈향에서 "마음으로 부처를 생각한다."는 것은 五欲에서 해탈하였기 때문이다.

다섯째 해탈지견향에서 "모여들어 법문을 듣는다."는 것은 지견 때문이다.】

經

善男子야 我唯知此調和香法이어니와
如諸菩薩摩訶薩은
遠離一切諸惡習氣하야 不染世欲하며
永斷煩惱衆魔羂索하야 超諸有趣하며
以智慧香으로 而自莊嚴하야 於諸世間에 皆無染着하며
具足成就無所着戒하야 淨無着智하고 行無着境하며
於一切處에 悉無有着하야 其心平等하야 無着無依하나니
而我何能知其妙行이며 說其功德이며 顯其所有淸淨戒門이며 示其所作無過失業이며 辯其離染身語意行이리오
善男子야 於此南方에 有一大城하니 名曰樓閣이오
中有船師하니 名婆施羅니
汝詣彼問호되 菩薩이 云何學菩薩行이며 修菩薩道리잇고 하라

時에 善財童子 頂禮其足하며 遶無量匝하며 殷勤瞻仰하고 辭退而去하니라

　　선남자여, 나는 오직 향을 배합하는 법을 알 뿐이지만,
　　저 보살마하살은
　　일체 모든 악업의 습기를 멀리 여의어 세간의 탐욕에 물들지 않으며,
　　번뇌 마군의 오랏줄을 아주 끊고서 삼계의 생사에서 벗어났으며,
　　지혜의 향으로 스스로 장엄하여 세간에 모두 물듦이 없으며,
　　집착이 없는 계율을 두루 넉넉히 성취하여 집착이 없는 지혜를 청정히 하고 집착이 없는 경계에 행하며,
　　일체 모든 곳에 집착이 없어 그 마음이 평등하여 집착도 없고 의지함도 없다.
　　내가 어떻게 그런 미묘한 행을 알며, 그런 공덕을 말하며, 그 청정한 계율의 문을 밝힐 수 있으며, 그 짓는 바 허물이 없는 업을 보여줄 수 있으며, 그 물들지 않는 몸과 말과 뜻의 행을 말할 수 있겠는가.
　　선남자여, 여기서 남쪽으로 큰 성이 있는데, 그 이름을 '누각'이라 하고,
　　그곳에 뱃사공이 있는데, 그 이름을 '바시라'라고 한다.
　　그대는 그를 찾아가 '보살이 어떻게 보살의 행을 배우며, 보살의 도를 닦는가.'를 묻도록 하라."

그때, 선재동자는 그의 발에 엎드려 절하고 한량없이 돌며, 은근한 마음으로 우러러 사모하면서 하직하고 떠나갔다.

● 論 ●

從'爾時善財童子'已下에 有十願門은 明入廻向하야 以願和融一切眞俗染淨智悲無礙之門이요

'漸次遊行'者는 升進也요

'至廣大國'者는 以願起智하야 興無盡行하야 接引衆生也니 乃至 如十方世界微塵刹中一一塵內에 有無盡佛法及身行하야 接引衆生하며 一切十方國刹塵中에도 悉皆如是함이 如帝網重重無盡하야 以願行廣大故로 國名廣大니라

於第四正申所求門中에 長者 答言하사대 '我善別知一切諸香'은 有二義하니 一은 實知世間諸香이요 二는 以香表法이라

'一 實知諸香'者는 卽經所說所知一切香이니 總體燒塗末이 是며 別陳香王出處已下는 是隨生業類所生諸香이 是니 已下人間에 有五種香하고 羅刹中에 一種香이요 天中에 有四種香하야 總共有十種香하니 其功能은 如經自具라

以將如上諸香하야 表十廻向이니 爲明香性無依호되 能發衆善하야 滅一切惡이니 明大願無依호되 能興無量善根故로 起無量大智之雲하며 雨無量白淨法雨하며 行無量大慈悲行하야 化無量衆生하야 令得滅苦하고 發無上意니 若無大願이면 不能發起大菩提心이며 設修解脫이라도 悉皆二乘이니라

'人間에 有香하니 名爲象藏이라 此香이 因龍鬪所生이니 燒之一丸에 起大香雲하야 彌覆王都하야 於七日中에 雨細香雨하야 若霑著身에 身則金色'者는 表如十住位中初發心時에 以七覺之香으로 起大願雲하야 廣興悲行하야 普覆一切衆生하며 求一切智하야 以止觀龍으로 與十二有支煩惱共鬪하야 徹空無際하며 生智慧火하야 然大智香하며 起慈悲雲하야 雨白法雨일새 衆生霑者 卽初發心時에 便成正覺이라

'若著衣服宮殿樓閣하야도 亦皆金色'者는 明因起大願廻向香하야 所有一切世間忍辱慈悲觀智 總會法界自在白淨法故라

'若因風吹하야 入宮殿中에 衆生齅者 七日七夜를 離諸憂苦하야 不驚不怖하고 不亂不恚하며 慈心相向하야 志意淸淨'者는 明轉轉而聞에 亦皆歡喜하야 發大願門하며 起七覺意라

'我知是已에 而爲說法'者는 明欲勸衆生하야 發無上覺心者인댄 要先勸發廣大願廻向하야 起堅誠誓願之心하야 先敷三十七品七覺行華하야사 方堪爲說至眞之道니 如是勸修하면 萬無失一이니라

'摩羅耶山'者는 此山이 在南天竺境摩利伽耶國이니 此國이 依此山立名이라 此山에 多出白栴檀香하니 此山出栴檀香이 名牛頭라

'若以塗身하면 設入火坑이라도 火不能燒'는 明治地住에 以起大願力과 及廻向力하야 以上上十善法身無性之理로 以成戒體하야 用塗其身하고 廻向入生死火坑에 貪瞋愛火 不能燒害라

'海中에 有香하니 名爲無能勝이니 若以塗鼓와 及諸螺貝하면 其聲發時에 一切敵軍이 皆自退散'者는 明修行住에 以法忍成就하야

廻入生死海中하야 敎化衆生호되 以忍辱心으로 聞一切善惡聲音鼓에 惡邪怨敵이 自然退散이라

阿耨達池邊에 有沉水香하니 名蓮華藏이니 其香一丸이 如麻子大라 若以燒之一丸하면 香氣 普熏閻浮提界하야 衆生聞者 離一切罪하야 戒品淸淨은 明生貴住에 達三界業이 皆無障礙하야 常生佛家하야 無垢淸淨이니 此同第四地位에 得出三界業하야 以本四弘誓願之心으로 廻入生死四流大池中하야 敎化一切沉溺生死衆生호되 皆無染著일세 名蓮華藏이니 演微妙法香하야 徧熏十方에 聞者 罪滅하야 戒品淸淨이라

雪山에 有香하니 名阿盧那者는 是赤色香也니 堪以染緋오

若有衆生이 齅此香者면 其心이 決定離諸染著者는 此是具足方便住禪波羅密門이니 以大願으로 廻向生死하야 令諸衆生으로 離諸染習禪波羅密하고 得入離垢三昧니 以雪山으로 表是禪定體의 自白淨無垢體故라

羅刹界中에 有香하니 名海藏이라 其香이 但爲輪王所用이니 若燒一丸하야 而以熏之하면 王及四軍이 皆悉騰空者는 明表以第六正心住에 以三空智慧로 爲羅刹하야 廻入生死海하야 以般若輪王으로 燒智慧海藏香하야 熏生死王四種魔하야 皆升法空이니라

已下는 總表十廻向이 以十住十行中願行으로 和融生死涅槃眞俗二諦悲智二門하야 使令自在니 十地는 依此而修하야 成就法界自性無作緣起道理일세 以燒香塗香合香으로 以表之하야 令學者로 易解하야 皆倣此知之니라

若十住十行十地中에 若無廻向大願力이면 但得二乘之道하야 不可有成佛者故니 有修行之士는 大須善得其儀하야 明觀教意의 總別同異成壞六相이어다
從我唯知此調和香法者는 明調和眞俗二諦智悲願行生死涅槃染淨自在之香하며 乃以靑蓮華名號表之니라

"그때, 선재동자" 이하 10가지 서원의 법문은 회향에 들어가 서원으로써 일체의 진제와 속제, 오염과 청정, 지혜와 자비의 걸림 없는 법문의 융화를 밝힌 것이다.

'漸次遊行'이란 위로 나아감이며,

"광대국에 이르렀다."는 것은 서원으로써 지혜를 일으켜 그지 없는 행을 일으켜서 중생을 맞이하고 이끄는 것이다. 내지 저 시방세계의 미세한 티끌 같은 국토 가운데 하나하나의 미세한 티끌 속에 그지없는 불법 및 몸의 행으로 중생을 맞이하고 이끌고, 일체 시방세계의 국토 미세한 티끌 속에도 모두 이와 같다. 마치 인드라망의 거듭거듭 그지없는 것처럼 願行이 광대하기에 나라의 이름을 '광대'라 하였다.

4. 바로 법을 구하고자 말한 가운데, 청련화장자가 "나는 일체 모든 향을 잘 분별하여 안다."고 답한 데는 2가지 뜻이 있다.

① 세간 모든 향을 진실로 앎이며,

② 향기로써 법을 밝혔다.

'① 세간 모든 향을 진실로 안다.'는 것은 경문에서 말한 '알고 있는 바의 일체 모든 향'이다. 총체로 태우는 향[燒香], 바르는 향[塗

香], 가루 향[末香]이 이에 해당되며,

'향의 출처를 별도로 말한' 이하는 중생의 업의 부류를 따라 생겨나는 모든 향이 이에 해당된다.

아래에서는 인간에게 5가지의 향, 나찰에게 하나의 향, 하늘에 4가지의 향이 있어 모두 10가지의 향이 있다. 그 공효와 기능은 경문에서 구체적으로 말한 바와 같다.

〈'② 향기로써 법을 밝혔다.'는〉 위와 같은 10가지의 향을 들어 십회향을 나타낸 것이다. 향의 성품이 의지가 없으면서도 많은 선을 일으켜 일체의 악을 없애는 것을 밝히기 위함이다. 큰 서원은 의지가 없으면서도 한량없는 선근을 일으키기 때문에 한량없는 대지혜의 구름을 일으키고, 한량없는 순백청정한 법비를 내려주고, 한량없는 대자비행을 행하여, 한량없는 중생을 교화하여 그들의 고통을 없애주고, 위없는 최상의 뜻을 일으키게 함을 밝힌 것이다. 만약 큰 서원이 없으면 큰 보리심을 일으키지 못하고, 설령 해탈을 닦을지라도 모두 이승이다.

"인간 세계에 향이 있는데, 그 이름을 '상장향'이라 한다. 이는 용이 싸울 적에 생겨난 향이다. 한 알만 살라도 큰 향 구름이 일어나 왕의 도읍을 가득 뒤덮으면서 이레 동안 은은한 향이 어린 비가 내린다. 만약 그 빗물이 몸에 닿으면 몸이 금빛이 된다."는 것은 십주 지위 가운데 처음 발심할 때, 7覺의 향으로써 큰 서원의 구름을 일으켜서 자비의 행을 널리 일으켜 일체중생을 널리 덮어주고, 일체 지혜를 구하여 止觀의 용으로써 12有支의 번뇌와 함께 싸워,

끝이 없는 공에 통하고, 지혜의 불을 밝혀 대지혜의 향을 태우고, 자비의 구름을 일으켜 白法의 비를 내려주기 때문에, 중생이 이런 비를 맞으면 처음 발심할 때 바로 정각을 성취함을 나타낸 것이다.

"만약 의복, 궁전, 누각에 닿아도 또한 금빛으로 변한다."는 것은 큰 서원의 회향하는 향을 일으킴으로 인하여 지닌 바, 일체 세간의 인욕, 자비, 觀智가 법계의 자재한 순백청정한 법에 총체적으로 회통함을 밝힌 때문이다.

"만약 바람에 날려 궁전 안으로 들어가면 그 향기를 맡은 중생은 이레 동안 밤낮으로 모든 근심과 고통에서 벗어나고, 놀라지도 두려워하지도 어지럽지도 성내지도 않으며, 인자한 마음으로 서로 대하여 마음이 청정하게 된다."는 것은 전전으로 들을지라도 또한 모두 기쁨을 얻어 큰 서원의 문을 일으키며, 7覺의 뜻을 일으키게 됨을 밝힌 것이다.

"나는 이런 것을 알고서 그들을 위하여 설법한다."는 것은 중생을 권면하여 위없는 깨달음의 마음을 일으키도록 하고자 한다면, 먼저 광대한 서원을 권면하고 일으켜서 회향하고, 굳건하고 성실한 서원의 마음을 일으켜서 먼저 37품의 7覺行華를 꽃피워야 비로소 지극히 진실한 도를 설법할 수 있음을 밝힌 것이다. 이와 같이 권면하고 닦으면 만에 하나라도 잘못이 없을 것이다.

'마라야산'이란 남천축 경계의 마리가야국에 있는 산이다. 그 나라는 산의 이름을 따라서 나라의 이름을 붙인 것이다. 그 산에서 백전단향이 많이 나온다. 그 산에서 나오는 전단향의 이름을 '牛

頭'라 한다.

"그 향을 몸에 바르면 불길 속에 들어가도 타지 않는다."는 것은 제2 治地住에서 큰 서원의 힘과 회향의 힘을 일으켜 上上의 10善인 성품이 없는 법신의 이치로써 戒의 체성을 이뤄 그 몸에 바르고서, 다시 생사의 불구덩이에 들어가면 탐욕, 성냄, 애착의 불길로도 그를 불태우지 못함을 밝힌 것이다.

"바닷속에 향이 있는데, 그 이름을 '無能勝'이라 한다. 북이나 소라에 바르면 그 소리가 울려날 적마다 모든 적군이 모두 절로 물러간다."는 것은, 제3 修行住에서 法忍으로 성취하여, 생사의 바다 속으로 다시 들어가 중생을 교화하면서도 인욕의 마음으로 일체 선악 소리의 북소리를 들으면, 사악함과 怨敵이 자연히 물러나고 흩어짐을 밝힌 것이다.

"아나바달다 연못가에서 침수향이 나오는데, 그 이름을 '연화장'이라 한다. 삼씨만큼 작은 그 향의 한 알을 사르면 향기가 염부제에 널리 풍기어, 이 향기를 맡은 중생은 모든 죄업에서 벗어나 계행이 청정하게 된다."는 것은, 제4 生貴住에서 삼계의 업이 모두 장애가 없음을 잘 알고서 항상 부처 집안에 태어나 청정무구함을 밝힌 것이다. 이는 제4 焰慧地에서 삼계의 업을 벗어나 본래의 사홍서원의 마음으로 생사 4류[見流, 欲流, 有流, 無明流]의 커다란 연못 속으로 다시 들어가서 생사에 빠진 일체중생을 교화하면서도 모두 오염의 집착이 없는 것과 같다. 이 때문에 그 이름을 '연화장'이라 한다. 미묘한 법 향기를 연설하여 시방에 두루 퍼져감에 이 향기를 맡는 자는 그 죄가 사라지면서 戒品이 청정하게 된다.

"설산에 향이 있는데, 그 이름을 '아로나'라 한다."는 것은 적색의 향이다. 붉은 빛을 물들이는 顔料로 사용할 수 있다. "중생이 이 향을 맡으면 마음이 반드시 물든 집착을 여의게 된다."는 것은 제5 具足方便住의 선정바라밀 법문이다. 큰 서원으로 생사에 회향하여, 일체중생으로 하여금 모든 오염의 습기인 선정바라밀을 벗어나 離垢三昧에 들어가도록 하였다. 설산으로써 선정의 자체가 스스로 순백청정한 無垢의 체성임을 나타낸 때문이다.

"나찰 세계에 향이 있는데, 그 이름을 '해장'이라 한다. 그 향은 전륜왕만을 위하여 쓰이고 있다. 한 알만 살라 풍겨도 전륜왕과 네 군단의 병사가 모두 허공에 날게 된다."는 것은 제6 正心住에서 我空·法空·俱空 3가지 지혜로 나찰이 되어, 생사의 바다에 다시 들어가 반야륜왕이 되어 智慧海藏香을 태워서 生死海王의 4가지 마군을 쪼여주어 그들을 모두 법공에 오르도록 함을 밝힌 것이다.

이하는 십회향이 십주·십행 중의 원행으로 생사와 열반, 진제와 속제, 자비와 지혜 2가지 법문을 융화해서 자재하게 함을 총괄하여 밝힌 것이다.

십지는 이에 의해 닦아 법계의 작위 없는 자성의 연기 도리를 성취하기 때문에 태우는 향, 바르는 향, 조합한 향으로 나타내었다. 이로써 배우는 이들이 쉽게 이해하여 모두 이와 같이 알도록 한 것이다.

만약 십주·십행·십지 중에서 회향하려는 큰 원력이 없으면,

이승의 도만을 얻을 뿐, 성불할 수 있는 자가 없기 때문이다. 따라서 수행하는 학인은 반드시 그 의식을 잘 얻어서 가르침의 뜻인 총상·별상·동상·이상·성상·괴상 6가지를 밝게 살펴보아야 한다.

"나는 오직 향을 배합하는 법을 알 뿐이다."로부터는 진제와 속제, 지혜와 자비, 서원과 수행, 생사와 열반, 오염과 청정의 자재한 향을 조화하고, 아울러 청련화의 이름으로 이를 밝혔다.

第二. 船師婆施羅 寄不壞廻向【鈔_ 寄不壞廻向者는 得不壞信하야 千種善根而廻向故로 名爲不壞니라】
婆施羅者는 此云自在니 謂於佛法海에 已善通達하야 於生死海에 能善運度하고 於一切法에 深信不壞일새 故名自在니라
在樓閣城者는 由此廻向하야 令菩提心으로 轉更增長하야 悲智相依而勝出故니라
文中에 第一依敎趣求라

제2. 뱃사공 바시라, 불괴회향 선지식【초_ 불괴회향에 붙여 말한 것은 무너지지 않는 신심을 얻어 1천 가지 선근으로 회향하기에 그 이름을 '不壞'라 한다.】

'바시라'란 중국에서는 '자재'의 뜻이다. 불법의 바다를 이미 잘 통달하여 생사의 바다를 잘 건너고, 일체 법에 깊은 신심이 무너지지 않기에 그 이름을 '자재'라 한다.

누각성에 있다는 것은 이 회향으로 말미암아 보리심이 차례차

례 다시 더욱 커나가 자비와 지혜가 서로 의지하여 잘 나오기 때문이다.

    1. 가르침을 따라 선지식을 찾아가 법을 구하다

經

爾時에 善財童子 向樓閣城하야 觀察道路하니
所謂觀道高卑하며 觀道夷險하며 觀道淨穢하며 觀道曲直하고 漸次遊行하야
作是思惟호되 我當親近彼善知識이니 善知識者는
是成就修行諸菩薩道因이며
是成就修行波羅蜜道因이며
是成就修行攝衆生道因이며
是成就修行普入法界無障礙道因이며
是成就修行令一切衆生除惡慧道因이며
是成就修行令一切衆生離憍慢道因이며
是成就修行令一切衆生滅煩惱道因이며
是成就修行令一切衆生捨諸見道因이며
是成就修行令一切衆生拔一切惡刺道因이며
是成就修行令一切衆生至一切智城道因이니
何以故오 於善知識處에 得一切善法故며 依善知識力하야 得一切智道故니 善知識者는 難見難遇라하야 如是思惟하고 漸次遊行하니라

그때, 선재동자가 누각성을 향하면서 길을 살펴보니,

이른바 높고 낮은 길을 보았으며,

평탄하고 험난한 길을 보았으며,

청정하고 더러운 길을 보았으며,

굽고 곧은 길을 보았다.

차례로 나아가면서 이런 생각을 하였다.

'나는 선지식을 가까이해야 한다.

선지식은 보살도의 수행을 성취해 주는 원인이며,

바라밀 도의 수행을 성취해 주는 원인이며,

중생을 거둬주는 도의 수행을 성취해 주는 원인이며,

법계에 두루 들어가되 장애 없는 도의 수행을 성취해 주는 원인이며,

일체중생의 나쁜 지혜를 없애주는 도의 수행을 성취해 주는 원인이며,

일체중생의 교만한 도를 여의게 하는 도의 수행을 성취해 주는 원인이며,

일체중생의 번뇌를 없애주는 도의 수행을 성취해 주는 원인이며,

일체중생의 모든 소견을 버리게 해주는 도의 수행을 성취해 주는 원인이며,

일체중생의 일체 나쁜 가시를 뽑아주는 도의 수행을 성취해 주는 원인이며,

일체중생의 일체 지혜의 성에 이르게 하는 도의 수행을 성취해 주는 원인이다.

무엇 때문일까?

선지식에게 일체 선법을 얻을 수 있기 때문이며,

선지식의 힘에 의지하여 일체 지혜의 도를 얻을 수 있기 때문이다.

선지식은 친견하기 어렵고 만나기 어렵다.'

이처럼 생각하면서 서서히 걸어갔다.

◉ 疏 ◉

先은 依敎觀道니 於廻向道에 初得不壞故니라 佛道爲高오 餘皆是卑며 生死涅槃이 爲夷險이오 障無障 爲淨穢오 二乘 爲曲이오 菩薩 爲直等이라

後'漸次'下는 趣求後位而興勝念이니 謂菩薩道를 因人得故로 卽於菩薩法師에 得不壞信이라

於中에 先은 正明이오 後는 徵釋이니 可知니라

앞은 가르침을 따라 도를 살펴봄이다. 회향의 도에 처음 무너지지 않음을 얻기 때문이다.

부처의 도는 높고, 나머지는 모두 낮으며,

생사와 열반이 평탄하고 험난한 길이며,

장애와 장애가 없음이 청정하고 더러운 길이며,

이승은 굽은 길이고 보살은 곧은 길 등이다.

뒤의 '점차' 이하는 뒤의 선지식을 찾아가 법을 구하고자 뛰어난 생각을 일으킴이다. 보살의 도는 선지식으로 인하여 얻을 수 있기 때문에 보살 법사에게 무너지지 않는 신심을 얻음이다.

그 가운데 앞은 바로 밝혔고, 뒤는 묻고 해석하였다. 이는 말하지 않아도 알 수 있다.

第二 見敬諮問
2. 친견하여 절을 올리고 법을 묻다

經
旣至彼城하야 **見其船師 在城門外海岸上住**하니 **百千商人**과 **及餘無量大衆圍遶**하야 **說大海法**하야 **方便開示佛功德海**어늘
善財 見已하고 **往詣其所**하야 **頂禮其足**하며 **遶無量匝**하며 **於前合掌**하고
而作是言호되 **聖者**여 **我已先發阿耨多羅三藐三菩提心**호니 **而未知菩薩**이 **云何學菩薩行**이며 **云何修菩薩道**리잇고
我聞聖者는 **善能教誨**라하니 **願爲我說**하소서

누각성에 이르러, 그 뱃사공이 성문 밖 바닷가 언덕 위에 있는 것을 보았다.

백천의 장사꾼과 한량없는 대중에게 둘러싸여 바다의 법을 연설하면서 부처님의 공덕 바다를 방편으로 보여주었다.
　　선재는 그를 보고서, 그의 앞으로 나아가 발에 절하고 한량없이 돌고 합장하고 이런 말을 하였다.
　　"거룩하신 이여, 저는 이미 아뇩다라삼먁삼보리심을 내었습니다.
　　그러나 보살이 어떻게 보살의 행을 배우며, 보살의 도를 닦는지 모르겠습니다.
　　제가 듣자오니 거룩하신 이께서 잘 가르쳐주신다 하니, 바라건대 저를 위하여 말해주십시오."

● 疏 ●

見在海岸者는 若佛法海인맨 以生死로 爲此岸이니 不捨生死故오 若生死海면 以大悲修因而爲此岸이니 住大慈悲하야 令離因故니라
　　바닷가 언덕에 있는 그를 보았다는 것은 불법의 바다로 말하면 생사는 언덕이다. 생사를 버리지 못하기 때문이다.
　　만약 생사의 바다로 말하면 대자비로 원인을 닦음이 修因으로 언덕이다. 대자비에 머물면서 하여금 원인을 여의도록 한 때문이다.

第三 稱讚授法
分二니 先은 讚問이라

3. 선재동자를 칭찬하면서 법을 전수하다

이는 2단락이다.

⑴ 찬탄하면서 법을 물었다.

經

船師 告言하사대 善哉善哉라 善男子야
汝已能發阿耨多羅三藐三菩提心하고
今復能問生大智因과
斷除一切生死苦因과
往一切智大寶洲因과
成就不壞摩訶衍因과
遠離二乘의 怖畏生死하고 住諸寂靜三昧旋因과
乘大願車하고 徧一切處하야 行菩薩行에 無有障礙淸淨
道因과
以菩薩行으로 莊嚴一切無能壞智淸淨道因과
普觀一切十方諸法이 皆無障礙淸淨道因과
速能趣入一切智海淸淨道因이로다

뱃사공이 말하였다.

"훌륭하고 훌륭하다. 선남자여, 그대는 이미 아뇩다라삼먁삼보리심을 내었고,

이제 다시 큰 지혜를 내는 원인,

일체 생사의 괴로움을 끊는 원인,

일체 지혜의 큰 보배의 섬에 가는 원인,

무너지지 않는 대승을 성취하는 원인,

이승의 생사를 두려워하는 데서 멀리 여의고, 고요한 삼매의 소용돌이에 머무르는 원인,

큰 서원의 수레를 타고서 일체 모든 곳에 두루 찾아가 보살행을 수행하되 장애가 없는 청정한 도의 원인,

보살행으로 깨뜨릴 수 없는 일체 지혜를 장엄하는 청정한 도의 원인,

일체 시방의 법을 두루 관찰하되 장애가 없는 청정한 도의 원인,

일체 지혜의 바다에 빨리 들어가는 청정한 도의 원인을 묻는구나.

● 疏 ●

讚其發心이오 後能問法이니 文有九句니 前五는 能問果因이오 後四는 能問因因일새 故云道因이라

三昧旋者는 旋謂深澓하야 沉而不流니라 二乘沉寂하야 動八萬劫일새 故能遠離니 是菩薩道니라

앞에서는 선재의 발심을 찬탄하였고, 뒤에서는 법의 요체를 잘 물음에 대해 찬탄하였다.

이의 경문은 9구이다.

앞의 5구는 결과의 원인을 잘 물었으며,

뒤의 4구는 원인의 원인을 잘 물었기에 '도의 원인[道因]'이라

말하였다.

'三昧旋'의 旋은 소용돌이가 깊어서 한 번 빠지면 빠져나오지 못함을 말한다. 이승이 고요에 빠져 8만 겁을 동하기에 멀리 여의는 것이다. 이는 보살의 도이다.

二.授己法界
中에 二니
先은 標名體라

(2) 자기의 법계를 전수하다

이는 2부분이다.

앞은 명제의 체성을 밝혔다.

經

善男子야 我在此城海岸路中하야 淨修菩薩大悲幢行호라

선남자여, 나는 이 성의 바닷가 언덕에 있으면서 보살의 대비당을 청정하게 닦아왔다.

◉ 疏 ◉

謂大悲超出하야 爲物所歸故니라

대비가 뛰어나 중생의 귀의처가 되기 때문이다.

一

後辨其業用

中에 二니

先은 明於陸化生하야 令知有海라

　뒤는 그 작용을 논변하였다.

　이는 2부분이다.

　㈀ 육지에서 중생을 교화하여 그들에게 바다가 있음을 알려주려는 것이다.

經

善男子야 我觀閻浮提內貧窮衆生하야 爲饒益故로 修諸苦行하야 隨其所願하야 悉令滿足호되 先以世物로 充滿其意하고

復施法財하야

令其歡喜하며 令修福行하며

令生智道하며 令增善根力하며

令起菩提心하며 令淨菩提願하며

令堅大悲力하며 令修能滅生死道하며

令生不厭生死行하며 令攝一切衆生海하며

令修一切功德海하며 令照一切諸法海하며

令見一切諸佛海하며 令入一切智智海하노니

善男子야 我住於此하야 如是思惟하며 如是作意하며 如

是利益一切衆生호라

선남자여, 나는 염부제의 빈궁한 중생들을 보고서 그들에게 도움을 주고자 모든 고행을 닦아서 그들이 원하는 바를 모두 만족케 하되, 먼저 세간에 필요한 물건으로 그들의 마음을 채워주고,

다시 법의 재물을 보시하여,

그들을 기쁘게 하고,

복덕의 행을 닦도록 하며,

지혜의 도를 내도록 하고,

선근의 힘을 더욱 키우도록 하며,

보리심을 일으키게 하고,

보리의 서원을 청정하게 하며,

크게 가엾이 여기는 마음을 견고케 하고,

생사를 없애주는 도를 닦도록 하며,

생사를 싫어하지 않는 행을 내도록 하고,

일체 중생 바다를 거두어 주도록 하며,

일체 공덕 바다를 닦도록 하고,

일체 법 바다를 비추도록 하며,

일체 부처 바다를 보도록 하고,

일체 지혜의 지혜 바다에 들어가도록 하였다.

선남자여, 나는 여기에 머물면서 이처럼 생각하고 이러한 뜻을 가졌으며, 이처럼 일체중생에게 이익을 주었다.

一

後는 善知海相하야 於海化生이라

於中二니

初는 明善知오 後는 彰化成益이라

今은 初라

 (ㄴ) 바다의 모습을 잘 알려주어 바다에서 중생을 교화하였다.

 이는 2부분이다.

 첫째, 잘 알아야 함을 밝혔고,

 둘째, 교화에 의해 이뤄진 이익을 밝혔다.

 이는 '첫째, 잘 알아야 함'이다.

經

善男子야

我知海中一切寶洲와 一切寶處와 一切寶類와 一切寶種하며

我知淨一切寶와 鑽一切寶와 出一切寶와 作一切寶하며

我知一切寶器와 一切寶用과 一切寶境界와 一切寶光明하며

我知一切龍宮處와 一切夜叉宮處와 一切部多宮處하야 皆善廻避하야 免其諸難하며

亦善別知漩澓淺深과 波濤遠近과 水色好惡의 種種不同하며

亦善別知日月星宿의 **運行度數**와 **晝夜晨晡**와 **晷漏延促**하며

亦知其船의 **鐵木堅脆**와 **機關澁滑**과 **水之大小**와 **風之逆順**하야

如是一切安危之相을 **無不明了**하야 **可行則行**하고 **可止則止**하나니라

　　선남자여, 나는 바다에 있는 일체 보배의 섬, 일체 보배의 장소, 일체 보배의 종류, 일체 보배의 종자를 알며,

　　나는 일체 보배를 깨끗이 하고, 일체 보배를 연마하고, 일체 보배를 내고, 일체 보배를 만들 줄 알며,

　　나는 일체 보배의 그릇, 일체 보배의 용도, 일체 보배의 경계, 일체 보배의 광명을 알며,

　　나는 일체 용궁의 처소, 일체 야차 궁전의 처소, 일체 부다 궁전의 처소를 알고서 잘 피하여 그들의 난을 면하였다.

　　또한 소용돌이치는 얕고 깊은 곳, 파도의 멀고 가까움, 물빛의 좋고 나쁨, 가지가지 똑같지 않은 것을 잘 분별하여 알며,

　　또한 일월성수의 운행하는 도수, 낮과 밤, 새벽녘과 해질녘, 시간의 늦고 빠름을 잘 분별하여 알며,

　　또한 배의 철물과 나무의 견고하고 연약함, 기관의 매끄러움과 껄끄러움, 물의 많고 적음, 바람의 순풍과 역풍을 알고서,

　　이처럼 일체 안전과 위험의 양상들을 분명히 알고서 행선(行船)할 만하면 배를 띄우고, 멈춰야 하면 배를 정박하는 것이다.

● 疏 ●

此寶洲等은 生死·法海에 義皆有之어니와 且約生死海釋이니 文中에 畧擧知五種事니 一은 知寶니 寶卽是智故니 不入生死大海면 則不能生一切智寶니라 於中에 有十二句하니 一은 生死海中에 湛寂不動을 謂之寶洲오 二는 空不空如來藏이 爲寶處오 三은 恒沙功德이 皆寶類오 四는 佛性이 爲寶種이니 此上은 皆約本有니라 次四는 約修成이니 以淨戒頭陀等으로 爲能淨이오 以緣起智로 爲能鑽이오 以發一切智心으로 爲出因이오 聽聞으로 爲能作이오 後四는 爲寶用이니 謂三乘等器 智慧有殊하고 照理斷惑에 所用各別하고 所緣境界 萬品階差오 破愚顯明이 各各不等이라

二我知一切龍下는 卽生死中瞋貪癡之三毒이라 部多는 此云自生이니 亦如夜叉로되 但不從父母生일새 故喩多癡니라

三亦善別知漩澓下는 卽知心識相이니 色無色等이 依識心定하야 劫數淺深이오 七識波浪이 染習遠近이오 隨善惡緣하야 心水色異니라

四亦善別知日月等者는 卽能知時니 謂機之生熟이 如是時中에 宜修定慧等이라

五亦知其船은 卽知萬行不同이니 有方便爲堅이오 無方便爲脆며 曾修爲滑이오 不曾則澁이라 水之大小者는 謂生死有邊與無邊이오 風之逆順者는 八風의 四順四逆이라 又謂修行有住與無住故니라 若開第三第五에 各有三事면 則幷總具十이라【鈔_ 有方便爲堅等은 七地已說이라 又謂修行有住無住者는 上約外境이니 世之

八風이오 此約正修니 無住는 爲順出離오 有住는 爲逆이며 又有住 則順生死오 無住는 反此니라 若開第三第五各三者는 三中三者는 一은 漩澓淺深이오 二는 波濤遠近이오 三은 水色好惡니라 五中三者 는 一은 知其船鐵木堅脆와 機關澁滑이오 二는 水之大小오 三은 風 之逆順이니 此二各三爲六이오 并其餘三爲九며 '如是'已下는 總 結爲十이니 '可行則行 可止則止'는 雖是總結이나 義當一故니라】

'보배의 섬' 등은 생사와 법해의 의미가 모두 담겨 있지만, 여기 에서는 생사의 바다를 들어 해석하였다.

경문에서는 5가지 일을 알아야 함을 간추려 말하였다.

① 보배를 아는 것이다. 보배는 바로 지혜이기 때문이다. 생사 의 바다에 들어가지 않으면 일체 지혜의 보배를 낳을 수 없다.

이 부분은 12구이다.

제1구[一切寶洲]는 생사의 바다에서 담담하게 고요히 움직이지 않음을 '보배의 섬'이라 하고,

제2구[一切寶處]는 空如來藏·不空如來藏이 보배가 있는 곳 이며,

제3구[一切寶類]는 항하사 공덕이 모두 보배의 유이며,

제4구[一切寶種]는 불성이 보배의 종자이다. 이상은 모두 본래 의 고유함으로 말하였다.

다음 4구[淨一切寶, 鑽一切寶, 出一切寶, 作一切寶]는 닦아서 성취함 으로 말하였다. 淨戒頭陀 등으로 청정의 주체를 삼고, 연기의 지 혜로 연마의 주체를 삼고, 일체 지혜의 마음을 일으키는 것으로 내

는 원인을 삼고, 법문을 듣는 것으로 만듦의 주체를 삼았다.

뒤의 4구[一切寶器, 一切寶用, 一切寶境界, 一切寶光明]는 보배의 작용이다. 삼승 등의 법 그릇에 따라서 지혜가 각기 다르고, 이치를 관조하고 미혹을 끊는 데에 작용하는 바가 각기 다르며, 반연 대상의 경계가 품마다 모두 차등이 있고, 어리석음을 타파하여 밝음을 밝힘이 각각 똑같지 않다.

② '我知一切龍' 이하는 나고 죽는 가운데 탐진치 3독이다.

'部多'는 중국에서는 '스스로 생겨남[自生]'의 뜻이다. 또한 야차와 같으나 단 부모로부터 몸을 받아 태어난 존재가 아니기에 많은 어리석음에 비유한다.

③ '亦善別知漩澓' 이하는 心識의 양상을 앎이다.

색계·무색계 등이 識心의 선정에 의하여 겁의 수가 많고 적으며,

7識의 물결을 따라 오염의 습기가 오래되고 오래되지 않으며,

선악의 반연을 따라 마음의 물빛이 다르다.

④ '亦善別知日月' 등이란 시간을 앎이다. 근기의 설고 완숙함이 이와 같은 시간 속에서 정혜 등을 닦는다.

⑤ '또한 그 배를 안다.'는 것은 모든 行이 똑같지 않음을 앎이다.

방편이 있음은 견고한 배, 방편이 없음은 연약한 배이며,

일찍이 수행함은 매끄러운 기관이고, 일찍이 수행하지 않음은 껄끄러운 기관이며,

'물의 많고 적음'은 생사의 한계가 있음과 없음을 말하며,

'바람의 순풍과 역풍'은 8가지 바람 가운데 4가지 순풍과 4가지 역풍이다. 또한 수행의 有住와 無住를 말한 때문이다.

만약 ③ '亦善別知漩澓' 이하와 ⑤ '亦知其船'의 부분에 각기 3가지 일이 있는 것을 나누면 모두 10가지가 갖춰진다.【초_ "방편이 있음은 견고한 배" 등은 제7 원행지에서 이미 말하였다.

"또한 수행의 有住와 無住를 말한다."는 것은 위에서는 외적인 경계로 말하였다. 이는 세간의 '8가지 바람[八風]'이고, 여기에서는 正修로 말하였다. 無住는 삼계를 벗어난 것으로 순풍이고, 有住는 역풍이며, 또한 유주는 생사를 따름이며, 무주는 이에 반한다.

"만약 ③과 ⑤의 각기 3가지 일이 있는 것을 나누면"이란, ③ 부분의 3가지는 ㉠ 소용돌이의 깊이, ㉡ 파도의 파장, ㉢ 물빛의 좋고 나쁨이다. ⑤ 부분의 3가지는 ㉠ 선박의 철재와 목재의 견고함과 연약함, 기관의 매끄러움과 껄끄러움을 앎이며, ㉡ 물의 많고 적음이며, ㉢ 바람의 순풍과 역풍이다. 이 2가지는 각기 3가지로 6가지이며, 그 나머지 3가지를 합하여 9가지이며, '如是一切' 이하는 총괄하여 끝맺은 것으로 10가지이다.

"행선할 만하면 배를 띄우고, 멈춰야 하면 배를 정박한다."는 총체로 끝맺은 부분이지만, 그 의미는 하나이기 때문이다.】

二 彰化成益

둘째, 교화에 의해 이뤄진 이익을 밝히다

善男子야 我以成就如是智慧하야 常能利益一切衆生하노라

善男子야 我以好船으로 運諸商衆하야 行安穩道하며 復爲說法하야 令其歡喜하고 引至寶洲하야 與諸珍寶하야 咸使充足한 然後에 將領還閻浮提호라

善男子야 我將大船하야 如是往來호되 未始令其一有損壞로니

若有衆生이 得見我身이어나 聞我法者면 令其永不怖生死海하야

必得入於一切智海하며

必能消竭諸愛欲海하며

能以智光으로 照三世海하며

能盡一切衆生苦海하며

能淨一切衆生心海하며

速能嚴淨一切刹海하며

普能往詣十方大海하며

普知一切衆生根海하며

普了一切衆生行海하며

普順一切衆生心海케호라

  선남자여, 나는 이런 지혜를 성취하여 언제나 일체중생에게 이익을 주었다.

선남자여, 나는 좋은 배로 장사 무리들을 태우고 편안한 길을 떠가며, 또한 그들을 위해 설법하여 기쁘게 하였고, 보물섬으로 인도하여 여러 가지 보물을 만족스럽게 얻은 후에 그들을 거느리고서 염부제로 돌아왔다.

선남자여, 나는 큰 배를 가지고 이처럼 다니지만 한 번도 잘못된 일이 없다.

만약 중생이 나의 몸을 보거나 나의 법을 들은 이는 영원히 나고 죽는 바다를 무서워하지 않고서

반드시 일체 지혜의 바다에 들어가고,

반드시 일체 애욕의 바다를 말리며,

지혜의 광명으로 삼세 바다를 비추고,

일체중생의 고통 바다를 끝나게 하며,

일체중생의 마음 바다를 청정히 하고,

일체 세계 바다를 빠르게 청정히 하며,

시방의 큰 바다에 널리 나가고,

일체중생의 근성 바다를 널리 알며,

일체중생의 수행 바다를 널리 알고,

일체중생의 바다를 널리 따르게 하였다.

◉ 疏 ◉

既列十海인댄 則知前海도 準此應思니 前四는 自利오 後六은 利他니라

後三은 文顯이라

이미 10가지의 바다를 나열한 것으로 미뤄보면, 앞서 말한 바다도 이에 준하여 생각해야 한다.

앞의 4가지 바다는 自利이고, 뒤의 4가지 바다는 利他이다.

뒤 3단락[謙己推勝, 指示後友, 戀德禮辭] 경문의 뜻은 분명하다.

經

善男子야 我唯得此大悲幢行하야 若有見我어나 及以聞
我어나 與我同住어나 憶念我者면 皆悉不空이어니와
如諸菩薩摩訶薩은
善能遊涉生死大海하며
不染一切諸煩惱海하며
能捨一切諸妄見海하며
能觀一切諸法性海하며
能以四攝으로 攝衆生海하며
已善安住一切智海하며
能滅一切衆生着海하며
能平等住一切時海하며
能以神通으로 度衆生海하며
能以其時로 調衆生海하나니
而我云何能知能說彼功德行이리오
善男子야 於此南方에 有城하니 名可樂이오

中有長者하니 名無上勝이니
汝詣彼問호되 菩薩이 云何學菩薩行이며 修菩薩道리잇고 하라
時에 善財童子 頂禮其足하며 遶無量匝하며 殷勤瞻仰하며 悲泣流淚하며 求善知識에 心無厭足하야 辭退而去하니라

　선남자여, 나는 오직 이 대비당의 행만을 얻었기에, 만약 나의 모습을 보거나 나의 음성을 듣거나 나와 함께 있거나 나를 생각하는 이는 모두가 헛되지 않게 할 뿐이지만,
　저 보살마하살은
　생사의 바다를 잘 건너고,
　일체 번뇌 바다에 물들지 않으며,
　일체 허망한 소견 바다를 버리고,
　일체 법성의 바다를 살피며,
　사섭법으로 중생 바다를 거두어 주고,
　이미 일체 지혜의 바다에 잘 머물며,
　일체중생의 집착 바다를 없애주고,
　일체 시간의 바다에 평등하게 머물며,
　신통으로 중생 바다를 제도하고,
　때에 맞추어 중생 바다를 조복하였다.
　내가 그 공덕의 행을 어떻게 알며, 어떻게 말할 수 있겠는가.
　선남자여, 여기서 남쪽에 성이 있는데, 그 이름을 '가락'이라

한다.

그곳에 장자가 있는데, 그 이름을 '무상승'이라 한다.

그대는 그를 찾아가 '보살이 어떻게 보살의 행을 배우며, 보살의 도를 닦는가.'를 묻도록 하라."

그때, 선재동자는 그의 발에 엎드려 절하고 한량없이 돌고 은근하게 앙모하고 슬프게 울면서, 선지식을 구하는 마음이 싫어할 줄 모르며 하직하고 떠나갔다.

● 論 ●

'見船師 在城門外海岸上住하야 百千商人과 及餘大衆이 圍遶'는 此有二義하니

一은 實有此行하야 以主導入海商人과 及採寶者니 爲海險難을 非聖智면 不知오

二는 表法엔 以自得眞門하야 出纏離苦에 以其願行으로 成大悲海하야 常臨生死海岸하야 引接衆生이니 百千商人은 表戒波羅密中萬行圓滿이며 無量大衆은 表行徧周하야 滿一切諸行이라

經云 '往一切智大寶洲因과 成就不壞摩訶衍因'者는 摩訶云大며 衍云乘이니 所說之敎를 總云大乘敎라

'遠離二乘의 怖畏生死하고 住寂靜三昧旋還'은 此明歎譽善財法이니 明能以寂靜三昧로 處生死旋還하야 利生不出故라

'善男子야 我知此海中一切寶洲와 一切寶處와 一切寶類와 一切寶種과 一切寶器'의 如是寶는 有此聖智所知世間諸法이니

表法者인댄 '我知海中一切寶洲'者는 明達一切智洲요

'一切寶處'者는 善別賢能諸根利鈍이오

'一切寶類'者는 善知同行類別行類요

'一切寶種'者는 善知大小乘差別種이라

'我知一切寶器'者는 知衆生의 大小根器 堪與何法而成熟之요

'一切寶用'은 應根與法하야 令任其作用이오

'一切寶境界'는 三乘一乘의 三寶境界요

'一切寶光明'者는 三乘一乘의 智慧大小光明이라

'我知淨一切寶'者는 三十七道品과 十波羅密과 五停心觀方便이 是淨一切智寶方便이오

'鑽一切寶'者는 止觀二門이 是오

'出一切寶'者는 善能依根設教하야 令現智寶故요

'作一切寶'者는 以無相智로 起差別智하고 以大願風으로 興大慈雲하야 雨諸寶雨하야 化一切衆生하며 和合心境하야 令使無依하야 自能顯現一切智寶故라

'一切龍宮難處'者는 淨土菩薩은 如龍이니 分有慈悲하야 遊空神足이 一分自在요 夜叉는 喻聲聞이니 能空三毒이며 亦得神通이오

'羅刹宮難處'者는 喻緣覺이니 居涅槃海하야 能空無明하며 及諸佛一切智種이 不現前故니 如是等難을 悉皆以廻向願力으로 同處生死하야 不害無明十二有支하고 達取無明하야 成佛種智하야 處法界緣生自在門일세 名爲悉皆廻避하야 免其諸難이라

'亦善別知漩澓深淺'者는 愛取有業深淺也요

'波濤遠近'者는 情識想念攀緣多少오

'水色好惡'者는 愛心善惡이라

'亦善別知日月星宿의 運度數量과 晝夜晨晡와 晷漏延促'者는 明了世事中엔 明陰陽玄象과 五星行度數와 風起時分과 晷漏四時延促을 皆悉知之오 表法中엔 明五位進修와 及三乘差別인 教分行門과 隨行隨根廻轉軌則方法과 時熟解脫과 日月歲劫의 所經多少를 悉能知之라

'其船鐵木堅脆와 機關澁滑과 水之大小와 風之逆順이 如是一切安危之相을 無不明了'者는 實知此事오 表法者인댄 明善知三乘의 廻心未廻心과 堪入生死不堪入生死와 根器成熟及未成熟과 一乘中菩薩이 第六住第六地現前에 處生死中得出生死心하야 三空智慧寂滅現前과 七住七地菩薩이 於出生死中에 常處生死와 八住八地에 得無生忍現前菩薩이 無功智現前하야 任運利生과 九住九地에 學佛十力四無畏와 十住十地에 一分與如來出世智慧解脫知見齊圓하야 住佛灌頂位와 十一地에 方學普賢神通妙行하야 至普賢行品方終과 如來出現品中에 佛果文殊普賢三法인 法身根本智差別智 方始理智大慈悲로 如先所發願하야 稱願圓滿이니 如三乘教中엔 後得智 以普賢行으로 教化衆生이어니와 此一乘中엔 名字教法이 說似前後나 如是升進이 不出一刹那際니 如是三乘의 因前果後에 道滿三祇와 如是一乘의 見道在初發心住中하고 加行行因이 在十行十廻向十地十一地한 如是船之鐵木安危澁滑을 悉能知之하며 乃至知根遲速하야 應止卽止하야 且

止三乘과 及以人天法中과 乃至五停心하고 觀根若熟者는 應行
卽行하야 令使升進一乘法中하야 以生死性十二有支로 便爲法
事大智用故라 已下는 大意如此하니라

善男子야 我將好船하야 運諸商衆하야 至安穩道하며 乃至引至寶
洲하야 與其珍寶하야 咸令充足한 然後에 將領還閻浮提者는 是事
오 表法中엔 明從初發心住로 得佛根本智하야 自此已去로 經後
諸位中에 皆與說其妙法하야 至於十地에 一切智智之道珍寶 已
滿일새 十一地中에 還當送至本所舊住生死海中하야 以此所得
一切智智之珍寶로 廣利無盡衆生이니 此明約修行升進하야 作
如是說하야 使令易解로대 而亦不出生死海中코 成大寶洲라

自餘는 如文自具니 此皆約事說하야 託事表法하야 令衆生易解
故라

此是第二不壞廻向善知識이니 船師 云我將大船하야 如是往來
호대 無有令其一損壞者니 若有衆生이 得見我身이어나 聞我法者면
令其永不怖生死海하고 必得入於一切智海者 是不壞廻向義라
以戒波羅密로 爲主오 餘九로 爲伴이니 約智門中인댄 諸位通治어니
와 約位門中인댄 以成大慈悲戒니 以海中船師所表는 往來에 常不
出生死海故오 成大悲幢行已下는 推德升進이니라

"뱃사공이 성문 밖 바닷가 언덕 위에 있는데, 백천의 장사꾼과
한량없는 대중에게 둘러싸여 있는 것을 보았다."는 것은 2가지 뜻
이 있다.

① 진실로 이런 행이 있기에 바다로 들어간 상인과 보배를 채

취하는 자들을 주도하는 것이다. 험난한 바다를 슬기로운 지혜가 아니면 알 수 없기 때문이다.

　② 법으로 말하면, 스스로 진여의 문을 얻어 속박에서 벗어나 고통을 여의었기에, 그 원행으로 대자비의 바다를 성취하여 언제나 생사의 해안에 머물면서 중생을 이끌어 맞이하는 것이다.

　'백천의 장사꾼'은 지계바라밀 가운데 만행이 원만함을 나타낸 것이며,

　'한량없는 대중'은 행을 두루 갖춰 일체 모든 행에 원만함을 나타낸 것이다.

　경문에서 말한 '일체 지혜의 큰 보배의 섬에 가는 원인과 무너지지 않는 마하연을 성취하는 원인'이란 '마하'는 큼을, '연(衍)'은 乘을 말한다. 설법한 바의 가르침을 모두 대승의 가르침이라 말한다.

　"이승의 생사를 두려워하는 데서 멀리 여의고, 적정삼매의 소용돌이에 머문다."는 것은 선재동자의 법을 찬탄하고 칭찬함을 밝힌 것이다. 적정삼매로 생사의 소용돌이에서 머물면서 중생을 이롭게 하고자 나오지 않기 때문이다.

　"선남자여, 나는 바다에 있는 일체 보배의 섬, 일체 보배의 장소, 일체 보배의 종류, 일체 보배의 종자를 알고 있다."는 것은 슬기로운 지혜로 아는 세간의 모든 법을 말한다.

　법으로 밝히면, '나는 바다에 있는 일체 보배의 섬을 안다.'는 것은 일체의 지혜의 섬을 밝게 통달함이며,

　'일체 보배의 장소'는 현명하고 유능한 모든 근기의 날카롭고

노둔함을 잘 분별함이며,

'일체 보배의 종류'는 同行의 유와 別行의 유를 잘 아는 것이며,

'일체 보배의 종자'는 대승과 소승의 다른 종자를 잘 아는 것이다.

"나는 일체 보배의 그릇을 안다."는 것은 중생의 크고 작은 근기에 따라 어떤 법을 주어야 성숙시킬 수 있을지를 아는 것이며,

'일체의 보배의 용도'는 근기에 맞추어 법을 주어서 그 작용을 맡도록 함이며,

'일체 보배의 경계'는 삼승과 일승의 삼보 경계이며,

'일체 보배의 광명'이란 삼승과 일승 지혜의 크고 작은 광명이다.

"나는 일체 보배를 깨끗이 함을 안다."는 것은 37조도품, 십바라밀, 5停心觀[不淨觀, 慈悲觀, 緣起觀, 數息觀, 佛像觀]의 방편이 바로 일체의 지혜 보배를 청정케 하는 방편이며,

"일체 보배를 연마한다."는 것은 止·觀 2문이 이에 해당하며,

"일체 보배를 낸다."는 것은 근기에 따라서 가르침을 베풀어 지혜 보배가 나타나게 함이며,

"일체 보배를 만든다."는 것은 無相智로써 차별지를 일으키고, 큰 서원의 바람으로써 대자비의 구름을 일으켜 모든 보배의 비를 내려 일체중생을 교화하고, 마음과 경계를 화합하여 의지함이 없게 함으로써 스스로 일체의 지혜 보배를 나타나게 한 때문이다.

'일체 용궁의 난이 있는 곳'이란 정토보살은 용과 같다. 부분적으로 자비가 있어 허공을 날아다니는 神足이 1分 자재함이 용과 같다.

'야차'는 성문을 비유함이다. 삼독을 비우고, 또한 신통을 얻었기 때문이다.

'나찰궁의 난이 있는 곳'이란 연각을 비유함이다. 열반의 바다에 거처하면서 무명을 비우고, 아울러 일체 부처의 일체 지혜 종자가 앞에 나타나지 않기 때문이다.

이와 같은 여러 가지 어려움을 모두 회향의 원력으로 생사에 똑같이 머물면서 무명의 12有支를 해치지 않고서도 무명을 깨달아 부처 종성의 지혜를 성취하여, 법계 緣生의 자재한 문에 거처하기에, 그 이름을 "모두 회피하여 그 모든 어려움에서 벗어난다."고 말하였다.

"소용돌이치는 얕고 깊은 곳을 잘 분별하여 안다."는 것은 愛·取·有의 업이 깊고 얕음이며,

'파도의 멀고 가까움'이란 情識의 상념이 반연하는 바의 많고 적음이며,

'물빛의 좋고 나쁨'이란 애욕 마음의 선악이다.

"또한 일월성수의 운행 도수와 수효의 양, 낮과 밤, 새벽녘과 해질녘, 시간의 늦고 빠름을 잘 분별하여 안다."는 것은 잘 아는 세간사 가운데 음양의 현묘한 형상, 5행성의 운행 도수, 바람이 일어나는 시간, 사계절 시간의 늦고 빠름을 모두 앎을 밝힌 것이다.

법으로 밝히면, 5위의 닦아나감, 삼승이 각기 다른 교화 부분의 행문, 행을 따르고 근기를 따라 회전하는 궤칙의 방법, 시간에 따라 성숙함과 해탈, 하루·한 달·한 해·한 겁의 지내온 바의 많고 적

음을 모두 앎을 밝힌 것이다.

"그 배의 철물과 나무의 견고함과 연약함, 기관의 매끄러움과 껄끄러움, 물의 많고 적음, 바람의 순풍과 역풍 같은 일체 안전과 위험의 양상을 분명히 알지 못함이 없다."는 것은 실제로 현실의 일을 아는 것이며,

법으로 밝히면, 삼승의 회향한 마음과 회향하지 못한 마음,

생사를 감당하여 들어감과 생사를 감당하여 들어가지 못함,

근기의 성숙과 성숙하지 못함,

일승 중의 보살에서 제6 정심주와 제6 현전지가 앞에 나타남에 생사 속에 있으면서 생사에서 벗어나는 마음을 얻어, 三空 지혜의 적멸이 앞에 나타나는 것,

제7 불퇴주와 제7 원행지 보살이 생사를 벗어나는 가운데서 언제나 생사에 처하는 것,

제8 동진주와 제8 부동지에 無生忍이 앞에 나타나는 것을 얻은 보살이 공용 없는 지혜가 앞에 나타나 마음에 맡겨 중생을 이롭게 하는 것,

제9 법왕자주와 제9 선혜지에서 부처의 십력과 四無畏를 배우는 것,

제10 관정주와 제10 법운지에서 1分 여래의 세간을 벗어난 지혜의 해탈지견과 똑같이 원만하여 부처의 灌頂位에 머무는 것,

11지에서 바야흐로 보현의 신통과 妙行을 배워서 보현행품에 이르러 비로소 끝나는 것,

제37 여래출현품에서 佛果, 문수, 보현의 3가지 법인 법신, 그리고 근본지와 차별지가 비로소 理智의 대자비로 먼저 발원한 바와 같아서 서원했던 바에 부합하여 원만함을 아는 것 등을 밝힌 것이다.

가령 삼승의 가르침에서는 後得智가 보현행으로 중생을 교화하지만, 일승에서는 名字의 교법이 전후의 차이가 있는 것처럼 말하고 있다. 그러나 이와 같이 올라가는 것은 하나의 찰나에서 벗어나지 않는다.

이처럼 因이 먼저이고 果가 뒤인 삼승의 도가 3아승지에 원만함과, 이처럼 일승의 見道가 초발심주에 있고 가행의 行因이 십행·십회향·십지·11지에 있는, 이와 같은 배의 철재와 목재, 안전과 위험, 매끄러움과 껄끄러움을 모두 알며, 나아가 근기의 늦고 빠름을 알아서 당연히 선정의 止를 갖춰야 하면 바로 삼승 및 인천의 법, 그리고 5停心觀으로 선정에 들고, 근기를 살펴 만약 성숙한 자로서 마땅히 행해야 하면 바로 행하여 일승법에서 나아가 생사의 자성인 12有支로써 法事의 대지혜의 작용을 삼기 때문이다.

이하의 대의는 이와 같다.

"선남자여, 나는 좋은 배로 장사 무리들을 태우고 편안한 길을 떠가며, …보물섬으로 인도하여 여러 가지 보물을 만족스럽게 얻은 후에 그들을 거느리고서 염부제로 돌아왔다."는 것은 현실의 일이며, 이를 법으로 밝히면, 초발심주에서부터 부처의 근본지를 얻어, 이로부터 나아가 뒤의 모든 지위를 거쳐 가면서 모두 그 미묘한 법을 연설하여 십지에 이르면, 일체 지혜의 진귀한 보배가 이미 원만하게 된다. 이 때문에 11지에서도 또한 당연히 본래 예로부터 머물렀던 생사의 바다 속으로 이처럼 진귀한 보배를 보내어 그지없는 중생에게 널리 이를 베풀어 이익을 줌을 밝힌 것이다.

이는 수행의 닦아나가는 과정을 들어 이와 같은 말로써 이해하기 쉽게 말한 것이지만, 또한 생사의 바다를 벗어나지 않고, 큰 보물섬을 성취함을 밝힌 것이다.

나머지는 경문에서 말한 바와 같이 잘 갖춰져 있다. 이는 모두가 현상의 일을 들어서 말한 것으로, 현상의 일에 가탁하여 법의 이치를 나타냄으로써 중생이 쉽게 이해할 수 있도록 이처럼 말한 것이다.

이는 바로 제2 불괴회향 선지식이다. 이에 상당하는 뱃사공 바시라가 말하였다.

"나는 큰 배를 가지고 이처럼 다니지만 한 번도 잘못된 일이 없다. 만약 중생이 나의 몸을 보거나 나의 법을 들은 이는 영원히 나고 죽는 바다를 무서워하지 않고서 반드시 일체 지혜의 바다에 들어간다." 이것이 바로 불괴회향의 뜻이다.

지계바라밀로 주체를 삼고, 나머지 9가지로 객체를 삼는다.

지혜 법문으로 말하면 모든 지위를 통틀어 다스리지만, 지위 법문으로 말하면 대자비의 계를 성취하는 것이다.

바다의 뱃사공 바시라를 들어 이를 밝힌 것은 오고 감이 언제나 생사의 바다를 벗어나지 않기 때문이며,

"대비당의 행을 성취했을 뿐이다." 이하는 뒤 선지식의 공덕을 추켜올리면서 앞으로 닦아나가도록 함이다.

第三 無上勝長者 寄等一切佛廻向

以得勝通하야 無過上故오 等於諸佛하야 更無勝故니라

在可樂國者는 由等佛廻向하야 不見美惡이오 皆得清淨歡喜悅樂故니라

文中에 第一은 可知니라【鈔_ 寄等一切佛廻向者는 謂等同三世 一切如來能廻向道와 所廻向善故니라】

제3. 무상승장자, 등일체불회향 선지식

뛰어난 신통력을 얻어 그보다 더할 사람이 없기 때문이며, 제불과 같아서 또한 그 누구도 이길 수 없기 때문이다.

'가락국'에 있다는 것은 부처와 평등한 회향으로 말미암아 우열을 찾아볼 수 없으며, 모두 청정을 얻어 기뻐하고 좋아하기 때문이다.

1. 가르침을 따라 선지식을 찾아가 법을 구하다

이는 말하지 않아도 알 수 있다.【초_ '등일체불회향'에 붙여 말한 것은 삼세 일체 여래의 회향 주체의 도와 회향 대상의 선이 똑같기 때문이다.】

爾時에 善財童子 起大慈周徧心과 大悲潤澤心하야 相續不斷하며

福德智慧 二種莊嚴하며

捨離一切煩惱塵垢하며

證法平等하야 心無高下하며

拔不善刺하야 滅一切障하며

堅固精進으로 以爲牆塹하며

甚深三昧로 而作園苑하며

以慧日光으로 破無明暗하며

以方便風으로 開智慧華하며

以無礙願으로 充滿法界하며

心常現入一切智城하야 如是而求菩薩之道할새

漸次經歷하야 到彼城內하니라

 그때, 선재동자는 큰 사랑의 두루 미치는 마음과 크게 가엾이 여기어 윤택케 하는 마음을 일으켜 끊임없이 이어 나가고,

 복덕과 지혜 두 가지로 장엄하며,

 일체 번뇌의 때를 버리고,

 평등한 법을 증득하여 마음이 높고 낮음이 없으며,

 선하지 않은 가시를 뽑아 모든 장애를 없애고,

 굳건한 정진으로 담장과 해자를 삼으며,

 매우 깊은 삼매로 정원을 만들고,

지혜의 햇빛으로 무명의 어둠을 깨뜨리며,

방편의 봄바람으로 지혜의 꽃을 피우고,

걸림 없는 서원으로 법계에 가득하며,

마음은 항상 일체 지혜의 성에 들어가 이처럼 보살의 도를 구하면서,

차례차례 거쳐 가면서 그 가락국의 성에 이르렀다.

第二 見敬諮問

2. 친견하여 절을 올리고 법을 묻다

經

見無上勝이 在其城東大莊嚴幢無憂林中하니 無量商人과 百千居士之所圍遶라 理斷人間種種事務하고 因爲說法하사 令其永拔一切我慢하며 離我我所하며 捨所積聚하며 滅慳嫉垢하며 心得淸淨하며 無諸穢濁하며 獲淨信力하며 常樂見佛하며 受持佛法하며 生菩薩力하며 起菩薩行하며 入菩薩三昧하며 得菩薩智慧하며 住菩薩正念하며 增菩薩樂欲이어시늘

爾時에 善財童子 觀彼長者의 爲衆說法已하고 以身投地하야 頂禮其足하고 良久乃起하야

白言호되 聖者여 我是善財며 我是善財라 我專尋求菩薩

之行하노니 菩薩이 云何學菩薩行하며 菩薩이 云何修菩
薩道하야 隨修學時하야
常能化度一切衆生하며
常能現見一切諸佛하며
常得聽聞一切佛法하며
常能住持一切佛法하며
常能趣入一切法門하며
入一切刹하야 學菩薩行하며
住一切劫하야 修菩薩道하며
能知一切如來神力하며
能受一切如來護念하며
能得一切如來智慧리잇고

　　무상승장자가 그 성의 동쪽, 크게 장엄한 당기 근심 없는 숲속에 있는데, 한량없는 상인과 백천 거사가 둘러싸고 있었다.
　　인간의 가지가지 일들을 끊어 버리고 인하여 설법하여,
　　그들의 일체 교만을 영원히 뽑아내게 하고,
　　'나'라는 생각과 '나의 것'이라는 생각을 여의게 하며,
　　쌓아 모아둔 것을 보시하게 하고,
　　간탐과 질투의 때를 없애주며,
　　마음에 청정함을 얻게 하고,
　　모든 더러움을 없애주며,
　　청정한 신심의 힘을 얻게 하고,

항상 기꺼이 부처님을 보게 하며,
불법을 받아 지니기를 좋아하게 하고,
보살의 힘을 내게 하며,
보살의 행을 일으키게 하고,
보살의 삼매에 들어가게 하며,
보살의 지혜를 얻게 하고,
보살의 바른 생각에 머물게 하며,
보살의 원하는 것과 좋아하는 것을 더욱 키우도록 하였다.

그때, 선재동자는 무상승장자가 대중을 위해 설법하는 것을 보고서, 몸을 땅에 던져 그의 발에 절을 올리고 한참 있다가 일어나 여쭈었다.

"거룩하신 이여, 저는 선재입니다. 저는 선재입니다. 저는 오롯한 마음으로 보살의 행을 찾아 구하고 있습니다.

보살이 어떻게 보살의 행을 배우며, 보살이 어떻게 보살의 도를 닦는 것입니까?

이를 닦고 배울 적에
일체중생을 항상 교화하며,
일체 부처님을 항상 뵈오며,
일체 불법을 항상 들으며,
일체 불법을 항상 지니며,
일체 법문에 항상 들어가며,
일체 세계에 들어가 보살의 행을 배우며,

일체 겁에 머물면서 보살의 도를 닦으며,

일체 여래의 신통력을 알며,

일체 여래의 가호를 받으며,

일체 여래의 지혜를 얻을 수 있겠습니까?"

◉ 疏 ◉

初見在城東者는 啓明佛日故오

處無憂林者 同佛廻向하야 無愛憎故니라

商人等圍繞者는 佛爲商主오 菩薩爲商人이니 法財外益이나 功歸 己故니라

次'爾時善財'下는 設敬이오

後'白言'下는 咨問이라

稱名者는 聲名久聞이니 表重法之器 冀有聞故니라

　처음 성 동쪽에 있는 그를 보았다는 것은 부처의 태양이 솟아 오르는 곳이기 때문이며,

　'근심 없는 숲[無憂林]'이란 부처와 같이 회향하여 애증이 없기 때문이며,

　'상인 등이 둘러싸고 있다.'는 것은 부처는 상주이고, 보살은 상인이다. 법의 재물을 베풀어 밖으로 중생에게 이익을 주지만, 그 공은 자기에게 돌리기 때문이다.

　다음 '爾時善財' 이하는 친견하고 절을 올림이며, 뒤의 '白言' 이하는 물음이다.

선재의 이름을 2차례 들어 말한 것은 선재의 명성이 알려진 지 오래라, 법을 중히 여기는 그릇이라는 명성을 앞서 들었기를 바라는 마음을 나타낸 까닭이다.

第三 稱讚授法

授法中에 先은 標名體라

3. 선재동자를 칭찬하면서 법을 전수하다

법을 전수한 가운데, (1) 명제의 자체를 밝혔다.

經

時에 彼長者 告善財言하사대
善哉善哉라 善男子야 汝已能發阿耨多羅三藐三菩提心이로다
善男子야 我成就至一切處菩薩行門인 無依無作神通之力호라

그때, 장자가 선재에게 말하였다.

"훌륭하고 훌륭하다. 선남자여, 그대는 이미 아뇩다라삼먁삼보리심을 내었구나.

선남자여, 나는 일체 모든 곳에 이르는 보살행의 법문인 의지함이 없고 지음이 없는 신통력을 성취하였다.

◉ 疏 ◉

由無作無依일세 故能徧至니 徧至는 是用廣이오 無依는 是體勝이니
無依者는 不依他故오 無作者는 離加行故니라

  지음이 없고 의지함이 없음으로 말미암아 두루 이르는 것이다.
두루 이름은 작용의 광대함이며, 의지함이 없음은 체성이 뛰어남
이다.
  의지함이 없다는 것은 남을 의지하지 않기 때문이며,
  지음이 없다는 것은 가행을 여읜 때문이다.

二 徵釋業用

 (2) 작용을 묻고 해석하다

經

善男子야 云何爲至一切處菩薩行門고
善男子야 我於此三千大千世界의 欲界一切諸衆生中
에 所謂一切三十三天과 一切須夜摩天과 一切兜率陀
天과 一切善變化天과 一切他化自在天과 一切魔天과 及
餘一切天龍과 夜叉와 羅刹娑와 鳩槃茶와 乾闥婆와 阿
修羅와 迦樓羅와 緊那羅와 摩睺羅伽와 人與非人의 村
營城邑一切住處인 諸衆生中에 而爲說法하야 令捨非法
하며 令息諍論하며 令除鬪戰하며 令止忿競하며 令破寃結

하며 令解繫縛하며 令出牢獄하며 令免怖畏하며 令斷殺生하며 乃至邪見과 一切惡業의 不可作事를 皆令禁止하야 令其順行一切善法하며 令其修學一切技藝하며 於諸世間에 而作利益하야 爲其分別種種諸論하야 令生歡喜하며 令漸成熟하며 隨順外道하야 爲說勝智하야 令斷諸見하며 令入佛法하며 乃至色界一切梵天에 我亦爲其說起勝法이로니

如於此三千大千世界하야 乃至十方十不可說百千億那由他佛刹微塵數世界中에도 我皆爲說佛法과 菩薩法과 聲聞法과 獨覺法하며 說地獄하고 說地獄衆生하고 說向地獄道하며 說畜生하고 說畜生差別하고 說畜生受苦하고 說向畜生道하며 說閻羅王世間하고 說閻羅王世間苦하고 說向閻羅王世間道하며 說天世間하고 說天世間樂하고 說向天世間道하며 說人世間하고 說人世間苦樂하고 說向人世間道하야

爲欲開顯菩薩功德하며

爲令捨離生死過患하며

爲令知見一切智人諸妙功德하며

爲欲令知諸有趣中迷惑受苦하며

爲令知見無障礙法하며

爲欲顯示一切世間生起所因하며

爲欲顯示一切世間寂滅爲樂하며

爲令衆生으로 **捨諸想着**하며
爲令證得佛無依法하며
爲令永滅諸煩惱輪하며
爲令能轉如來法輪하야 **我爲衆生**하야 **說如是法**호라

선남자여, 어떤 것을 일체 모든 곳에 이르는 보살행의 법문이라 하는가.

선남자여, 나는 이 삼천대천세계의 욕계에 사는 일체중생 가운데,

이른바 일체 33천, 일체 수야마천, 일체 도솔타천, 일체 선변화천, 일체 타화자재천, 일체 마군의 하늘,

그 밖의 일체 하늘, 용, 야차, 나찰, 구반다, 건달바, 아수라, 가루라, 긴나라, 마후라가, 사람과 사람 아닌 이의 마을과 고을과 일체 모든 곳의 중생 가운데서 그들을 위하여 설법하여,

그릇된 법을 버리고, 말다툼을 멈추고, 싸움을 없애고, 성냄을 그치고, 맺힌 원수를 풀고, 속박에서 벗어나고, 옥에서 나오게 하고, 두려움을 없애주고, 살생을 끊도록 하고, 내지 삿된 소견과 해서는 안 될 일체 악업을 모두 금지하도록 하여,

일체 착한 법을 따라 행하고, 일체 기예를 닦아 익히고 배우도록 하며, 일체 세간에 이익되는 일을 하여, 그들에게 가지가지 의론을 분별하여 기쁜 마음을 내게 하고, 차츰차츰 성숙하게 하며, 외도를 따라서 훌륭한 지혜를 말해주어 그들의 삿된 소견을 끊고서 불법에 들어오게 하며, 내지 색계의 일체 범천에서도 나는 또한

그들을 위하여 훌륭한 법문을 연설하였다.

이 삼천대천세계에서와 같이 내지 시방의 열 개 말할 수 없는 백천억 나유타 세계의 티끌 수 세계에서도 나는 모두 그들을 위하여 부처의 법, 보살의 법, 성문의 법, 독각의 법을 말해주고,

지옥을 말해주고, 지옥의 중생을 말해주고, 지옥으로 가는 길을 말해주며,

축생을 말해주고, 축생의 각기 다른 모습을 말해주고, 축생의 고통을 말해주고, 축생으로 가는 길을 말해주며,

염라왕의 세계를 말해주고, 염라왕 세계의 고통을 말해주고, 염라왕 세계로 가는 길을 말해주며,

하늘 세계를 말해주고, 하늘 세계의 즐거움을 말해주고, 하늘 세계로 가는 길을 말해주며,

인간을 말해주고, 인간의 고통과 즐거움을 말해주고, 인간으로 가는 길을 말해주었다.

이는 보살의 공덕을 밝혀주고자 함이며,

생사의 걱정을 여의게 하고자 함이며,

일체 지혜를 가진 이의 미묘한 공덕을 알려주고자 함이며,

삼유(三有)의 세계에서 미혹으로 받는 고통을 알려주고자 함이며,

걸림이 없는 법을 알고 보여주고자 함이며,

일체 세간이 생겨나는 원인을 보여주고자 함이며,

일체 세간의 고요한 즐거움을 나타내고자 함이며,

중생의 집착 생각을 버리게 하고자 함이며,
부처의 의지함이 없는 법을 얻게 하고자 함이며,
모든 번뇌의 바퀴를 없애주고자 함이며,
여래의 법륜을 굴리게 하고자,
나는 중생을 위하여 이런 법을 연설하였다.

⦿ 疏 ⦿

釋中에 明至一切處하야 廣說法故라
文中에 先擧三千하고 後如於此三千下는 類顯十方이라

해석 부분에서는 일체 모든 곳에 이르러 널리 설법함을 밝힌 때문이다.

경문에서는 먼저 '삼천대천세계'를 말하고,
뒤의 '如於此三千' 이하에서는 시방세계를 유별로 밝혔다.

第四 謙己推勝
4. 몸을 낮추면서 선지식의 훌륭함을 추켜올리다

經

善男子야 我唯知此至一切處修菩薩行淸淨法門인 無依無作神通之力이어니와
如諸菩薩摩訶薩은

具足一切自在神通하야 悉能徧往一切佛刹하며
得普眼地하야 悉聞一切音聲言說하며
普入諸法하야 智慧自在하며
無有乖諍하야 勇健無比하며
以廣長舌로 出平等音하며
其身妙好하야 同諸菩薩하며
與諸如來로 究竟無二하야 無有差別하며
智身廣大하야 普入三世하며
境界無際하야 同於虛空하나니
而我云何能知能說彼功德行이리오

선남자여, 나는 오직 일체 모든 곳에 이르는, 보살이 수행한 청정한 법문과 의지함이 없고 지음이 없는 신통력을 알 뿐이지만,

저 보살마하살은

일체 자재한 신통력을 두루 갖추고서 모두 일체 부처의 세계에 두루 이르며,

넓은 눈의 지위를 얻어 일체 음성과 언어를 들으며,

모든 법에 널리 들어가 지혜가 자재하며,

다투는 일이 없어 용맹하기 짝이 없으며,

넓고 긴 혀로 평등한 음성을 내며,

그 몸매가 훌륭하고 아름다워 보살들과 같으며,

여래들과 최고의 경계에서 둘이 없어 차별이 없으며,

지혜의 몸이 광대하여 삼세에 널리 들어가며,

경계가 끝이 없어 허공과 같다.

내가 그런 공덕의 행을 어떻게 알며, 어떻게 말할 수 있겠는가.

◉ 疏 ◉

推勝中에 加淸淨法門者는 徧至本爲說法故니 卽前所說이라 後二는 可知니라

선지식의 훌륭함을 추켜올린 부분에 청정법문을 더한 것은, '일체 부처의 세계에 두루 찾아감'은 본래 설법하기 위한 까닭이다. 이는 앞에서 말한 부분이다.

뒤의 2가지는 말하지 않아도 알 수 있다.

經

善男子야 於此南方에 有一國土하니 名曰輸那오 其國에 有城하니 名迦陵迦林이며 有比丘尼하니 名師子頻申이니 汝詣彼問호되 菩薩이 云何學菩薩行이며 修菩薩道리잇고 하라

時에 善財童子 頂禮其足하며 遶無量匝하며 殷勤瞻仰하고 辭退而去하니라

선남자여, 여기에서 남쪽으로 한 나라가 있는데, 그 이름을 '수나국'이라 한다.

그 나라에 성이 있는데, 그 이름을 '가릉가림성'이라 한다.

그곳에 비구니가 있는데, 그 이름을 '사자빈신'이라 한다.

그대는 그를 찾아가 '보살이 어떻게 보살의 행을 배우며, 보살의 도를 닦는가.'를 묻도록 하라."

선재동자는 그의 발에 절하고 한량없이 돌고 은근한 마음으로 우러러 사모하면서 하직하고 떠나갔다.

◉ 論 ◉

'漸次經歷하야 到彼城內'者는 升進入位를 名內오
'見無上勝이 在城東'者는 明以智利生이 爲東이니 表不住本位라 東方은 表智니 以就俗引衆生하야 發明生位也오 亡言之理는 不可以引蒙이오 絶象眞源은 不可以益俗이라 是故로 以方隅而表法이라
'無量商人과 百千居士之所圍繞'者는 是所化之象이니 表以愚易智하며 以智易愚하며 以惡易善일새 亦爲商人이오 常處生死하야 以行仁德하야 化利羣品일새 名爲居士니 此約行釋이라
'善財童子 觀長者의 爲衆說法已코 以身投地'는 表十廻向大體 約廻眞入俗에 以大慈悲善忍으로 爲地라
'再云我是善財我是善財'者는 表求法深重也며 亦明達我無我하야 以成忍也라
已下에 '長者 告善財所行之行에 名成就一切處菩薩行'은 以明如一切佛이 廻向十方一切世界一切衆生所行하야 無不徧故니 如下文具明하니라
如十住中에 從初至第三住히 見三比丘는 表從世間修出世間法이오 此從初廻向으로 見三長者는 是純俗流인 合香船師無上勝等

93

이니 明從眞入俗이 名爲廻向이라

此是等一切佛廻向中 善知識이니 以忍波羅密로 爲主오 餘九로 爲伴이니 約智門中인댄 諸位通治어니와 約位門中인댄 治入生死海中忍不自在障하야 令得法忍自在니

前十住十行은 明修出世間離苦忍이오 此位는 明入世間中成就 慈悲饒益忍이니 以此로 十廻向中에 捨身肉手足과 國城妻子하야 有來乞者호되 無厭恨心하고 倍增歡喜니라

"차례차례 거쳐 가면서 그 성에 도착하여, 무상승장자가 그 성에 있음을 보았다."는 것은 위로 닦아나가면서 지위에 들어가는 것을 '城內의 內'라 말하고,

"무상승장자가 그 성의 동쪽에 있는 것을 보았다."는 것은 지혜로 중생을 이롭게 함이 동쪽임을 밝힌 것이다. 근본 자리에 머물지 않음을 나타낸다. 동방은 지혜를 나타낸다. 세속에 나아가 중생을 인도하여 생명의 지위[生位]를 밝힌 것이다. 다만 말이 없는 진리로는 몽매한 자를 이끌 수 없고, 형상이 끊어진 진여의 본원으로는 속인을 이롭게 할 수 없다. 이 때문에 방위로 법을 나타낸 것이다.

"한량없는 상인과 백천 거사가 둘러싸고 있다."는 것은 교화받는 대중이다. 어리석음을 지혜로 바꾸고, 지혜를 어리석음으로 바꾸고, 악을 선으로 바꾸기에 또한 물건을 무역하는 '상인'이라 하고, 언제나 생사에 머물면서 사랑의 공덕을 행하여 많은 중생을 교화하여 이익을 주기 때문에 그 이름을 '거사'라 함을 나타낸 것이다. 이는 행을 들어 해석하였다.

"선재동자는 무상승장자가 대중을 위해 설법하는 것을 보고서, 몸을 땅에 던져 그의 발에 절을 올린" 것은 십회향의 대체는 진제를 돌이켜 속제에 들어감에 대자비의 善忍으로 땅을 삼음을 나타낸 것이다.

"저는 선재입니다."를 2차례 말한 것은 법을 구하는 마음이 깊고도 무거움을 나타낸 것이며, 또한 '나'라는 마음과 '내가 없다.'는 마음을 깨달아 법인을 성취함을 밝힌 것이다.

아래에서 "장자가 선재동자에게 행할 바의 행을 말해줄 적에 일체 모든 곳에 이르는 보살행을 성취함이라 이름 붙인 것"은 일체 모든 부처가 시방 일체 세계의 일체중생이 행할 바에 회향하여 두루 이르지 않음이 없는 것과 같음을 밝혔다. 아래 경문에서 구체적으로 밝힌 바와 같다.

예컨대 십주 가운데 초발심주로부터 제3 수행주에 이르기까지 비구 3사람을 찾아본 것은 세간으로부터 출세간법을 닦아나감을 밝힌 것이며, 여기에서 제1 구호일체중생이중생상회향으로부터 장자 3사람을 찾아본 것은 순수한 세속의 부류인 육향장자, 뱃사공 바시라, 무상승장자이다. 이는 진제로부터 속제에 들어가는 것을 '회향'이라 말함을 밝힌 것이다.

이는 일체 모든 부처와 동등한 회향 부분의 선지식이다. 인욕바라밀로 주체를 삼고 나머지 9가지로 객체를 삼는다.

지혜 법문으로 말하면 모든 지위를 통틀어 다스리지만, 지위 법문으로 말하면 생사의 바다 속에 들어가 자재하지 못한 장애를 다스려서 法忍의 자재함을 얻게 하는 것이다.

앞의 십주와 십행은 세간을 벗어나 고통을 여의는 법인을 닦음을 밝힌 것이며, 이 지위는 세간 속에서 자비의 이익을 성취하는 법인을 밝힌 것이다. 이 때문에 십회향 가운데 육신과 손발, 나라의 성과 처자를 희사하여, 구걸하러 오는 자에게 싫어하는 마음이 없고 곱절이나 기쁨을 더하는 것이다.

第四 至一切處廻向善友 名師子嚬申者는 舒展自在하야 無不至故니라
'比丘尼'者는 純淨之慈 令善徧故니라
'國中輸那'者는 此云勇猛이니 勇猛之力이 能使善根 無不至故오 又以十度明義인댄 義當進故니라
'城名迦陵迦林'者는 以義翻爲相鬪戰時니 謂因鬪勝而立城故니 表此廻向願이 以信解大威力故오 廣大智慧 無障礙故로 令修善根하야 無所不至일새 義同戰時니라
文中에 第一은 依敎趣求라

제4. 사자빈신비구니, 지일체처회향 선지식

선지식의 이름을 '사자빈신'이라 말한 것은 자재하게 펼쳐 이르지 않은 곳이 없기 때문이다.

'비구니'란 순수청정한 사랑을 두루 잘하도록 한 때문이다.

나라의 이름을 '수나'라 말한 것은 중국에서는 '용맹하다.'의 뜻

이다. 용맹스러운 힘이 선근으로 하여금 이르지 않음이 없게 하기 때문이며, 또한 십바라밀로써 그 의미를 밝힌다면 그것은 정진바라밀에 해당하기 때문이다.

성의 이름을 '가릉가림'이라 말한 것은 뜻으로 번역하면 '서로 전투할 때'라는 뜻이다. 전투의 승리로 인하여 성을 세웠기 때문이다. 회향의 서원이 신심과 이해의 큰 위력 때문이며, 광대한 지혜가 걸림 없기 때문에 그로 하여금 선근을 닦게 하여 이르지 않은 바가 없다. 이런 의미가 戰時와 같음을 나타낸 것이다.

1. 가르침을 따라 선지식을 찾아가 법을 구하다

經

爾時에 善財童子 漸次遊行하야 至彼國城하야 周徧推求 此比丘尼한대 有無量人이 咸告之言호되
善男子야 此比丘尼 在勝光王之所捨施日光園中하사 說法利益無量衆生이니이다

그때, 선재동자가 차례로 길을 가면서 수나국에 이르러 이곳저곳에서 비구니를 두루 찾자, 한량없는 사람이 말하였다.

"선남자여, 그 비구니는 승광왕이 보시한 햇빛 동산에 머물면서 설법으로 한량없는 중생에게 이익을 주고 있다."

● 疏 ●

言勝光王捨施日光園者는 準律尼之頭陀에 多在王園하니 藉外

護故니라 表因實際勝光하야 令其善根으로 徧法界之園苑故니 竝皆卽智일새 故有光名이라

승광왕이 햇빛 동산을 보시했다고 말한 것은 비구니 계율에 준하면, 비구니는 대체로 왕의 동산에 있는 경우가 많다. 밖에서 보호해 주는 힘을 빌려야 하기 때문이다. 실제의 수승한 광명을 인하여 그 선근을 법계의 동산에 두루 심음을 나타낸 때문이다. 아울러 모두가 지혜이기에 광채의 이름으로 '勝光王 日光園'이라 말하였다.

第二 見敬諮問

中三이니

先은 見이오 次는 敬이오 後는 問이라

前中二니

初는 見依오 後는 見正이라

今은 初라

2. 친견하여 절을 올리고 법을 묻다

이는 3부분이다.

1) 친견하고, 2) 절을 올리고, 3) 법을 물음이다.

'1) 친견' 부분은 2단락이다.

(1) 의보를 살펴보았고,

(2) 정보를 살펴보았다.

이는 '(1) 의보'이다.

經

時에 善財童子 卽詣彼園하야 周徧觀察하야

見其園中에 有一大樹하니 名爲滿月이라 形如樓閣하야 放大光明하야 照一由旬하며

見一葉樹하니 名爲普覆라 其形如蓋하야 放毘瑠璃紺靑光明하며

見一華樹하니 名曰華藏이라 其形高大 如雪山王하고 雨衆妙華하야 無有窮盡이 如忉利天中波利質多羅樹하며

復見有一甘露果樹하니 形如金山하야 常放光明하고 種種衆果 悉皆具足하며

復見有一摩尼寶樹하니 名毘盧遮那藏이라 其形無比하야 心王摩尼寶 最在其上하고 阿僧祇色相摩尼寶로 周徧莊嚴하며

復有衣樹하니 名爲淸淨이라 種種色衣로 垂布嚴飾하며

復有音樂樹하니 名爲歡喜라 其音美妙하야 過諸天樂하며

復有香樹하니 名普莊嚴이라 恒出妙香하야 普熏十方하야 無所障礙하며

園中에 復有泉流陂池하니 一切皆以七寶莊嚴하고 黑栴檀泥 凝積其中하고 上妙金沙 彌布其底하고 八功德水 具足盈滿하고 優鉢羅華와 波頭摩華와 拘物頭華와 芬陀

利華ㅣ徧覆其上하며

無量寶樹ㅣ 周徧行列이어든 諸寶樹下에 敷師子座하야 種種妙寶로 以爲莊嚴하고 布以天衣하고 熏諸妙香하고 垂諸寶繒하고 施諸寶帳하고 閻浮金網으로 彌覆其上하고 寶鐸徐搖하야 出妙音聲하며

或有樹下엔 敷蓮華藏師子之座하며

或有樹下엔 敷香王摩尼藏師子之座하며

或有樹下엔 敷龍莊嚴摩尼王藏師子之座하며

或有樹下엔 敷寶師子聚摩尼王藏師子之座하며

或有樹下엔 敷毘盧遮那摩尼王藏師子之座하며

或有樹下엔 敷十方毘盧遮那摩尼王藏師子之座하니 其一一座에 各有十萬寶師子座 周匝圍遶하야 一一皆具無量莊嚴하며 此大園中에 衆寶徧滿이 猶如大海寶洲之上하며 迦隣陀衣로 以布其地하니 柔軟妙好하야 能生樂觸이라 蹈則沒足하고 擧則還復하며 無量諸鳥ㅣ 出和雅音하며 寶栴檀林에 上妙藏嚴인 種種妙華 常雨無盡이 猶如帝釋雜華之園하며 無比香王이 普熏一切 猶如帝釋善法之堂하며

諸音樂樹와 寶多羅樹의 衆寶鈴網에 出妙音聲이 如自在天善口天女의 所出歌音하며

諸如意樹에 種種妙衣로 垂布莊嚴이 猶如大海에 有無量色하며

百千樓閣에 衆寶莊嚴이 如忉利天宮의 善見大城하며
寶蓋遐張이 如須彌峰하며
光明普照 如梵王宮이어늘
爾時에 善財童子 見此大園에 無量功德의 種種莊嚴하니 皆是菩薩業報成就며 出世善根之所生起며 供養諸佛功德所流라 一切世間에 無與等者니 如是 皆從師子頻申比丘尼의 了法如幻하야 集廣大淸淨福德善業之所成就라
三千大千世界의 天龍八部와 無量衆生이 皆入此園호되 而不迫窄하니
何以故오
此比丘尼不可思議威神力故러라

그때, 선재동자가 햇빛 동산에 찾아가 두루 살펴보았다.

그 동산에 한 그루 큰 나무가 있는데, 그 이름을 '만월(滿月)'이라 한다. 그 나무의 모습은 누각과 같은데, 큰 광명이 쏟아져 나와 한 유순 멀리까지 비추었다.

하나의 나뭇잎이 아름다운 나무가 있는데, 그 이름을 '널리 덮어주는 잎[普覆]'이라 한다. 그 잎의 모양은 일산과 같고 비유리의 검푸른 광명을 쏟아내었다.

하나의 꽃송이가 아름다운 나무가 있는데, 그 이름을 '화장(華藏)'이라 한다. 그 모양이 높고 커서 설산과 같으며, 여러 꽃비를 그지없이 내려줌이 도리천의 리질다라 나무와 같았다.

또 한 그루의 감로수 과일나무가 있는데, 그 모양이 금산과 같아 항상 광명이 쏟아지고, 가지가지 과일들이 모두 넉넉하였다.

또 한 그루의 마니보배 나무가 있는데, 그 이름을 '비로자나장'이라 한다. 그 모양은 비길 데 없으며, 심왕마니보배가 가장 맨 위에 있고, 아승지 빛깔의 마니보배로 두루 장엄하였다.

또 의복 나무가 있는데, 그 이름을 '청정'이라 한다. 가지각색 의복으로 펼쳐 장식하였다.

또 음악 나무가 있는데, 그 이름을 '환희'라 한다. 음성이 아름다워 하늘 풍류보다 훌륭하였다.

또 향나무가 있는데, 그 이름을 '보장엄'이라 한다. 항상 미묘한 향기를 뿜어내어 시방으로 널리 풍기며 걸림이 없었다.

동산에는 또한 시냇물과 연못이 있는데, 모두 칠보로 장엄하였고, 흑전단 앙금이 그 가운데 쌓여 있고, 최상의 황금모래가 밑바닥에 깔려 있으며, 여덟 가지 공덕의 물이 가득히 넘실거리는데, 우발라꽃, 파두마꽃, 구물두꽃, 분타리꽃이 그 위를 덮었으며,

한량없는 보배 나무가 줄지어 둘러 있는데, 모든 보배 나무 아래에 놓여 있는 사자법좌는 가지가지 보배로 장엄하였고, 하늘 옷을 펼쳐놓고 미묘한 향기를 뿜어내며, 보배 비단을 드리우고 보배 휘장을 둘러쳤으며, 염부단금 그물로 그 위를 덮었고, 보배 풍경은 조용히 흔들리며 아름다운 소리를 내었다.

어떤 나무 아래에는 연화장 사자법좌가 놓여 있고,

어떤 나무 아래에는 향왕마니장 사자법좌가 놓여 있고,

어떤 나무 아래에는 용장엄 마니왕장 사자법좌가 놓여 있고,

어떤 나무 아래에는 보사자취 마니왕장 사자법좌가 놓여 있고,

어떤 나무 아래에는 비로자나 마니왕장 사자법좌가 놓여 있고,

어떤 나무 아래에는 시방 비로자나 마니왕장 사자법좌가 놓여 있는데,

하나하나 사자법좌마다 각각 십만 보배 사자법좌가 둘러 있고, 하나하나가 모두 한량없는 장엄을 갖추었다.

이 큰 동산에 여러 보배가 가득함이 마치 바다 가운데 보물섬과 같았고,

가린타 옷으로 땅바닥에 펼쳐놓으니 부드럽고 아름다워 편안한 감촉이 느껴졌다. 밟으면 푹신하게 들어갔다가 발을 들면 다시 되돌아왔고,

한량없는 새들이 아름다운 소리를 울려 냈으며,

보배 전단 숲에는 가장 훌륭하게 장엄한 가지각색의 아름다운 꽃들이 언제나 그지없이 내림이 마치 제석천왕의 꽃동산 같았고,

비길 데 없는 향기가 항상 나오는 것이 마치 제석천왕의 선법당(善法堂)과도 같았으며,

여러 음악 나무와 보배 다라나무에서는 보배 풍경에서 미묘한 소리가 울려 나옴이 자재천의 선구천녀가 뽑아내는 노랫가락 같았고,

여러 여의수에는 가지각색의 옷을 드리워 장엄함이 마치 큰 바다에 한량없는 빛이 있는 것과 같았으며,

백천 누각에는 수많은 보배로 장엄함이 마치 도리천궁의 선견성(善見城)과 같았고,

보배 일산을 멀리 펼친 것은 마치 수미산과 같았으며,

광명이 널리 비춤은 마치 범왕의 궁전과도 같았다.

그때, 선재동자가 그 동산에서 한량없는 공덕과 가지가지 장엄을 보았다.

이는 모두 보살의 업보로 이뤄진 것이며, 출세간의 선근으로 생겨난 것이며, 부처님께 공양한 공덕으로 나온 것이라, 일체 세간의 그 어느 것도 이와 같음이 없었다.

이와 같은 것은 모두 사자빈신비구니가 법이 요술과 같음을 알고서 광대하고 청정한 복덕과 선업을 쌓은 데서 성취된 것이다.

삼천대천세계의 하늘, 용, 팔부 신중과 한량없는 중생이 모두 이 동산에 모여들었지만 조금도 비좁지 않았다.

무엇 때문일까?

이 비구니의 불가사의한 신통력 때문이다.

◉ 疏 ◉

有六이니 一은 無漏林樹니 無漏法行而建立故니라

文中有八하야 各有所表하니 思之어다【鈔_ '無漏林樹等者는 多是 淨名佛道品偈니 云'總持之園苑에 無漏法林樹와 覺意淨妙花와 解脫智慧果'니라】

이의 경문은 6단락이다.

① 무루의 나무숲이다. 무루법의 행으로 건립하였기 때문이다. 경문 가운데 8구는 각각 나타낸 바가 있다. 이를 생각해야 한다. 【초_ '무루의 나무숲' 등이란 대부분이 유마경 佛道品 게송이다.

"다라니의 동산에 무루의 나무숲, 깨달음의 청정 미묘한 꽃송이, 해탈지혜의 열매이다."】

二'園中復有'下는 明八解泉流니 八功德者는 謂輕·冷·濡·美·淨而不臭·調適·無患이라 【鈔_ 八解之浴池에 定水湛然滿이어늘 布以七淨花하야 浴此無垢人 等이라】

② '園中復有' 이하는 8가지 해탈의 시냇물[八解泉流]을 밝혔다. '8가지 공덕'이란 가볍고, 시원하고, 적셔주고, 아름답고, 맑고, 악취가 없고, 몸에 알맞고, 걱정이 없음을 말한다. 【초_ 8가지 해탈의 연못에 선정의 맑은 물이 넘실대는데, 7가지 청정한 꽃송이[戒淨·心淨·見淨·度疑淨·分別道淨·行斷知見淨·涅槃淨]가 뒤덮여 있고 그곳에서 청정무구한 사람이 목욕한다는 등이다.】

三'無量寶樹'下는 敷法空座호되 而隨法嚴異라 於中에 有標·列及結하니 可知니라

四'此大園'下는 雜明諸嚴이니 萬行非一故니라

----

1 8가지 해탈: 八解는 八解脫을 말함. aṣṭau vimokṣāḥ. 또한 八背捨, 八惟無, 八惟務라 말하기도 한다. 1. 內有色想觀諸色解脫, 2. 內無色想觀外色解脫, 3. 淨解脫身作證具足住, 觀淨色故名淨解脫, 4. 超諸色想滅有對想不思惟種種想入無邊空無邊處具足住解脫, 5. 超一切空無邊處入無邊識識無邊處具足住解脫, 6. 超一切識無邊處入無所有無所有處具足住解脫, 7. 超一切無所有處入非想非非想處具足住解脫, 8. 超一切非想非非想處入想受滅身作證具足住解脫.

五 爾時善財下는 出其所因이라

六 三千下는 明果用自在니라

　③ '無量寶樹' 이하는 法空의 법좌를 펼쳐놓되 법을 따라 장엄이 다르다. 그 가운데 표장과 나열 및 끝맺음이 있다. 이는 말하지 않아도 알 수 있다.

　④ '此大園' 이하는 모든 장엄을 뒤섞어 밝혔다. 萬行이 하나가 아니기 때문이다.

　⑤ '爾時善財' 이하는 그 원인이 되는 바를 말하였다.

　⑥ '三千' 이하는 결과의 작용이 자재함을 밝혔다.

二 明見正報

中四니

初는 總明徧坐하야 勝德顯彰이오

二는 別明所徧하야 演法各異오

三은 總結多類聞法發心이오

四는 通顯所因하야 釋成自在니라

今은 初라

　(2) 정보를 살펴보다

　이의 경문은 4단락이다.

　㈀ 두루 법좌에 앉음을 총체로 밝혀 수승한 공덕을 밝혔고,

　㈁ 두루 법좌에 앉음을 개별로 밝혀 법문 연설이 각기 다름을

밝혔으며,

㈐ 많은 부류의 중생이 법문을 듣고서 발심한 것을 총체로 끝맺었고,

㈑ 원인의 대상을 총괄하여 밝혀 자재함을 해석하였다.

이는 '㈎ 두루 법좌에 앉은 총체' 부분이다.

經

爾時에 善財 見師子頻申比丘尼 徧坐一切諸寶樹下大師子座하니
身相端嚴하고 威儀寂靜하며
諸根調順이 如大象王하며
心無垢濁이 如淸淨池하며
普濟所求 如如意寶하며
不染世法이 猶如蓮花하며
心無所畏 如師子王하며
護持淨戒하야 不可傾動이 如須彌山하며
能令見者로 心得淸凉이 如妙香王하며
能除衆生의 諸煩惱熱이 如雪山中妙栴檀香하며
衆生見者 諸苦消滅이 如善見藥王하며
見者不空이 如婆樓那天하며
能長一切衆善根芽 如良沃田하사
在一一座하야 衆會不同하고 所說法門도 亦各差別하며

그때, 선재동자는 사자빈신비구니가 모든 보배 나무 아래 놓인 사자법좌에 두루 앉아 있는 것을 보았다.

몸매가 단정하고 위의가 고요하며,

여러 감관이 길들여져 있음이 마치 코끼리와 같으며,

마음에 때가 없음이 청정한 연못과 같으며,

구하는 대로 널리 베풀어 줌이 여의주 보배와 같으며,

세간법에 물들지 않음이 연꽃과 같으며,

마음에 두려움이 없음이 사자와 같으며,

청정한 계율을 지니고서 흔들리지 않음이 수미산과 같으며,

보는 이들에게 청량한 마음을 얻게 함이 미묘한 향과 같으며,

중생의 모든 번뇌를 없애줌이 설산에 있는 전단향과 같으며,

보는 중생마다 모든 고통이 사라짐이 선견약왕과 같으며,

보는 이마다 헛되지 않음이 바루나천과 같으며,

모든 선근의 싹을 길러줌이 기름진 밭과 같았다.

하나하나 사자법좌에 모인 대중도 똑같지 않았고 연설하는 법문 또한 각기 달랐다.

● 疏 ●

婆樓那者는 此云水也니 此天에 能滿人願故니라

바루나는 중국에서는 물을 말한다. 바루나의 하늘에서는 사람들이 원하는 바를 잘 채워주기 때문이다.

一

二別明所徧

中에 有三十處하니

分三이라

初十六은 爲八部人非人等이오

次二는 爲二乘이오

後十二는 爲菩薩이라

今은 初라

(ㄴ) 두루 법좌에 앉음을 개별로 밝히다

이 부분에는 30곳의 자리가 있는데, 3부분으로 나뉜다.

첫째, 16곳의 자리는 팔부와 사람 또는 사람이 아닌 중생 등을 위함이고,

다음 2곳의 자리는 이승을 위함이며,

뒤의 12곳 자리는 보살을 위함이다.

이는 '첫째, 16곳의 자리'이다.

經

或見處座하니 淨居天衆의 所共圍遶에 大自在天子 而爲上首어든 此比丘尼 爲說法門하니 名無盡解脫이며

或見處座하니 諸梵天衆의 所共圍遶에 愛樂梵王이 而爲上首어든 此比丘尼 爲說法門하니 名普門差別淸淨言音輪이며

或見處座하니 他化自在天天子天女의 所共圍遶에 自在天王이 而爲上首어든 此比丘尼 爲說法門하니 名菩薩淸淨心이며

或見處座하니 善變化天天子天女의 所共圍遶에 善化天王이 而爲上首어든 此比丘尼 爲說法門하니 名一切法善莊嚴이며

或見處座하니 兜率陀天天子天女의 所共圍遶에 兜率天王이 而爲上首어든 此比丘尼 爲說法門하니 名心藏旋이며

或見處座하니 須夜摩天天子天女의 所共圍遶에 夜摩天王이 而爲上首어든 此比丘尼 爲說法門하니 名無邊莊嚴이며

或見處座하니 三十三天天子天女의 所共圍遶에 釋提桓因이 而爲上首어든 此比丘尼 爲說法門하니 名厭離門이며

或見處座하니 百光明龍王과 難陀龍王과 優波難陀龍王과 摩那斯龍王과 伊羅跋難陀龍王과 阿那婆達多龍王 等龍子龍女의 所共圍遶에 娑伽羅龍王이 而爲上首어든 此比丘尼 爲說法門하니 名佛神通境界光明莊嚴이며

或見處座하니 諸夜叉衆의 所共圍遶에 毘沙門天王이 而爲上首어든 此比丘尼 爲說法門하니 名救護衆生藏이며

或見處座하니 乾闥婆衆의 所共圍遶에 持國乾闥婆王이 而爲上首어든 此比丘尼 爲說法門하니 名無盡喜며

或見處座하니 阿修羅衆의 所共圍遶에 羅睺阿修羅王이

而爲上首어든 此比丘尼 爲說法門하니 名速疾莊嚴法界智門이며

或見處座하니 迦樓羅衆의 所共圍遶에 捷持迦樓羅王이 而爲上首어든 此比丘尼 爲說法門하니 名怖動諸有海며

或見處座하니 緊那羅衆의 所共圍遶에 大樹緊那羅王이 而爲上首어든 此比丘尼 爲說法門하니 名佛行光明이며

或見處座하니 摩睺羅伽衆의 所共圍遶에 菴羅林摩睺羅伽王이 而爲上首어든 此比丘尼 爲說法門하니 名生佛歡喜心이며

或見處座하니 無量百千男子女人의 所共圍遶에 此比丘尼 爲說法門하니 名殊勝行이며

或見處座하니 諸羅刹衆의 所共圍遶에 常奪精氣大樹羅刹王이 而爲上首어든 此比丘尼 爲說法門하니 名發生悲愍心이니라

　어떤 법좌를 살펴보니 정거천 대중이 둘러싸고 있는데, 대자재천자가 그 대중 가운데 우두머리이다. 이 비구니가 그들을 위해 설법한 법문의 이름을 '그지없는 해탈'이라 한다.

　어떤 법좌를 살펴보니 범천 대중이 둘러싸고 있는데, 애락범천왕이 그 대중 가운데 우두머리이다. 이 비구니가 그들을 위해 설법한 법문의 이름을 '넓은 문이 각기 다른 청정한 음성 법륜[普門差別淸淨言音輪]'이라 한다.

　어떤 법좌를 살펴보니 타화자재천의 천자와 천녀들이 둘러싸

고 있는데, 자재천왕이 그 대중 가운데 우두머리이다. 이 비구니가 그들을 위해 설법한 법문의 이름을 '보살청정심'이라 한다.

어떤 법좌를 살펴보니 선변화천의 천자와 천녀들이 둘러싸고 있는데, 선변화천왕이 그 대중 가운데 우두머리이다. 이 비구니가 그들을 위해 설법한 법문의 이름을 '일체 법을 잘 장엄함'이라 한다.

어떤 법좌를 살펴보니 도솔천의 천자와 천녀들이 둘러싸고 있는데, 도솔천왕이 그 대중 가운데 우두머리이다. 이 비구니가 그들을 위해 설법한 법문의 이름을 '마음의 법장이 선회함[心藏旋]'이라 한다.

어떤 법좌를 살펴보니 수야마천의 천자와 천녀들이 둘러싸고 있는데, 수야마천왕이 그 대중 가운데 우두머리이다. 이 비구니가 그들을 위해 설법한 법문의 이름을 '그지없는 장엄'이라 한다.

어떤 법좌를 살펴보니 33천의 천자와 천녀들이 둘러싸고 있는데, 석제환인이 그 대중 가운데 우두머리이다. 이 비구니가 그들을 위해 설법한 법문의 이름을 '싫어서 벗어나는 법문'이라 한다.

어떤 법좌를 살펴보니 백광명용왕, 난타용왕, 우바난타용왕, 마나사용왕, 이라발난타용왕, 아나바달다용왕 등 용의 아들과 용의 딸들이 둘러싸고 있는데, 사가라용왕이 그 대중 가운데 우두머리이다. 이 비구니가 그들을 위해 설법한 법문의 이름을 '부처님의 신통한 경계의 광명 장엄'이라 한다.

어떤 법좌를 살펴보니 야차의 대중이 둘러싸고 있는데, 비사문천왕이 그 대중 가운데 우두머리이다. 이 비구니가 그들을 위해 설법한 법문의 이름을 '중생을 구호하는 법장'이라 한다.

어떤 법좌를 살펴보니 건달바 대중이 둘러싸고 있는데, 지국건달바왕이 그 대중 가운데 우두머리이다. 이 비구니가 그들을 위해 설법한 법문의 이름을 '그지없는 기쁨'이라 한다.

어떤 법좌를 살펴보니 아수라 대중이 둘러싸고 있는데, 나후아수라왕이 그 대중 가운데 우두머리이다. 이 비구니가 그들을 위해 설법한 법문의 이름을 '빠르게 법계를 장엄하는 지혜의 법문'이라 한다.

어떤 법좌를 살펴보니 가루라 대중이 둘러싸고 있는데, 재빠르게 잡는 가루라왕이 그 대중 가운데 우두머리이다. 이 비구니가 그들을 위해 설법한 법문의 이름을 '모든 삼유(三有)의 바다를 두렵게 진동함'이라 한다.

어떤 법좌를 살펴보니 긴나라 대중이 둘러싸고 있는데, 큰 나무 긴나라왕이 그 대중 가운데 우두머리이다. 이 비구니가 그들을 위해 설법한 법문의 이름을 '부처 수행의 광명'이라 한다.

어떤 법좌를 살펴보니 마후라가 대중이 둘러싸고 있는데, 암라림 마후라가왕이 그 대중 가운데 우두머리이다. 이 비구니가 그들을 위해 설법한 법문의 이름을 '부처의 환희심을 내어주는 법문'이라 한다.

어떤 법좌를 살펴보니 한량없는 백천 남자와 여인이 둘러싸고 있는데, 이 비구니가 그들을 위해 설법한 법문의 이름을 '훌륭한 행'이라 한다.

어떤 법좌를 살펴보니 나찰 대중이 둘러싸고 있는데, 항상 정기를 빼앗는 큰 나무 나찰왕이 그 대중 가운데 우두머리이다. 이 비구니가 그들을 위해 설법한 법문의 이름을 '가엾이 여기는 마음을 냄'이라 한다.

● 疏 ●

初中에 先有七處爲天이니

一은 爲淨居天說無盡者는 治彼那含求盡身智故니라

二는 梵王이 普應호되 但於己衆이니 廣及三千하야 爲說普門이면 則無不應이며 梵音淸妙는 但是世間이니 爲說法界勝流라야 方爲淨妙니라

三은 他化天을 令得出世淨心하야 超世自在故오

四는 化樂은 樂具莊嚴하야 不及善故오

五는 旋歸如來藏心이면 則眞喜足故오

六은 徧嚴法界라야 方盡時分之樂이오

七은 釋天은 耽欲甚故오

次八은 爲龍이니 龍能通變耀電하야 降莊嚴故오

九는 夜叉는 性好飛空害物故오

十은 乾闥婆衆은 能奏樂喜樂故니 上二(三)은 亦四王衆이니 意存八部일세 故闕南西니라

十一은 修羅는 善幻爲莊嚴故오

十二는 迦樓羅는 動海怖龍故오

十三은 緊那羅는 是歌神이니 以佛行光明으로 破其著故니라 又頭有一角일세 亦云疑神이니 令同佛覺의 離疑光明故니라

十四는 摩睺羅伽는 多瞋毒故니라 上來八部에 除第一·第七과 及夜叉衆·摩睺羅伽는 約對治說이오 餘皆約隨便宜니 隨其世能하야 轉入出世故니라 緊那羅衆은 通其二義니라

第十五 一座는 爲人이니 人多行不善行하나니 設行仁義라도 亦非勝故니 故令起出世勝行이라

十六 一座는 爲羅刹이니 則是非人이니 亦治多殘害故니라

첫 부분에서는 먼저 7곳의 하늘을 위함이다.

① 정거천을 위해 '그지없는 법문'을 말한 것은 盡身智를 추구하는 아나함을 다스린 때문이다.

② 범왕은 널리 응하기는 하지만, 그저 자기의 대중에 그칠 뿐이다. 널리 삼천대천세계에 미치도록 하기 위해 '普門'을 설법하면 응하지 않음이 없으며, '梵音淸妙'는 다만 이 세간이다. 법계의 뛰어난 대중을 위해 설법할 때 비로소 '淨妙'라 한다.

③ 타화천은 하여금 출세간의 청정한 마음을 얻어 세간을 벗어나 자재하도록 한 때문이다.

④ 화락천은 음악의 도구를 장엄함이 선에 미치지 못하기 때문이다.

⑤ 여래장의 마음으로 돌아가면 진실한 기쁨이 가득하기 때문이다.

⑥ 법계를 두루 장엄해야 바야흐로 시간의 즐거움을 다할 수

있기 때문이다.

⑦ 석천은 탐욕이 심하기 때문이다.

⑧ 용을 위함이다. 용은 신통변화로 번갯불을 일으켜 장엄을 내려주기 때문이다.

⑨ 야차는 그 성질이 허공을 날면서 중생 해치기를 좋아하기 때문이다.

⑩ 건달바 대중은 음악을 연주하여 기쁨을 주기 때문이다. 위의 3가지는 또한 사천왕의 대중이다. 여기에서 말한 뜻은 8부 신장에 있기 때문에 남서쪽을 뺀 것이다.

⑪ 아수라는 요술을 부려 장엄을 잘하기 때문이다.

⑫ 가루라는 바닷물을 날개로 쳐서 용을 두렵게 하기 때문이다.

⑬ 긴나라는 노래를 잘 부르는 신이다. 부처 행의 광명으로써 그 집착을 타파하기 때문이다. 또한 머리에 하나의 뿔이 있기에 또한 '疑神'이라 말한다. 부처의 깨달음인 '의심을 여읜 광명[離疑光明]'과 같다는 의심을 사기 때문이다.

⑭ 마후라가는 성내는 독기가 많기 때문이다.

위의 8부 가운데 제1 건달바와 제7 야차 및 야차 대중과 마후라가는 다스림을 들어 말하였고, 나머지는 모두 편의를 따른 것으로 말하였다. 그 세간의 능력을 따라서 출세간으로 돌아가기 때문이다. 긴나라 대중은 그 2가지 의의에 통한다.

⑮ 하나의 법좌는 사람을 위함이다. 사람은 불선한 행을 행함이 많다. 설령 인의를 행한다 할지라도 또한 수승함이 아니기 때문

이다. 따라서 사람으로 하여금 출세간의 수승한 행을 일으키도록 하였다.

⑯ 하나의 법좌는 나찰을 위함이다. 이는 사람이 아니다. 또한 잔혹함과 해코지가 많음을 다스리기 때문이다.

次二는 爲二乘이라

다음 2곳의 자리는 이승을 위한 설법이다.

經
或見處座하니 信樂聲聞乘衆生의 所共圍遶에 此比丘尼 爲說法門하니 名勝智光明이며
或見處座하니 信樂緣覺乘衆生의 所共圍遶에 此比丘尼 爲說法門하니 名佛功德廣大光明이니라

어떤 법좌를 살펴보니 성문승을 믿고 좋아하는 중생들이 둘러앉아 있는데, 이 비구니가 그들을 위해 설법한 법문의 이름을 '훌륭한 지혜의 광명'이라 한다.

어떤 법좌를 살펴보니 연각승을 믿고 좋아하는 중생들이 둘러앉아 있는데, 이 비구니가 그들을 위해 설법한 법문의 이름을 '부처님 공덕의 광대한 광명'이라 한다.

● 疏 ●

二乘者는 聲聞智劣故오

緣覺 修福이 止百劫故오

緣起智光이 未能忘緣故니라

이승이란 성문의 지혜가 용렬한 때문이며,

연각은 수행의 복덕이 백겁에 멈춘 때문이며,

연기의 지혜 광명이 반연을 잊지 못한 때문이다.

後十二는 爲菩薩이라

뒤의 12곳 자리는 보살승을 위한 설법이다.

經

或見處座하니 信樂大乘衆生의 所共圍遶에 此比丘尼
爲說法門하니 名普門三昧智光明門이며
或見處座하니 初發心諸菩薩의 所共圍遶에 此比丘尼
爲說法門하니 名一切佛願聚며
或見處座하니 第二地諸菩薩의 所共圍遶에 此比丘尼
爲說法門하니 名離垢輪이며
或見處座하니 第三地諸菩薩의 所共圍遶에 此比丘尼
爲說法門하니 名寂靜莊嚴이며
或見處座하니 第四地諸菩薩의 所共圍遶에 此比丘尼

爲說法門하니 名生一切智境界며
或見處座하니 第五地諸菩薩의 所共圍遶에 此比丘尼
爲說法門하니 名妙華藏이며
或見處座하니 第六知諸菩薩의 所共圍遶에 此比丘尼
爲說法門하니 名毘盧遮那藏이며
或見處座하니 第七地諸菩薩의 所共圍遶에 此比丘尼
爲說法門하니 名普莊嚴地며
或見處座하니 第八地諸菩薩의 所共圍遶에 此比丘尼
爲說法門하니 名徧法界境界身이며
或見處座하니 第九地諸菩薩의 所共圍遶에 此比丘尼
爲說法門하니 名無所得力莊嚴이며
或見處座하니 第十地諸菩薩의 所共圍遶에 此比丘尼
爲說法門하니 名無礙輪이며
或見處座하니 執金剛神의 所共圍遶에 此比丘尼 爲說
法門하니 名金剛智那羅延莊嚴이러라

어떤 법좌를 살펴보니 대승을 믿고 좋아하는 중생들이 둘러앉아 있는데, 이 비구니가 그들을 위해 설법한 법문의 이름을 '넓은 문 삼매 지혜의 광명 법문'이라 한다.

어떤 법좌를 살펴보니 처음 발심한 보살들이 둘러앉아 있는데, 이 비구니가 그들을 위해 설법한 법문의 이름을 '일체 부처의 서원 무더기'라 한다.

어떤 법좌를 살펴보니 제2지 보살들이 둘러앉아 있는데, 이 비구니가 그들을 위해 설법한 법문의 이름을 '때를 여읜 법륜'이라 한다.

어떤 법좌를 살펴보니 제3지 보살들이 둘러앉아 있는데, 이 비구니가 그들을 위해 설법한 법문의 이름을 '고요한 장엄'이라 한다.

어떤 법좌를 살펴보니 제4지 보살들이 둘러앉아 있는데, 이 비구니가 그들을 위해 설법한 법문의 이름을 '일체 지혜를 내는 경계'라 한다.

어떤 법좌를 살펴보니 제5지 보살들이 둘러앉아 있는데, 이 비구니가 그들을 위해 설법한 법문의 이름을 '미묘한 꽃 법장'이라 한다.

어떤 법좌를 살펴보니 제6지 보살들이 둘러앉아 있는데, 이 비구니가 그들을 위해 설법한 법문의 이름을 '비로자나법장'이라 한다.

어떤 법좌를 살펴보니 제7지 보살들이 둘러앉아 있는데, 이 비구니가 그들을 위해 설법한 법문의 이름을 '두루 장엄한 땅'이라 한다.

어떤 법좌를 살펴보니 제8지 보살들이 둘러앉아 있는데, 이 비구니가 그들을 위해 설법한 법문의 이름을 '법계에 두루 한 경계의 몸'이라 한다.

어떤 법좌를 살펴보니 제9지 보살들이 둘러앉아 있는데, 이 비구니가 그들을 위해 설법한 법문의 이름을 '얻은 바 없는 힘의 장엄'이라 한다.

어떤 법좌를 살펴보니 제10지 보살들이 둘러앉아 있는데, 이 비구니가 그들을 위해 설법한 법문의 이름을 '걸림 없는 법륜'이라 한다.

어떤 법좌를 살펴보니 금강저를 든 신장들이 둘러앉아 있는데,

이 비구니가 그들을 위해 설법한 법문의 이름을 '금강 지혜의 나라
연 장엄'이라 한다.

◉ 疏 ◉

分三이니

初一은 爲地前하야 說定慧之光이오

次十은 爲地上이라

'初發心'者는 證發心也이니 發十大願故니라

'五地妙華藏'者는 華는 謂十種平等淨心故니 晉經에 云'淨心華
藏'이라하니 華藏者는 以眞俗雙修하야 於難得勝이니 爲因含藏故니라
餘八은 可知니라

後一은 義當等覺이니 說金剛喩定하야 壞散塵習故니라 旣爲等覺
而說인댄 明此位非小니라 言'廻向'者는 約寄位耳라 他皆倣此하다

3단락으로 나뉜다.

첫째, 한 곳의 법좌는 지전보살을 위하여 定慧의 광명을 말하며,
다음 10곳의 법좌는 지상보살을 위함이다.

'初發心'이란 발심을 증득함이니, 10가지 큰 서원을 일으킨 때
문이다.

제5지에서 말한 '妙華藏'이라는 '꽃[華]'은 10가지 평등 청정한
마음을 이르기 때문이다. 60화엄경에 이르기를, "청정한 마음의 華
藏이다."고 한다. '화장'이란 진제와 속제를 모두 닦아 어려움에 있
어 승리를 얻음이다. 因이 간직되어 있기 때문이다.

나머지 8곳의 법좌는 설명하지 않아도 알 수 있다.

뒤의 한 법좌는 그 의의가 등각에 해당한다. '금강저'를 말한 것은 선정을 비유한 것으로, 세속의 습기가 무너지고 흩어졌기 때문이다. 이미 등각을 위해 말한 것이라면 이 지위가 작지 않음을 밝힌 것이다.

'회향'이라 말한 것은 지위에 붙여 말한 것이다. 그것은 모두 이와 같다.

第三. 總結多類

㈜ 많은 부류의 발심을 총체로 끝맺다

經

善財童子 見如是等一切諸趣所有衆生의 已成熟者와 已調伏者와 堪爲法器 皆入此園하야 各於座下에 圍遶而坐어든 師子頻申比丘尼 隨其欲解의 勝劣差別하사 而爲說法하야 令於阿耨多羅三藐三菩提에 得不退轉하니라

선재동자가 보았다.

이와 같은 일체 모든 길에 있는 중생으로서 이미 성숙한 자, 이미 조복한 자, 법 그릇이 될 만한 자들이 모두 이 동산으로 들어와, 제각기 법좌 아래에 둘러앉아 있는데, 사자빈신비구니가 그들이 원하는 것, 그들 이해력의 우열이 각기 다름에 따라서 설법하여,

그들로 하여금 아뇩다라삼먁삼보리에서 물러서지 않도록 하였다.

◉ 疏 ◉

聞法發心이니 可知니라

　법문을 듣고서 발심한 것이다. 이는 설명하지 않아도 알 수 있다.

第四 總顯所因
　㈃ 원인의 대상을 총괄하여 밝히다

經

何以故오
此比丘尼
入普眼捨得般若波羅蜜門과
說一切佛法般若波羅蜜門과
法界差別般若波羅蜜門과
散壞一切障礙輪般若波羅蜜門과
生一切衆生善心般若波羅蜜門과
殊勝莊嚴般若波羅蜜門과
無礙眞實藏般若波羅蜜門과
法界圓滿般若波羅蜜門과

123

心藏般若波羅蜜門과
普出生藏般若波羅蜜門하사
此十般若波羅蜜門爲首하야 入如是等無數百萬般若波羅蜜門하며
此日光園中에 所有菩薩과 及諸衆生도 皆是師子頻申比丘尼 初勸發心하사 受持正法하야 思惟修習하야 於阿耨多羅三藐三菩提에 得不退轉이니라

    무엇 때문일까?

    이 비구니는

널리 보는 눈으로 모두 버리는 반야바라밀 법문,

일체 불법을 말하는 반야바라밀 법문,

법계의 각기 다른 반야바라밀 법문,

일체 장애를 없애는 법륜의 반야바라밀 법문,

일체중생의 선한 마음을 내는 반야바라밀 법문,

훌륭하게 장엄한 반야바라밀 법문,

걸림 없는 진실 법장 반야바라밀 법문,

법계에 원만한 반야바라밀 법문,

마음의 법장 반야바라밀 법문,

모든 것을 내는 법장 반야바라밀 법문에 들어갔다.

    이 열 가지 반야바라밀 법문을 으뜸으로 삼아, 이와 같은 수없는 백만 반야바라밀 법문에 들어갔으며,

    이 햇빛 동산에 있는 보살과 중생도 모두 사자빈신비구니가

처음으로 발심할 것을 권하여 바른 법을 받아 지니고 생각하고 닦아서 아뇩다라삼먁삼보리에서 물러서지 않게 하였다.

◉ 疏 ◉

釋成自在니

有二니 一은 由能化니 具般若故요 二 '此日光'下는 由彼所化니 根已熟故니라

자재함을 해석하였다.

2단락이다.

① 교화의 주체에 따라 말하였다. 반야를 갖추었기 때문이다.

② '此日光' 이하는 교화 대상을 따라 말하였다. 근기가 이미 성숙하였기 때문이다.

二 設敬

2) 절을 올리다

經

時에 善財童子 見師子頻申比丘尼의 如是園林과 如是床座와 如是經行과 如是衆會와 如是神力과 如是辯才하며 復聞不可思議法門하야 廣大法雲으로 潤澤其心하고 便生是念호되 我當右遶無量百千匝이라하더니

時에 比丘尼 放大光明하사 普照其園의 衆會莊嚴하신대 善財童子 卽自見身과 及園林中에 所有衆樹 皆悉右遶 此比丘尼호되 經於無量百千萬匝이라 圍遶畢已에 善財童子 合掌而住하야

그때, 선재동자는 사자빈신비구니의 이러한 숲 동산, 이러한 사자법좌, 이렇게 거니는 것, 이러한 대중 모임, 이러한 신통력, 이러한 변재를 보았고,

또 불가사의한 법문을 듣고서 광대한 법 구름으로 그 마음을 윤택하게 하였고, 바로 이런 생각을 하였다.

'내가 오른쪽으로 한량없이 백천 바퀴를 돌리라.'

그때, 이 비구니가 큰 광명을 쏟아내어 그 동산과 모인 대중과 장엄에 비추자, 선재동자는 자기의 몸과 동산에 있는 나무들이 모두 이 비구니의 오른쪽으로 도는 것을 보았다.

한량없이 백천만 바퀴를 돌고서 선재동자가 합장하고 서서,

● 疏 ●

於中三이니

初는 覩勝發心이오 次는 放光攝受오 後는 正申敬儀라

이 부분은 3단락이다.

(1) 비구니의 훌륭함을 보고서 발심함이며,

(2) 방광으로 중생을 받아들임이며,

(3) 경례의 의식을 펼침이다.

一
三 問法

3) 법을 묻다

經

白言호되 聖者여 我已先發阿耨多羅三藐三菩提心호니 而未知菩薩이 云何學菩薩行이며 云何修菩薩道리잇고 我聞聖者는 善能誘誨라하니 願爲我說하소서

여쭈었다.

"거룩하신 이여, 저는 이미 아뇩다라삼먁삼보리심을 내었습니다. 그러나 보살이 어떻게 보살의 행을 배우며, 보살의 도를 닦는지 모르겠습니다. 제가 듣자오니 거룩하신 이께서 잘 가르쳐주신다 하니, 바라건대 저를 위하여 말해주십시오."

◉ 疏 ◉

已上은 見敬諮問 竟하다

이상은 친견하여 절을 올리고 법의 요체를 묻는 부분을 끝마치다.

一
第三 授己法界

3. 자기의 법계를 전수하다

127

比丘尼 言하사대 善男子야 我得解脫호니 名成就一切智니라

善財 言호되 聖者여 何故로 名爲成就一切智니잇고

比丘尼 言하사대 善男子야 此智光明이 於一念中에 普照三世一切諸法이니라

善財 白言호되 聖者여 此智光明이 境界云何니잇고

比丘尼 言하사대 善男子야 我入此智光明門하야 得出生一切法三昧王하고 以此三昧故로 得意生身하야 往十方一切世界兜率天宮一生所繫菩薩所하야 一一菩薩前에 現不可說佛刹微塵數身하며 一一身에 作不可說佛刹微塵數供養호니

所謂現天王身과 乃至人王身하야 執持華雲하며 執持鬘雲하며 燒香塗香과 及以末香과 衣服瓔珞과 幢旛繒蓋와 寶網寶帳과 寶藏寶燈인 如是一切諸莊嚴具를 我皆執持하야 而以供養하며 如於住兜率宮菩薩所하야 如是於住胎出胎와 在家出家와 往詣道場과 成等正覺과 轉正法輪과 入於涅槃과 如是中間에 或住天宮하며 或住龍宮하며 乃至或復住於人宮한 於彼一一諸如來所에 我皆如是而爲供養호니 若有衆生이 知我如是供養佛者면 皆於阿耨多羅三藐三菩提에 得不退轉하며 若有衆生이 來至我所하면 我即爲說般若波羅蜜호라

善男子야 我見一切衆生호되 不分別衆生相하니 智眼明見故며
聽一切語言호되 不分別語言相하니 心無所着故며
見一切如來호되 不分別如來相하니 了達法身故며
住持一切法輪호되 不分別法輪相하니 悟法自性故며
一念徧知一切法호되 不分別諸法相하니 知法如幻故니라

비구니는 말하였다.

"선남자여, 나는 일체 지혜를 성취하는 해탈을 얻었다."

선재가 말하였다.

"거룩하신 이여, 무슨 까닭으로 일체 지혜를 성취하였다고 말하는 것입니까?"

비구니가 말하였다.

"선남자여, 이 지혜 광명은 한 생각의 찰나에 삼세 모든 법을 두루 비춰보는 것이다."

선재가 말하였다.

"거룩하신 이여, 이 지혜 광명의 경계가 어떠합니까?"

비구니가 말하였다.

"선남자여, 나는 이 지혜 광명의 법문에 들어가 일체 법을 내는 삼매왕을 얻었고, 이러한 삼매를 인하여 마음대로 태어나는 몸을 받아 시방 모든 세계의 도솔천궁에 있는 일생보처 보살의 처소에 나아가고, 그 하나하나 보살의 앞에서 말할 수 없는 세계의 티끌 수 몸을 나타내고, 하나하나 몸으로 말할 수 없는 세계의 티끌 수 공양을 하였다.

이른바 천왕의 몸 내지 인간 왕의 몸으로 꽃구름을 들고 화만 구름을 들며, 사르는 향, 바르는 향, 가루 향, 의복, 영락, 당기, 번기, 비단, 일산, 보배 그물, 보배 휘장, 보배 창고, 보배 등 모든 장엄거리를 받들어 공양하였다.

도솔천궁에 계시는 보살의 처소에서 공양했던 것처럼, 이와 같이 모태에 머물고, 모태에서 나오고, 집에 있고, 출가하고, 도량에 나아가 등정각을 이루고, 바른 법륜을 굴리고, 열반에 들며, 이와 같이 중간에 천궁에 머물기도 하고, 용궁에 머물기도 하고, 사람의 궁전에 머물기도 하면서 그 하나하나 모든 여래의 계신 도량에서 나는 모두 이처럼 공양하였다.

만약 어떤 중생이 내가 이처럼 부처님께 공양한 줄을 알면 이는 모두 아뇩다라삼먁삼보리에서 물러서지 않으며,

어떤 중생이 나의 도량에 찾아오면 나는 바로 그를 위해 반야바라밀을 말해줄 것이다.

선남자여, 나는 일체중생을 보면서도 중생이라고 분별하는 마음을 내지 않는다. 지혜 눈으로 밝게 보기 때문이다.

일체 말을 들어도 말이라고 분별하는 마음을 내지 않는다. 마음에 집착한 바 없기 때문이다.

일체 여래를 뵈어도 여래라고 분별하는 마음을 내지 않는다. 법신을 통달한 때문이다.

일체 법륜을 지니면서도 법륜이라고 분별하는 마음을 내지 않

는다. 법의 자성을 깨달은 때문이다.

　한 생각에 모든 법을 두루 알면서도 모든 법이라고 분별하는 마음을 내지 않는다. 법이 요술과 같음을 알기 때문이다.

◉ 疏 ◉

於中三이니

初는 標名이니 一切智者는 同佛智故오

二'善財言'下는 徵釋其體니 一念普照故오

三'善財白言'下는 辨其業用이니 先은 問이오

後'比丘尼言'下는 答이라 中二니 先은 明通用이오 後는 明智用이라

前中亦二니

先은 辨用所依니 謂由一切智하야 能入王三昧故니 王三昧者는 智論第七에 云'一切三昧 皆入中故로 體卽如如니 如體本寂이어늘 眞智契此일세 故名三昧라'

以一切智言은 有其二義니 一은 徧知三世一切事故오 二는 對於種智하야 名根本智니 知一切事 皆一實故니 以卽權之實智로 契卽事之實理故로 一切三昧 皆入其中이라 又由王三昧 體無不徧일세 故意生身이 隨類能成이라 二'往十方'下는 辨能依業用이니 可知니라

二'善男子 我見'下는 明其智用이라 又前卽差別智用이오 今卽無分別智用이니 故觸境無取니라

　이는 3부분이다.

⑴ 명제의 표장이다. '一切智'란 부처의 지혜와 같기 때문이다.

⑵ '善財言' 이하는 그 자체를 묻고 해석하였다. 한 생각에 널리 비춰보기 때문이다.

⑶ '善財白言' 이하는 그 작용을 논변하였다.

첫 부분은 물음이며, 뒤의 '比丘尼言' 이하는 대답이다.

'뒤의 대답'은 2부분이다.

㈀ 신통의 작용을 밝혔고,

㈁ 지혜의 작용을 밝혔다.

'㈀ 신통의 작용' 부분은 또한 2가지이다.

앞은 신통 작용의 의지 대상을 논변하였다. 일체 지혜에 의하여 王三昧에 들어가기 때문이다.

'왕삼매'란 지도론 제7에서 말하였다.

"일체 삼매가 모두 그 가운데 들어가기 때문에 본체가 곧 여여하다. 진여의 본체가 본래 고요한 것인데, 진실한 지혜가 이에 계합하기에 그 이름을 '삼매'라 하였다.

'일체 지혜'란 말에는 2가지 뜻이 있다.

① 삼세 일체의 일을 두루 알기 때문이며,

② 일체 종지를 상대로 根本智라 말한다.

일체 모든 일이 모두 하나의 실체임을 알기 때문이다. 방편과 하나가 된 진실한 지혜로써 사법계와 하나가 된 진실한 이법계에 계합하기에, 일체 삼매가 모두 그 가운데에 들어가는 것이다.

또한 왕삼매의 본체가 두루 하지 않음이 없는 까닭에 마음대로 몸을 받아 태어나는 몸이 유를 따라 성취되는 것이다.

뒤의 '往十方' 이하는 의보의 주체에 의한 작용을 논변하였다. 이는 말하지 않아도 알 수 있다.

㈐ '善男子我見' 이하는 그 지혜의 작용을 밝혔다. 또한 앞에서는 차별지의 작용, 여기에서는 분별없는 지혜의 작용이다. 이 때문에 모든 경계에 집착이 없다.

經

善男子야 我唯知此成就一切智解脫이어니와
如諸菩薩摩訶薩은
心無分別하야 普知諸法하며
一身端坐하야 充滿法界하며
於自身中에 現一切刹하며
一念에 悉詣一切佛所하며
於自身內에 普現一切諸佛神力하며
一毛에 徧擧不可言說諸佛世界하며
於其自身一毛孔中에 現不可說世界成壞하며
於一念中에 與不可說不可說衆生同住하며
於一念中에 入不可說不可說一切諸劫하나니
而我云何能知能說彼功德行이리오

선남자여, 나는 오직 일체 지혜를 성취하는 해탈만을 알 뿐이지만,

저 보살마하살은

마음에 분별이 없어 모든 법을 두루 알며,

하나의 몸이 단정하게 앉아서도 법계에 가득하며,

자기의 몸에 모든 세계를 나타내며,

한 생각의 찰나에 일체 부처님이 계신 데 나아가며,

자기의 몸 안에서 일체 부처님의 신통력을 두루 나타내며,

하나의 털끝으로 말할 수 없는 부처의 세계를 두루 들추며,

내 몸의 한 모공에서 말할 수 없는 세계의 이뤄지고 무너짐을 나타내며,

한 생각의 찰나에 말할 수 없이 말할 수 없는 중생들과 함께 머물며,

한 생각의 찰나에 말할 수 없이 말할 수 없는 일체 모든 겁에 들어가는 것이다.

내가 그런 공덕의 행을 어떻게 알며 말할 수 있겠는가.

善男子야 於此南方에 有一國土하니 名曰險難이오
此國에 有城하니 名寶莊嚴이며
中有女人하니 名波須蜜多니
汝詣彼問호되 菩薩이 云何學菩薩行이며 修菩薩道리잇고 하라
時에 善財童子 頂禮其足하며 遶無數匝하며 殷勤瞻仰하고 辭退而去하니라

선남자여, 여기서 남쪽으로 한 나라가 있는데, 그 이름을 '험난
국'이라 한다.

그 나라에 '보장엄'이란 성이 있고,

그 성중에 한 여인이 있는데, 그 이름을 '바수밀다'라 한다.

그대는 그를 찾아가 '보살이 어떻게 보살의 행을 배우며, 보살
의 도를 닦는가.'를 묻도록 하라."

그때, 선재동자는 그의 발에 엎드려 절하고 수없이 돌며, 은근
한 마음으로 우러러 사모하면서 하직하고 떠나갔다.

◉ 論 ◉

善財 詣勝光王日光園中觀察하야 見比丘尼의 所有依報中에 及
大衆莊嚴이 有十三種하니

一은 寶樹莊嚴이오

二는 七寶流泉陂池와 及華莊嚴이오

三은 寶樹下師子座莊嚴이오

四는 衆寶嚴地오

五는 林雨華香莊嚴이오

六은 音樂樹와 及以衆寶鈴樂音이 和鳴莊嚴이오

七은 天衣莊嚴이오

八은 百千寶樓閣莊嚴과 及寶蓋莊嚴이오

九는 如須彌峯光明莊嚴이오

十은 宮殿莊嚴이오

十一은 歎比丘尼의 所有功德이 出世善根과 供養諸佛之所生起오
十二는 歎比丘尼의 志德이 三乘現化에 業用周徧하야 見者不空이오
十三은 明大衆圍繞라
此已下三十種衆은 皆明此比丘尼의 攝生行徧하야 隨根授法이 各各不同하야 直至十一地金剛智의 次隣佛位已來衆히 總皆攝化니 明一位徧五位行故라
一一位 皆然하야 皆行徧法界하야 如是重重鍊磨하야 以五十三法과 一百一十城法으로 方稱總別同異成壞無盡自在之法하야 一一位中에 皆徧一切位也니 爲顯一法이 徧多法故로 以一位徧一切行故며 爲顯多法이 入一法故로 以五位五百法門이 入一法故니 明總不異別하고 別不異總이 如帝網相入也라
如上勝光王之所捨施者는 是事오 表法者인댄 明一切智忍慈三法이 總會故니 比丘의 出家捨飾好 是忍이오 尼是慈悲義오 勝光王이 是智니 明以願力으로 廻向入俗하야 行精進行에 和會忍智慈하야 總攝五位之行하야 總爲一法界體用故라
以師子嚬申은 是法界門中法悅樂故니 從此精進行中에 會此三法忍智慈로 至第七第八廻向位中에 見觀音正趣菩薩히 方始齊故오 後之二位는 修佛十力作用也라
前三長者도 非無此智忍慈로대 此約升進勝劣言之니 長者는 表智多悲劣이오 尼表悲心의 處世無染이오 童女는 表染而不汙라
波利質多羅樹者는 此云香徧이니 此樹根莖枝葉이 悉香하야 徧熏忉利諸天이니 此乃約行徧熏法界라

'迦隣衣'는 此云細綿衣오

'婆樓那天'은 此云水天이라

'普眼捨得'等十般若門은 如經具明이니 是比丘尼所說之法이 如是無數百萬般若門이라

'日光園'者는 以忍智慈로 爲園體라

'善財 合掌하야 住立申請에 不致禮敬하고 但與園中衆樹로 悉皆右繞'者는 表衆樹 是行報生이니 明以衆行園林이 以忍智慈三法具故라 以表三行圓滿하야 但與行圍繞 是所敬法故로 無別禮也니 與衆樹圍繞는 明會入忍智慈三行故니 是此位精進義라

'善財 申請에 比丘尼 與法호되 名成就一切智'者는 此約根本智中忍智慈悲니 一切差別智 從此三法而具足出生일세 以此로 攝化之衆이 直致十地之後金剛智神通이라

'善財 又請此法門境界如何'한대 如經에 云善男子야 我入此智光明門하야 得出生一切法三昧王하고 以此三昧故로 得意生身이라'하며 已下는 是此法門所作業用境界니 如經具明이라

大意 約以根本智로 起忍智慈悲萬行하야 大用自在差別法門이 稱法界境界故로 從此樣式하야 修行相稱일세 卽號觀世音이며 亦名正趣菩薩이니 無功之智와 及慈悲齊等故라 是故로 第七廻向中에 觀世音이 與正趣로 同會一處而見이니라

'善男子야 我見一切衆生호되 不分別衆生相하니 以智眼明見故'며 乃至聽聞語言音聲과 佛法僧에 皆無所著은 以智眼所見이오 法眼所知故라

선재동자가 승광왕의 햇빛 동산에서 살펴보면서 비구니가 지닌 의보 가운데 대중의 장엄 13가지를 보았다.

① 보배 나무의 장엄,

② 칠보의 시냇물, 언덕, 연못과 아울러 꽃의 장엄,

③ 보배 나무 아래 사자법좌의 장엄,

④ 수많은 보배로 장엄한 대지,

⑤ 숲에서 꽃향기를 내려주는 장엄,

⑥ 음악이 울리는 나무 및 수많은 보배로 장엄한 방울과 악기의 소리가 울려오는 장엄,

⑦ 하늘 옷의 장엄,

⑧ 백천 보배 누각의 장엄과 보배 일산의 장엄,

⑨ 수미산과 같은 광명의 장엄,

⑩ 궁전의 장엄,

⑪ 비구니가 지닌 공덕이 출세간의 선근과 많은 부처를 공양한 데서 생겨남을 찬탄함,

⑫ 비구니의 의지와 공덕이 삼승의 현재 교화에 작용을 두루 갖춰 보는 이가 헛되지 않음을 찬탄함,

⑬ 대중이 에워쌈을 밝혔다.

이하 30대중은 모두 비구니가 중생을 다스리는 행을 두루 갖춰 근기에 따라 법을 건네줌이 각각 똑같지 않아서, 곧바로 11지 금강 지혜의 부처 지위에 다음으로 이웃한 대중에 이르기까지 모두 받아들여 교화함을 밝혔다. 하나의 지위가 5위의 행에 두루 관

계됨을 밝힌 것이다.

하나하나의 지위가 모두 그처럼, 모든 행이 법계에 두루 함으로써 이와 같이 거듭거듭 연마하여 53법과 110城의 법으로 총상·별상·동상·이상·성상·괴상의 그지없이 자재한 법에 맞추어, 하나하나의 지위 속에서 모두 일체의 지위를 두루 갖춘 것이다.

하나의 법이 많은 법을 두루 갖춤을 밝히기 위하여, 하나의 지위가 일체의 행을 두루 갖추기 때문이며, 많은 법이 하나의 법에 들어감을 밝히기 위하여, 5위의 5백 가지 법문이 하나의 법에 들어가기 때문이다. 총상이 별상과 다르지 않고, 별상이 총상과 다르지 않음이 인드라망이 서로 들어감과 같음을 밝힌 것이다.

위와 같이 승광왕이 보시한 바란 현상의 일이며, 법으로 밝히면 일체의 지혜·인욕·자비 3가지 법이 총체로 회통함을 밝힌 때문이다. 비구가 출가하여 아름답게 꾸밈을 버리는 것이 인욕의 뜻이며, '尼'는 자비의 뜻이며, 승광왕은 지혜이다. 원력으로 회향하여 세속에 들어가 정진행을 행하는 데 지혜·인욕·자비 3가지 법을 융화 회통하여 5위의 행을 모두 받아들여 총체로 한 법계의 체용이 되기 때문임을 밝힌 것이다.

'사자빈신'은 법계의 법문 가운데 法悅의 즐거움이다. 이 정진행 중에서 지혜·인욕·자비 3가지 법을 회통하는 것으로부터 제7 수순일체중생회향, 제8 진여상회향 지위 가운데 관음보살과 정취보살을 보는 데 이르기까지 바야흐로 똑같기 때문이며, 뒤의 제9 무박무착해탈회향, 제10 입법계무량회향 2지위는 부처의 십력 작용을 닦음이다.

앞의 '육향장자, 뱃사공 바시라, 무상승장자' 세 사람에게 지혜·인욕·자비 3가지 법이 없는 것은 아니지만, 여기에서는 위로 닦아나감에 대한 우열을 들어서 말하였다.

장자는 지혜가 많으나 자비가 열등함을 나타냄이며,

비구니는 자비심으로 세간에 머물면서도 오염이 없음을 나타냄이며,

동녀는 물들긴 했지만 더럽혀지지 않음을 나타낸 것이다.

'바리질다라수'는 중국에서는 '향기가 멀리 가득한 나무[香遍]'라는 뜻이다. 이 나무의 뿌리, 줄기, 가지, 잎이 모두 향기로워서 모든 도리천에 향기가 두루 퍼져 감을 말한다. 이는 행이 법계에 두루 스며듦을 비유한 말이다.

'가린의'는 중국에서는 '섬세한 비단 옷[細錦衣]'이라는 뜻이며,

'바루나천'은 중국에서는 '물의 하늘[水天]'이라는 뜻이다.

"널리 보는 눈으로 버린다." 등의 10가지 반야 법문은 경문에서 말한 바와 같이 구체적으로 분명하다. 이는 비구니의 설법이 이처럼 수없는 백만 가지의 반야 법문이다.

햇빛 동산이란 지혜·인욕·자비로써 동산의 본체를 삼는다.

"선재동자가 합장하고 서서 법의 요체를 청할 적에 공손히 절을 올리지 않고, 동산에 있는 모든 나무와 함께 모두 비구니의 오른쪽으로 돈" 것은 일체 나무가 수행의 과보로 생겨났음[報生]을 밝힌 것이다. 모든 행의 園林이 지혜·인욕·자비 3가지 법을 갖

췄음을 밝힌 것이다. 이로써 3가지의 행이 원만하여 다만 행과 함께 둘러싼 것은 바로 비구니의 법을 공경하는 마음을 나타낸 때문에 별다른 예의를 갖춤이 없다. 많은 나무와 함께 에워싼 것은 지혜·인욕·자비 3행에 회통해 들어감을 밝힌 때문이니, 이 지위의 정진바라밀에 상당하는 뜻이다.

"선재동자가 법을 청하자, 비구니가 법을 전수하면서 '일체 지혜를 성취한다.'고 이름 붙인" 것은 근본지 가운데 지혜·인욕·자비를 들어 말한 것이다. 일체의 차별지가 이 3가지의 법으로부터 모두 나오기 때문에 이로써 교화하는 대중이 곧바로 십지 이후의 금강 지혜의 신통에 이르는 것이다.

선재동자가 또다시 이 법문의 경계가 어떤 것인가를 묻자, 경문에서 "선남자여, 나는 이 지혜 광명의 법문에 들어가 일체 법을 내는 삼매왕을 얻었고, 이러한 삼매를 인하여 마음대로 태어나는 몸을 받았다."고 하였으며, 이하는 이 삼매의 법문으로 만들어 내는 일과 작용의 경계이다. 경문에서 말한 바와 같이 구체적으로 밝히고 있다.

그 큰 뜻은 근본지로써 지혜·인욕·자비의 만행을 일으켜 큰 작용이 자재한 차별 법문이 법계의 경계에 맞는 것을 들어 말하였다. 이 때문에 이러한 양식을 따라 수행하여 서로 하나가 되기에 이를 관세음보살이라 부르고, 또한 정취보살이라 말한다. 공용 없는 지혜와 자비가 똑같기 때문이다. 이 때문에 제7 수순일체중생회향에서 관세음보살이 정취보살과 똑같이 한곳에 몸을 나타낸 것이다.

"선남자여, 나는 일체중생을 보면서도 중생이라고 분별하는 마음을 내지 않는다. 지혜 눈으로 밝게 보기 때문이다. …음성을 들음과 불·법·승에 모두 집착한 바 없다."는 것은 지혜의 눈으로 보는 바이고, 법의 눈으로 아는 바이기 때문이다.

第五無盡功德藏廻向
善友 名婆須密多者는 此云世友며 亦云天友니 隨世人天方便化故오
國名險難者는 逆行非道이니 下位不能行故오
城名寶莊嚴者는 逆隨世行하야 能生無盡功德藏故니라
第一依教趣求中二니 先은 依教成益이라

제5. 바수밀다, 무진공덕장회향 선지식

선지식의 이름을 '바수밀다'라 말한 것은 중국에서는 '세간의 선지식[世友]'이라는 뜻이며, 또한 '하늘의 선지식[天友]'이라는 뜻이다. 세간의 사람이나 천상의 사람을 따라서 방편으로 교화하기 때문이다.

나라의 이름을 '험난'이라 말한 것은 도가 아닌 일들을 거슬러 행하기 때문이다. 아래의 지위에서는 행하지 못한 때문이다.

성의 이름을 '보장엄'이라 말한 것은 세간의 행을 거슬러 따르면서 그지없는 공덕장을 낳아주는 주체이기 때문이다.

1. 가르침을 따라 선지식을 찾아가 법을 구하다

이는 2부분이다.

(1) 가르침을 따라 이익을 성취하였다.

經

爾時에 善財童子 大智光明으로 照啓其心하야 思惟觀察하야 見諸法性하야

得了知一切言音陀羅尼門하며

得受持一切法輪陀羅尼門하며

得與一切衆生作所歸依大悲力하며

得觀察一切法義理光明門하며

得充滿法界淸淨願하며

得普照十方一切法智光明하며

得徧莊嚴一切世界自在力하며

得普發起一切菩薩業圓滿願하고

그때, 선재동자가 큰 지혜의 광명으로, 그 마음을 비춰 열고서 생각하고 관찰하여 모든 법성을 보고,

일체 음성을 아는 다라니문을 얻었으며,

일체 법륜을 받아 지니는 다라니문을 얻었으며,

일체중생에게 귀의처가 되어주는 가엾이 여기는 힘을 얻었으며,

일체 법의 이치를 관찰하는 광명의 문을 얻었으며,

법계에 가득한 청정한 서원을 얻었으며,

시방의 일체 법을 두루 비추는 지혜의 광명을 얻었으며,

일체 세계를 두루 장엄하는 자재한 힘을 얻었으며,

일체 보살의 업을 널리 일으키는 원만한 서원을 얻었으며,

◉ 疏 ◉

謂由聞一切智光故로 思修趣入하야 得二種益이니 一은 得見實法性益이니 由前實智故오 二得了知下는 得權智益이니 由前窮三世差別智故니라

일체 지혜 광명을 들음으로 연유한 까닭에 思慧와 修慧에 들어가 2가지 이익을 얻었다.

① 진실한 법성을 보는 데서 얻어지는 이익이다. 앞의 실상 지혜를 연유한 때문이다.

② '得了知' 이하는 방편의 지혜를 얻은 이익이다. 앞의 삼세의 각기 다른 지혜를 다한 데서 연유한 때문이다.

二. 趣求後位

(2) 선지식을 찾아가다

經

漸次遊行하야 至險難國寶莊嚴城하야 處處尋覓婆須蜜多女러니

城中有人이 不知此女의 功德智慧하고 作如是念호되
今此童子 諸根寂靜하고 智慧明了하야 不迷不亂하며 諦視一尋하야 無有疲懈하며 無所取着하야 目視不瞬하고 心無所動하며 甚深寬廣이 猶如大海하니 不應於此婆須蜜女에 有貪愛心하며 有顚倒心하야 生於淨想하고 生於欲想이며 不應爲此女色의 所攝이라
此童子者는 不行魔行하며 不入魔境하며 不沒欲泥하며 不被魔縛하야 不應作處에 已能不作이어늘 有何等意하야 而求此女오
其中有人이 先知此女의 有智慧者하고 告善財言호되
善哉善哉라 善男子야 汝今乃能推求尋覓婆須蜜女하니 汝已獲得廣大善利로다
善男子야
汝應決定求佛果位하며
決定欲爲一切衆生하야 作所依怙하며
決定欲拔一切衆生의 貪愛毒箭하며
決定欲破一切衆生의 於女色中所有淨想이로다
善男子야 婆須蜜女 於此城內市廛之北自宅中住니라
時에 善財童子 聞是語已하고 歡喜踊躍하야 往詣其門하니라

　차례로 가다가 험난국 보장엄성에 이르러 이곳저곳에서 바수밀다 여인을 찾았다.

145

성중의 어떤 사람은 그 여인의 공덕과 지혜를 알지 못하고서 이렇게 생각하였다.

'이 동자는 여러 근기가 고요하고 지혜가 명철하여, 미혹하지도 않고 산란하지도 않으며, 자세히 살펴보면서 한결같이 찾으며, 게으르지도 않고 집착함도 없으며, 눈을 깜박이지도 않고 마음이 흔들리지도 않으며, 깊고 드넓음이 큰 바다와도 같으니,

 이 바수밀다 여인에게 사랑하는 마음이나 전도된 마음이 없을 것이며, 청정하다는 생각을 내거나 욕심을 내어서 이 여인에게 반하지도 않을 것이다.

이 동자가 마군의 행을 행하지도 않고, 마군의 경계에 들어가지도 않으며, 탐욕의 수렁에 빠지지도 않고, 마군의 속박을 받지도 아니하여, 해서는 안 될 곳에서는 하지 않을 것인데, 무슨 생각으로 이 여인을 찾는 것일까?'

그중에 어떤 사람이 먼저 이 여인이 지혜가 있는 줄을 알고서 선재에게 말하였다.

"훌륭하고 훌륭하다. 선남자여, 그대가 지금 이 바수밀다 여인을 찾으니, 그대는 이미 광대한 좋은 이익을 얻었다.

선남자여, 그대는 반드시 불과의 지위를 구할 것이며,

반드시 일체중생을 위하여 그들의 의지가 되고자 하며,

반드시 일체중생의 애욕의 화살을 뽑아줄 것이며,

반드시 일체중생이 여인에게 가지는 청정하다는 생각을 깨뜨려줄 것이다.

선남자여, 바수밀다 여인은 이 성중의 저자 북쪽에 있는 자기 집에 있다."

선재동자가 그 말을 듣고서 즐거워 발을 구르면서 그의 문 앞에 이르렀다.

● 疏 ●

於中四니

一은 專心尋覓이오

二城中下는 淺識致疑니 逆行難知故니라 不自疑者는 貪順於悲하야 障行劣故로 不同前二며 又於前二에 已調伏故로 此中不疑니라

三其中有人先知下는 深智讚教니 先은 讚이오 後善男子婆須下는 教示所在라 市者는 喧雜이오 北은 主於滅이오 自宅은 即畢竟空寂이니 謂在欲行禪하고 處喧常寂일세 故在市廛之北等이라

四時善財下는 依教往詣라

이 부분은 4단락이다.

① 오롯한 마음으로 찾아감이다.

② '城中' 이하는 잘 알지 못한 자의 의심이다. 逆行은 알기 어렵기 때문이다. 스스로 의심하지 않은 자는 자비를 따르려는 욕심에 장애의 행이 적기 때문에 앞의 2부분과 같지 않으며, 또한 앞의 2부분에서 이미 조복하였기 때문에 거기에서는 의심하지 않은 것이다.

③ '其中有人先知' 이하는 깊은 지혜로 가르침을 찬탄함이다.

앞은 찬탄이고, 뒤의 '善男子婆須' 이하는 그 여인이 있는 곳을 가르쳐줌이다.

'저자'란 시끄러운 곳이며,

'북쪽'은 사라짐을 주로 하는 곳이며,

'자택'은 마지막 空寂한 곳이다. 욕계에서 선정을 행하며, 시끄러운 곳에 머물면서 항상 고요하기에 저자의 북쪽에 있다는 등이다.

④ '時善財' 이하는 가르침을 따라 여인의 집을 찾아감이다.

第二. 見敬諮問

2. 친견하여 절을 올리고 법을 묻다

經

見其住宅하니 廣博嚴麗하야 寶牆寶樹와 及以寶塹이 一一皆有十重圍遶이어든 其寶塹中에 香水盈滿하고 金沙布地하고 諸天寶華와 優鉢羅華와 波頭摩華와 拘物頭華와 芬陀利華 徧覆水上하며 宮殿樓閣이 處處分布하며 門闥牎牖 相望間列하며 咸施網鐸하고 悉置旛幢하며 無量珍奇로 以爲嚴飾하며 瑠璃爲地하야 衆寶間錯하며 燒諸沈水하고 塗以栴檀하며 懸衆寶鈴하야 風動成音하며 散諸天華하야 徧布其地하며 種種嚴麗 不可稱說이며 諸珍寶藏이 其數百千이며 十大園林으로 以爲莊嚴이러라

爾時에 善財 見此女人하니 顏貌端嚴하고 色相圓滿하며 皮膚金色이오 目髮紺靑이며 不長不短하고 不麤不細하야 欲界人天이 無能與比며 音聲이 美妙하야 超諸梵世하며 一切衆生의 差別言音이 悉皆具足하야 無不解了하야 深達字義하야 善巧談說하며 得如幻智하야 入方便門하며 衆寶瓔珞과 及諸嚴具로 莊嚴其身하며 如意摩尼로 以爲寶冠하야 而冠其首하며

復有無量眷屬圍遶에 皆共善根하고 同一行願하야 福德大藏이 具足無盡이어든

時에 婆須蜜多女 從其身出廣大光明하야 普照宅中一切宮殿하시니 遇斯光者 身得淸凉이러라

爾時에 善財 前詣其所하야 頂禮其足하며 合掌而住하야 白言호되 聖者여 我已先發阿耨多羅三藐三菩提心호니 而未知菩薩이 云何學菩薩行이며 云何修菩薩道리잇고 我聞聖者는 善能敎誨라하니 願爲我說하소서

그 집을 살펴보니, 크고 훌륭하여 보배 담장, 보배 나무, 보배 해자가 하나하나 모두 열 겹으로 둘러 있는데, 그 보배 해자에는 향수가 가득하고 황금모래가 바닥에 깔렸으며, 하늘의 보배꽃, 우발라꽃, 파두마꽃, 구물두꽃, 분타리꽃들이 물위를 덮었다.

궁전과 누각이 여기저기 세워졌는데, 문과 창호가 서로 마주하여 사이사이 나열하였고, 모두 그물과 풍경을 시설했으며, 번기와 당기를 세우고 한량없는 보배로 훌륭하게 꾸몄다.

유리로 땅바닥이 이뤄졌는데 여러 가지 보배가 사이사이 장식되었고, 침향을 피우고 전단향을 발랐으며, 보배 풍경을 매달아 바람결에 흔들려 소리가 울려나고, 하늘 꽃을 흩뿌려 그 땅을 모두 뒤덮었다.

가지가지로 화려한 장엄은 이루 말할 수 없으며, 모든 보물 창고는 그 수효가 백천이나 되었고, 숲이 우거진 열 곳의 큰 동산으로 장엄하였다.

그때, 선재동자가 그 여인을 바라보니,

용모는 단정하고 몸매는 원만하며, 피부는 금빛이고, 눈매와 머리카락은 검푸르며, 길지도 짧지도 않고, 크지도 작지도 않아서 욕계의 사람이나 하늘로는 비길 수 없었다.

음성이 미묘하여 범천보다 뛰어나며, 일체중생의 각기 다른 언어와 음성을 모두 두루 알지 못함이 없으며, 글자와 문장을 잘 알고 말이 뛰어나며, 요술과 같은 지혜를 얻어 방편의 문에 들어갔고, 보배 영락과 장엄 도구로 그 몸을 장엄하고, 여의주로 만든 관을 머리에 썼다.

또 한량없는 권속들이 둘러싸고 있는데, 모두 선근이 같고 행원이 같아, 복덕의 큰 법장이 두루 넉넉하여 그지없었다.

그때, 바수밀다 여인의 몸에서 광대한 광명을 쏟아내어 그 집의 모든 궁전에 비추자, 이 광명을 받은 이는 모두 몸이 시원하고 상쾌하였다.

그때, 선재동자가 그의 앞으로 나아가 발에 엎드려 절하고 합장하고 서서 말하였다.

"거룩하신 이여, 저는 이미 아뇩다라삼먁삼보리심을 내었습니다.

그러나 보살이 어떻게 보살의 행을 배우며, 보살의 도를 닦는지 모르겠습니다.

제가 듣자오니 거룩하신 이께서 잘 가르쳐주신다 하니, 바라건대 저를 위하여 말해주십시오."

● 疏 ●

見中에 先은 見依報니 畢竟空中에 無德不具라 故廣顯其嚴이오 後 '爾時'下는 見正報니 具有主伴德用이라
二 '爾時善財前詣'下는 敬問이니 可知니라

(1) 친견 부분에 앞은 의보를 바라봄이다. 최고 경계의 空 가운데 모든 공덕을 갖추지 않음이 없기에 그 장엄을 자세히 밝혔다.

뒤의 '爾時' 이하는 정보를 바라봄이다. 주체와 객체의 공덕 작용을 갖추었다.

(2) '爾時善財前詣' 이하는 절을 올리고 법을 물음이다. 이는 설명하지 않아도 알 수 있다.

━━

第三 授己法界
於中三이니

先은 標名이라

3. 자기의 법계를 전수하다

이는 3부분이다.

(1) 명제의 표장이다.

經

彼卽告言하사대 善男子야 我得菩薩解脫호니 名離貪欲際니

그는 말하였다.

"선남자여, 나는 보살의 해탈을 얻었는데, 그 이름을 '탐욕의 경계를 여읨'이라 한다.

◉ 疏 ◉

離貪欲際者는 凡夫染欲하고 二乘은 見欲可離어니와 菩薩은 不斷貪欲而得解脫하나니 智了性空이면 欲卽道故니라 如是染而不染이라야 方爲究竟離欲之際니라

'탐욕의 경계를 여읨'이라 말한 것은 범부는 욕심에 물들고 이승은 욕심에서 벗어났지만, 보살은 탐욕을 끊지 않고서도 해탈을 얻는다. 지혜로 성품이 공함을 알면 욕심이 바로 도이기 때문이다. 이와 같이 물든 곳에 있으면서도 물들지 않아야 비로소 최고 경계의 '탐욕의 경계를 여읨'이라 한다.

二 顯業用

(2) 업용을 밝히다

經

隨其欲樂하야 而爲現身호되 若天見我인댄 我爲天女하야 形貌光明이 殊勝無比하며 如是乃至人非人等이 而見我者면 我卽爲現人非人女하야 隨其樂欲하야 皆令得見하며

若有衆生이 欲意所纏으로 來詣我所하면 我爲說法하야 彼聞法已에 則離貪欲하고 得菩薩無着境界三昧하며

若有衆生이 暫見於我하면 則離貪欲하고 得菩薩歡喜三昧하며

若有衆生이 暫與我語하면 則離貪欲하고 得菩薩無礙音聲三昧하며

若有衆生이 暫執我手하면 則離貪欲하고 得菩薩徧往一切佛刹三昧하며

若有衆生이 暫昇我座하면 則離貪欲하고 得菩薩解脫光明三昧하며

若有衆生이 暫觀於我하면 則離貪欲하고 得菩薩寂靜莊嚴三昧하며

若有衆生이 見我頻申하면 則離貪欲하고 得菩薩摧伏外道三昧하며

若有衆生이 **見我目瞬**하면 **則離貪欲**하고 **得菩薩佛境界光明三昧**하며

若有衆生이 **抱持於我**하면 **則離貪欲**하고 **得菩薩攝一切衆生恒不捨離三昧**하며

若有衆生이 **唼我脣吻**하면 **則離貪欲**하고 **得菩薩增長一切衆生福德藏三昧**하며

凡有衆生이 **親近於我**하면 **一切皆得住離貪際**하야 **入菩薩一切智地現前無礙解脫**이니라

그들의 원하고 좋아하는 바를 따라 몸을 나타내되, 하늘이 나를 볼 적이면 나는 하늘의 여인으로 그 모습의 광명이 훌륭하여 비길 데 없으며, 그와 같이 내지 사람이나 사람이 아닌 이가 볼 적에는 나는 곧 사람이나 사람이 아닌 이의 여인으로 그들의 원하고 좋아하는 바를 따라 모두 나를 보도록 하는 것이다.

어떤 중생이 애욕에 얽매여 나에게 찾아오면, 내가 그를 위해 설법하여 그는 설법을 듣고서 탐욕에서 벗어나고 보살의 집착 없는 경계의 삼매를 얻는다.

어떤 중생이 잠깐 나를 보면 탐욕에서 벗어나고 보살의 환희삼매를 얻는다.

어떤 중생이 잠깐 나와 말하면 탐욕에서 벗어나고 보살의 걸림 없는 음성삼매를 얻는다.

어떤 중생이 잠깐 나의 손을 잡으면 탐욕에서 벗어나고 보살의 일체 부처 세계에 두루 찾아가는 삼매를 얻는다.

어떤 중생이 잠깐 나의 법좌에 올라오면 탐욕에서 벗어나고 보살의 해탈광명삼매를 얻는다.

어떤 중생이 잠깐 나를 보면 탐욕에서 벗어나고 보살의 고요한 장엄삼매를 얻는다.

어떤 중생이 나의 기지개 켜는 것을 보면 탐욕에서 벗어나고 보살의 외도를 굴복시키는 삼매를 얻는다.

어떤 중생이 나의 눈을 깜빡이는 것을 보면 탐욕에서 벗어나고 보살의 부처 경계 광명삼매를 얻는다.

어떤 중생이 나를 끌어안으면 탐욕에서 벗어나고 보살의 일체중생을 섭수하여 항상 버리지 않는 삼매를 얻는다.

어떤 중생이 나의 입술을 맞추면 탐욕에서 벗어나고 보살의 일체중생 복덕을 증장하는 삼매를 얻는다.

모든 중생이 나를 가까이하면 일체 모두가 탐욕을 여의는 경계에 머물면서 보살의 일체 지혜가 앞에 나타나는 걸림 없는 해탈에 들어가게 된다.”

◉ 疏 ◉

於中에 先은 身同類現이오 後'若有衆生'下는 以法益生中에 有十種三昧니 皆隨受欲便宜하야 得斯甚深三昧니 思之어다

이의 경문 부분에서 앞은 나의 몸을 그들의 부류와 같이 나타낸 것이며,

뒤의 '若有衆生' 이하는 법으로 중생에게 이익을 주는 부분에

10가지 삼매가 있다. 이는 모두 받고자 원하는 편의를 따라서 이처럼 매우 깊은 삼매를 얻는 것이다. 이는 생각하면 알 수 있다.

三 得法因緣
(3) 법을 얻은 인연

經

善財 白言호되 聖者여 種何善根하며 修何福業하야 而得成就如是自在니잇고
答言하사대 善男子야 我念過去에 有佛出世하시니 名爲高行이오 其王都城은 名曰妙門이라
善男子야 彼高行如來 哀愍衆生하사 入於王城할세 蹈彼門閫하시니 其城一切 悉皆震動하며 忽然廣博하며 衆寶莊嚴하며 無量光明이 遞相暎徹하며 種種寶華 散布其地하며 諸天音樂이 同時俱奏하며 一切諸天이 充滿虛空이러라
善男子야 我於彼時에 爲長者妻하니 名曰善慧라 見佛神力하고 心生覺悟하야 則與其夫로 往詣佛所하야 以一寶錢으로 而爲供養호니 是時에 文殊師利童子 爲佛侍者라 爲我說法하사 令發阿耨多羅三藐三菩提心케하시니라

선재동자가 여쭈었다.

"거룩하신 이여, 어떤 선근을 심었고, 무슨 복업을 닦았기에 이처럼 자재함을 성취하였습니까?"

바수밀다 여인이 대답하였다.

"선남자여, 내가 생각해 보니 과거에 부처님이 세간에 나오셨는데, 그 이름을 '고행(高行)'이라 하고, 그 나라의 서울은 '묘문(妙門)'이라 하였다.

선남자여, 그 고행여래께서 중생을 불쌍히 여기어 서울에 들어가실 적에 성의 문턱을 밟으니, 그 성안에 있던 모든 것이 진동하면서 갑자기 넓어지고, 많은 보배로 장엄하였으며, 한량없는 광명이 서로 비추고, 가지각색 보배꽃이 땅에 흩뿌려졌으며, 하늘 음악이 한꺼번에 울리고, 모든 하늘이 허공에 가득하였다.

선남자여, 나는 그때, 장자의 아내로 그 이름은 '선혜'였다. 부처님의 신통을 보고서 마음에 깨달음을 얻었다. 남편과 부처님 계신 도량을 찾아가 하나의 보배 돈으로 공양하였는데, 그때, 문수사리동자가 부처님의 시자였다. 그가 우리를 위해 설법하여 아뇩다라삼먁삼보리심을 내도록 해주었다.

● 疏 ●

先問 後答이라
'一寶錢施'者는 有二義하니
一은 寶而能捨라 故得離貪이오
二는 一錢雖微나 以菩提心故로 成斯自在니라

앞은 물음이고, 뒤는 대답이다.

"하나의 보배 돈으로 공양하였다."는 것은 2가지 뜻이 있다.

① 보배를 버릴 줄 알기에 탐욕에서 벗어남을 얻었고,

② 한 푼의 돈은 하찮은 것이지만, 보리심 때문에 이처럼 자재함을 성취하였다.

經

善男子야 我唯知此菩薩離貪際解脫이어니와 如諸菩薩摩訶薩은 成就無邊巧方便智하야 其藏廣大하야 境界無比니 而我云何能知能說彼功德行이리오

善男子야 於此南方에 有城하니 名善度오

中有居士하니 名鞞瑟胝羅라 彼常供養栴檀座佛塔하나니 汝詣彼問호되 菩薩이 云何學菩薩行이며 修菩薩道리잇고 하라

時에 善財童子 頂禮其足하며 遶無量匝하며 殷勤瞻仰하고 辭退而去하니라

선남자여, 나는 오직 이 보살의 탐욕의 경계를 여읜 해탈만을 알 뿐이지만,

저 보살마하살은 그지없이 뛰어난 방편의 지혜를 성취하여 그 법장이 광대하여 경계를 비길 데 없다.

내가 그런 공덕의 행을 어떻게 알며, 어떻게 말할 수 있겠는가.

선남자여, 여기서 남쪽으로 성이 있는데, 그 이름을 '선도'라

한다.

그 성에 거사가 있는데, 그 이름을 '비슬지라'라 한다.

그는 항상 전단좌 부처님 탑에 공양하고 있다.

그대는 그를 찾아가 '보살이 어떻게 보살의 행을 배우며, 보살의 도를 닦는가.'를 묻도록 하라."

그때, 선재동자는 그의 발에 엎드려 절하고 한량없이 돌고 은근한 마음으로 우러러 사모하면서 하직하고 떠났다.

◉ 論 ◉

'善財 見於市廛之北自宅中住'者는 以生死繁多 爲市廛이며 北爲坎位니 坎是北方主黑也라 是迷愚衆生之位也니 菩薩이 居此迷流愛海闤闠之處하야 同行接生하야 令其發明이오 '自宅中住'者는 以衆生生死海 是菩薩의 自所住宅이니 菩薩이 以大悲故로 住一切衆生生死宅中하야 度脫衆生하야 成就普賢之行하야 具足無量功德이라

如經에 云'善財童子 往詣其門 見其住宅 廣博嚴麗'已下에 廣說莊嚴은 此是初見其依報오 次에 '爾時善財 見此女人하니 顏貌端嚴하며 乃至皮膚金色'은 是見其正報와 及諸藝能이니 已下는 具如經說이라

'爾時善財 前詣其所'已下는 申請所求오

'善男子'已下는 正授善財所行之法인 菩薩解脫이 名離貪欲際니 以此解脫로 隨其樂欲하야 而爲現身호되 十方三界에 所見不同은

159

如經具明하니라

又經에 云'若有衆生 暫見我者 卽離貪欲 得菩薩歡喜三昧'者는 明有信者 而修禪定에 禪悅其心故오.

'若有衆生 暫與我語者 則離貪欲 得菩薩無量音聲三昧'者는 明從定發慧하야 了音聲無體오.

'若有衆生 執我手者 則離貪欲 得菩薩徧往一切佛刹三昧'者는 是引接義오.

如是已下에 '升座'는 是無相智增義오.

'暫觀於我'는 是觀照義오.

'嚬申'은 是法悅義오.

'目瞬'은 是見諦入佛智境也오.

'抱持於我'者는 攝受不捨衆生義오.

'唼我脣吻'者는 受敎說法義오.

'凡有親近於我 一切皆得離貪欲際 入菩薩一切智地'者는 都擧諸有親近에 無空過者하야 皆獲一切智門이니 此明二乘과 及出纏菩薩은 但求離苦하고 未入大慈悲로 入於生死海하야 同事接生門일세 不達法界自在智王이 處染淨而無垢하야 會無依處普光明智 圓滿十方하야 任運利生에 無縛無解하사 方名永離貪欲際也니라

厭而出纏은 無大悲行하야 智未究竟이오 有所依在는 修行不應이니 以有所得心인 一分無相無願無作空解脫門으로 莫以爲足하고 應修智悲하야 發起願求하야 誓度衆生하며 學差別智하야 盡三界法

을無不皆知니 明用三界事하야 便成法界하며 善照自他十二緣生하야 成一切智하며 了無邊劫이 與今無二하야 不求餘處에 別有出世解脫涅槃이라 以無作無依智로 印三界法이 本唯佛法일새 法本如是하야 無別思求니 一依十住十行十廻向法門圓會하면 自當相稱이니라

此婆須密女는 是會第五無盡功德藏廻向門이니 爲以行齊生死하야 是非見亡애 以法界禪門으로 眞俗二染이 俱盡하야 以性等法界하고 智周有無하야 無行不行하며 無生不利하야 招多福德일새 故名無盡功德藏이니라

'善財 白言 聖者 種何善根 修何功德'已下는 其女 與善財로 說自往昔因호되 高行如來 出世에 爲長者妻하야 布施寶錢하며 及文殊師利 勸發大菩提心일새 以是因緣으로 得如斯解脫이니라

'我唯知此離貪欲際解脫'者는 明往因에 以捨所重寶錢이 是離貪이며 文殊師利 勸發無性菩提心이 是離欲이니 如一寶錢이 其所施는 不多로되 爲心貴重을 故能捨일새 與多非異니라

此是無盡功德藏廻向이라 亦以禪波羅密로 爲體니 明圓通諸法이 是寶錢義라 約智門中인댄 諸位通治어니와 約位門中인댄 以治第五廻向中에 以出世禪으로 入於生死에 眞俗染淨不自在障과 行不自在徧衆生障하야 治令自在故니라

"선재동자가 저자의 북쪽 자택에 머물고 있는 그를 보았다."는 것은 생사의 번다함으로 저자를 들어 말한 것이다.

북쪽은 坎卦(☵)의 자리이다. 감괘는 북방에서 흑색을 주재한

다. 이는 수많은 혼미하고 어리석은 중생의 지위이다. 보살이 이처럼 혼미의 흐름, 애욕 바다의 저잣거리에 거처하면서 그들과 똑같은 행으로 중생을 맞이하여, 그들로 하여금 깨우침을 얻도록 하였다.

'자택에 머문다.'는 것은 중생의 생사 바다가 바로 보살이 스스로 머무는 집이다. 보살이 대자비의 마음으로 일체중생의 생사윤회 집 안에 머물면서 중생을 제도, 해탈시켜 보현행을 성취하여 한량없는 공덕을 두루 갖추는 것이다.

예컨대 경문에서 "선재동자가 그의 문을 찾아가, 그가 머문 집을 살펴보니 널찍하고 화려하게 장엄하였다."고 하며, 아래의 경문에서 장엄을 자세히 설명한 것은 그의 의보를 처음 본 것이며,

다음에 "그때, 선재동자가 그 여인을 바라보니, 용모는 단정하고, …피부는 금빛이다."고 말한 것은 그의 정보 및 모든 예능을 본 것이다.

아래는 경문에서 말한 바와 같다.

"그때, 선재동자가 그의 앞으로 나아갔다." 이하는 구할 바를 말함이며,

'선남자' 이하는 선재동자에게 '행할 대상의 법, 즉 보살 해탈의 이름을 탐욕의 경계를 여읨이라 한다는 것'을 바로 전수함이다. 이러한 해탈로써 중생이 좋아하는 바를 따라 몸을 나타내되, 시방의 삼계에서 보고자 하는 대상이 똑같지 않음은 경문에서 밝힌 바와 같다.

또한 경문에서 "어떤 중생이 잠깐 나를 보면 탐욕에서 벗어나고 보살의 환희삼매를 얻는다."는 것은 믿음이 있는 자가 선정을 닦으면 그의 마음을 禪悅로 가득케 함을 밝힌 것이며,

"어떤 중생이 잠깐 나와 말하면, 탐욕에서 벗어나고 보살의 걸림없는 음성삼매를 얻는다."는 것은 선정에서 지혜가 일어나 음성의 체성이 없음을 깨닫게 됨을 밝힌 것이며,

"어떤 중생이 잠깐 나의 손을 잡으면 탐욕에서 벗어나고 보살의 일체 부처 세계에 두루 찾아가는 삼매를 얻는다."는 것은 중생을 인도하여 맞이하는 뜻이며,

'如是' 이하에서 '법좌에 올라오면'이라는 것은 모양 없는 지혜가 증장한다는 뜻이며,

'잠깐 나를 보면'이라는 것은 관조의 뜻이며,

'嚬申'은 法悅의 뜻이며,

'눈을 깜빡이는' 것은 이치를 보고서 부처 지혜의 경계에 들어감이며,

'나를 끌어안으면'이라는 것은 중생을 받아들여 버리지 않는다는 뜻이며,

'나의 입술을 맞추면'이라는 것은 가르침을 받아 설법한다는 뜻이며,

"모든 중생이 나를 가까이하면 일체 모두가 탐욕을 여의는 경계에 머물면서 보살의 일체 지혜의 지위에 들어간다."는 것은 가까이하면 헛됨이 없어 모두 일체 지혜의 법문을 얻는다는 점을 모두

들어 말한 것이다. 이는 이승 및 속박에서 벗어난 보살이 다만 고통에서 벗어나는 것만을 구할 뿐, 대자비의 마음으로 생사 바다에 들어가 중생과 그 일을 똑같이 하면서 중생을 맞이하는 법문에는 들어가지 못한 것이다.

이 때문에 법계의 자재한 지혜의 왕이 오염과 청정에 처하면서도 더러움이 없고, 의지하는 곳이 없음을 회통한 보광명지가 시방에 원만하여, 마음대로 중생을 이롭게 함에 있어 속박도 없고 해탈도 없어야 비로소 그 이름을 '영원히 탐욕의 경계를 여읨'이라 함을 깨닫지 못함을 밝힌 것이다.

생사의 고통을 싫어하여 속박에서 벗어나는 것은 대자비의 행이 없어 지혜가 최고의 경계에 이르지 못함이며,

의지하여 머문 바 있는 것은 수행이 상응하지 못함이다. 얻는 바가 있는 마음인 1分의 모습도 없고 서원도 없고 작위도 없는 空解脫門으로 족함을 삼지 말고, 당연히 지혜와 자비를 닦아서 서원을 일으켜 중생을 제도할 것을 맹세하고, 차별지를 배워서 온 삼계의 법을 모두 알지 못함이 없어야 한다.

삼계의 일을 사용하여 법계를 성취하고, 나와 남의 12연생을 잘 비추어 일체 지혜를 성취하며, 끝없는 겁이 지금과 둘이 아님을 잘 알고서 나머지 다른 곳에서 따로 출세간의 해탈과 열반을 구하지 않음을 밝힌 것이다.

작위 없고 의지함이 없는 지혜로써 삼계의 법이 본래 오로지 불법뿐임을 인가하기에 법이 본래 이와 같아 별도로 구할 바가 없

다. 한결같이 십주·십행·십회향 법문에 의지하여 원만히 회통하면 절로 반드시 서로 부합하게 된다.

이 바수밀녀는 제5 무진공덕장회향 법문을 회통한 부분이다. 행이 생사에 하나가 되어 옳고 그름의 견해가 사라짐에, 법계의 禪門으로 진제와 속제의 2가지 오염이 모두 다하여 성품이 법계와 같고 지혜가 유무에 두루 갖춰져 행마다 행하지 않음이 없고, 중생마다 이롭게 하지 않음이 없어서 많은 복덕을 불러들이기에 그 이름을 '그지없는 공덕장회향'이라 한다.

"선재동자가 여쭈되, 거룩하신 이여, 어떤 선근을 심었고, 무슨 복업을 닦았는가?" 이하는 그 여인이 선재동자와 자기 과거의 인연을 말하기를, "고행여래가 세간에 나왔을 때, 장자의 아내로서 보배 돈을 보시하고, 아울러 문수사리가 큰 보리심을 내도록 권하였다. 이런 인연으로 이와 같은 해탈을 얻었다."고 한다.

"나는 오직 탐욕의 경계를 여읜 해탈만을 안다."는 것은 과거의 인연에 소중한 보배 돈을 공양한 것이 탐욕을 여읜 것이며,

문수사리가 자성이 없는 보리심을 일으키도록 권한 것은 탐욕을 여의는 것임을 밝힌 것이다. 하나의 보배 돈을 보시한 것은 많지 않지만, 그 마음을 귀중히 생각한 까닭에 많은 것을 보시함과 다르지 않다.

이는 제5 무진공덕장회향이라, 또한 선정바라밀로 본체를 삼는다. 모든 법을 원만히 회통함이 바로 '보배의 돈'이라는 뜻임을 밝힌 것이다.

지혜 법문으로 말하면 모든 지위를 통틀어 다스리지만, 지위 법문으로 말하면 제5 무진공덕장회향 가운데 출세간의 선정으로 생사에 들어가, '진제와 속제, 오염과 청정의 자재하지 못한 장애'와 '행이 중생에게 두루 자재하지 못한 장애'를 다스려서 자재하게 만든 때문이다.

第六 入一切平等善根廻向
'善友名鞞瑟胝羅'者는 此云纏裹니 義當包攝이라 塔中에 包攝一切佛故니라 或云攝入이니 攝諸善根하야 入平等故니라
'城名善度'者는 無一善根 不度到究竟故니라
'常供佛塔'者는 善根中最故니라 未詳何緣으로 偏供此塔이로되 有云以塔中定有栴檀之座하니 爲欲普供無盡佛故라하니 亦是一理니라
文中에 第一 依教趣求니 闕無念法이라

제6. 비슬지라, 입일체평등선근회향 선지식

선지식의 이름을 '비슬지라'라 한 것은 중국에서는 '한데 묶어 싸다[纏裹].'의 뜻이다. 이는 '포섭'이라는 뜻에 해당한다. 탑에 일체 불을 포섭한 때문이다. 어떤 이는 '받아들이다[攝入].'의 뜻이라 한다. 모든 선근을 받아들여 평등의 자리에 들어가기 때문이다.

성의 이름을 '善度'라 말한 것은 하나의 선근이라도 제도하여 최고의 경계에 이르지 않음이 없기 때문이다.

'언제나 불탑에 공양 올린다.'는 것은 선근 가운데 최상이기 때문이다. 무슨 인연으로 이 탑에서만 공양을 올린 것인지 자세하지 않지만, 어떤 이는 "탑 속에 반드시 전단으로 만든 법좌가 있었을 것이다. 그지없는 부처에게 널리 공양하기 위함이다."고 말하였다. 이 또한 하나의 이치가 있다.

 1. 가르침을 따라 선지식을 찾아가 법을 구하다

念法이 생략되어 언급된 바 없다.

經

爾時에 善財童子 漸次遊行하야 至善度城하야

 그때, 선재동자가 차례대로 가다가 선도성에 이르러,

第二 見敬諮問

 2. 친견하여 절을 올리고 법을 묻다

經

詣居士宅하야 頂禮其足하며 合掌而立하야
白言호되 聖者여 我已先發阿耨多羅三藐三菩提心호니
而未知菩薩이 云何學菩薩行이며 云何修菩薩道리잇고
我聞聖者는 善能誘誨라하니 願爲我說하소서

 거사의 집에 찾아가 발에 엎드려 절하고 합장하고 서서 여쭈

167

었다.

"거룩하신 이여, 저는 이미 아뇩다라삼먁삼보리심을 내었습니다.

그러나 보살이 어떻게 보살의 행을 배우며, 보살의 도를 닦는지 모르겠습니다.

제가 듣자오니 거룩하신 이께서 잘 가르쳐주신다 하니, 바라건대 저를 위하여 말해주십시오."

第三 正授法界
3. 바로 자기의 법계를 전수하다

經
居士 告言하사대 善男子야 我得菩薩解脫호니 名不般涅槃際라
善男子야 我不生心言호되 如是如來 已般涅槃이며 如是如來 現般涅槃이며 如是如來 當般涅槃이라하노니
我知十方一切世界諸佛如來 畢竟無有般涅槃者오 唯除爲欲調伏衆生하야 而示現耳로라

거사가 말하였다.

"선남자여, 나는 보살의 해탈을 얻었는데, 그 이름을 '열반의 경계에 들지 않음'이라 한다.

선남자여, 나는 이와 같이 여래가 이미 열반에 들었다거나, 이와 같이 여래가 현재 열반에 든다거나, 이와 같이 여래가 장차 열반에 들 것이라는 생각을 가지지 않는다.

나는 시방 일체 세계의 부처님 여래가 결국 열반에 드는 이가 없는 줄을 알 뿐이다. 그러나 오직 중생을 조복하기 위하여 일부러 보이는 것은 제외된다.

● 疏 ●

於中四니

一은 標名이라 不般涅槃際者는 般者은 入也니 窮諸如來不入涅槃之實際故니라 故出現品에 云'如實際涅槃하야 如來涅槃도 亦如是'라하니라

二'善男子我不生心'下는 顯體니 謂心契實際하야 知佛常住니라

三'唯除'下는 釋疑니 竝如出現品辨이라 楞伽에 亦云'無有佛涅槃이오 無有涅槃佛'이라하니라【鈔_ '楞伽云無有涅槃佛'等者는 卽是經初에 大慧 讚於如來에 具知三性하야 以成三身이라 初有四偈는 明徧計·依他니 謂世間離生滅等은 十忍品에 已引이오 今此는 卽歎具於圓成이니

云'一切無涅槃이라 無有涅槃佛이오 無有佛涅槃이라 遠離覺所覺이로다 若有若無有를 是二悉俱離라 牟尼寂靜觀하시니 是則遠離生이라 是名爲不取'라하니 今世後世淨하리라'

有二偈半하니

初句는 遣所證涅槃이오

次句는 遣能證之佛이오

第三句는 無能所契合이오

第四句는 總結所由니 由離能所일세 故皆無矣오 無卽空義니 同一如矣니라

次若有兩句는 明不生二見이니 正顯圓成하야 遠離見過니 前偈는 破執이오 此는 顯不著이라

初句는 人法 是有오 無我 是無며 二障 是有오 無相 是無며 涅槃及佛은 此則是有오 離覺所覺은 此則是無니 皆成見過어니 義須離之니라 故云是二悉俱離라하니라

後一偈는 明牟尼正觀이니 此는 歎世尊寂靜功德이니 了一切法이 本來寂靜하야 無有一法而是生者라 生見旣亡이어니 不生이 豈有리오 無生無滅일세 故無可取오 亦無可捨며 非染非淨일세 故二世淨이라

今은 初에 但引二句하야 足證不般涅槃耳라】

    이 부분은 4단락이다.

    (1) 명제의 표장이다.

    '不般涅槃際'의 般은 '들어가다.'의 뜻이다. 모든 여래의 열반에 들어가지 않는 실제를 궁구한 때문이다. 이 때문에 제37 여래출현품에 이르기를, "실제 열반과 같아서 여래의 열반 또한 이와 같다."고 하였다.

    (2) '善男子我不生心' 이하는 그 자체를 밝혔다. 마음이 실제

자리와 하나가 되어 부처가 언제나 머묾을 알고 있다.

(3) '唯除' 이하는 의심을 풀어줌이다. 이 또한 제37 여래출현품에서 논변한 바와 같다.

능가경에서 또 말하기를, "열반에 든 부처님도 없고, 부처님이 열반에 드는 일도 없다."고 하였다.【초_ "능가경에서 말하기를, 열반에 든 부처님도 없다."는 등은 능가경의 첫 부분에서 대혜보살이 여래를 찬탄하면서 3가지 성품을 두루 알기에 3가지 몸을 이뤘다고 하였다. 그 첫 4수 게송은 변계소집성·의타기성을 밝혔다. 세간에서 생멸 등을 여의었다는 것은 제29 십인품에서 이미 인용하였고, 여기에서는 원성실성을 갖춤에 대해 찬탄하였는데, 다음과 같다.

"일체 모두 열반이 없다.
열반에 든 부처님도 없고
부처님이 열반에 드셨던 일도 없다.
깨달음과 깨달음의 대상을 멀리 벗어났다.
있다거나 또는 없다거나
이 두 가지 모두 벗어났다.
석가모니께서 고요히 관찰하시니
이것이 생사를 멀리 벗어남이다.
이를 집착하지 않음이라 말하니
금세에도 후세에도 청정하리라."
2수 반의 게송이다.

제1구[一切無涅槃]는 증득 대상의 열반을 떨쳐버림이며,

제2구[無有涅槃佛]는 증득 주체의 열반을 떨쳐버림이며,

제3구[無有佛涅槃]는 주체와 대상이 없는 계합이며,

제4구[遠離覺所覺]는 연유되는 바를 총괄하여 끝맺음이다. 주체와 대상을 여읨에 따라 모두가 없는 것이다. 없다는 것은 곧 꽁이라는 뜻이니, 진여와 같다.

다음 "있다거나 또는 없다거나, 이 두 가지 모두 벗어났다." 2구는 유와 무 2가지 소견을 내지 않음을 밝혔다. 바로 원성실성을 나타내어 멀리 소견의 잘못을 떨쳐버리는 것이다. 앞의 게송은 집착을 타파함이며, 집착하지 않음을 나타낸 것이다.

첫 구절[若有若無有]은 人·法은 有이고, 無我는 無이며, 소지장과 번뇌장은 有이고, 無相은 無이며, 열반과 부처는 有이고, 깨달음과 깨달음의 대상을 멀리 벗어남은 無이다. 이는 모두 잘못된 소견을 이룬 것이기에, 이를 여의어야 한다는 뜻이다. 이 때문에 "있다거나 또는 없다거나, 이 두 가지 모두 벗어났다."고 말하였다.

뒤의 1수 게송[牟尼寂靜觀~今世後世淨]은 석가모니의 바른 관조이다. 이는 세존의 적정공덕을 찬탄함이다. 일체 법을 깨달음이 본래 고요하여 그 어떤 하나의 법도 생겨남이 없다. 생겨난다는 견해가 이미 사라졌는데, 어찌 無生이 있겠는가. 생겨남도 없고 사라짐도 없기에 집착할 게 없고 또한 버릴 것도 없으며, 오염도 아니고 청정도 아니기에 현재와 미래 2세가 청정하다.

이의 첫 게송 가운데 단 2구[無有涅槃佛 無有佛涅槃]만을 인용하

여, 열반에 들지 않음을 증명하였다.】

經
善男子야 我開栴檀座如來塔門時에 得三昧하니 名佛種無盡이라
善男子야 我念念中에 入此三昧하야 念念得知一切無量殊勝之事호라
善財 白言호되 此三昧者는 境界云何니잇고
居士 答言하사대 善男子야 我入此三昧에 隨其次第하야 見此世界의 一切諸佛호니
所謂迦葉佛과 拘那含牟尼佛과 拘留孫佛과 尸棄佛과 毘婆尸佛과 提舍佛과 弗沙佛과 無上勝佛과 無上蓮華佛이니 如是等이 而爲上首라
於一念頃에 得見百佛하고 得見千佛하고 得見百千佛하고 得見億佛과 千億佛과 百千億佛과 阿庾多億佛과 那由他億佛과 乃至不可說不可說世界微塵數佛하야 如是一切를 次第皆見하며
亦見彼佛의 初始發心과 種諸善根과 獲勝神通과 成就大願과 修行妙行과 具波羅蜜과 入菩薩地와 得淸淨忍과 摧伏魔軍과 成正等覺과 國土淸淨과 衆會圍遶와 放大光明과 轉妙法輪과 神通變現의 種種差別하야 我悉能持하고 我悉能憶하고 悉能觀察하야 分別顯示하며

未來彌勒佛等一切諸佛과 **現在毘盧遮那佛等一切諸佛**도 **悉亦如是**하니

如此世界하야 **十方世界所有三世一切諸佛**과 **聲聞獨覺諸菩薩衆**도 **悉亦如是**하노라

선남자여, 내가 전단법좌 여래탑의 문을 열 적에 삼매를 얻었는데, 그 이름을 '그지없는 부처의 종성[佛種無盡]'이라 한다.

선남자여, 나는 모든 생각마다 이 삼매에 들었고, 모든 생각마다 일체 한량없이 훌륭한 일을 알았다."

선재동자가 물었다.

"이 삼매는 그 경계가 어떠합니까?"

거사가 대답하였다.

"선남자여, 내가 이 삼매에 들어갈 적에 그 차례를 따라 이 세계의 일체 부처님을 보았다.

이른바 가섭불, 구나함모니불, 구류손불, 시기불, 비바시불, 제사불, 불사불, 무상승불, 무상연화불이다. 이런 이들이 우두머리가 되었다.

한 생각 찰나에 백 부처님을 보고, 천 부처님을 보고, 백천 부처님을 보고, 억 부처님, 천억 부처님, 백천억 부처님, 아유다억 부처님, 나유타억 부처님을 보며, 내지 말할 수 없이 말할 수 없는 세계의 티끌 수 부처님들을 차례로 모두 보았으며,

또한 저 부처님들이 처음 발심하고, 선근을 심고, 훌륭한 신통을 얻고, 큰 서원을 성취하고, 미묘한 행을 닦고, 바라밀을 구족하

며, 보살의 지위에 들어가고, 청정한 법인을 얻고, 마군을 항복 받고, 정등각을 성취하고, 국토가 청정하고, 대중이 둘러싸고, 큰 광명을 쏟아내고, 미묘한 법륜을 굴리고, 신통으로 변화하는 가지가지 차별을 보고서, 나는 이를 모두 지니고, 나는 이를 모두 기억하고 모두 살펴보면서 분별하여 나타내었다.

미래의 미륵불 등 일체 부처님, 현재의 비로자나불 등 일체 부처님 또한 모두 그와 같이 하였다.

그리고 이 세계에서와 같이, 시방세계에 계시는 삼세 제불, 성문, 독각, 보살 대중 또한 모두 그와 같이 하였다.

● 疏 ●

四'善男子我開'下는 顯其業用이라
於中二니 先은 辨用所依니 亦是證前不涅槃義니 擧現見故니라
'佛種無盡'者는 佛種從緣起하고 佛緣理生이어든 見理湛然일새 故見佛無滅이어니 以佛化身이 卽是常身法身故니라
後'善財白'下는 問答境界니라【鈔_ '佛種從緣起 佛緣理生'者는 上句는 是法華經이오 下句는 是生公釋이라 古有二釋하니 竝如前引이라
今引生公은 正順經中에 佛種無盡之言이니 其卽是常身法身이라 亦涅槃文이니
涅槃二十三에 云'又善男子야 斷煩惱者는 不名涅槃이오 不生煩惱이라야 乃名涅槃이니 諸佛如來는 煩惱不起일새 是名涅槃이오

所有智慧 於法無礙일세 是爲如來니 非是凡夫·聲聞·緣覺菩薩일세 是名佛性이오

如來身心智慧 徧滿無量無邊阿僧祇土하야 無所障礙일세 是名虛空이오

如如常住하야 無有變易일세 名曰實相이니 以是義故로 如來 實不畢竟涅槃이라하니라

釋曰 此皆明無永滅之涅槃이니 則是常住眞涅槃이라】

　(4) '善男子我開' 이하는 그 하는 일과 작용을 밝혔다.

　이는 2부분이다.

　앞에서는 작용의 의지 대상을 논변하였다. 이 또한 앞서 말한 "열반에 들지 않는다."는 뜻을 증명하였다. 현재 보았던 것을 들어 말하였기 때문이다.

　'그지없는 부처의 종성[佛種無盡]'이란 부처의 종성은 연기로부터 일어나며, 부처는 이치를 반연하여 나오는데, 이치의 담담함을 보았기에 부처의 사라짐이 없음을 본 것이다. 부처의 화신이 바로 常身이요 法身이기 때문이다.

　뒤의 '善財白' 이하는 경계를 묻고 대답함이다.【초_ "부처의 종성은 연기로부터 일어나며, 부처는 이치를 반연하여 나온다."는 위 구절은 법화경이며, 아래 구절은 道生법사의 해석이다. 옛적에 2가지 해석이 있다. 이는 모두 앞서 인용한 바와 같다. 여기에서 도생법사의 말을 인용함은 바로 법화경의 '그지없는 부처의 종성'이라는 말을 따른 것이다. 이는 곧 常身이요 法身이다.

또한 열반경의 문장이기도 하다.

열반경 23에서 말하였다.

"또한 선남자여, 번뇌를 끊은 자는 열반이라 말하지 못한다. 번뇌를 일으키지 않아야 이에 열반이라 말한다.

제불여래는 번뇌가 일어나지 않기에 이를 열반이라 말하고, 소유한 지혜가 법에 걸림이 없기에 이를 여래라 한다.

이는 범부와 성문, 연각, 보살이 아니기에 佛性이라 말하고,

여래의 몸과 마음의 지혜가 한량없고 그지없는 아승지 국토에 두루 충만하여 장애된 바가 없기에, 이를 허공이라 말하고,

如如하게 상주하여 변함이 없기에 그 이름을 실상이라 한다.

이러한 뜻이 있기 때문에 여래는 실로 결국 열반하지 않는다."

이에 대한 해석은 다음과 같다.

이는 모두 길이 사라짐이 없는 열반을 밝힌 것이다. 이는 常住의 眞涅槃이다.】

第四 謙己推勝
4. 몸을 낮추면서 선지식의 훌륭함을 추켜올리다

經
善男子야 **我唯得此菩薩所得不般涅槃際解脫**이어니와 **如諸菩薩摩訶薩**은

以一念智로 普知三世하며
一念徧入一切三昧하며
如來智日로 恒照其心하며
於一切法에 無有分別하며
了一切佛이 悉皆平等하며
如來及我와 一切衆生이 等無有二하며
知一切法의 自性清淨하며
無有思慮하고 無有動轉하야 而能普入一切世間하며
離諸分別하고 住佛法印하야 悉能開悟法界衆生하나니
而我云何能知能說彼功德行이리오

선남자여, 나는 오직 이 보살들이 얻는 '열반의 경계에 들지 않는 해탈'을 얻었을 뿐이지만,

저 보살마하살은

한 생각의 지혜로 삼세를 두루 알며,

한 생각의 찰나에 두루 일체 삼매에 들어가며,

여래 지혜의 밝은 태양이 항상 그 마음을 비추며,

일체 법에 분별이 없으며,

일체 부처님이 모두 평등하고,

여래와 나와 일체중생이 평등하여 둘이 없으며,

일체 법의 자성이 청정함을 알며,

생각함도 없고 움직임도 없지만, 일체 세간에 두루 들어가며,

모든 분별을 여의고 부처의 법인에 머물면서 모두 법계 중생

을 깨우쳐주었다.
　내가 그런 공덕의 행을 어떻게 알며, 어떻게 말할 수 있겠는가.

● 疏 ●

推勝中에 長者 雖知三世不滅이나 未能一念而知와 及能所平等이라

　선지식의 훌륭함을 추켜올리는 부분에서 장자는 비록 삼세가 사라지지 않음을 알았지만, 한 생각의 찰나에 안다거나 주체와 대상이 평등하지는 못하였다.

第五 指示後友
　5. 뒤의 선지식을 소개하다

經
善男子야 於此南方에 有山하니 名補怛洛伽오
彼有菩薩하니 名觀自在니
汝詣彼問호되 菩薩이 云何學菩薩行이며 修菩薩道리잇고 하라
卽說頌言하사대
海上有山多聖賢하니　　衆寶所成極淸淨이라
華果樹木皆徧滿하고　　泉流池沼悉具足어어든

勇猛丈夫觀自在 **爲利衆生住此山**이시니
汝應往問諸功德하라 **彼當示汝大方便**하리라
時에 **善財童子 頂禮其足**하며 **遶無量匝已**하며 **殷勤瞻仰**하고 **辭退而去**하니라

선남자여, 여기에서 남쪽으로 내려가면 산이 있는데, 그 이름을 '보달락가산'이라 하고,

그곳에 보살이 있는데, 그 이름을 '관자재'라 한다.

그대는 그를 찾아가 '보살이 어떻게 보살의 행을 배우며, 보살의 도를 닦는가.'를 묻도록 하라."

그리고 게송으로 말하였다.

바다 위에 산이 있고 성인 많으니
보배로 이뤄져 매우 청정하다
꽃과 과일나무 모두 가득하고
시냇물과 연못 모두 갖춰져 있는데

용맹한 장부이신 관자재보살이
중생 이익 위해 그곳 계시니
그대는 찾아가 모든 공덕 물으면
그대에게 큰 방편 일러주리라

그때, 선재동자는 그의 발에 절하고 한량없이 돌며, 은근한 마

음으로 우러러 사모하면서 하직하고 떠나갔다.

◉ 疏 ◉

先은 長行이오 後는 偈頌이니 以大悲菩薩은 衆尊重故로 偏加於頌이라 言海上有山者는 大悲隨順하야 入生死海나 而住涅槃山故니 卽南印度之南이라

앞은 산문이고, 뒤는 게송이다. 대비보살(관자재보살)은 대중이 존중하는 분이기에 유독 게송을 더한 것이다.

바다 위에 산이 있다고 말한 것은 대비의 마음으로 중생을 따라 생사 바다에 들어가 열반산에 머물기 때문이다. 이는 남인도의 남쪽이다.

◉ 論 ◉

經에 云 '我開栴檀座如來塔門時 得三昧 名佛種無盡'者는 明一切衆生分別心이 皆是如來智慧種이라 同於諸佛智慧種하야 無有生滅等相이니 此同十住中第六住와 十行中第六行과 十地中第六地라 以十住十行中第六出世間之智慧門으로 廻向入纏處俗中智慧利生之行일세 故로 爲居士身하야 處世化俗이오 置一塔室하야 於中에 安置一栴檀座하고 不置形像은 表第六智慧門이 達無相法也오 以此塔座로 供養諸佛하야 現在其前은 明無相法이 無有三世古今之見일세 爲以自佛智慧 與一切諸佛智慧로 無相體同하야 皆爲一際며 一切衆生도 亦與一切諸佛智慧로 本來一

181

際니 爲諸衆生하야 說如斯法하야 令諸衆生으로 開佛知見하며 悟佛知見하며 入佛知見일세 故로 城名善度라

居士名含攝은 含攝一切諸佛과 一切衆生智慧하야 皆一體不生滅故니 旣是諸佛智慧 無生滅性인댄 一切衆生도 亦不生滅也라 以此法故得一切諸佛이 不入涅槃이니 此意는 明如座上無相이 是佛故니라

善財白言 此三昧 境界云何已下는 是居士 答入此三昧見佛之數라

此界他方三世諸佛을 總皆得見은 所有見佛之數 如經具明하니 意明諸佛衆生이 無生滅相일세 方便以將其栴檀座塔하야 引接表示하야 令一切衆生으로 達自身心性相智慧 如栴檀座塔의 本來無相이며 本來佛也라 明性相이 皆無하야 俱不生滅이니 達相如化하고 了性如空하야 智無依住어니 何有生滅이리오

此是隨順堅固一切善根廻向이라 以般若波羅密로 爲體오 餘九로 爲伴이니 此治出世智慧로 處生死中行大慈悲不自在障하야 令得自在故니라

　　경문에서 말한 "내가 전단법좌 여래탑의 문을 열 적에 삼매를 얻었는데, 그 이름을 '그지없는 부처의 종성'이라 한다."는 것은 일체중생의 분별심이 모두 이 여래의 지혜 종자이다. 모든 부처의 지혜 종자와 같아 생멸 등의 모양이 없음을 밝힌 것이다. 이는 십주 가운데 제6 불퇴주, 십행 가운데 제6 무착행, 십지 가운데 제6 원행지와 같다.

십주와 십행 가운데 제6의 출세간의 지혜법문으로 속박에 들어가 세속에 머물면서 지혜로 중생을 이롭게 하는 행에 회향하기에 거사의 몸으로 세간에 살면서 세속을 교화하는 것이며,

　하나의 탑실을 마련하여 그 가운데 하나의 전단법좌를 안치하되 불상을 안치하지 않는 것은 제6 지혜문이 無相法을 잘 앎을 나타낸 것이며,

　이 탑좌로 모든 부처에게 공양하여 그 앞에 나타내는 것은 무상법이 삼세 고금의 견해가 없으므로 자기 부처의 지혜가 일체 모든 부처의 지혜와 無相의 본체가 같아서 모두 하나의 경계이고, 일체중생 또한 일체 모든 부처의 지혜와 본래 하나의 경계임을 밝힌 것이다.

　일체중생을 위해 이와 같은 법을 말하여 일체중생으로 하여금 부처의 지견을 열고, 부처의 지견을 깨닫고, 부처의 지견에 들어가게 한 까닭에 성의 이름을 '잘 제도하는 성[善度]'이라 하였다.

　거사의 이름을 '함섭(含攝)'이라 말한 것은 일체 모든 부처와 일체중생의 지혜를 모두 받아들여 모두 하나의 몸이라, 생멸이 아닌 까닭이다. 이처럼 모든 부처의 지혜가 생멸의 성품이 없다면 일체중생 또한 생멸이 없다. 이 때문에 일체 모든 부처가 열반에 들어가지 않은 것이다. 이 뜻은 법좌 위에 불상을 모시지 않은 것과 같음이 바로 부처임을 밝힌 것이다.

　"선재동자가 묻기를, 이 삼매는 그 경계가 어떠합니까?" 이하는 거사가 삼매에 들어 친견한 부처의 수효를 답한 것이다. 이 세

계와 다른 지방의 삼세제불을 모두 친견하였는데, 친견한 부처의 수효는 경문에서 구체적으로 밝힌 바와 같다.

그 뜻은 모든 부처와 중생에게 생멸의 모양이 없으므로 방편으로 그 전단법좌의 여래탑을 들어서 중생을 인도하고 맞이하여 보여줌으로써 일체중생으로 하여금 자기 몸과 마음의 性相 지혜가 전단법좌의 여래탑처럼 본래 모양이 없고, 본래 부처임과 같음을 깨닫게 함을 밝힌 것이다.

이는 내면의 성품과 외적 모양이 모두 없어 모두가 생멸이 없는 것임을 밝힌 것이다. 외적 모양이 변화와 같음을 깨닫고, 성품이 공과 같음을 깨달아, 이러한 지혜가 의지하여 머묾이 없는데 어찌 생멸이 있겠는가. 이는 '견고한 일체 선근을 따르는 회향[隨順堅固一切善根廻向]'이다. 반야바라밀로 본체(體)를 삼고, 나머지 9가지로 객체를 삼는다. 출세간의 지혜로 생사에 머물면서 대자비를 행하는데 자재하지 못한 장애를 다스려서 자재함을 얻도록 한 때문이다.

第七 等隨順一切衆生廻向
善友는 名觀自在니 三業歸向이면 必六通赴緣하나니 攝利難思일세 名觀自在니 由此能徧隨順衆生이라
在補世落迦山者는 此云小白華樹니 山多此樹하야 香氣遠聞하야 聞見必欣이 是隨順義라

又觀自在者는 或云觀世音이니 梵云婆盧枳底는 觀也오 濕伐羅는 此云自在니 若云攝伐多인댄 此云音이라 然梵本之中에 自有二種不同일세 故譯者隨異니

而法華觀音品中에 云'觀其音聲하야 皆得解脫이라'하니 卽觀世音也오 若具三業攝化인댄 卽觀自在니 故彼中에 初語業稱名이면 除七災오

二는 身業禮拜면 滿二願이오

三은 意業存念이면 淨三毒이라

而今에 多念觀音者는 以語業用多故오 又人多稱故어니와 今取義圓일세 故云自在니라

然觀卽能觀이니 通一切觀이오 世是所觀이니 通一切世라 若云音者인댄 亦通所觀이니 卽所救一切機오 若云自在인댄 乃屬能化之用이라

文中에 但有五段이니 闕第六禮辭니라

第一 依敎趣求

제7. 관자재보살, 등수순일체중생회향 선지식

선지식의 이름을 '관자재'라 한다. 삼업으로 회향하면 반드시 6가지 신통[六通: 天眼, 天耳, 他心, 宿命, 神足, 漏盡通]으로 반연에 따라 찾아가는 것이다. 중생을 받아들이는 이익이 불가사의하여, 그 이름을 '관자재'라 한다. 이를 통하여 두루 중생이 원하는 바를 따르는 것이다.

'補世落迦山'은 중국에서는 '小白華樹'의 뜻이다. 그 산에 이

나무가 많아 향기가 멀리까지 풍기는데, 그 향기를 맡거나 그 나무를 보면 반드시 기뻐함이 '隨順'의 뜻이다.

또한 '관자재'란 어떤 이는 '관세음보살'이라 한다. 범어로 말하면, '바로지저'는 본다[觀]는 뜻이며, '습벌라'는 중국에서는 자재하다는 뜻이다. 만약 '섭벌다'라 말하면 중국에서는 '소리[音]'라는 뜻이다.

그러나 범본에는 그 나름 2가지 다른 해석이 있다. 이 때문에 이를 번역한 자들이 이를 따라 달리 번역한 것이다.

법화경 관음품에서 이르기를, "그 음성을 살펴보면서 모두 해탈을 얻게 한다."고 하니, 이는 '관세음'으로 말함이며, 삼업의 교화를 갖춘 것으로 말하면 '관자재'라 한다. 이 때문에 첫째, 語業으로 명호를 부르면 7가지 재앙이 사라지고,

둘째, 身業으로 절을 올리면 2가지 서원이 원만하며,

셋째, 意業으로 염불을 하면 삼독이 말끔하게 사라진다고 하였다.

요즘에 관세음보살을 염불하는 이가 많은 것은 語業의 작용이 많기 때문이며, 또한 사람들이 흔히 염불하기 때문이지만, 여기에서는 원만한 뜻을 취한 까닭에 '관자재'라 말한 것이다.

그러나 관세음의 觀이란 관조하는 자의 주체이다. 일체 모든 觀에 통한다.

'世'는 관조의 대상이다. 모든 세계에 통한다.

'音'이라 말한다면 또한 관조의 대상에 통한다. 이는 구제 대상

의 일체 근기이며,

'自在'라 말하면 교화 주체의 작용에 속한다.

이의 경문은 5단락일 뿐이다. '6. 절을 올리고 하직하는 부분'이 없다.

　　1. 가르침을 따라 선지식을 찾아가 법을 구하다

經

爾時에 善財童子 一心思惟彼居士教하야
入彼菩薩解脫之藏하며
得彼菩薩能隨念力하며
憶彼諸佛出現次第하며
念彼諸佛相續次第하며
持彼諸佛名號次第하며
觀彼諸佛所說妙法하며
知彼諸佛具足莊嚴하며
見彼諸佛成正等覺하며
了彼諸佛不思議業하고
漸次遊行하야 至於彼山하야 處處求覓此大菩薩하니라

　　그때, 선재동자가 하나같은 마음으로 거사의 가르침을 생각하면서,

　　저 보살의 해탈 법장에 들어가고,

　　저 보살의 생각을 따르는 힘을 얻었으며,

저 부처님들이 몸을 나타내는 차례를 기억하고,

저 부처님들이 이어오는 차례를 생각하며,

저 부처님들의 명호의 차례를 지니고,

저 부처님들이 연설한 미묘한 법을 관찰하며,

저 부처님들이 두루 갖춘 장엄을 알고,

저 부처님들이 성취한 정등각을 관찰하며,

저 부처님들의 불가사의한 일을 분명하게 알고서,

차례로 거치면서 그 산에 이르러 이곳저곳에서 대보살을 찾았다.

第二. 見敬諮問

2. 친견하여 절을 올리고 법을 묻다

經
見其西面하니 巖谷之中에 泉流縈暎하고 樹林翁鬱하며 香草柔軟하야 右旋布地어든 觀自在菩薩이 於金剛寶石上에 結跏趺坐하고 無量菩薩이 皆坐寶石하야 恭敬圍遶어늘 而爲宣說大慈悲法하사 令其攝受一切衆生이러라
善財 見已하고 歡喜踊躍하야 合掌諦觀하야 目不暫瞬하고 作如是念호되
善知識者는 則是如來며

善知識者는 一切法雲이며
善知識者는 諸功德藏이며
善知識者는 難可値遇며
善知識者는 十力寶因이며
善知識者는 無盡智炬며
善知識者는 福德根芽며
善知識者는 一切智門이며
善知識者는 智海導師며
善知識者는 至一切智助道之具라하고
便卽往詣大菩薩所한대
爾時에 觀自在菩薩이 遙見善財하시고
告言하사대 善來라
汝發大乘意하야 普攝衆生하며
起正直心하야 專求佛法하며
大悲深重하야 救護一切하며
普賢妙行이 相續現前하며
大願深心이 圓滿淸淨하며
勤求佛法하야 悉能領受하며
積集善根하야 恒無厭足하며
順善知識하야 不違其敎하며
從文殊師利功德智慧大海所生이라 其心成熟하야 得佛
勢力하며

已獲廣大三昧光明하야 專意希求甚深妙法하며
常見諸佛하야 生大歡喜하며
智慧淸淨이 猶如虛空하며
旣自明了하고 復爲他說하야 安住如來智慧光明이로다
爾時에 善財童子 頂禮觀自在菩薩足하며 遶無數匝하며
合掌而住하야
白言호되 聖者여 我已先發阿耨多羅三藐三菩提心호니
而未知菩薩이 云何學菩薩行이며 云何修菩薩道리잇고
我聞聖者는 善能敎誨라하니 願爲我說하소서

그 서쪽을 바라보니, 바위 골짜기에는 시냇물이 굽이쳐 흐르고 나무숲은 우거져 있으며, 향기 나는 풀잎은 부드럽게 오른쪽으로 땅바닥에 깔렸는데, 관자재보살이 금강 보배 돌 위에 가부좌로 앉아 계시고, 한량없는 보살이 모두 보배 돌 위에 앉아서 공경히 둘러싸고 있었다.

관자재보살이 그들을 위해 대자비의 불법을 연설하여 그들로 하여금 일체중생을 거두어 받아들이게 하였다.

선재동자는 이를 보고서 기쁜 마음에 발을 구르면서 합장하고, 눈 하나 깜빡이지 않고 이런 생각을 하였다.

'선지식은 곧 여래이며,

선지식은 일체 법 구름이며,

선지식은 모든 공덕의 법장이며,

선지식은 만나기 어려우며,

선지식은 열 가지 힘의 보배로운 원인이며,

선지식은 그지없는 지혜의 횃불이며,

선지식은 복덕의 뿌리이자 싹이며,

선지식은 일체 지혜의 문이며,

선지식은 지혜 바다의 길잡이며,

선지식은 일체 지혜에 이르는 길을 도와주는 도구이다.'

바로 대보살이 계신 곳으로 나아갔다.

그때, 관자재보살은 멀리서 선재동자를 보고서 말하였다.

"잘 왔다. 그대는 대승의 마음을 내어 널리 중생을 거둬주고,

정직한 마음을 일으켜 오롯이 불법을 구하며,

자비심이 깊어서 일체중생을 구호하고,

보현의 미묘한 행이 이어서 앞에 나타나며,

큰 서원과 깊은 마음이 원만, 청정하고,

부지런히 불법을 구하여 모두 받아 지니며,

선근을 쌓으면서 언제나 싫어함이 없고,

선지식에 순종하여 가르침을 어기지 않으며,

문수사리보살의 공덕과 지혜의 바다에서 태어난 터라, 그 마음이 성숙하여 부처의 힘을 얻었고,

이미 광대한 삼매의 광명을 얻어, 오롯한 마음으로 매우 깊고 미묘한 법을 구하며,

항상 부처님을 뵙고서 큰 기쁨을 내고,

지혜의 청정함이 허공과 같으며,

이미 스스로 분명히 알고, 또한 다른 이를 위해 말해주어 여래의 지혜 광명에 편안히 머물러 있구나."

그때, 선재동자는 관자재보살의 발에 엎드려 절하고 수없이 돌고 합장하고 서서 여쭈었다.

"거룩하신 이여, 저는 이미 아뇩다라삼먁삼보리심을 내었습니다.

그러나 보살이 어떻게 보살의 행을 배우며, 보살의 도를 닦는지 모르겠습니다.

제가 듣자오니 거룩하신 이께서 잘 가르쳐주신다 하니, 바라건대 저를 위하여 말해주십시오."

● 疏 ●

先見有三이니 初는 見勝依正이라 在西面者는 西方은 主殺이니 顯悲救故며 又令歸向本所事故니라

二'善財見'已下는 彰見之益이니 以得勝念熏心故니라 '善知識者則是如來'者는 引至究竟이 同於佛故니라

三'爾時觀自在'下는 友垂讚攝이니 大悲深厚하야 隨順攝受故니라

【鈔_ '又令歸向本所事'者는 本事는 卽是阿彌陀라 令誦者로 先稱本師之名은 頂上化佛이 卽是彌陀故니라】

(1) 바라본 데에 3가지가 있다.

① 훌륭한 의보와 정보를 보았다.

'서쪽에 있다.'는 것은 서쪽이란 죽임을 주로 하는 곳이다. 자비

의 마음으로 구제함을 밝힌 때문이며, 또한 본래 섬긴 바에 귀의하게 한 때문이다.

② '善財見' 이하는 바라본 데서 얻어지는 이익을 밝혔다. 뛰어난 생각으로 마음을 훈습한 때문이다.

'선지식은 곧 여래'라는 것은 최고의 경계로 이끌어 부처와 같은 자리에 이르기 때문이다.

③ '爾時觀自在' 이하는 선지식이 선재를 찬탄하면서 받아들임을 보여줌이다. 大悲의 마음이 깊고 후하여, 중생의 마음을 따라서 받아들이기 때문이다.【초_ "또한 본래 섬긴 바에 귀의하게 한다."는 것은 본래 섬긴 바는 바로 아미타불이다. 염송하는 자로 하여금 아미타불의 명호를 먼저 염불하도록 함은 頂上化佛이 바로 아미타불이기 때문이다.】

二 '爾時善財'下는 敬問이니 可知니라

(2) '爾時善財' 이하는 절을 올리고 법의 요체를 물음이다. 이는 설명하지 않아도 알 수 있다.

第三 稱讚授法

先讚 後授라

授中三이니 初는 標名이오 二 '我以此'下는 總顯體相이오 亦是釋名이라

3. 선재동자를 칭찬하면서 법을 전수하다

(1) 찬탄이고, (2) 전수이다.

193

'(2) 전수' 부분은 3단락이다.

(ㄱ) 명제를 표장하였고,

(ㄴ) '我以此' 이하는 體相을 총괄하여 밝혔고, 또한 명제를 해석하였다.

經

菩薩이 告言하사대 善哉善哉라 善男子야 汝已能發阿耨多羅三藐三菩提心이로다
善男子야 我已成就菩薩大悲行解脫門호니
善男子야 我以此菩薩大悲行門으로 平等敎化一切衆生하야 相續不斷호라

　보살이 말하였다.

　"훌륭하고 훌륭하다. 선남자여, 그대는 이미 아뇩다라삼먁삼보리심을 내었구나.

　선남자여, 나는 보살의 대비행 해탈문을 성취하였다.

　선남자여, 나는 보살의 대비행의 법문으로 일체중생을 평등하게 교화하여 끊이지 않고 이어오게 하였다.

● 疏 ●

平等敎化는 卽是大悲니 以同體悲일새 故云平等이라 相續不斷은 卽是行門이라 又門은 卽普門이니 普門示現하야 曲濟無遺故니라
【鈔_ '又門卽普門 普門示現 曲濟無遺故'者는 以普門字로 釋

經의 行門·普門之名이니 卽法華經觀音品目에 曲濟無遺를 謂之普오 從悟通神을 謂之門이라 天台智者 說호되 有十普니 一은 慈悲普오 二는 弘誓普오 三은 修行普오 四는 離惑普오 五는 入法門普오 六은 神通普오 七은 方便普오 八은 說法普오 九는 成就衆生普오 十은 供養諸佛普라 此十이 一一稱實普周니라 今經下文業用之中에 畧列十一門하니 卽十一普니라】

'평등 교화'는 바로 大悲이다. 동체대비이기에 평등이라 말한다. "끊이지 않고 이어온다."는 것은 바로 수행의 문이다.

또한 '문'이란 바로 두루 널리 하는 문이다. 두루 널리 하는 문을 나타내어 빠뜨림 없이 굽이굽이 구제한 때문이다. 【초_ "또한 '문'이란 바로 두루 널리 하는 문이다. 두루 널리 하는 문을 나타내어 빠뜨림 없이 굽이굽이 구제한 때문이다."는 것은 '普門'이라는 글자로써 경문에서 말한 '行門'·'普門'의 명제를 해석한 것이다. 이는 법화경 관음품의 조목에서 "빠뜨림 없이 굽이굽이 구제한 것을 普라 하고, 깨달음에서 얻은 신통을 門이라 한다."고 하였다.

천태지자가 말하였다. "10가지 두루 널리 함이 있다.

① 자비를 두루 널리 함,

② 사홍서원을 두루 널리 함,

③ 수행을 두루 널리 함,

④ 미혹 여읨을 두루 널리 함,

⑤ 법문에 들어감을 두루 널리 함,

⑥ 신통이 두루 널리 함,

⑦ 方便이 두루 널리 함,

⑧ 설법을 두루 널리 함,

⑨ 중생의 성취를 두루 널리 함,

⑩ 제불의 공양을 두루 널리 함이다.

이 10가지 하나하나가 실상에 부합하여 두루 널리 함이다."

이 경문의 아래 부분에서 말한 '業用'에서 11문을 간략히 나열하였다. 이는 11가지의 두루 널리 함이다.】

三 廣顯業用

於中二니 先은 約普門以顯業用이오 後는 約大悲라

今은 初라

(ㄷ) 자세히 작용을 밝히다

이는 2부분이다.

첫째, 普門을 들어 작용을 밝혔고,

둘째, 大悲를 들어 말하였다.

이는 '첫째, 보문' 부분이다.

經

善男子야 我住此大悲行門하야 常在一切諸如來所하며
普現一切衆生之前하야
或以布施로 攝取衆生하며

或以愛語하며
或以利行하며
或以同事로 攝取衆生하며
或現色身하야 攝取衆生하며
或現種種不思議色淨光明網하야 攝取衆生하며
或以音聲하며
或以威儀하며
或爲說法하며
或現神變하야 令其心悟하야 而得成熟하며
或爲化現同類之形하야 與其共居하야 而成熟之호라

선남자여, 나는 이 대비행의 문에 머물면서 언제나 일체 여래의 도량에 있으며, 언제나 일체중생의 앞에 몸을 나타내어,

어떤 때는 보시로써 중생을 거둬주고,

어떤 때는 사랑하는 말로 하며,

어떤 때는 이익이 되는 행으로 하고,

어떤 때는 같이 일하면서 중생을 거둬주며,

어떤 때는 몸을 나타내어 중생을 거둬주고,

어떤 때는 가지가지 불가사의한 빛과 청정한 광명 그물을 나타내어 중생을 거둬주며,

어떤 때는 음성으로 하고,

어떤 때는 위의로 하며,

어떤 때는 설법을 하고,

어떤 때는 신통변화를 나타내어 그의 마음을 깨닫게 하여 성숙시키며,

어떤 때는 같은 모습으로 변화하여 함께 살면서 성숙시켜 주었다.

● 疏 ●

先은 總明이니 以上同如來妙覺眞心이라 故常在一切諸如來所하고 下與衆生同大悲體라 故普現一切衆生之前하나니 普現은 卽普門示現이라 然大聖이 久成正覺하야 號正法明이로되 示爲菩薩일세 義言等佛耳라【鈔_ '然大聖久成正覺'者는 卽千手千眼陀羅尼經이라 依無量壽經하야 繼無量壽하야 次當作佛할세 號寶光功德山王이니 亦迹門爾라】

앞은 총체로 밝혔다.

위로 여래의 妙覺眞心과 같기에 일체 모든 여래의 도량에 언제나 있고,

아래로 중생과 동체대비로 일체중생의 앞에 널리 나타내는 것이다. '널리 나타내는 것'은 普門으로 보여줌이다. 그러나 대성인이 오래전에 정각을 성취하여 佛號를 '正法明'이라 하지만, 보살의 몸으로 보여주기에 그 뜻은 부처와 대등하다고 말한다.【초_ "그러나 대성인이 오래전에 정각을 성취하였다."는 것은 천수천안다라니경이다. 무량수경에 의하여 無量壽를 계승하여 차례로 부처가 되기에 불호를 '寶光功德山王'이라 한다. 이 또한 자취로 말

한 법문이다.】

 後'或以布施'下는 別明普現之義니 有十一句라 方法華經三十五應컨대 乍觀似少로되 義取는 乃多니 彼三十五應은 但是此中에 或現色身과 及說法耳라【鈔_ 方法華經三十五應者는 卽無盡意 問云 觀世音菩薩이 云何遊此娑婆世界며 云何而爲衆生說法이며 方便之力은 其事云何오 佛告無盡意하사대 若有國土衆生을 應以佛身得度者는 卽現佛身而爲說法하고 二는 辟支佛이오 三은 聲聞이오 四는 梵王이오 五는 帝釋이오 六은 自在天王이오 七은 大自在天이오 八은 天大將軍이오 九는 毘沙門이오 十은 小王이오 十一은 長者오 十二는 居士오 十三은 宰官이오 十四는 婆羅門이오 十五는 比丘오 十六은 比丘尼오 十七은 優婆塞오 十八은 優婆夷오 十九는 長者婦女오 二十은 居士婦女오 二十一은 宰官婦女오 二十二는 婆羅門婦女오 二十三은 童男이오 二十四는 童女오 二十五는 天이오 二十六은 龍이오 二十七은 夜叉오 二十八은 乾闥婆오 二十九는 阿修羅오 三十은 迦樓羅오 三十一은 緊那羅오 三十二는 摩睺羅伽오 三十三은 人이오 三十四는 非人이오 三十五는 執金剛神이니 皆如初句하야 次第義加니라

 以長者·居士·宰官·婆羅門은 共一이니 卽現婦女身하야 而爲說法일새 故人이 謂之三十二應이로되 理實四類 各各不同이라 故妙音中에 云或現長者婦女身하고 或現宰官婦女身하고 或現婆羅門婦女身이라하니 明知四類에 有四婦女오 況妙音中에 有轉輪王과 及菩薩身하고 又加地獄餓鬼畜生과 及諸難處에 皆能救濟어니 豈

199

無彼身이리오 則三十五도 亦未爲盡이니라 若開四婦女하야 各成二人이면 以妻女別故니 則此已有三十九矣니라 明知觀音諸大菩薩이 各能萬類之化하니 皆畧擧耳라 但是此中에 或現色身과 及說法耳者는 以三十五應에 皆云卽現其身而爲說法이라하야 具如初一이니 明知通此二義耳라】

뒤의 '或以布施' 이하는 널리 몸을 나타내는 의미를 개별로 밝힌 것이다.

11구이다. 법화경의 35응신에 비교하여 보면, 언뜻 보았을 적에는 그 수효가 적은 것처럼 보이지만, 뜻으로 말하면 많은 것이다.

법화경에서 말한 35응신은 다만 여기에서 말한 '색신으로 나타낸 몸'과 '설법'을 말한다.【초_ "법화경의 35응신에 비교한다."는 것은 무진의보살이 물었다.

"관세음보살이 어찌하여 이 사바세계에 노닐며, 어떻게 중생을 위해 설법하며, 방편의 힘은 그 일이 어떠합니까?"

부처님이 무진의보살에게 말씀하셨다.

"만약 어떤 국토의 중생을 부처의 몸으로 제도할 수 있다면, ① 부처의 몸을 나타내어 그를 위해 설법하며, ② 벽지불의 현신으로, ③ 성문의 현신으로, ④ 범왕의 현신으로, ⑤ 제석의 현신으로, ⑥ 자재천왕의 현신으로, ⑦ 대자재천의 현신으로, ⑧ 천대장군의 현신으로, ⑨ 비사문의 현신으로, ⑩ 소왕의 현신으로, ⑪ 장자의 현신으로, ⑫ 거사의 현신으로, ⑬ 관료의 현신으로, ⑭ 바라문의 현신으로, ⑮ 비구의 현신으로, ⑯ 비구니의 현신으로, ⑰ 우바새의 현신으로, ⑱ 우바이의 현신으로, ⑲ 장자 부녀의 현신으로, ⑳ 거사 부녀의 현신으로, ㉑ 관료 부녀의 현신으로, ㉒ 바라문 부녀의 현신으로, ㉓ 동남의 현신으로, ㉔ 동녀의 현신으로, ㉕ 천의 현신으로, ㉖ 용의 현신으로, ㉗ 야차의 현신으로, ㉘ 건달바의 현신으로, ㉙ 아수라의 현신으로, ㉚ 가루라의 현신으로, ㉛ 긴나라의 현신으로, ㉜ 마후라가의 현신으로, ㉝ 사람의 현신으로, ㉞ 사람이 아닌 몸의 현신으로, ㉟ 집금강신의 현신으로, 모두 첫 구절과 같이 차례로 그 뜻을 더하였다.

장자와 거사와 관료와 바라문은 모두 하나씩이다. 이는 곧 부녀의 몸을 나타내어 그들을 위해 설법하기에 어떤 사람은 32응신이라 말하지만, 이치는 실로 4부류가 각각 똑같지 않다. 이 때문에 미묘한 음성 부분에서 이르기를, "어떤 때는 장자 부녀의 몸을 나타내며, 어떤 때는 관료 부녀의 몸을 나타내며, 어떤 때는 바라문 부녀의 몸을 나타낸다."고 하였다.

여기에서 분명히 알아야 할 점은 4부류에 4부녀가 있다. 하물며 미묘한 음성 부분에 전륜왕 및 보살의 몸이 있으며, 또한 지옥, 아귀, 축생 및 모든 고난의 세계에서도 모두 구제해 주는 것으로 보면, 어떻게 그들과 같은 몸이 없을 수 있겠는가. 이는 35응신 또한 끝이 없는 것이다.

만약 4가지 부녀를 나누어서 각기 2인이라 말한다면 아내와 딸로 구별하기 때문이다. 그렇다면 이는 벌써 39응신이 된다. 여기에서 분명히 알아야 할 점은 관음대보살들이 각각 1만 가지의 부류로 화신을 나타내는 것이다. 이는 모두 간추려 열거했을 뿐이다. 다만 이 가운데 '색신으로 나타낸 몸'과 '설법'이란 35응신에 모두 "그 몸을 나타내어 그를 위해 설법한다."고 첫 번째에서 말한 바와 같다. 이는 2가지의 의의에 모두 통함을 분명히 알 수 있다.】

二 約大悲行하야 以顯業用의 救諸怖畏故니라

둘째, 대비행을 들어서 그 작용이 모든 두려움에서 구제해 줌을 밝힌 때문이다.

經

善男子야 我修行此大悲行門하야 願常救護一切衆生하노니
願一切衆生이 離險道怖하며 離熱惱怖하며 離迷惑怖하며 離繫縛怖하며 離殺害怖하며 離貧窮怖하며 離不活怖하며 離惡名怖하며 離於死怖하며 離大衆怖하며 離惡趣怖하며 離黑闇怖하며 離遷移怖하며 離愛別怖하며 離冤會怖하며 離逼迫身怖하며 離逼迫心怖하며 離憂悲怖하며
復作是願호되 願諸衆生이 若念於我어나 若稱我名이어나 若見我身하면 皆得免離一切怖畏라호라
善男子야 我以此方便으로 令諸衆生이 離怖畏已하야는 復敎令發阿耨多羅三藐三菩提心하야 永不退轉케호라

선남자여, 나는 이 대비행의 법문을 수행하여 언제나 일체중생을 구호하고자 원한다.

일체중생이 험난한 길에서 두려움을 여의며,

번뇌의 두려움을 여의며,

미혹한 두려움을 여의며,

속박의 두려움을 여의며,

살해의 두려움을 여의며,

빈궁의 두려움을 여의며,

살지 못할까의 두려움을 여의며,

악명의 두려움을 여의며,

죽음의 두려움을 여의며,

대중 앞에서의 두려움을 여의며,

삼악도의 두려움을 여의며,

암흑의 두려움을 여의며,

옮겨 다니는 두려움을 여의며,

사랑하는 이와 이별의 두려움을 여의며,

원수와 만남의 두려움을 여의며,

몸을 핍박하는 두려움을 여의며,

마음을 핍박하는 두려움을 여의며,

근심과 슬픔의 두려움을 여의게 하는 것이다.

또 이런 서원을 하였다.

모든 중생이 나를 생각하거나 나의 이름을 부르거나 나의 몸을 보는 이가 있다면, 모두 일체 두려움에서 벗어나게 할 것이다.

선남자여, 나는 이런 방편으로써 중생이 두려움을 여의게 하고, 다시 그들을 가르쳐 아뇩다라삼먁삼보리심을 내어, 영원히 물러서지 않게 하였다.

● 疏 ●

於中三이니

初는 離世怖니 有十八種이라 初三은 約煩惱니 卽是因怖요 餘皆約果니라 縛殺貧 三은 不活開出이오 黑闇已下는 皆五怖中事니 上約所離니라

二 復作下는 卽能離因이니 念卽是意니 三業皆益故니라

三 我以此下는 令進大心이라야 方能究竟 離二死怖니라

이는 3단락이다.

① 세간의 두려움을 여의도록 함이다. 여기에는 18가지가 있다. 앞의 3가지는 번뇌를 들어 말하였다. 이는 두려움의 원인이고, 나머지는 모두 두려움의 결과를 들어 말하였다.

속박·살해·빈궁 3가지는 '살지 못할까의 두려움'을 나눈 것이며, '암흑' 이하는 모두 5가지의 두려움[五怖: vibhīṣaṇā. 不活畏, 惡名畏, 死畏, 惡道畏, 大衆威德畏] 부분의 일들이다. 이상은 여의어야 할 대상으로 말하였다.

② '復作' 이하는 여읠 수 있는 원인이다. '若念於我'의 념은 생각[意業]하는 것이다. 삼업으로 모두 이익이 되어주기 때문이다.

③ '我以此' 이하는 큰마음을 지니어야 바야흐로 마지막의 경계에서 2가지 죽음의 두려움에서 벗어날 수 있다.

第四 謙己推勝
4. 몸을 낮추면서 선지식의 훌륭함을 추켜올리다

> 經

善男子야 我唯得此菩薩大悲行門이어니와
如諸菩薩摩訶薩은
已淨普賢一切願하며
已住普賢一切行하며
常行一切諸善法하며
常入一切諸三昧하며
常住一切無邊劫하며
常知一切三世法하며
常詣一切無邊刹하며
常息一切衆生惡하며
常長一切衆生善하며
常絶衆生生死流하나니
而我云何能知能說彼功德行이리오

선남자여, 나는 오직 보살의 대비행의 법문만을 얻었을 뿐이

205

지만,

　　저 보살마하살은

　　이미 보현의 일체 서원을 청정히 하였고,

　　이미 보현의 일체 행에 안주하였으며,

　　언제나 일체 착한 법을 행하고,

　　언제나 일체 삼매에 들어가며,

　　언제나 일체 그지없는 겁에 머물고,

　　언제나 일체 삼세 법을 알며,

　　언제나 일체 그지없는 세계에 찾아가고,

　　언제나 일체중생의 악업을 멈추게 하며,

　　언제나 일체중생의 선업을 키워가고,

　　언제나 일체중생의 생사 흐름을 끊어주었다.

　　내가 그런 공덕의 행을 어떻게 알며, 어떻게 말할 수 있겠는가."

● 疏 ●

久成正覺이로되 尙不失謙이라

　　바른 깨달음을 성취한 지 오래지만, 아직까지도 겸손함을 잃지 않았다.

第五 指示後友

5. 뒤의 선지식을 소개하다

爾時에 東方에 有一菩薩하니 名曰正趣니 從空中來하야
至娑婆世界輪圍山頂하야 以足按地한대 其娑婆世界 六
種震動하야 一切皆以衆寶莊嚴이어늘 正趣菩薩이 放身
光明하사 暎蔽一切日月星電하시니
天龍八部와 釋梵護世의 所有光明이 皆如聚墨이라 其光
이 普照一切地獄畜生餓鬼閻羅王處하야 令諸惡趣로 衆
苦皆滅하고 煩惱不起하고 憂悲悉離하며
又於一切諸佛國土에 普雨一切華香瓔珞衣服幢蓋하사
如是所有諸莊嚴具로 供養於佛하며
復隨衆生心之所樂하사 普於一切諸宮殿中에 而現其身
하야 令其見者로 皆悉歡喜한 然後에 來詣觀自在所하신대
時에 觀自在菩薩이 告善財言하사대
善男子야 汝見正趣菩薩이 來此會不아
白言호되 已見이니이다
告言하사대 善男子야 汝可往問호되 菩薩이 云何學菩薩
行이며 修菩薩道리잇고하라

그때, 동방에 한 보살이 있는데, 그 이름을 '정취(正趣)'라 한다. 공중에서 사바세계의 윤위산 정상에 내려와 발로 땅을 누르자, 사바세계는 여섯 가지로 진동하면서 일체 모든 것이 여러 가지 보배로 장엄하였다.

정취보살이 몸에서 광명을 쏟아내어 일체 태양과 달, 그리고 별과 번개의 빛을 가리니, 천룡팔부[하늘·용·야차·아수라·가루라·건달바·긴나라·마후라가]와 제석, 범천, 사천왕의 광명은 모두 검은 먹 덩이와 같았다.

그 광명이 모든 지옥, 축생, 아귀, 염라왕의 세계를 두루 비춰, 모든 악도의 고통을 모두 소멸하여 주고, 번뇌가 일어나지 않게 하고, 근심과 슬픔을 여의게 하였다.

또한 일체 부처님 국토에 모든 꽃, 향, 영락, 의복, 당기, 일산을 내려주어, 이러한 여러 가지 장엄 도구로 부처님께 공양하였고,

또한 중생의 마음에 좋아하는 바를 따라 널리 일체 궁전에 몸을 나타내어, 보는 이들에게 모두 기쁨을 주었다.

그런 뒤에 관자재보살이 있는 곳으로 찾아가자, 관자재보살이 선재동자에게 말하였다.

"선남자여, 그대는 정취보살이 이 법회에 오는 것을 보았느냐?"

선재가 말하였다.

"보았습니다."

관자재보살이 말하였다.

"선남자여, 그대는 그를 찾아가 '보살이 어떻게 보살의 행을 배우며, 보살의 도를 닦는가.'를 묻도록 하라."

● 疏 ●

於中二니

初는 後友入會라 從東來者는 後位如相을 智明方證故니라 名正趣

者는 正法徧趣하야 化衆生故오 以智正趣眞如相故니라 從空來者
는 智體無依라야 方契如故오 至輪圍上者는 如依妄惑顯故오 足動
界者는 以定慧足으로 除雜惡故오 同前會者는 不離隨順衆生得
如相故며 又以智會悲하야 成無住故니라
後'時觀自在'下는 前友指示니 以在此會일새 故闕禮辭니라

　　이는 2부분이다.

　　앞은 뒤의 선지식이 법회에 들어옴이다.

　　'동방에서 왔다.'는 것은 뒤 선지식 지위의 眞如相이란 밝은 지
혜만이 비로소 증득할 수 있기 때문이다.

　　'정취보살'이라 명명한 것은 바른 법으로 두루 나아가 중생을
교화하기 때문이며, 지혜로써 진여상에 바르게 나아가기 때문이다.

　　'허공에서 왔다.'는 것은 지혜의 본체가 의지함이 없어야 바야
흐로 진여에 계합하기 때문이다.

　　'윤위산 정상에 이르렀다.'는 것은 진여가 허망한 미혹을 의지
하여 나타나기 때문이다.

　　'발을 내려딛자 세계가 진동하였다.'는 것은 定慧의 구족으로
써 온갖 잡된 악을 없앴기 때문이다.

　　'앞의 법회와 같은' 것은 따르는 중생을 여의지 않고 진여상을
얻었기 때문이며, 또한 지혜로써 자비에 회통하여 無住를 이뤘기
때문이다.

　　뒤의 '時觀自在' 이하는 앞의 선지식의 지시이다. 이 법회에
있기 때문에 하직하고 떠나는 부분이 없다.

● 論 ●

第五婆須密女는 以師子嚬申引接成悲일세 擧行及報身相과 及境界所居皆寶莊嚴이어니와 至第六第七廻向하야는 爲大悲至極에 就物利生일세 不就自報하고 就衆生界穢境而居니

'巖谷에 泉流瑩暎하고 樹林蓊鬱하며 香草柔輭하야 右旋布地어든 觀世音菩薩이 坐金剛寶石하고 無量菩薩이 皆坐寶石'은 此是所居處니

'表巖谷'은 明險道惡趣오

'泉流瑩暎'者는 明慈悲瑩徹이오

'樹林蓊鬱'者는 表慈心蔭密이오

'香草柔輭'者는 表和言芳教로 熏悅人心이오

'右旋布地'者는 表衆生이 順化에 布慈悲地하야 令有所歸라

'觀世音菩薩이 坐金剛石'者는 表以金剛智用隨悲行이 堅實深重하야 無所傾動也오

'結跏趺坐'者는 智悲交徹也오

'無量菩薩이 皆坐寶石上'者는 悲行堅厚也라

'善財 諦觀하야 目不暫瞬上'者는 敬法貴人에 慈心見徹하야 無別念也오

善財歎德은 如經具明하니라

'善財 往詣觀世音所에 觀世音菩薩이 遙見善財하시고 卽云善來와 幷諸稱歎은 未及致敬에 先有是言'者는 明大悲深厚하야 先致慰問及稱歎이오 然後에 頂禮旋繞하야 申其所請한대 觀世音菩薩이

授與善財大悲行解脫門은 明廻向第六住第六地中修出世慈悲하야 令成入俗慈悲之行일세 至此位中菩薩에 是第七等隨順一切衆生廻向이 滿故며 入俗智도 亦於此滿故라

如下文指位 雖在東方에 有菩薩하니 名爲正趣나 及至見時하야는 還同會而居는 表此位菩薩의 入俗現行悲智齊也니 至次下文和會호리라

經에 云 '善男子야 我住此大悲行門하야 常在一切諸佛如來所하며 普現一切衆生之前하야 以四攝事로 攝諸衆生'은 廣如經說하니 意明不離根本智코 十方世界에 對現色身하야 慈悲利物이라

已下는 廣明觀世音菩薩의 自所誓願利衆生事行이니 如下具明이오

'我唯得此菩薩大悲行門'已下는 是推德升進이라

此是等隨順一切衆生廻向門이니 方便波羅密로 爲主오 餘九로 爲伴이니 約智門中인댄 諸位通治어니와 約位門中인댄 治十住十行中出世大悲處俗不自在障하야 令得自在也니라

　　제5의 바수밀녀는 사자빈신의 인도로 맞이하여 자비를 성취하였기에 행과 報身의 모습과 아울러 경계의 거처하는 바가 모두 보배 장엄임을 들어 말했지만, 제6 입일체평등선근회향과 제7 등수순일체중생회향에 이르러서는 대자비가 지극하기에 중생에게 나아가 중생의 이익을 베푸는 것이다. 이 때문에 자신의 과보 세계에 나아가지 않고, 중생계의 더러운 경계에 나아가 거처하는 것이다.

"바위 골짜기에는 시냇물이 굽이쳐 흐르고 나무숲은 우거져 있으며, 향기 나는 풀잎은 부드럽게 오른쪽으로 땅바닥에 깔렸는데, 관자재보살이 금강 보배 돌 위에 가부좌로 앉아 계시고, 한량없는 보살이 모두 보배 돌 위에 앉아 있었다."는 것은 바로 거처하는 곳이다.

'바위 골짜기'를 나타냄은 험난한 길의 삼악도를 밝힌 것이며,

'시냇물이 굽이쳐 흐른다.'는 것은 자비가 빛나게 사무침을 밝힌 것이며,

'나무숲은 우거져 있다.'는 것은 자비심으로 은밀히 덮어줌을 밝힌 것이며,

'향기 나는 풀잎은 부드럽다.'는 것은 온화한 말과 아름다운 가르침으로 사람 마음을 푸근하게 기쁨을 줌을 밝힌 것이며,

'오른쪽으로 땅바닥에 깔렸다.'는 것은 중생이 교화를 따라서 자비의 땅에 널리 펼쳐 귀의할 바 있음을 밝힌 것이며,

'관세음보살이 금강 보배 돌 위에 앉았다.'는 것은 금강 지혜의 작용으로 자비를 따르는 행이 견실하고 깊고 두터워서 기울거나 흔들릴 바가 없음을 밝힌 것이며,

'결가부좌'란 지혜와 자비가 서로 사무침이며,

'한량없는 보살이 모두 보배 돌 위에 앉았다.'는 것은 자비행이 견고하고 두터움이다.

'선재동자가 자세히 살펴보면서 눈 하나 깜빡이지 않았다.'는 것은 법을 존경하고 사람을 귀하게 여김에 자비심의 소견이 사무

쳐서 이와 다른 생각이 없음이며,

'선재동자가 공덕을 찬탄'한 것은 경문에서 구체적으로 밝히고 있다.

선재동자가 관세음보살의 도량에 이르자, 관세음보살이 멀리서 선재동자를 보고서 바로 "잘 왔다."고 말한 것과 아울러 찬탄과 절을 올리기도 전에 먼저 말한 것은, 대자비의 마음이 깊고 두터워서 먼저 위로의 물음과 칭찬을 드림을 밝힌 것이며,

그런 뒤에 이마를 땅에 대어 예배하고 돌면서 법의 요체를 청하는 바를 말하자, 관세음보살이 선재동자에게 대비행의 해탈법문을 전수한 것은, 제6 불퇴주와 제6 원행지 가운데 출세간의 자비를 닦아 세속에 들어가는 자비행을 성취토록 한 때문이다. 이 지위의 보살에 이르면 제7 평등하게 일체중생을 따르는 회향[等隨順一切衆生廻向]이 원만하며, 세속에 들어가는 지혜 또한 이에 원만한 회향을 밝힌 것이다.

아래의 경문에서 지위를 가리키면서 비록 "동방에 한 보살이 있는데, 그 이름을 '정취'라 한다."고 말했지만, 그 보살을 친견할 때 오히려 같은 회상에 있는 것은, 이 지위 보살이 세속에 들어가 현행하는 자비와 지혜가 관자재보살과 똑같음을 나타낸 것이다. 이에 대해서는 아래의 해당 경문에서 회통하고자 한다.

경문에서 "선남자여, 나는 이 대비행의 법문에 머물면서 언제나 일체 여래의 도량에 있으며, 언제나 일체중생의 앞에 몸을 나타내어 4攝事로써 모든 중생을 받아들인다."는 것은 경문에서 자세

히 말한 바와 같다. 그 뜻은 근본지를 여의지 않고 시방세계에 몸을 나타내어 자비로 중생에게 이롭게 함을 밝힌 것이다.

이하는 관세음보살이 스스로 서원한, 중생을 이롭게 하는 일과 행을 자세히 밝힌 것으로, 아래의 경문에서 구체적으로 밝힌 바와 같고,

"나는 오직 보살의 대비행의 법문만을 얻었을 뿐" 이하는 다음 선지식의 공덕을 추켜올리면서 위로 닦아나가도록 함이다.

이는 제7 평등하게 일체중생을 따르는 회향[等隨順一切衆生廻向] 법문이다. 방편바라밀로 주체를 삼고 나머지 9가지로 객체를 삼는다. 지혜 법문으로 말하면 모든 지위를 통틀어 다스리지만, 지위 법문으로 말하면 십주와 십행 가운데 세속에 머물면서 자재하지 못한, 출세간 대자비의 장애를 다스려서 자재함을 얻도록 하려는 것이다.

第八正趣菩薩寄眞如相廻向善友

文中具六이니

初二니 可知니라

제8. 정취보살, 진여상회향 선지식

이의 경문은 6단락이다.

1. 가르침을 따라 찾아감과, 2. 법의 요체를 물은 부분은 말하지 않아도 알 수 있다.

爾時에 **善財童子** 敬承其敎하고 邊卽往詣彼菩薩所하야 頂禮其足하며 合掌而立하야 白言호되 聖者여 我已先發 阿耨多羅三藐三菩提心호니 而未知菩薩이 云何學菩 薩行이며 云何修菩薩道리잇고
我聞聖者는 善能敎誨라하니 願爲我說하소서

그때, 선재동자는 가르침을 받들고 곧바로 그 보살이 있는 곳으로 찾아가 그의 발에 엎드려 절하고 합장하고 서서 여쭈었다.

"거룩하신 이여, 저는 이미 아뇩다라삼먁삼보리심을 내었습니다.

그러나 보살이 어떻게 보살의 행을 배우며, 보살의 도를 닦는지 모르겠습니다.

제가 듣자오니 거룩하신 이께서 잘 가르쳐주신다 하니, 바라건대 저를 위하여 말해주십시오."

第三 授己法界
分二니 先은 標名體라

3. 자기의 법계를 전수하다

2단락이다.

(1) 명제의 체성을 표장하였다.

經

正趣菩薩이 言하사대 善男子야 我得菩薩解脫호니 名普門速疾行이니라

정취보살이 말하였다.

"선남자여, 나는 보살의 해탈을 얻었는데, 그 이름을 '넓은 문 빠른 행[普門速疾行]'이라 한다."

◉ 疏 ◉

十方無際일새 故名普門이오 一念超多일새 故云速疾이라

시방이 끝이 없기에 그 이름을 普門이라 하고,
한 생각의 찰나에 많은 겁을 초월하기에 速疾이라 말한다.

二 顯其業用

(2) 그 하는 일과 작용을 밝히다

經

善財 言호되 聖者여 於何佛所에 得此法門이며 所從來刹은 去此幾何며 發來久如니잇고
告言하사대 善男子야 此事難知니 一切世間天人阿修羅沙門婆羅門等의 所不能了오 唯勇猛精進하야 無退無怯한 諸菩薩衆이 已爲一切善友所攝과 諸佛所念하야 善根

具足하며 志樂淸淨하며 得菩薩根하며 有智慧眼하야사 能聞能持하며 能解能說이니라
善財 言호되 聖者여 我承佛神力善知識力하야 能信能受호리니 願爲我說하소서
正趣菩薩이 言하사대 善男子야 我從東方妙藏世界普勝生佛所하야 而來此土호니 於彼佛所에 得此法門호라
從彼發來 已經不可說不可說佛刹微塵數劫이니
一一念中에 擧不可說不可說佛刹微塵數步하며
一一步에 過不可說不可說世界微塵數佛刹하며
一一佛刹에 我皆徧入하야 至其佛所하야 以妙供具로 而爲供養호니
此諸供具 皆是無上心所成이며 無作法所印이며 諸如來所忍이며 諸菩薩所歎이니라
善男子야 我又普見彼世界中一切衆生하야 悉知其心하고 悉知其根하야 隨其欲解하야 現身說法하며 或放光明하고 或施財寶하야 種種方便으로 敎化調伏하야 無有休息하니 如從東方하야 南西北方과 四維上下도 亦復如是호라

선재동자가 말하였다.

"거룩하신 이여, 어느 부처님에게서 이 법문을 얻었으며, 떠나오신 세계는 여기서 얼마나 멀며, 떠나오신 지는 얼마나 오래되었습니까?"

정취보살이 말하였다.

"선남자여, 이 일은 알기 어렵다. 일체 세간의 하늘, 사람, 아수라, 사문, 바라문 등은 알지 못한다. 오직 용맹정진으로 물러서지 않고 겁이 없는 보살들로서 일체 선지식이 거둬주고 부처님이 생각하시어 선근이 구족하고 뜻이 청정하며, 보살의 근기를 얻고 지혜의 눈이 있어야만 이를 듣고 지니며, 알고 말할 수 있다."

선재동자가 말하였다.

"거룩하신 이여, 제가 부처님의 신통력과 선지식의 힘을 받들어 믿고 받고자 하오니, 바라건대 저를 위하여 말해주십시오."

정취보살이 말하였다.

"선남자여, 나는 동방 묘장세계의 보승생불이 계신 곳에서 이 세계에 왔다.

그 부처님 도량에서 이 법문을 얻었노라.

그곳을 떠난 지는 말할 수 없이 말할 수 없는 부처 세계의 티끌 수 겁을 지나왔다.

하나하나의 찰나마다 말할 수 없이 말할 수 없는 세계의 티끌 수 걸음을 걸었고,

하나하나의 걸음마다 말할 수 없이 말할 수 없는 세계의 티끌 수 부처의 세계를 지나왔으며,

하나하나의 부처님 세계마다 나는 모두 들어가 그 부처님께 미묘한 공양거리로 공양하였다.

그 모든 공양거리는 모두 위없는 마음으로 이룬 것이며, 지음

이 없는 법으로 인가한 것이며, 여러 여래께서 인가한 것이며, 모든 보살이 찬탄한 것이다.

　선남자여, 나는 또한 그 세계의 일체중생을 보면서 그들의 마음을 모두 알고, 그들의 근기를 모두 알고, 그들이 원하고 그들이 아는 것을 따라서 몸을 나타내어 설법하며, 혹은 광명을 내기도 하고, 혹은 재물을 보시하면서 가지가지 방편으로 교화하고 조복하여 조금도 멈추지 않았다.

　동방에서와 같이 남방, 서방, 북방과 네 간방과 상방, 하방에서도 또한 그와 같이 하였다."

● 疏 ●

於中四니
一은 申問이니 雖有三問이나 意在速疾이오
二'告言'下는 顯深이오
三'善財'下는 承力請說이오
四'正趣菩薩言'下는 正答前問이니
於中五라
初는 答得法處니 謂從自本智如來藏界普生萬善本覺而來라 故行能速徧이오 知一切法이 不離心性하야 萬行頓成이라
二'從彼發'下는 答時久近이오
三'一一念中'下는 答處近遠이니 以多時發多步인댄 則知遠矣니 卽是速疾이오

219

四'一一佛刹'下는 顯其成益이오

五'如從東'下는 類顯十方이라

　　이 부분은 4단락이다.

　　㈀ 거듭 물음이다. 비록 3가지의 물음이나 그 뜻은 '빠르게[速疾]'에 있다.

　　㈁ '告言' 이하는 심오함을 밝혔고,

　　㈂ '善財' 이하는 힘을 받들어 설법을 청하였으며,

　　㈃ '正趣菩薩言' 이하는 바로 앞의 물음에 답하였다.

　　'앞의 물음에 답한' 부분은 다시 5단락으로 나뉜다.

　　① 법을 얻은 곳을 답하였다. 자신의 근본지 여래장 세계에 모든 선을 널리 내주는 본각으로부터 유래한 것이다. 이 때문에 행함을 두루 빨리하였으며, 일체 법이 마음의 성품에서 벗어나지 않음을 알아 모든 행을 한꺼번에 성취한 것이다.

　　② '從彼發' 이하는 얼마의 시간인가에 대한 대답이다.

　　③ '一一念中' 이하는 법을 얻은 곳의 거리에 대한 대답이다. 많은 시간에 많은 걸음을 걸어온 것으로 보면 그 얼마나 먼 곳인가를 알 수 있다. 이것이 바로 '빠름[速疾]'이다.

　　④ '一一佛刹' 이하는 그 성취의 이익을 나타냈다.

　　⑤ '如從東' 이하는 시방을 유로 밝혔다.

第九 無縛無著解脫廻向【鈔_ '第九無縛無著'者는 謂不爲相

縛하고 不爲見著하야 作用自在라 故名解脫이라】
善友名大天者는 現大身故니 無縛無著하야 智淨自在일새 故名爲天이오 稱理普應일새 故名爲大오 妙用難測일새 故名爲神이라
在墮羅鉢底城者는 此云有門이니 謂有此無縛等 微妙法門하야 爲法師故니라

제9. 대천신, 무박무착해탈회향 선지식【초_ '제9. 무박무착해탈회향'이란 相에 얽매이지 않고 소견에 집착하지도 않아 작용이 자재하기에 그 이름을 해탈이라 한다.】

선지식의 이름을 '大天'이라 말한 것은 큰 몸을 나타내기 때문이다.

속박도 없고 집착도 없어 지혜가 청정하고 자재하기에 그 이름을 '天'이라 하고,

이치에 맞게 널리 응하기에 그 이름을 '大'라 하고,

미묘한 작용이 헤아리기 어렵기에 그 이름을 '神'이라 한다.

'타라발저성'이란 중국에서는 '有門'이라는 뜻이다. 속박이 없는 등의 미묘한 법문이 있어 법사가 되기 때문이다.

經

爾時에 善財童子
入菩薩廣大行하며
求菩薩智慧境하며
見菩薩神通事하며

念菩薩勝功德하며
生菩薩大歡喜하며
起菩薩堅精進하며
入菩薩不思議自在解脫하며
行菩薩功德地하며
觀菩薩三昧地하며
住菩薩總持地하며
入菩薩大願地하며
得菩薩辯才地하며
成菩薩諸力地하고
漸次遊行하야 至於彼城하야 推問大天이 今在何所오한대
人咸告言호되 在此城內하야 現廣大身하사 爲衆說法이니라
爾時에 善財 至大天所하야 頂禮其足하고 於前合掌하야
而作是言호되
聖者여 我已先發阿耨多羅三藐三菩提心호니
而未知菩薩이 云何學菩薩行이며 云何修菩薩道리잇고
我聞聖者는 善能敎誨라하니 願爲我說하소서

    그때, 선재동자가
    보살의 광대한 행에 들어갔고,
    보살의 지혜 경계를 구하였으며,
    보살의 신통한 일을 보았고,
    보살의 훌륭한 공덕을 생각하였으며,

보살의 큰 기쁨을 내었고,

보살의 견고한 정진을 일으켰으며,

보살의 불가사의한 자재 해탈에 들어갔고,

보살의 공덕의 지위를 행하였으며,

보살의 삼매의 경지를 관찰하였고,

보살의 총지의 지위에 머물렀으며,

보살의 큰 서원의 지위에 들어갔고,

보살의 변재 지위를 얻었으며,

보살의 모든 힘의 지위를 성취하고서,

차례로 가면서 그 성에 이르러 대천신이 어디 있는가를 묻자, 사람들이 모두 대답하였다.

"이 성에 계시면서 광대한 몸을 나타내어 대중을 위해 설법하고 있다."

그때, 선재동자는 대천신에게 가서 그의 발에 절하고 앞에서 합장하고 말하였다.

"거룩하신 이여, 저는 이미 아뇩다라삼먁삼보리심을 내었습니다.

그러나 보살이 어떻게 보살의 행을 배우며, 보살의 도를 닦는지 모르겠습니다.

제가 듣자오니 거룩하신 이께서 잘 가르쳐주신다 하니, 바라건대 저를 위하여 말해주십시오."

● 疏 ●

初二는 可知니라

　1. 가르침을 따라 찾아감과, 2. 법의 요체를 물은 부분은 말하지 않아도 알 수 있다.

第三 授己法界

中에 二니

先은 受法方便이오 後는 正授所得이라

今은 初라

　3. 자기의 법계를 전수하다

이는 2단락이다.

⑴ 법을 받은 방편이며,

⑵ 바로 얻은 법을 전수함이다.

이는 '⑴ 법을 받은 방편'이다.

經

爾時에 大天이 長舒四手하사 取四大海水하야 自洗其面하며 持諸金華하야 以散善財하고 而告之言하사대 善男子야 一切菩薩은 難可得見이며 難可得聞이며 希出世間이며 於衆生中에 最爲第一이며 是諸人中에 芬陀利華며 爲衆生歸며 爲衆生救며 爲諸世間하야 作安穩處며 爲諸世

間하야 作大光明이며 示迷惑者에 安穩正道며 爲大導師하야 引諸衆生하야 入佛法門이며 爲大法將하야 善能守護一切智城이라
菩薩은 如是難可値遇니 唯身語意無過失者然後에 乃得見其形像하며 聞其辯才하며 於一切時에 常現在前이니라

그때, 대천이 네 개의 손을 길게 뻗어 동서남북 사방의 바닷물을 움켜쥐어 자기의 얼굴을 씻고, 모든 황금꽃을 들어 선재에게 흩뿌리고 말하였다.

"선남자여, 일체 보살은 보기 어렵고, 듣기 어렵고, 세간에 나오는 일이 드물며, 중생 가운데 제일이며, 사람들 가운데 분타리꽃이며, 중생의 귀의처이며, 중생의 구원자이며, 세간을 위하여 평온한 곳이며, 세간을 위하여 큰 광명이며, 미혹한 이에게 평온한 도를 보여주며, 길잡이가 되어 중생을 이끌어 불법의 문에 들게 하며, 법의 대장이 되어 일체 지혜의 성을 수호하였다.

보살은 이와 같이 만나기 어렵다. 오직 몸과 말과 뜻에 허물이 없는 자만이 그 형상을 볼 수 있고 그 변재를 들으며, 일체 모든 시간에 항상 앞에 나타난다."

◉ 疏 ◉

現相이니 讚友難遇하야 令欣入故니라
長舒等者는 約事인댄 則發心難遇니 淨目而觀하고 散華而供故며

約表인댄 謂展四無礙解手하야 取所證勝流相應法門하야 先當自
淨하야 以洗身心하고 後因利他일새 故云華散이니 亦表四攝遠展하야
攝取四衆故니라

모습을 나타냄이다. 선지식을 만나기 어려움을 찬탄하여 기쁜 마음으로 들어가게 한 때문이다.

"손을 길게 뻗었다." 등은 현상의 일로 말하면, 발심을 만나기 어렵기에 청정한 눈으로 볼 수 있고, 꽃을 흩뿌려 공양한 때문이며, 법을 나타낸 것으로 말하면, 4가지 걸림 없는 지혜[四無礙解: 四無礙智. 法無礙, 義無礙, 辭無礙, 樂說無礙]의 손을 뻗어 증득 대상의 뛰어난 무리에 상응한 법문을 취하여, 먼저 스스로 청정하여 몸과 마음을 씻고, 뒤이어서 利他를 따르기에 "꽃을 흩뿌렸다."고 말하였다. 이 또한 4섭법을 멀리 펼쳐 4부대중을 받아들임을 나타낸 때문이다.

二正授法界
  (2) 바로 자기의 법계를 전수하다

經
善男子야 我已成就菩薩解脫호니 名爲雲網이니라
善財 言호되 聖者여 雲網解脫이 境界云何니잇고
爾時 大天이 於善財前에 示現金聚와 銀聚와 瑠璃聚와

玻瓈聚와 硨磲聚와 瑪瑙聚와 大焰寶聚와 離垢藏寶聚와 大光明寶聚와 普現十方寶聚와 寶冠聚와 寶印聚와 寶瓔珞聚와 寶璫聚와 寶釧聚와 寶鎖聚와 珠網聚와 種種摩尼寶聚와 一切莊嚴具聚와 如意摩尼聚 皆如大山하시며

又復示現一切華와 一切鬘과 一切香과 一切燒香과 一切塗香과 一切衣服과 一切幢旛과 一切音樂과 一切五欲娛樂之具 皆如山積하시며

及現無數百千萬億諸童女衆하고 而彼大天이 告善財言하사대

善男子야 可取此物하야 供養如來하야 修諸福德하며 幷施一切하야 攝取衆生하야 令其修學檀波羅蜜하야 能捨難捨어다

善男子야 如我爲汝示現此物하야 敎汝行施인달하야 爲一切衆生도 悉亦如是하야 皆令以此善根熏習하야 於三寶所와 善知識所에 恭敬供養하야 增長善法하야 發於無上菩提之意케호라

善男子야 若有衆生이 貪着五欲하야 自放逸者면 爲其示現不淨境界하며

若有衆生이 瞋恚憍慢으로 多諍競者면 爲其示現極可怖形호되 如羅刹等의 飮血噉肉하야 令其見已하고 驚恐惶懼하야 心意調柔하야 捨離冤結하며

若有衆生이 惛沈懶惰하면 爲其示現王賊水火와 及諸重疾하야 令其見已하고 心生惶怖하야 知有憂苦하야 而自勉策케하노니
以如是等種種方便으로 令捨一切諸不善行하야 修行善法하며 令除一切波羅蜜障하야 具波羅蜜하며 令超一切障礙險道하야 到無障處케호라

"선남자여, 나는 이미 보살의 해탈을 성취하였는데, 그 이름을 '구름 그물'이라 한다."

선재가 말하였다.

"거룩하신 이여, 구름 그물의 해탈 경계는 어떤 것입니까?"

그때, 대천은 선재의 앞에 금 더미, 은 더미, 유리 더미, 파리 더미, 차거 더미, 마노 더미, 큰 불꽃 보배 더미, 때 여읜 보장 더미, 큰 광명 보배 더미, 시방에 두루 나타나는 보배 더미, 보배 관 더미, 보배 인장 더미, 보배 영락 더미, 보배 귀걸이 더미, 보배 팔찌 더미, 보배 자물쇠 더미, 진주 그물 더미, 가지각색 마니보배 더미, 모든 장엄 도구 더미, 여의주 더미를 산처럼 나타내었고,

또한 일체 꽃, 일체 화만, 일체 향, 일체 사르는 향, 일체 바르는 향, 일체 의복, 일체 당기와 번기, 일체 음악, 일체 다섯 가지 오락 도구를 모두 산더미처럼 나타내었고,

수없는 백천만억 동녀들을 나타내고서, 대천이 선재동자에게 말하였다.

"선남자여, 이 물건들을 가져다가 여래에게 공양하여 복덕을 닦

고, 아울러 모든 것을 보시하여 중생을 받아들이고 그들로 하여금 보시바라밀을 배워서 내려놓기 어려운 것들을 내려놓도록 하라.

선남자여, 내가 그대를 위해 이런 물건을 보여주고, 그대로 하여금 보시를 하도록 한 것처럼, 일체중생을 위해서도 모두 그렇게 하여, 모두 이 선근을 훈습한 것으로 삼보가 있는 곳, 선지식이 있는 곳에 공경히 공양하여 선한 법을 증장하여 위없는 보리심을 내도록 하라.

선남자여, 어느 중생이 다섯 가지 욕락을 탐닉하여 방일하는 이에게는 부정한 경계를 보여주고,

어느 중생이 성을 잘 내고 교만하여 싸우기를 좋아하는 이에게는 매우 무서운 형상을 보여주되, 나찰 따위가 피를 빨고 살을 씹는 것을 보여서 놀래고 두렵게 하여, 그의 마음이 부드러워 원수를 여의게 하며,

어느 중생이 혼미하고 게으르면 그에게는 왕법, 도적, 수재, 화재와 중대한 질병을 보여주어, 그가 이를 보고서 두려운 마음을 내고, 근심과 고통을 알아서 스스로 힘쓰게 하였다.

이와 같은 가지가지 방편으로써 일체 착하지 못한 행동을 버리고서 착한 법을 닦게 하며, 일체 바라밀의 장애를 버리고서 바라밀을 두루 갖추게 하며, 일체 장애의 험난한 길에서 벗어나 장애가 없는 곳에 이르도록 하였다.

● 疏 ●

於中二니

先은 名體니 謂以六度大悲로 如雲覆潤하고 如網羅攝故오

後'善財'下는 問答業用이니 四攝攝生故니라

先問後答이니 答中二니

先은 現寶令施하야 敎以檀攝이오

後'如我爲汝'下는 類通餘敎와 及利行攝이라

如是等言은 亦兼愛語同事니라

이는 2단락이다.

㈀ 명제의 체성이다. 6바라밀의 대비로써 구름처럼 덮어주며, 그물처럼 거둬들이기 때문이다.

㈁ '善財' 이하는 하는 일과 작용을 묻고 대답하였다. 4섭법으로 중생을 받아들이기 때문이다.

① 앞은 물음이고, ② 뒤는 대답이다.

'② 대답' 부분은 2단락이다.

앞은 보배를 나타내어 선재로 하여금 보시하도록 하여, 보시로써 중생을 받아들임을 가르쳤고,

뒤의 '如我爲汝' 이하는 나머지 가르침 및 이익의 행으로 중생을 받아들임을 유로 통하였다.

'如是等種種'은 또한 사랑스러운 말, 똑같이 일함을 겸하여 말하였다.

善男子야 我唯知此雲網解脫이어니와
如諸菩薩摩訶薩은
猶如帝釋하야 已能摧伏一切煩惱의 阿修羅軍하며
猶如大水하야 普能消滅一切衆生의 諸煩惱火하며
猶如猛火하야 普能乾竭一切衆生의 諸愛欲水하며
猶如大風하야 普能吹倒一切衆生의 諸見取幢하며
猶如金剛하야 悉能摧破一切衆生의 諸我見山하나니
而我云何能知能說彼功德行이리오
善男子야 此閻浮提摩竭提國菩提場中에 有主地神하니
其名이 安住니
汝詣彼問호되 菩薩이 云何學菩薩行이며 修菩薩道리잇고
하라
時에 善財童子 禮大天足하며 遶無數匝하고 辭退而去하
니라

    선남자여, 나는 오직 이 구름 그물 해탈만을 알 뿐이지만,
    저 보살마하살은
    제석천왕처럼 이미 일체 번뇌의 아수라 무리를 항복 받았으며,
    큰물처럼 일체중생의 번뇌 불길을 꺼주었으며,
    사나운 불길처럼 일체중생의 애욕의 물을 말려주었으며,
    세찬 바람처럼 일체중생의 여러 소견의 당기를 꺾었으며,
    금강처럼 일체중생의 '나'라는 소견의 산을 무너뜨렸다.

내가 그런 공덕의 행을 어떻게 알며, 어떻게 말할 수 있겠는가.

선남자여, 이 염부제 마갈제국의 보리도량에 땅을 주관하는 신이 있는데, 그 이름을 '안주'라 한다.

그대는 그를 찾아가 '보살이 어떻게 보살의 행을 배우며, 보살의 도를 닦는가.'를 묻도록 하라."

그때, 선재동자는 대천의 발에 절하고 수없이 돌고 하직하고 떠났다.

● 疏 ●

後三段은 易知라

뒤의 3단락[謙己推勝, 指示後友, 戀德禮辭]은 말하지 않아도 쉽게 알 수 있다.

● 論 ●

'長手取四大海水用自洗其面'者는 明大發菩提心者를 難得難見이라 故洗面方觀이오

'持諸金華以散善財'者는 明貴重供養能發大菩提心者故며

'又四長手로 取四大海水'는 以四無量心四攝法으로 攝衆生故오

'用洗面'者는 明以大悲水로 以智從用하야 觀察衆生하야 恒攝受也라

'如芬陀利華'者는 百葉白蓮華也니 明端正香潔하야 人皆樂見이어든 菩薩도 亦爾하야 心端行正하야 能說法香에 熏澤人心하야 皆令解

脫일새 人皆樂見이라

'善男子 我已成就雲網法門'者는 明大悲雲으로 普覆一切하야 雨教如網하야 瀧衆生故니라

'善財問言호되 此法門이 境界云何오'한대 如下所明'金銀과 瑠璃와 玻瓈와 硨磲와 瑪瑙와 火燄寶와 離垢(藏)寶와 大光明寶와 寶瓔珞과 寶耳璫과 及寶冠과 寶釧과 寶鎖와 珠網과 種種摩尼等과 及華鬘香과 一切衣服音樂等具 皆如山聚와 及無數百千億諸童女衆을 而彼大天이 授與善財하야 令其捨施하야 攝受衆生'은 具如經廣說이며 及所教饒益衆生之行은 如經廣明하니라

此是第九無縛無著解脫廻向行中善知識이니 以力波羅密로 爲主오 餘九로 爲伴이니 約智門中인댄 諸位同治어니와 約位門中인댄 偏治處於三界菩薩人天衆中說法不自在障하야 令得自在하야 入於靈智에 神化自在하야 轉正法輪이니라

　'손을 길게 뻗어 사방의 바닷물을 움켜쥐어 자기의 얼굴을 씻은' 것은 큰 보리심을 일으킨 자를 얻기 어렵고 보기 어려움을 밝힌 것이다.

　'모든 황금꽃을 들어 선재에게 흩뿌린' 것은 귀중히 관찰하여, 큰 보리심을 일으킨 자에게 공경하여 공양함을 밝힌 때문이며,

　'또 네 개의 손을 길게 뻗어 사방의 바닷물을 취한' 것은 4무량심과 4섭법으로 중생을 받아들임을 나타낸 때문이며,

　'얼굴을 씻은' 것은 大悲의 물로써 지혜 작용을 따라 중생을 관찰하여 언제나 받아들임을 밝힌 것이다.

'분타리꽃'이란 1백 꽃잎을 지닌 하얀 연꽃이다. 그 꽃은 단아하고 향기롭고 고결하여 사람들이 모두 보기를 좋아하는데, 보살 또한 그 꽃처럼 마음이 단아하고 행이 올발라, 법의 향기를 연설하여 사람의 마음을 적셔주어 모두 해탈하도록 하기에, 사람들이 모두 그를 보고서 좋아함을 밝힌 것이다.

"선남자여, 나는 이미 구름 그물 법문을 성취하였다."는 것은 대자비의 구름으로 일체를 두루 덮어주고 가르침을 내려줌이 마치 그물처럼 중생을 제도함을 밝힌 것이다.

선재동자가 "이 법문의 경계는 어떤 것입니까?"라고 묻자, 아래에서 밝힌 바와 같이, 금, 은, 유리, 파리, 차거, 마노, 큰 불꽃 보배, 때 여읜 보장, 큰 광명 보배, 보배 영락, 보배 귀걸이, 보배 관, 보배 팔찌, 보배 자물쇠, 구슬 그물, 가지가지 마니 등과 아울러 꽃, 화만, 향 그리고 일체의 의복과 음악 등의 도구가 모두 산더미처럼 쌓여 있는 것, 아울러 무수 백천억의 동녀들을, 대천이 선재동자에게 건네주고서 그로 하여금 보시하여 중생을 받아들이도록 한 것은 경문에서 자세히 말한 바와 같으며,

아울러 중생을 교화하여 도움을 주는 행은 경문에서 자세히 밝힌 바와 같다.

이는 제9 속박도 없고 집착도 없는 해탈의 회향행의 선지식이다. 역바라밀로 주체를 삼고, 나머지 9가지로 객체를 삼는다.

지혜 법문으로 말하면 모든 지위를 똑같이 다스리지만, 지위 법문으로 말하면 삼계의 보살과 인간계와 천상계 대중 가운데 거

처하면서 설법이 자재하지 못한 장애만을 유독 다스림으로써 그 자재함을 얻어 신령한 지혜에 들어가면, 神化가 자재하여 바른 법륜을 굴리도록 함이다.

━

第十等法界無量廻向【鈔_ '第十等法界無量'者는 等以法界善根으로 廻向法界故니라】
善友 名安住地神者는 地爲萬法所依니 卽所入法界라 安住는 卽入義라
在菩提場者는 所入法界니 卽得菩提之處故니라 菩提는 是本이니 前南有所表는 從本之南이어니와 今攝末歸本之法界일새 故不云南矣니라
又地上證如는 亦同本故니 今廻向終일새 故攝歸此니라
文亦有六하니 第一은 依敎趣求라

제10. 안주지신, 등법계무량회향 선지식【초_ '제10. 등법계무량회향'이란 평등한 법계의 선근으로써 법계에 회향하기 때문이다.】

선지식의 이름을 '안주지신'이라 말한 것은 땅이란 모든 법의 의지 대상이다. 이는 들어가야 할 바의 법계이다. '안주'는 곧 들어간다는 뜻이다.

'보리도량에 있다.'는 것은 들어가야 할 바의 법계이다. 곧 보리를 얻은 곳이기 때문이다.

'보리'는 근본이다. 앞에서 남쪽으로 밝힌 바는 근본으로부터 남쪽으로 가는 것이지만, 여기에서는 지말을 받아들여 근본으로 귀의하는 법계이기에 '남쪽'을 말하지 않았다. 또한 地上에서 진여를 증득함은 또한 근본과 같기 때문이다.

여기에서는 회향의 끝부분이기에 섭수하여 이에 귀결 지은 것이다.

이의 경문은 또한 6단락이다.

1. 가르침을 따라 선지식을 찾아가 법을 구하다

經

爾時에 善財童子 漸次遊行하야 **趣摩竭提國菩提場內 安住神所**하니라

그때, 선재동자는 차례대로 걸어서 마갈제국의 보리도량 내에 있는 안주신의 도량을 찾아갔다.

第二 見敬請法

2. 친견하여 절을 올리고 법을 묻다

經

百萬地神이 同在其中하야 **更相謂言**하사대
此來童子 卽是佛藏이니

必當普爲一切衆生하야 作所依處며
必當普壞一切衆生의 無明殼藏이라
此人이 已生法王種中하니
當以離垢無礙法繒으로 而冠其首하며
當開智慧大珍寶藏하야 摧伏一切邪論異道로다
時에 安住等百萬地神이 放大光明하사 徧照三千大千世界하야 普令大地로 同時震吼케하시니
種種寶物이 處處莊嚴하며
影潔光流하야 遞相鑒徹하며
一切葉樹 俱時生長하며
一切華樹 咸共開敷하며
一切果樹 靡不成熟하며
一切河流 遞相灌注하며
一切池沼 悉皆盈滿하며
雨細香雨하야 徧灑其地하며
風來吹華하야 普散其上하며
無數音樂이 一時俱奏하며
天莊嚴具 咸出美音하며
牛王象王과 師子王等이 皆生歡喜하야 踊躍哮吼에 猶如大山이 相擊出聲하며
百千伏藏이 自然涌現이러라
時에 安住地神이 告善財言하사대

善來童子야 汝於此地에 曾種善根이라 我爲汝現호리니
汝欲見不아
爾時 善財 禮地神足하며 遶無數匝하며 合掌而立하야 白
言호되
聖者여 唯然欲見하노이다
時에 安住地神이 以足按地하신대 百千億阿僧祇寶藏이
自然涌出이어늘 告言하사대
善男子야 今此寶藏이 隨逐於汝니 是汝往昔善根果報
며 是汝福力之所攝受니 汝應隨意하야 自在受用이어다

　백만의 주지신들이 그곳에 함께 있으면서 서로 말하였다.
　"여기 오는 동자는 곧 부처의 법장이다.
　반드시 널리 일체중생의 의지할 곳이 될 것이며,
　반드시 널리 일체중생의 무명 껍질을 벗겨줄 것이다.
　이 사람이 이미 법왕의 종성으로 태어났으니,
　마땅히 때 여의고 걸림 없는 법 비단으로 만든 관을 머리에 쓸 것이며,
　지혜 보배의 큰 법장을 열어 일체 삿된 이론의 외도들을 꺾을 것이다."

　그때, 안주신 등 백만의 주지신이 큰 광명을 쏟아내어 삼천대천세계에 두루 비춰, 온 대지를 한꺼번에 진동케 하였다.
　가지가지 보물이 곳곳마다 장엄하며,
　맑은 그림자와 흐르는 빛이 서로 번갈아 비추고,

모든 나뭇잎이 한꺼번에 자라나며,

모든 꽃나무는 한꺼번에 꽃이 피고,

모든 과일나무는 익지 않은 게 없으며,

모든 강물은 서로 합하여 흐르고,

모든 못에는 모두 물이 넘치며,

부슬부슬 향기로운 비를 내려 온 누리 적셔주고,

바람은 꽃잎에 불어 그 위에 흩뿌리며,

수없는 음악이 일시에 울려오고,

하늘의 장엄 도구에서는 모두 아름다운 소리가 나오며,

소와 코끼리, 사자들이 모두 기뻐 뛰면서 부르짖으니 마치 큰 산이 서로 부딪쳐 소리가 나는 듯하고,

백천 곳의 묻혀 있던 갈무리가 저절로 솟아나왔다.

그때, 안주신이 선재에게 말하였다.

"잘 찾아왔다. 동자여, 그대가 이 땅에서 일찍이 선근을 심은 터라, 내가 그대를 위해 보여주고자 하는데, 그대는 보고자 하는가."

그때, 선재동자는 지신의 발에 절하고 수없이 돌고 합장하고 서서 말하였다.

"거룩하신 이여, 보고자 합니다."

그때, 안주지신이 발로 땅을 누르자, 백천억 아승지 보배 창고가 절로 솟아올랐다.

이에 선재에게 말하였다.

"선남자여, 이 보배 창고는 그대를 따라다닐 것이다.

이는 그대가 옛적에 심은 선근의 과보이며, 그대의 복덕으로 받은 것이다.

그대는 마음대로 쓰도록 하라.

◉ 疏 ◉

於中五니

初는 友見稱讚이니 旣云友見인댄 則已含見友오

二時安住下는 嚴處攝生하야 以顯勝德이오

三時安住告下는 許示昔善하야 引其問端이오

四爾時下는 設敬陳請이오

五以足按下는 正示昔因이라

이 부분은 5단락이다.

⑴ 선지식이 선재를 보고서 칭찬하였다. 이미 선지식이 선재를 보았다고 말했다면, 이는 선재가 이미 선지식을 보았음을 포함한 것이다.

⑵ '時安住' 이하는 그곳을 장엄하여 중생을 받아들임으로써 훌륭한 공덕을 나타냄이다.

⑶ '時安住告' 이하는 선재가 예전에 일찍이 심었던 선근이 있어 그에게 보여줌을 허락하면서 물음을 이끌어낸 것이다.

⑷ '爾時' 이하는 친견하고 절을 올리며 청함이다.

⑸ '以足按' 이하는 바로 예전의 因地를 보여줌이다.

一

第三 示己法界

3. 자기의 법계를 보여주다

經

善男子야 我得菩薩解脫호니 名不可壞智慧藏이니 常以此法으로 成就衆生호라

善男子야 我憶自從然燈佛來로 常隨菩薩하야 恭敬守護하며 觀察菩薩의 所有心行과 智慧境界와 一切誓願과 諸淸淨行과 一切三昧와 廣大神通과 大自在力과 無能壞法과 徧往一切諸佛國土와 普受一切諸如來記와 轉於一切諸佛法輪과 廣說一切修多羅門과 大法光明으로 普皆照耀와 敎化調伏一切衆生과 示現一切諸佛神變하야 我皆能領受하며 皆能憶持호라

善男子야 乃往古世에 過須彌山微塵數劫하야 有劫하니 名莊嚴이오 世界는 名月幢이며 佛號는 妙眼이니 於彼佛所에 得此法門호라

善男子야 我於此法門에 若入若出에 修習增長하며 常見諸佛하야 未曾捨離하며 始從初得으로 乃至賢劫히 於其中間에 値遇不可說不可說佛刹微塵數如來應正等覺하야 悉皆承事하야 恭敬供養하며 亦見彼佛의 詣菩提座하사 現大神力하며 亦見彼佛의 所有一切功德善根호라

선남자여, 나는 보살의 해탈을 얻었는데, 그 이름을 '무너뜨릴 수 없는 지혜 법장'이라 한다. 항상 이 법으로 중생을 이뤄주었다.

선남자여, 내가 생각해 보니, 연등불 때로부터 항상 보살을 따라서 공경하고 호위하였으며,

보살이 지닌 마음과 행, 지혜의 경계, 일체 서원, 청정한 행, 일체 삼매, 광대한 신통, 자재한 힘, 무너뜨릴 수 없는 법, 일체 부처님의 국토에 두루 가는 것, 널리 부처님들의 수기를 받는 것, 일체 부처님의 법륜을 굴리는 것, 일체 수다라의 문을 널리 말하는 것, 큰 법의 광명으로 널리 비추는 것, 일체중생을 교화하고 조복하는 것, 일체 부처님의 신통변화를 나타내는 것들을 관찰하면서, 내가 모두 받아 지니고, 모두 기억하였다.

선남자여, 지난 옛적에 수미산 티끌 수의 겁을 지나서 '장엄겁'이 있었는데, 세계 이름은 '월당'이고, 부처님의 명호는 '묘안불'이라 한다. 그 부처님에게서 이 법문을 얻었다.

선남자여, 나는 이 법문에 출입하며 닦고 익히고 증장하였으며, 언제나 여러 부처님을 뵈면서 일찍이 떠난 적이 없으며, 처음 이 법문을 얻은 후로 현겁에 이르기까지 그 사이에 말할 수 없이 말할 수 없는 세계의 티끌 수 여래, 응공, 정등각을 만나 모두 받들어 섬기고 공경하고 공양하였으며,

또한 저 부처님들이 보리지혜의 법좌에서 나타내는 큰 신통력을 보았으며,

또한 그 부처님들이 지닌 일체 공덕과 선근을 보았다.

● 疏 ●

於中四니
一은 標名體用이니 謂一念之智가 冥乎法界면 則不可壞니 此中則無所不生일새 故名爲藏이라 由賢位旣滿에 總會三賢하야 爲入地之因일새 故顯善財之福하야 常隨地神之智不壞니 是則昔因不失하야 能入證矣니라 '常以此'下는 畧明其用이라
二 '善男子我憶'下는 別顯業用이니 由智不壞일새 故常憶等이라
三 '乃往古世'下는 顯得法時處오
四 '我於此'下는 總結純熟이라

이는 4단락이다.

(1) 명제의 본체와 작용을 밝혔다. 한 생각의 지혜가 법계와 하나가 되면 무너뜨릴 수 없다. 여기에서 생겨나지 않는 것이 없기에 그 이름을 '藏'이라 한다.

賢位가 이미 원만함에 三賢을 모두 모아 十地에 들어가는 원인을 삼는다. 이 때문에 선재동자의 복덕과 常隨地神의 지혜가 무너지지 않음을 나타낸 것이다. 이는 곧 옛 원인을 잃지 않고서 증득하여 들어감이다.

'常以此' 이하는 그 작용을 간략하게 밝혔다.

(2) '善男子我憶' 이하는 개별로 법문의 작용을 밝혔다. 지혜가 무너지지 않음에 따라서 항상 기억함 등이다.

(3) '乃往古世' 이하는 법을 얻은 시기와 장소를 나타냈다.

(4) '我於此' 이하는 순숙함을 총괄하여 끝맺었다.

善男子야 我唯知此不可壞智慧藏法門이어니와
如諸菩薩摩訶薩은
常隨諸佛하야 能持一切諸佛所說하며
入一切佛甚深智慧하며
念念充徧一切法界하야 等如來身하며
生諸佛心하며 具諸佛法하며 作諸佛事하나니
而我云何能知能說彼功德行이리오
善男子야 此閻浮提摩竭提國迦毘羅城에 有主夜神하니
名婆珊婆演底니
汝詣彼問호되 菩薩이 云何學菩薩行이며 修菩薩道리잇고
하라
時에 善財童子 禮地神足하며 遶無數匝하며 慇懃瞻仰하
고 辭退而去하니라

　　선남자여, 나는 오직 이 무너뜨릴 수 없는 지혜 법장의 법문만을 알 뿐이지만,

　　저 보살마하살은

　　항상 부처님을 따르면서 일체 부처님이 말씀하신 바를 지녔으며,

　　일체 부처님의 깊은 지혜에 들어갔으며,

　　찰나마다 일체 법계에 두루 가득히 여래의 몸과 같으며,

　　부처님의 마음을 내고, 부처의 법을 두루 갖추고, 부처의 일을

하였다.

내가 그런 공덕의 행을 어떻게 알며, 어떻게 말할 수 있겠는가.

선남자여, 이 염부제 마갈제국 가비라성에 밤을 맡은 신이 있는데, 그 이름을 '바산바연저'라 한다.

그대는 그를 찾아가 '보살이 어떻게 보살의 행을 배우며, 보살의 도를 닦는가.'를 묻도록 하라."

그때, 선재동자는 그의 발에 엎드려 절하고 수없이 돌며, 은근한 마음으로 우러러 사모하면서 하직하고 떠나갔다.

◉ 疏 ◉

後三段은 可知라

뒤의 3단락[謙己推勝, 指示後友, 戀德禮辭]은 말하지 않아도 알 수 있다.

◉ 論 ◉

'百萬地神'은 表大慈悲行圓滿故오

'咸放光明 照三千大千世界'者는 明智滿悲圓이오

'又三千大千世界 一時震吼'者는 明善財 至此位에 智悲 總圓하고 涅槃染淨業謝하야 福增報現일새 致使如然이라

'地神 以足指按地 百千億阿僧祇寶藏 自然踊出'者는 表善財의 自行所及故며 足指按地는 又表善財 始發行入此位故로 旣入此位에 報境便現이니 所現寶藏이 是也니 初擧地神의 自行報果하

고 後擧善財의 行所及處라

'我得菩薩解脫 名不可壞智慧藏'者는 明悲從智起에 卽無可壞故오 藏者는 以法界行이 無智不含하며 無悲不滿하며 無生不濟하며 無苦不救하야 智悲徧周를 名之爲藏이오 於行不著이 名爲解脫이니 凡所差別智中所行大慈大悲 皆是菩薩行故오 唯法身根本智 是佛也라

'善男子야 我憶自從然燈佛來로 常隨菩薩하야 恭敬守護하며 觀察菩薩의 所有心行'者는 明從根本智로 起差別智하야 學慈悲行也라 '乃至'는 如下廣明이라

'善男子야 乃往古世에 過須彌山微塵數劫하야 有劫하니 名莊嚴이오 世界는 名月幢이며 佛號는 妙眼이니 於彼佛所에 得此法門하며 乃至不可說不可說佛刹微塵數如來應正等覺을 悉皆承事'者는 明大悲行이 深廣하야 自不求安이니 乃至示成正覺入涅槃도 總是菩薩行收며 妙眼如來와 及世界도 總是智慈自己之法故로 如毘盧遮那如來의 處道滿圓極之報身報土하야 如是菩薩行이 無始無終이 是尋常家事니 周滿十方하야 如因陀羅網也니라

自從此已去로 入十地位中하야 所論發心近遠은 皆是多表大悲深廣일새 不限其生과 及以劫量하야 無始無終이어니와 然亦不出刹那之際也니 隨世多劫이나 約智無時니라

此是等法界無量廻向이니 以智波羅密로 爲主오 餘九로 爲伴이니 約智門中인댄 諸位通治어니와 約位門中인댄 治出世智悲하야 廻入生死中하야 令自在故니라

'백만의 주지신'은 대자비행의 원만을 나타낸 것이며,

"큰 광명을 쏟아내어 삼천대천세계에 비춘다."는 것은 지혜가 원만하고 자비가 원만함을 밝힌 것이며,

"또 삼천대천세계가 일시에 진동한다."는 것은 선재동자가 이 지위에 이르자, 지혜와 자비가 모두 원만하고 생사 열반과 오염과 청정의 업이 사라져 복덕이 증장하고 과보가 나타나므로, 불러들임이 그와 같음을 밝힌 것이다.

"안주지신이 발로 땅을 누르자, 백천억 아승지 보배 창고가 절로 솟아올랐다."는 것은 선재동자가 자신의 행으로 미친 바를 나타낸 것이다. '발로 땅을 누른다.'는 것은 선재동자가 처음으로 행을 일으켜 이 지위에 들어간 것이다. 따라서 이미 이 지위에 들어가자, 과보의 경계가 바로 나타남을 나타낸 것이다. 나타난 보장이 이에 해당한다. 처음은 지신이 스스로 행한 報果를 들어 말하였고, 뒤에서는 선재동자의 행이 미치는 곳을 들어 말하였다.

"나는 보살의 해탈을 얻었는데, 그 이름을 '무너뜨릴 수 없는 지혜 법장'이라 한다."는 것은 자비의 행이 지혜에서 일어남에 무너뜨릴 수 없음을 밝힌 것이다. 법장이란 법계의 행이 지혜마다 포함되어 있지 않음이 없고, 자비마다 원만하지 않음이 없으며, 중생마다 제도하지 않음이 없고, 고통마다 구원하지 않음이 없어, 이처럼 지혜와 자비가 두루 원만함을 '법장'이라 말하고, 행에 집착하지 않음을 '해탈'이라 말한다. 대체로 차별지 속에서 행하는 대자대비가 모두 보살행이기 때문이며, 오직 법신의 근본지가 바로 부처이다.

"선남자여, 내가 생각해 보니, 연등불 때로부터 항상 보살을 따라서 공경하고 호위하였으며, 보살이 지닌 마음과 행을 관찰하였다."는 것은 근본지로부터 차별지를 일으켜 자비행을 배웠음을 밝힌 것이다. 내지 아래에서 자세히 밝힌 바와 같다.

"선남자여, 지난 옛적에 수미산 티끌 수의 겁을 지나서 '장엄겁'이 있었는데, 세계 이름은 '월당'이고, 부처님의 명호는 '묘안불'이었다. 그 부처님에게서 이 법문을 얻었다. …그 사이에 말할 수 없이 말할 수 없는 세계의 티끌 수 여래, 응공, 정등각을 만나 모두 받들어 섬겼다."고 한 것은 대비행이 깊고 드넓어 스스로 안일을 구하지 않음을 밝힌 것이다. 나아가 정각을 성취함, 열반에 들어감을 보여준 것도 모두 이 보살행의 거둠이며, 묘안여래 및 세계도 모두 이 지혜와 자비인 자기의 법이기 때문에, 비로자나여래의 도가 원만하고 지극함에 처한 報身과 報土와 같아서, 이처럼 시작도 없고 끝도 없는 보살행이 일상의 집안일과 같다. 시방에 두루 원만하여 인드라망과 같다.

이 이후로부터 십지의 지위에 들어가 논한, 발심의 멀고 가까움은 모두가 대부분 대자비의 깊고 드넓음을 나타낸 것이다. 따라서 그 生과 겁의 시간을 한정할 수 없다. 이 때문에 시작도 없고 끝도 없지만, 그러나 이 또한 찰나의 순간에서 벗어나지 않는다. 세간의 인식으로 말하면 많은 겁이라 하지만, 지혜로 말하면 시간 자체가 없다.

이는 법계와 동등한 한량없는 회향이다. 지혜바라밀로 주체를 삼고, 나머지 9가지로 객체를 삼는다.

지혜 법문으로 말하면 모든 지위를 통틀어 다스리지만, 지위 법문으로 말하면 출세간의 지혜와 자비를 다스려서 생사 속으로 다시 들어가 자재하기 때문이다.

已上은 十善友寄十廻向 竟하다

이상은 10명의 선지식을 십회향에 붙여 말한 부분을 끝마치다.

입법계품 제39-9 入法界品 第三十九之九
화엄경소론찬요 제106권 華嚴經疏論纂要 卷第一百之六

화엄경소론찬요 제107권
華嚴經疏論纂要 卷第一百之七

◉

입법계품 제39-10
入法界品 第三十九之十

自下大文第五에 有十善友는 寄十地位니 卽分十段이라

[5] 10명의 선지식을 십지에 붙여 말하다

이는 10단락으로 나뉜다.

第一 婆珊婆演底夜神 寄歡喜地【鈔_ '寄初歡喜地'者는 初獲聖性에 具證二空이라 能益自他하야 生大喜故니라】
城名迦毘羅者는 此云黃色이니 往昔에 黃頭仙人이 依此處故며 黃是中色이니 表契中道故며 又此是佛生之城이니 表初地生佛家故니라
婆珊者는 此云春也오 婆演底者는 此云主當이니 以於春時에 主當苗稼故니 謂顯初入地에 能生長萬行하야 護衆生故니라
地上에 多見夜神者는 證智玄妙하야 離相破闇故니라
下九天神은 準梵本컨대 皆是女神이며 瞿波도 亦女者는 地上에 證於同體慈悲 女之狀故니라

第一 依教趣求

제1. 바산바연저주야신, 환희지 선지식【초_ 제1. 환희지란 처음 성인의 자성을 얻어 아공과 법공을 모두 증득하였기에 자리이타의 이익으로 큰 기쁨을 내기 때문이다.】

성의 이름을 '가비라'라 말한 것은 중국에서는 '황색'이라는 뜻이다. 옛적에 '노란 머리를 가진 신선[黃頭仙人]'이 이곳에 거처한 데서 붙여진 이름이다.

황색은 중앙의 색이다. 중도에 계합함을 나타내기 때문이며,

또 이곳은 부처님이 탄생한 성이다. 初地에서 부처님의 집안에 태어남을 상징하기 때문이다.

婆珊이란 중국에서는 '봄'이라는 뜻이며, 婆演底란 주관하다, 담당하다의 뜻이다. 봄에 모든 농사를 주관, 담당하기 때문이다. 이는 초지에 들어가 모든 萬行을 낳고 키워서 중생을 보호함을 밝힌 때문이다.

地上에서 主夜神을 많이 볼 수 있는 것은 증득한 지혜가 현묘하여 현상세계를 떠나 암흑을 타파한 때문이다.

아래의 아홉 천신은 범본에 준하면 모두 여신이다. 구파 또한 여신인 것은 地上의 중생과 하나의 몸으로 생각하는 대자비의 마음[同體慈悲]을 증득함이 여인의 모습이기 때문이다.

1. 가르침을 따라 선지식을 찾아가 법을 구하다

經
爾時에 善財童子 一心思惟安住神敎하야 憶持菩薩不可沮壞智藏解脫하야 修其三昧하며 學其軌則하며 觀其遊戱하며 入其微妙하며 得其智慧하며 達其平等하며 知其無邊하며 測其甚深하고
漸次遊行하야 至於彼城하야 從東門入하야 佇立未久에 便見日沒하고 心念隨順諸菩薩敎하야 渴仰欲見彼主夜神하야 於善知識에 生如來想하며
復作是念호되

由善知識하야 **得周徧眼**하야 **普能明見十方境界**며
由善知識하야 **得廣大解**하야 **普能了達一切所緣**이며
由善知識하야 **得三昧眼**하야 **普能觀察一切法門**이며
由善知識하야 **得智慧眼**하야 **普能明照十方刹海**로다

그때, 선재동자는 하나같은 마음으로 안주신의 가르침을 생각하면서 보살의 무너뜨릴 수 없는 지혜 법장의 해탈을 기억하여 그 삼매를 닦고, 그 규범을 배우며, 그 유희를 살펴보고, 그 미묘한 데 들어가며, 그 지혜를 얻고, 그 평등함을 통달하며, 그 그지없음을 알고, 그 깊이를 헤아리며,

차례대로 걸어가면서 그 성에 이르러, 동문으로 들어가서 잠깐 서 있는 사이에 바로 해가 지는 것을 보았고, 마음에 보살의 가르침을 따라서 목마르게 주야신을 보고자, 선지식은 여래와 같다는 생각을 하였고, 또 이런 생각을 하였다.

'선지식으로부터 두루 널리 보는 눈을 얻어 시방의 경계를 널리 볼 것이며,

선지식으로부터 광대한 지혜를 얻어 일체 반연한 바를 널리 통달할 것이며,

선지식으로부터 삼매의 눈을 얻어 일체 법문을 널리 관찰할 것이며,

선지식으로부터 지혜의 눈을 얻어 시방의 세계 바다를 널리 밝게 볼 것이다.'

◉ 疏 ◉

於中에 先은 依前修證이오 後'漸次'下는 趣求後友라

於中에 先은 至時處니 從東門入者는 開明之初니 顯入證之始故니라 見日沒者는 是夜神故며 表分別見日이 皆已亡故니라 後'心念'下는 生渴仰心이라【鈔_ 表分別見日皆亡者는 初地에 斷見惑이니 卽分別煩惱故니라】

그 가운데 앞은 앞의 수행 증득을 따름이며, 뒤의 '漸次' 이하는 뒤의 선지식을 찾아가 법을 구함이다.

그 가운데 앞은 도착한 시간과 공간이다.

"동문으로 들어갔다."는 것은 처음 동이 트는 곳이다. 증득하여 들어감의 시초를 밝힌 때문이다.

"해가 지는 것을 보았다."는 것은 이 주야신 때문이며, 분별 소견의 밝은 해가 모두 이미 사라졌음을 나타냈기 때문이다.

뒤의 '心念' 이하는 우러러 추앙하는 마음을 냄이다.【초_ "분별 소견의 밝은 해가 모두 이미 사라졌음을 나타냈다."는 것은 初地에서 見惑을 끊음이다. 이는 곧 분별번뇌이기 때문이다.】

第二明見敬諮問

2. 친견하여 절을 올리고 법을 묻다

作是念時에 見彼夜神이 於虛空中에 處寶樓閣香蓮華藏師子之座하니
身眞金色이오 目髮紺靑이며
形貌端嚴하야 見者歡喜하며
衆寶瓔珞으로 以爲嚴飾하며
身服朱衣하고 首戴梵冠하며
一切星宿 炳然在體하며
於其身上一一毛孔에 皆現化度無量無數惡道衆生하야 令其免離險難之像하니
是諸衆生이 或生人中하며 或生天上하며 或有趣向二乘菩提하며 或有修行一切智道하며
又彼一一諸毛孔中에 示現種種敎化方便호되 或爲現身하며 或爲說法하며 或爲示現聲聞乘道하며 或爲示現獨覺乘道하며 或爲示現諸菩薩行과 菩薩勇猛과 菩薩三昧와 菩薩自在와 菩薩住處와 菩薩觀察과 菩薩師子頻申과 菩薩解脫遊戲하야 如是種種으로 成熟衆生이러라
善財童子 見聞此已하고 心大歡喜하야 以身投地하야 禮夜神足하고 遶無數匝하고 於前合掌하야 而作是言호되
聖者여 我已先發阿耨多羅三藐三菩提心호니 我心冀望依善知識하야 護諸如來功德法藏하노니 唯願示我一切智道하소서 我行於中하야 至十力地호리이다

이런 생각을 할 적에 밤을 주관하는 신이 허공에 있는 보배 누각의 향기 어린 연화법장 사자법좌에 앉아 있는 것을 보았다.

몸은 금빛이요, 눈과 머리카락은 검푸르고,

용모가 단정하여 보는 이마다 좋아했으며,

보배 영락으로 몸을 장엄하였고,

몸에는 붉은 옷을 입고 머리에는 범천관을 썼으며,

모든 별이 그의 몸에서 빛나고,

그 몸의 하나하나 모공마다 한량없고 수없는 악도 중생을 제도하여, 그들을 험난한 데서 벗어나게 하는 형상을 나타냈다.

이 모든 중생이 인간계에 태어나기도 하고, 천상계에 태어나기도 하며, 이승의 보리로 향하여 나아가기도 하고, 일체 지혜의 길을 닦아가기도 하였다.

또한 그 하나하나 모공마다 가지가지 교화의 방편을 보여주는데, 그들을 위해 몸을 나타내기도 하고, 그들을 위해 법을 말하기도 하며, 그들을 위해 성문승의 도를 보여주기도 하고, 그들을 위해 독각승의 도를 보여주기도 하며, 그들을 위해 보살의 행, 보살의 용맹, 보살의 삼매, 보살의 자재, 보살이 머문 곳, 보살의 관찰, 보살의 사자빈신, 보살의 해탈 유희를 보여주면서 이처럼 가지가지로 중생을 성숙시켜 주었다.

선재동자가 이런 모습을 보고 듣고서 매우 기뻐하는 마음으로 땅에 엎드려 밤을 주관하는 신의 발에 절하고 수없이 돌고 합장하고 말하였다.

"거룩하신 이여, 저는 이미 아뇩다라삼먁삼보리심을 내었습니다. 저의 마음은 선지식을 의지하여 여래의 공덕법장을 보호하고자 하오니, 오직 바라건대 저에게 일체 지혜의 도를 보여주소서.

저는 그런 속에서 행하여 부처님의 열 가지 힘의 지위에 이르고자 합니다."

● 疏 ●

於中二니

初는 見友依正이라 於空見者는 城表教道하고 空表證道니 宗說兼通이 如日處空故니라 服朱衣者는 證智明顯故니 法門星像이 不離一身如體하고 化生作用이 不離一毛之性이라

二'善財童子見聞'下는 設敬諮問이라【鈔_ 宗說兼通者는 前已引竟이니 卽楞伽意라 故彼第三經에 云'佛告大慧하사되 三世如來有二種法通하니 謂說通과 及自宗通이니라 說通者는 謂隨衆生心之所應하야 爲說種種契經이니 是名說通이오 自宗通者는 謂修行者 離自心現種種妄想이니 謂不墮一異俱不俱品하고 超度一切心意意識하야 自覺聖境하고 離因成故니라 一切 外道·聲聞·緣覺이 墮二邊者는 所不能知라 我說是名自宗法通이라하노라'

釋曰 謂初了唯心이니 '謂不墮'下는 境界則滅이오 '超度一切'下는 能取亦無오 '自覺聖'下는 正悟自心이오 不由他悟하야 離三量成이라 故離因成이오 '一切外道'下는 對他顯勝이라 經結勸云 '是名自宗通과 及說通相이니 汝及餘菩薩摩訶薩은 應當修學하라 偈云謂

259

我二種通은 宗通及言說이라 說者授童蒙하노니 宗爲修行者니라】

이는 2단락이다.

⑴ 선지식의 의보와 정보를 살펴봄이다.

"허공에서 보았다."는 것은 城이란 가르침을 나타내고, 허공은 증득한 도를 나타낸다. 宗通과 說通을 모두 겸함이 허공의 태양처럼 밝기 때문이다.

"붉은 옷을 입었다."는 것은 증득한 지혜가 밝게 빛나기 때문이다. 법문의 星像이 몸의 진여본체를 여의지 않음이며, 중생 교화의 작용이 하나의 모공의 자성에서 벗어나지 않음이다.

⑵ '善財童子見聞' 이하는 친견하고 절을 올리면서 법의 요체를 물음이다.【초_ "종통과 설통을 모두 겸하였다."는 것은 앞에서 이미 모두 인용한 바 있다. 이는 능가경에서 말한 뜻이다. 능가경 제3에서 다음과 같이 말하였다.

부처님이 대혜보살에게 말씀하셨다.

"삼세여래에게 두 가지 법통이 있다. 說通과 自宗通이다.

설통은 중생의 마음에 걸맞은 바를 따라서 가지가지 경전을 연설하는 것을 설통이라고 말한다.

자종통은 수행자가 나의 마음에 나타나는 가지가지 망상에서 벗어난 것이다. 하나라는 것과 다르다는 것과 함께한다는 것과 함께하지 않는다는 것과 등급에 떨어지지 않고 일체의 마음과 뜻, 그리고 의식을 초월하여 스스로 성인의 경계를 깨닫고 원인의 성취에서 벗어났기 때문이다. 일체 외도·성문·연각이 공과 유 두 곳에 떨어지는 것은 알지 못한 바이다. 나는 이를 自宗法通이라 말한다."

이에 대한 해석은 다음과 같다.

처음 唯心을 깨달음이다.

'謂不墮' 이하는 경계가 사라짐이며,

'超度一切' 이하는 취하는 주체 또한 없으며,

'自覺聖' 이하는 바로 나의 마음을 깨달아, 남의 힘을 빌려 깨닫지 않고 三量[現量, 比量, 非量]으로 이뤄짐을 벗어났기에 원인의 성취를 여읜 것이다.

'一切外道' 이하는 그들을 상대로 훌륭한 점을 밝힌 것이다. 경문에서 권면을 끝맺으면서 "이를 자종통과 설통의 모습이라 말한다. 그대와 나머지 보살마하살은 이를 닦고 배워야 한다."고 하였고, 게송에서는 "나의 2가지 통달은 종통 및 설통이라 한다. 설법한 자가 어린이들에게 전수하노니 이를 종지로 삼아 수행해야 한다."고 하였다.】

―

第三 稱讚授法
中二니
初는 稱讚이오 後'善男子-我得'下는 授己法界니라
於中三이니
一은 標名體오 二는 顯業用이오 三은 得法久近이라
今은 初라

3. 선재동자를 칭찬하면서 법을 전수하다

이는 2부분이다.

1) 칭찬이며,

2) '善男子我得' 이하는 자기의 법계를 전수함이다.

법계 전수 부분은 3단락이다.

⑴ 명제의 본체를 밝힘이며,

⑵ 하는 일과 작용을 밝힘이며,

⑶ '법을 얻은 지 얼마 되었는가.'이다.

이는 '⑴ 명제의 본체' 부분이다.

經

時彼夜神이 告善財言하사대

善哉善哉라 善男子야 汝能深心으로 敬善知識하야 樂聞其語하고 修行其敎하니 以修行故로 決定當得阿耨多羅三藐三菩提하리라

善男子야 我得菩薩破一切衆生癡暗法光明解脫호라

　그때, 밤을 주관하는 신이 선재에게 말하였다.

　"좋다, 좋다. 선남자여, 그대는 깊은 마음으로 선지식을 공경하여 기쁜 마음으로 그의 말을 듣고, 그의 가르침대로 수행하니, 수행하기 때문에 반드시 아뇩다라삼먁삼보리를 얻을 것이다.

　선남자여, 나는 일체중생의 어리석음과 어둠을 깨뜨려주는 보살의 법광명 해탈을 얻었다.

● 疏 ●

一切衆生癡暗者는 卽所破二愚오 法光明者는 卽是能破二無我智라 又破衆生暗爲悲오 法光明是智니 悲智具故니라【鈔_ 其二愚二無我等은 竝如地品하다】

'일체중생의 어리석음과 어둠'이란 타파 대상의 2가지 어리석음이며,

'법광명'이란 타파 주체의 2가지 無我 지혜이다.

또한 "중생의 어리석음과 어둠을 깨뜨려주었다."는 것은 大悲이고, '법광명'은 大智이다. 대비와 대지가 갖춰진 때문이다.【초_ 그 '2가지 어리석음'과 '2가지 무아' 등은 아울러 십지품에서 말한 바와 같다.】

▬

二明業用
中二니 先은 長行이오 後는 偈頌이라
今은 初라

(2) 하는 일과 작용을 밝히다

이는 2단락이다.

(ㄱ) 산문, (ㄴ) 게송이다.

이는 '(ㄱ) 산문'이다.

善男子야

我於惡慧衆生에 起大慈心하며

於不善業衆生에 起大悲心하며

於作善業衆生에 起於喜心하며

於善惡二行衆生에 起不二心하며

於雜染衆生에 起令生淸淨心하며

於邪道衆生에 起令生正行心하며

於劣解衆生에 起令興大解心하며

於樂生死衆生에 起令捨輪轉心하며

於住二乘道衆生에 起令住一切智心호니

善男子야 我以得此解脫故로 常與如是心으로 共相應호라
善男子야 我於夜暗人靜하야 鬼神盜賊과 諸惡衆生의 所
遊行時와 密雲重霧하며 惡風暴雨로 日月星宿 並皆昏蔽
하야 不見色時에 見諸衆生이 若入於海어나 若行於陸하야
山林曠野諸險難處에 或遭盜賊하며 或乏資糧하며 或迷
惑方隅하며 或忘失道路하야 憧惶憂怖하야 不能自出하면
我時에 卽以種種方便으로 而救濟之하나라

爲海難者하야 示作船師와 魚王馬王과 龜王象王과 阿修
羅王과 及以海神하야 爲彼衆生하야 止惡風雨하고 息大
波浪하야 引其道路하며 示其洲岸하야 令免怖畏하야 悉得
安穩하고 復作是念호되 以此善根으로 廻施衆生하야 願令

捨離一切諸苦하니라

爲在陸地一切衆生이 於夜暗中에 遭恐怖者하야 現作日月과 及諸星宿과 晨霞夕電의 種種光明하며 或作屋宅하며 或爲人衆하야 令其得免恐怖之厄하고 復作是念호되 以此善根으로 廻施衆生하야 悉令除滅諸煩惱暗하니라

一切衆生이 有惜壽命이어나 有愛名聞이어나 有貪財寶어나 有重官位어나 有着男女어나 有戀妻妾호되 未稱所求하야 多生憂怖하면 我皆救濟하야 令其離苦하며

爲山行險而留難者하야 爲作善神하야 現形親近하고 爲作好鳥하야 發音慰悅하고 爲作靈藥하야 舒光照耀하며 示其果樹하고 示其泉井하고 示正直道하고 示平坦地하야 令其免離一切憂厄하며

爲行曠野稠林險道에 藤蘿所絹과 雲霧所暗으로 而恐怖者하야 示其正道하야 令得出離하고

作是念言호되 願一切衆生이 伐見稠林하고 截愛羅網하며 出生死野하고 滅煩惱暗하며 入一切智平坦正道하고 到無畏處畢竟安樂이라호라

善男子야 若有衆生이 樂着國土하야 而憂苦者면 我以方便으로 令生厭離하고

作是念言호되 願一切衆生이 不着諸蘊하고 住一切佛薩婆若境이라호라

善男子야 若有衆生이 樂着聚落하고 貪愛宅舍하야 常處

黑暗하야 受諸苦者하면 我爲說法하야 令生厭離하며 令法滿足하며 令依法住하고

作是念言호되 願一切衆生이 悉不貪樂六處聚落하고 速得出離生死境界하야 究竟安住一切智城이라호라

善男子야 若有衆生이 行暗夜中에 迷惑十方하야 於平坦路에 生險難想하고 於險難道에 起平坦想하며 以高爲下하고 以下爲高하야 其心迷惑하야 生大苦惱하면 我以方便으로 舒光照及하야 若欲出者어든 示其門戶하며 若欲行者어든 示其道路하며 欲度溝洫이어든 示其橋梁하며 欲涉河海어든 與其船筏하며 樂觀方者어든 示其險易安危之處하며 欲休息者어든 示其城邑水樹之所하고

作是念言호되 如我於此에 照除夜暗하야 令諸世事로 悉得宣叙인달하야 願我普於一切衆生生死長夜無明暗處에 以智慧光으로 普皆照了라호라

是諸衆生이 無有智眼하야 想心見倒之所覆翳로 無常에 常想하며 無樂에 樂想하며 無我에 我想하며 不淨에 淨想하야 堅固執着我人衆生과 蘊界處法하야 迷惑因果하고 不識善惡하야 殺害衆生하며 乃至邪見으로 不孝父母하고 不敬沙門과 及婆羅門하며 不知惡人하고 不識善人하며 貪着惡事하고 安住邪法하며 毁謗如來하고 壞正法輪하며 於諸菩薩에 呰辱傷害하고 輕大乘道하야 斷菩提心하며 於有恩人에 反加殺害하고 於無恩處에 常懷怨結하며

毀謗賢聖하고 親近惡伴하며 盜塔寺物하고 作五逆罪하야 不久當墮三惡道處어든 願我速以大智光明으로 破彼衆生의 無明黑暗하야 令其疾發阿耨多羅三藐三菩提心하고 旣發心已에 示普賢乘하야 開十力道하며 亦示如來法王境界하며 亦示諸佛一切智城과 諸佛所行과 諸佛自在와 諸佛成就와 諸佛總持와 一切諸佛共同一身과 一切諸佛平等之處하야 令其安住케호라

善男子야 一切衆生이 或病所纏이어나 或老所侵이어나 或苦貧窮이어나 或遭禍難이어나 或犯王法하야 臨當被刑에 無所依怙하야 生大怖畏어든 我皆救濟하야 使得安穩하고

復作是念호되 願我以法으로 普攝衆生하야 令其解脫一切煩惱와 生老病死와 憂悲苦患하며 近善知識하야 常行法施하고 勤行善業하야 速得如來淸淨法身하야 住於究竟無變易處라호라

善男子야 一切衆生이 入見稠林하야 住於邪道하며 於諸境界에 起邪分別하며 常行不善身語意業하며 妄作種種諸邪苦行하며 於非正覺에 生正覺想하며 於正覺所에 非正覺想하야 爲惡知識之所攝受하야 以起惡見하야 將墮惡道어든 我以種種諸方便門으로 而爲救護하야 令住正見하야 生人天中하고

復作是念호되 如我救此將墜惡道諸衆生等하야 願我普

救一切衆生하야 **悉令解脫一切諸苦**하며 **住波羅蜜出世 聖道**하야 **於一切智**에 **得不退轉**하며 **具普賢願**하야 **近一 切智**호되 **而不捨離諸菩薩行**하고 **常勤敎化一切衆生**이 라호라

선남자여,

나는 나쁜 지혜를 지닌 중생에게 크게 사랑하는 마음을 일으 켜 내도록 하고,

선업을 짓지 못하는 중생에게 크게 가엾이 여기는 마음을 일 으켜 내도록 하며,

선업을 짓는 중생에게 기뻐하는 마음을 일으켜 내도록 하고,

선업과 악업 두 가지 행을 지닌 중생에게 둘이 아닌 마음을 일 으켜 내도록 하며,

잡염의 중생에게 청정한 마음을 일으켜 내도록 하고,

삿된 도를 믿는 중생에게 바른 행의 마음을 일으켜 내도록 하며,

용렬한 이해를 지닌 중생에게 큰 이해의 마음을 일으켜 내도 록 하고,

생사를 좋아하는 중생에게 윤회를 버리는 마음을 일으켜 내도 록 하며,

이승의 도에 머문 중생에게 일체 지혜에 머물게 하는 마음을 일으키도록 하였다.

선남자여, 나는 이 해탈을 얻었으므로 항상 이런 마음과 상응 하는 것이다.

선남자여, 나는 깊은 밤, 인적이 고요하여 귀신과 도둑과 흉악한 중생들이 쏘다닐 때, 짙은 구름, 자욱한 안개, 태풍, 폭우로 해와 달과 별빛이 모두 가려져 어두워 지척을 분별 못 할 때, 만약 중생이 바다에 들어가거나, 육지에 다니거나, 산림 거친 벌판의 험난한 곳에서 도둑을 만나거나, 양식이 떨어졌거나, 방향을 모르거나, 길을 잃고서 놀라고 두려워하여 벗어나지 못하는 이를 보면, 나는 그 때 바로 가지가지 방편으로 구제하여 주었다.

바다에서 헤매는 이를 위해서는 뱃사공이 되고, 큰 고기, 큰 말, 큰 거북, 큰 코끼리, 아수라왕, 바다신이 되어, 그런 중생을 위하여 폭풍우를 멈추고, 파도를 잠재워 길을 인도하여 섬이나 언덕을 보여주어 공포에서 벗어나 모두 편안하게 해주었다.

그리고 또 이런 생각을 하였다.

'이런 선근으로 중생에게 회향하여, 일체 모든 고통에서 벗어나게 하기를 원한다.'

육지에 있는 중생이 캄캄한 밤에 무서운 일을 당한 자를 위하여, 해나 달이나 별이나 새벽노을이나 저녁 번개나 갖가지 광명을 나타내주고, 혹은 집을 마련해주거나 혹은 많은 사람으로 나타내어 두려움의 재앙에서 벗어나게 하였다.

그리고 또 이런 생각을 하였다.

'이런 선근으로 중생에게 회향하여, 모두 모든 번뇌의 어둠을 없애주기를 원한다.'

일체중생이 목숨을 아끼거나, 명예를 사랑하거나, 재물을 탐하거나, 벼슬을 중히 여기거나, 남녀의 이성에 집착하거나, 처첩을 그리워하되, 원하는 일들을 이루지 못하여 근심과 두려움을 많이 내면, 나는 모두 그들을 구제하여 괴로움에서 벗어나게 하였다.

험준한 산길에서 어려움을 겪는 이를 위하여

선한 신의 몸을 나타내어 가까이하기도 하고,

아름다운 새의 몸을 나타내어 아름다운 소리로 그의 마음을 위로하기도 하며,

신비한 약초로 몸을 나타내어 빛을 내어 비춰주기도 하고,

과실나무를 보여주거나, 맑은 샘을 보여주거나, 바른길을 보여주거나, 평탄한 곳을 보여주어 모든 근심과 어려움에서 벗어나도록 해주었다.

거친 벌판이나 빽빽한 숲속이나 험난한 길을 갈 적에 덩굴에 얽히었거나 안개에 싸여 두려워하는 이를 위해서는 바른길을 보여주어 벗어나게 하였다.

그리고 또 이런 생각을 하였다.

'일체중생이 삿된 소견의 숲을 잘라내고, 애욕의 그물을 잘라버리며, 생사의 벌판에서 벗어나고, 번뇌의 어둠을 없애며, 일체 지혜의 평탄한 길에 들어서고, 두려움이 없는 곳에 이르러 끝까지 안락하기를 원한다.'

선남자여, 어떤 중생이 국토에 애착하여 근심하면, 나는 방편으로 싫어하는 마음을 내게 하고, 또 원하였다.

'일체중생이 오온에 집착하지 말고 일체 부처님의 살바야 경계

에 머물기를 원한다.'

선남자여, 어떤 중생이 고향 마을을 좋아하고 집에 탐착하여, 항상 어둠 속에 머물면서 많은 고통을 받으면, 나는 그를 위해 설법하여 싫어하는 마음을 내고, 법에 만족하며, 법에 의지하여 머물게 하였다.

그리고 또 이런 생각을 하였다.

'일체중생이 여섯 가지 감각[六處]의 마을에 탐착하지 말고, 생사의 경계에서 빨리 벗어나 마지막에는 일체 지혜의 성에 머물기를 원한다.'

선남자여, 어떤 중생이 캄캄한 밤길을 가다가 방위를 잘못 알아,

평탄한 길에서 험난한 길이라는 생각을 내거나,

위험한 길에서 평탄한 길이라는 생각을 내거나,

높은 데서 낮은 곳이라는 생각을 내거나,

낮은 데서 높은 곳이라는 생각을 내어,

그 마음이 흘리어 몹시 고뇌하면, 나는 방편으로 광명을 비춰주어,

나가고자 하는 이에게는 문을 보여주고,

가고자 하는 이에게는 길을 보여주며,

도랑을 건너고자 하는 이에게는 다리를 보여주고,

강을 건너고자 하는 이에게는 배를 마련해주며,

방향을 살피기를 원하는 이에게는 험난한 곳, 평탄한 곳, 위험한 곳, 편안한 곳을 보여주고,

쉬어가려는 이에게는 도시와 마을, 물과 숲이 있는 곳을 보여주었다.

그리고 또 이런 생각을 하였다.

'내가 여기서 캄캄한 밤을 밝혀주어 세상의 모든 일을 편하게 하듯이, 나는 일체중생의 생사의 기나긴 밤, 암흑의 무명 속에서 지혜의 광명으로 두루 모두 비춰주기를 원한다.'

모든 중생이 지혜의 눈이 없어,

허망한 생각과 전도된 소견에 덮인 바로,

무상한 것을 영원하다 생각하고,

즐거움이 없는 것을 즐겁다 생각하며

'나'라는 것이 없는 것을 '나'라고 생각하고,

부정한 것을 청정하다 생각하며,

'나'라는 생각, '사람'이라는 생각, '중생'이라는 생각, 5온, 12처, 18계의 법에 굳건한 집착으로, 원인과 과보를 알지 못하고,

선과 악을 알지 못하며,

중생을 살해하고,

내지 삿된 소견으로 부모에게 불효하고,

사문과 바라문을 공경하지 않으며,

악한 사람을 알지 못하고,

선한 사람을 알지 못하며,

악업의 일을 탐착하고,

삿된 법에 안주하며,

여래를 훼방하고 바른 법륜을 무너뜨리며,

모든 보살에게 욕지거리와 해코지를 하고,

대승을 경멸하여 보리심을 끊으며,

은혜 입은 이를 도리어 살해하고,

은혜가 없는 곳을 원수로 생각하며,

성현을 비방하고 나쁜 이들을 가까이하며,

절이나 탑의 물건을 훔치고,

다섯 가지 악행의 죄[弑父·弑母·弑阿修羅·破和合僧·出佛身血]를 지어 머지않아 삼악도에 떨어질 이들에게 이런 서원을 하였다.

'내가 빠르게 지혜 광명으로 저 중생의 무명의 암흑을 깨뜨리어,

속히 아뇩다라삼먁삼보리심을 일으키고,

발심한 뒤에는 보현의 법을 보여주어 열 가지 힘을 깨우쳐 주며,

또한 여래 법왕의 경계를 보여주고,

또한 부처님의 일체 지혜의 성,

부처님의 수행, 부처님의 자재, 부처님의 성취, 부처님의 다라니, 일체 부처의 똑같은 몸, 일체 모든 부처의 평등한 곳을 보여주어 그들을 편안히 머물게 하겠다.'

선남자여, 일체중생이 병에 옭매어 있거나, 늙음에 시달리거나, 가난에 쪼들리거나, 화난을 만났거나, 국법을 범하여 처형을 당하게 되었을 적에, 믿을 곳이 없어 아주 두려워하는 이들이 있으면, 나는 모두 구제하여 편안케 해주었다.

그리고 다시 이런 생각을 하였다.

'내가 법으로써 널리 중생들을 받아들여, 그들의 일체 번뇌, 나고 늙고 병들고 죽는 일, 근심 걱정 고통 우환에서 벗어나게 하며, 선지식을 가까이하여 언제나 법보시를 행하고, 부지런히 선업을 지으며, 여래의 청정한 법신을 얻어 마지막에는 변함이 없는 자리에 머물게 할 것이다.'

선남자여, 일체중생이 소견의 빽빽한 숲에 들어가 삿된 도에 머물고,

여러 경계에 삿된 분별심을 일으키며,

언제나 착하지 않은 몸의 업, 말의 업, 뜻의 업을 행하고,

부질없이 가지가지 삿된 고행을 지으며,

바른 깨달음이 아닌 것을 바른 깨달음이라 생각하고,

바른 깨달음을 바른 깨달음이 아니라 생각하며,

악한 이들에게 붙들리어 나쁜 소견을 내어 삼악도에 떨어지게 되면,

나는 가지가지 방편으로 구호하여 바른 소견에 머물면서 인간이나 천상에 태어나게 하였다.

그리고 다시 이런 생각을 하였다.

'내가 장차 악도에 떨어질 중생을 구원하는 것처럼, 일체중생을 널리 구제하여 모두 일체 모든 고통에서 벗어나게 하고, 바라밀의 출세간 성인의 도에 머물면서, 일체 지혜에서 물러서지 않게 하며, 보현의 서원을 갖추어 일체 지혜를 가까이하되 보살의 행을 버리지 않고, 언제나 부지런히 일체중생을 교화하도록 할 것이다.'"

● 疏 ●

於中二니

先은 興救物之心이오

二 我於夜暗 下는 正明對緣救攝이라

於中에 十門이니

初一은 總明이오 '爲海難' 下는 別顯이라 今初有四種하니

一 '夜'等은 爲救時오

二 '海'等은 爲救處오

三 '遭盜'等은 爲所救오

四 '種種方便'은 爲能救오

後九門 別顯中에 文皆有二니 先은 救世苦하야 令得世樂이오 後는 以廻向大願으로 令其究竟離苦得樂이라

九中에 一은 救海難衆生이오

二 '爲在陸地' 下는 救處陸衆生이오

三 '一切衆生' 下는 救求不得과 及行山險衆生이오

四는 救樂國土衆生이오

五는 救著聚落衆生이오

六은 救暗夜衆生이오

七 '是諸衆生無有智' 下는 救惑業衆生이오

八 '或病所纏' 下는 救八苦衆生이오

九 '入見稠林' 下는 救惡見衆生이라

　　이는 2단락이다.

첫째, 중생 구제의 마음을 일으킴이며,

둘째, '我於夜暗' 이하는 반연 있는 이를 상대로, 바로 구제하고 받아들임을 밝혔다.

'반연의 구제' 부분은 10가지 법문이다.

첫 부분은 총체로 밝혔고,

'爲海難' 이하는 개별로 밝혔다.

'총체로 밝힌' 부분에는 4가지가 있다.

① 어두운 밤 등은 구제의 시간이고,

② 바다 등은 구제의 공간이며,

③ 도둑을 만남 등은 구제의 대상이고,

④ 가지가지 방편은 구제의 주체이다.

뒤의 9가지 법문에서 개별로 밝힌 부분은 문장마다 모두 2가지 뜻이 있다.

앞에서는 세간의 고통을 구제하여, 그들로 하여금 세간의 즐거움을 얻도록 함이며,

뒤에서는 큰 서원으로 회향하여, 그들로 하여금 최고의 경계에서 고통을 여의고 즐거움을 얻도록 함이다.

9가지 법문은 아래와 같다.

① 바다에서 어려움을 겪는 중생을 구제함이며,

② '爲在陸地' 이하는 육지에 사는 중생의 고통을 구제함이며,

③ '一切衆生' 이하는 원하는 것을 얻지 못한 고통 및 험난한 산중에서 고통을 받는 중생을 구제함이며,

④ 국토에 애착하는 중생을 구제함이며,

⑤ 고향 마을에 집착하는 중생을 구제함이며,

⑥ 어두운 밤의 중생을 구제함이며,

⑦ '是諸衆生無有智' 이하는 혹업의 중생을 구제함이며,

⑧ '或病所纏' 이하는 八苦를 겪는 중생을 구제함이며,

⑨ '入見稠林' 이하는 사악한 견해의 중생을 구제함이다.

二偈頌

(ㄴ) 게송

經

爾時에 **婆珊婆演底主夜神**이 **欲重宣此解脫義**하사 **承佛神力**하야 **觀察十方**하고 **爲善財童子**하야 **而說頌言**하사대

그때, 바산바연저주야신이 이 해탈의 뜻을 다시 말하고자, 부처님의 불가사의한 힘을 받들어 시방의 중생을 살펴보고, 선재동자를 위하여 게송으로 말하였다.

我此解脫門이   **生淨法光明**하야
能破愚癡暗하나니   **待時而演說**이로라

  내가 얻은 해탈문이
  청정한 법의 광명을 밝혀

277

어리석음의 암흑을 타파하니
때에 맞추어 연설하노라

我昔無邊劫에　　　　**勤行廣大慈**하야
普覆諸世間호니　　　**佛子應修學**이어다

　내가 옛날 그지없는 과거에
　광대한 대자비 부지런히 행하여
　모든 세간 두루 덮어주니
　불자여, 닦고 배울지어다

寂靜大悲海　　　　　**出生三世佛**하야
能滅衆生苦니　　　　**汝應入此門**이어다

　고요한 대비심의 바다
　삼세제불을 내어
　중생 고통 없애주니
　그대여, 이 법문에 들어가라

能生世間樂하며　　　**亦生出世樂**하야
令我心歡喜니　　　　**汝應入此門**이어다

　세간의 즐거움 내어주고
　출세간의 즐거움 또한 내어주어
　나의 마음 즐겁나니

그대여, 이 법문에 들어가라

旣捨有爲患하고   **亦遠聲聞果**하야
淨修諸佛力이니   **汝應入此門**이어다

    진즉 세간 유위법 근심 버리고
    성문과도 멀리하여
    부처의 열 가지 힘 청정히 닦나니
    그대여, 이 법문에 들어가라

我目甚淸淨하야   **普見十方刹**하고
亦見其中佛이   **菩提樹下坐**하사

    나의 눈 매우 청정하여
    시방세계 널리 보고
    그 세계의 부처님이
    보리수 아래 앉으시어

相好莊嚴身으로   **無量衆圍遶**하야
一一毛孔內에   **種種光明出**하며

    잘생긴 몸매, 장엄한 몸으로
    한량없는 대중 둘러 있는데
    하나하나 모든 모공에서
    가지가지 광명 쏟아내어

見諸群生類　　　　　死此而生彼하야
輪廻五趣中하야　　　常受無量苦하노라

　　저 모든 중생 살펴보니
　　이곳에서 죽으면 저곳에서 태어나
　　다섯 길 돌고 돌며
　　언제나 한량없는 고통을 받노라

我耳甚淸淨하야　　　聽之無不及이라
一切語言海를　　　　悉聞能憶持하며

　　나의 귀 매우 청정하여
　　듣지 못한 소리 없는 터라
　　일체 언어와 음성을
　　모두 듣고 기억하며

諸佛轉法輪에　　　　其聲妙無比어든
所有諸文字를　　　　悉皆能憶持하노라

　　부처님 굴리신 법륜
　　그 미묘한 음성 비길 데 없는데
　　이 세상에 일체 문자를
　　모두 기억하여라

我鼻甚淸淨하야　　　於法無所礙하야

一切皆自在하니 　　　　汝應入此門이어다
 나의 코 매우 청정하여
 모든 법에 걸림 없어
 일체에 자재하니
 그대여, 이 법문에 들어가라

我舌甚廣大하야 　　　　淨好能言說하며
隨應演妙法하니 　　　　汝應入此門이어다
 나의 혀 매우 넓고 크고
 청정하게 잘도 말하여
 그들에 따라 미묘한 법 연설하니
 그대여, 이 법문에 들어가라

我身甚淸淨하야 　　　　三世等如如로대
隨諸衆生心하야 　　　　一切悉皆現하노라
 나의 몸 매우 청정하여
 삼세 모두 평등한 진여이련만
 중생의 마음 따라
 일체 모두 나타내노라

我心淨無礙이 　　　　如空含萬象하야
普念諸如來호되 　　　　而亦不分別하며

나의 마음 걸림 없이 청정함이

허공에 삼라만상 있는 듯

모든 여래 널리 생각해도

또한 분별심이 없어라

了知無量刹과   **一切諸心海**와
諸根及欲樂호되   **而亦不分別**하노라

한량없는 세계

일체 모든 마음

근성과 욕락 잘 알고 있지만

또한 분별심이 없어라

我以大神通으로   **震動無量刹**하고
其身悉徧往하야   **調彼難調衆**하노라

나의 큰 신통의 힘으로

한량없는 세계 진동하고

가지 못한 데 없는 그 몸으로

조복하기 어려운 중생 조복하여라

我福甚廣大   **如空無有盡**하니
供養諸如來하며   **饒益一切衆**하노라

나의 복덕 엄청나게 커서

그지없는 허공 같다
모든 여래 공양하고
일체중생 이익 주노라

我智廣清淨하야　　　了知諸法海하며
除滅衆生惑이니　　　汝應入此門이어다

　나의 지혜 넓고 청정하여
　모든 법의 바다 분명히 알고
　중생의 의혹 없애주니
　그대여, 이 법문에 들어가라

我知三世佛과　　　及以一切法하며
亦了彼方便하니　　此門徧無等이니라

　나는 삼세 부처님과
　일체 법 모두 알고
　그 방편까지 아노니
　이 법문 두루 넓어 비길 데 없어라

一一塵中見　　　　三世一切刹하며
亦見彼諸佛하니　　此是普門力이니라

　모든 티끌 속에서
　삼세 모든 세계를 보며

또한 그 세계의 부처님 보니

이것이 보문의 힘이어라

十方刹塵內에　　　　**悉見盧舍邢**
菩提樹下坐하사　　　**成道演妙法**하노라

시방세계 모든 티끌 속

모두 노사나불 계시는데

보리수 아래 앉아

성도하고 미묘한 법문 연설하여라

● 疏 ●

偈頌中에 二十一頌은 分四니

初一頌은 法門名體오

二有四頌은 擧因勸修니 即四無量이오

三有十頌은 顯果令入이니 即六處殊勝이오

四有六頌은 明業用廣大니라

게송 부분의 21수 게송은 4단락으로 나뉜다.

① 1수 게송은 법문의 명제 체성이며,

② 4수 게송은 원인을 들어 수행을 권면함이다. 이는 慈·悲·喜·捨의 한량없는 마음이며,

③ 10수 게송은 결과를 들어 증득하여 들어가도록 함이다. 이는 몸의 6곳이 뛰어남이며,

④ 6수 게송은 하는 일과 작용이 광대함을 밝혔다.

三은 得法久近中에 先興二問이오 後還兩答이라
答中有二하니 先은 答發心時誦이오 後는 答得法久近이라
今은 初라

(3) '법을 얻은 지 얼마 되었는가.'이다.

이 부분은 2단락이다.

(ㄱ) 2가지 물음을 일으킴이고,

(ㄴ) 또한 2가지 대답이다.

대답에는 다시 2가지가 있다.

첫째, 발심할 때의 칭송을 답하였고,

둘째, '법을 얻은 지 얼마 되었는가.'를 답하였다.

이는 '첫째, 발심할 때의 칭송'이다.

經

爾時에 善財童子 白夜神言호되 汝發阿耨多羅三藐三菩提心이 爲幾時耶며 得此解脫이 其已久如완대 乃能如是饒益衆生이니잇고

其神이 答言하사대 善男子야 乃往古世에 過如須彌山微塵數劫하야 有劫하니 名寂靜光이오 世界는 名出生妙寶니 有五億佛이 於中出現이어시든 彼世界中에 有四天下

하니 名寶月燈光이오 有城하니 名蓮華光이오 王名은 善
法度니 以法施化하야 成就七寶하야 王四天下할세 王有
夫人하니 名法慧月이라 夜久眠寐러니

時彼城東에 有一大林하니 名爲寂住오 林中에 有一大菩
提樹하니 名一切光摩尼王莊嚴身이니 出生一切佛神力
光明이러라

爾時에 有佛하니 名一切法雷音王이라 於此樹下에 成等
正覺하사 放無量色廣大光明하사 徧照出生妙寶世界어
시늘

蓮華城內에 有主夜神하니 名爲淨月이라 詣王夫人法慧
月所하야 動身瓔珞하야 以覺夫人하고

而告之言호되 夫人아 當知하라 一切法雷音王如來 於寂
住林에 成無上覺하시며 及廣爲說諸佛功德自在神力과
普賢菩薩所有行願하사 令王夫人으로 發阿耨多羅三藐
三菩提意케하시니 供養彼佛과 及諸菩薩聲聞僧衆이어다
하니

善男子야 時에 王夫人法慧月者 豈異人乎아 我身이 是
也니

我於彼佛所에 發菩提心하야 種善根故로 於須彌山微塵
數劫에 不生地獄餓鬼畜生諸惡趣中하며 亦不生於下
賤之家하며 諸根具足하야 無有衆苦하며 於天人中에 福
德殊勝하야 不生惡世하며 恒不離佛과 及諸菩薩大善知

識하고 常於其所에 種植善根하야 經八十須彌山微塵數劫토록 常受安樂호되 而未滿足菩薩諸根호라

그때, 선재동자가 밤을 주관하는 신에게 여쭈었다.

"당신께서 아뇩다라삼먁삼보리심을 낸 것은 어느 때였으며, 이 해탈을 얻은 지는 얼마나 오래되었기에, 이처럼 중생에게 이익을 주는 것입니까?"

밤을 주관하는 신이 대답하였다.

"선남자여, 지난 옛적, 수미산 티끌 수 겁을 지나, 어느 겁이 있었는데, 그 이름을 '적정광겁'이라 한다.

그 세계의 이름은 '미묘한 보배 내는[出生妙寶] 세계'라 한다.

5억 부처님이 그 세계에서 나시고, 그 세계에 하나의 사천하가 있는데, 그 이름을 '보배 달 등빛[寶月燈光]'이라 하며,

하나의 성이 있는데, 그 이름을 '연꽃광명[蓮華光]'이라 하며,

왕의 이름은 '선법을 제도하신 왕[善法度]'이라 한다.

법으로 교화하여 일곱 보배[輪寶·象寶·馬寶·珠寶·玉女寶·主藏寶·主兵臣寶]를 성취하여, 사천하의 왕이 되었다.

왕의 부인의 이름은 '법혜월'인데, 밤이 깊어서야 잠자리에 들었다.

그때, 성의 동쪽에 큰 숲이 있는데, '적주'라 하고,

그 숲에 큰 보리수가 있는데, 그 이름을 '일체광마니왕장엄'이라 한다.

그 보리수나무에서 일체 부처님의 신통력의 광명이 솟아나왔다.

그때, 부처님이 계시는데, 그 이름을 '일체법 뇌음왕불'이라 한다.

그 보리수 아래에서 등정각을 성취하여 한량없는 빛이 있는 광대한 광명을 쏟아내어 미묘한 보배를 내어주는 세계를 두루 비췄다.

연꽃광명성에 밤을 주관하는 신이 있는데, 그 이름을 '해맑은 달[淨月]'이라 한다.

왕의 부인 '법혜월'의 처소로 찾아가 몸에 있는 영락을 흔들어 부인을 깨우고 말하였다.

'부인이여, 알아야 할 일이 있다. 일체법 뇌음왕불이 적주 숲에서 위없는 깨달음을 이루시고, 부처님의 공덕과 자재한 신통력, 보현보살의 행원을 널리 말씀하셨다. 부인으로 하여금 아뇩다라삼먁삼보리심을 내도록 하였으니, 부처님과 보살과 성문 대중에게 공양하도록 하라.'

선남자여, 그때, 왕의 부인 법혜월은 어찌 다른 사람이겠느냐? 나의 몸이었다.

내가 그 부처님 계신 곳에서 보리심을 내어 선근을 심은 까닭에 수미산의 티끌 수 겁 동안에 지옥, 아귀, 축생 등 악도에 태어나지 않았으며,

또한 미천한 집안에도 태어나지 않았으며,

모든 감관을 두루 갖춰 많은 고통이 없었으며,

천상과 인간에 복덕이 훌륭하여 나쁜 세상에 태어나지 않았으며,

언제나 부처님, 보살, 큰 선지식을 떠나지 않고 그분들이 계신 곳에서 선근을 심었으며,

80개의 수미산 티끌 수 겁을 지내도록 언제나 안락한 생을 받았지만, 보살의 근기는 원만하지 못하였다.

◉ 疏 ◉

有六이니
初는 總顯本事因緣이오
二'時彼城東'下는 明初佛興世오
三'蓮華城內'下는 善友勸發이오
四'令王夫人'下는 正發大心이오
五'時王夫人'下는 結會古今이오
六'我於彼佛'下는 發心成益이라

6단락이다.
① 本事의 인연을 총상으로 나타냄이며,
② '時彼城東' 이하는 첫 부처님이 세간에 나오심을 밝힘이며,
③ '蓮華城內' 이하는 선지식이 발심을 권함이며,
④ '令王夫人' 이하는 바로 큰마음을 일으킴이며,
⑤ '時王夫人' 이하는 고금의 일을 회통하여 끝맺음이며,
⑥ '我於彼佛' 이하는 발심 성취의 이익이다.

二 答得法久近

둘째, '법을 얻은 지 얼마 되었는가'에 대해 답하다

經

過此劫已하고 復過萬劫하야 於賢劫前에 有劫하니 名無憂徧照오 世界는 名離垢妙光이니 其世界中에 淨穢相雜이오 有五百佛이 於中出現하시니 其第一佛이 名須彌幢寂靜妙眼如來應正等覺이오 我爲名稱長者女하니 名妙慧光明이라 端正殊妙러니 彼淨月夜神이 以願力故로 於離垢世界一四天下妙幢王城中生하야 作主夜神하니 名淸淨眼이라

我於一時에 在父母邊하야 夜久眠息이러니 彼淸淨眼이 來詣我所하야 震動我宅하며 放大光明하고 出現其身하야 讚佛功德言호되 妙眼如來 坐菩提座하사 始成正覺이라 하고 勸喩於我와 及以父母와 幷諸眷屬하야 令速見佛이어늘 自爲前導하야 引至佛所하야 廣興供養할세

我纔見佛하고 卽得三昧하니 名出生見佛調伏衆生三世智光明輪이라 獲此三昧故로 能憶念須彌山微塵數劫하며 亦見其中諸佛出現하야 於彼佛所에 聽聞妙法하고

以聞法故로 卽得此破一切衆生暗法光明解脫호니

得此解脫已에 卽見其身이 徧往佛刹微塵數世界하며 亦

見彼世界所有諸佛하며 又見自身이 在其佛所하며 亦見
彼世界一切衆生하야 解其言音하며 識其根性하며 知其
往昔에 曾爲善友之所攝受하야 隨其所樂하야 而爲現身
하야 令生歡喜호니
我時於彼에 所得解脫이 念念增長하야 此心無間하며
又見自身이 徧往百佛刹微塵數世界하야 此心無間하며
又見自身이 徧往千佛刹微塵數世界하야 此心無間하며
又見自身이 徧往百千佛刹微塵數世界와 如是念念乃
至不可說不可說佛刹微塵數世界하며
亦見彼世界中一切如來하며
亦自見身이 在彼佛所하야 聽聞妙法하고 受持憶念하야
觀察決了하며
亦知彼佛의 諸本事海와 諸大願海하야 彼諸如來 嚴淨
佛刹에 我亦嚴淨하며
亦見彼世界一切衆生하고 隨其所應하야 而爲現身하야
敎化調伏호니
此解脫門이 念念增長하야 如是乃至充滿法界호라

이러한 겁을 지내고, 또 1만 겁을 지낸 뒤, 이 현겁 이전에 또 하나의 겁이 있는데, 그 이름을 '근심 없이 두루 비추는[無憂徧照] 겁'이라 한다.

그 세계의 이름은 '때를 여읜 미묘한 광명[離垢妙光]'이라 한다.

그 세계는 청정함과 더러움이 서로 섞여 있고, 5백 부처님이 나셨다.

그 첫째 부처님의 명호는 '수미당 적정묘안여래, 응공, 정등각'이라 한다.

나는 '명칭장자'의 딸이었는데, 그 이름은 '묘혜광명'이라 한다. 단정하고 남다르며 잘생겼었다.

저 '해맑은 달' 주야신은 서원의 힘으로 '때를 여읜 세계'의 사천하 '묘당왕성'에 태어나 밤을 주관하는 신이 되었다. 그 이름은 '청정안주야신'이라 한다.

나는 어느 날, 부모의 곁에서 밤늦게 잠을 자는데, 그 청정안주야신이 나에게 찾아와 나의 집을 흔들면서 큰 광명을 쏟아내고, 그 몸을 나타내어 부처님의 공덕을 찬탄하였다.

'적정묘안여래가 보리법좌에 앉아 처음 정각을 성취하였다.'

나와 부모와 권속들에게 권하여, 빨리 찾아가 부처님을 뵙도록 하면서, 스스로 길을 인도하여 부처님 계신 곳으로 이끌어 성대한 공양을 올리게 하였다.

나는 부처님을 뵙자마자, 바로 삼매를 얻었는데, 그 이름을 '부처를 보고 중생을 조복하는 삼세 지혜의 광명을 내는 법륜삼매'라 한다.

이런 삼매를 얻었기에 수미산 티끌 수의 겁을 기억하며,

또한 그 사이에 부처님들이 나심을 보고서, 그 부처님의 도량에서 미묘한 법문을 들었으며,

법문을 들은 까닭에 바로 일체중생의 어둠을 깨뜨려주는 법의

광명해탈을 얻었다.

　이 해탈을 얻고서 나의 몸이 부처 세계의 티끌 수 세계에 두루 찾아감을 보았으며,

　또한 저 세계에 있는 부처님들도 보았으며,

　또한 나의 몸이 그 부처님 계신 데 있음을 보았으며,

　또한 그 세계의 모든 중생을 보고서 그들의 언어와 음성을 알고, 그들의 근기를 알고, 지난 옛적에 선지식이 거두어 주었음을 알고서 그들이 좋아하는 바를 따라서 몸을 나타내어 그들을 기쁘게 하였다.

　나는 그때, 그곳에서 얻은 해탈이 찰나찰나 더욱 자라면서 이 마음이 간단이 없었으며,

　또한 나의 몸이 백 세계의 티끌 수 세계에 두루 찾아가 이 마음이 간단이 없음을 보았으며,

　또한 나의 몸이 천 세계의 티끌 수 세계에 두루 찾아가 이 마음이 간단이 없음을 보았으며,

　또한 나의 몸이 백천 세계의 티끌 수 세계와 이와 같이 찰나찰나 내지 말할 수 없이 말할 수 없는 세계의 티끌 수 세계에 두루 찾아감을 보았으며,

　또한 그런 세계에 있는 일체 여래를 보았으며,

　또한 나의 몸이 그 부처님의 도량에서 법문을 듣고 받아 지니면서 기억하고 관찰하여 결정으로 잘 알았으며,

　또한 그 부처님들의 예전에 나셨던 일과 큰 서원을 알고서, 저

여래께서 세계를 장엄 청정하였고 나도 장엄 청정하였으며,

또한 그 세계의 일체중생을 보고 그들에게 알맞은 몸을 나타내어 교화하고 조복하였다.

이 해탈문이 찰나찰나 더욱 자라면서 이와 같이 법계에까지 가득하였다.

● 疏 ●

於中二니

初는 總顯得法因緣이오

後'我纔見佛'下는 正明得法이니

於中三이니

初는 得方便三昧니 謂上見諸佛하고 下化衆生이오

次'以聞法故'下는 得此解脫이오

後'得此解脫已'下는 廣顯業用이라

이는 2단락이다.

① 得法因緣을 총상으로 나타냄이며,

② '我纔見佛' 이하는 법을 얻음에 대해 바로 밝혔다. 이는 3부분이다.

㉠ 방편삼매를 얻음이다. 이는 위로 제불을 친견하고, 아래로 중생을 교화함을 말한다.

㉡ '以聞法故' 이하는 해탈을 얻음이며,

㉢ '得此解脫已' 이하는 하는 일과 작용을 자세히 밝혔다.

一

第四 謙推

4. 몸을 낮추면서 선지식의 훌륭함을 추켜올리다

經

善男子야 我唯知此菩薩破一切衆生暗法光明解脫이어니와
如諸菩薩摩訶薩은 成就普賢無邊行願하야
普入一切諸法界海하며
得諸菩薩金剛智幢自在三昧하며
出生大願하며
住持佛種하며
於念念中에 成滿一切大功德海하며
嚴淨一切廣大世界하며
以自在智로 教化成熟一切衆生하며
以智慧日로 滅除一切世間暗障하며
以勇猛智로 覺悟一切衆生惛睡하며
以智慧月로 決了一切衆生疑惑하며
以淸淨音으로 斷除一切諸有執着하며
於一切法界一一塵中에 示現一切自在神力하며
智眼明淨하야 等見三世하나니
而我何能知其妙行이며 說其功德이며 入其境界며 示其

自在리오

　선남자여, 나는 오직 이 보살이 일체중생의 어둠을 깨뜨리는 법의 광명해탈만을 알 뿐이지만,

　저 보살마하살은 보현의 그지없는 행과 원을 성취하여,

　일체 모든 법계 바다에 두루 들어가고,

　보살의 금강 지혜 당기인 자재한 삼매를 얻었으며,

　큰 서원을 내고,

　부처의 종성을 지녔으며,

　한 생각의 찰나에 일체 큰 공덕의 바다를 원만 성취하였고,

　일체 광대한 세계를 장엄 청정하였으며,

　자재한 지혜로 일체중생을 교화하여 성숙시켰고,

　지혜의 밝은 태양으로 일체 세간의 어둠을 없애주었으며,

　용맹한 지혜로 일체중생의 깊은 잠을 깨워주고,

　지혜의 달로 일체중생의 의혹을 결정지어 알게 하며,

　청정한 음성으로 일체 생사의 집착을 끊어주고,

　일체 법계의 하나하나 티끌마다 자재한 신통을 보여주며,

　지혜의 눈이 밝고 청정하여 삼세를 평등하게 보았다.

　내가 어떻게 그런 미묘한 행을 알며, 그런 공덕을 말하며, 그런 경계에 들어가고, 그런 자재함을 보여줄 수 있겠는가.

◉ 疏 ◉

可知

이는 말하지 않아도 알 수 있다.

第五 指示後友
5. 뒤의 선지식을 소개하다

經
善男子야 此閻浮提摩竭提國菩提場內에 有主夜神하니 名普德淨光이라 我本從其發阿耨多羅三藐三菩提心일세 常以妙法으로 開悟於我하시니
汝詣彼問호되 菩薩이 云何學菩薩行이며 修菩薩道리잇고 하라

선남자여, 이 염부제 마갈제국 보리도량 내에 밤을 주관하는 신이 있는데, 그 이름을 '보덕정광'이라 한다.

나는 본래 그에게서 아뇩다라삼먁삼보리심을 내었는데, 항상 미묘한 법으로 나를 깨우쳐 주었다.

그대는 그를 찾아가 '보살이 어떻게 보살의 행을 배우며, 보살의 도를 닦는가.'를 묻도록 하라."

● 疏 ●
云菩提場內者는 得無誤犯이니 由契理故니 理卽菩提場이라
友名'普德'者는 最勝法界 無德不具故오 '淨光'者는 正智證入으로

離誤犯之垢故니 卽前淨月이라 故云本從發心이니라

'보리도량 내'를 말한 것은 잘못 범하는 일이 없는 것이니, 진리에 계합한 데서 연유하기 때문이다. 진리가 바로 보리도량이다.

선지식의 명호를 '보덕'이라 한 것은 가장 훌륭한 법계가 공덕마다 갖춰져 있지 않음이 없기 때문이며,

'정광'이라 한 것은 바른 지혜의 증득으로 잘못 범하는 때를 여의기 때문이다. 이는 앞서 말한 '해맑은 달[淨月]'이다. 이 때문에 '본래 그에게서 발심하였다.'고 말한 것이다.

第六 戀德禮辭

6. 덕망을 흠모하면서 절을 올리고 떠나가다

經

爾時에 善財童子 向婆珊婆演底神하야 而說頌曰

그때, 선재동자가 바산바연저신을 향하여 게송으로 말하였다.

見汝淸淨身호니　　相好超世間하사
如文殊師利며　　　亦如寶山王이로다

　그대의 청정한 몸 뵈오니
　아름다운 몸매 세간에 뛰어나
　문수사리보살 같고

　　　　보배의 산과도 같아라

汝法身淸淨하야　　　　**三世悉平等**이라
世界悉入中하니　　　　**成壞無所礙**로다
　　　그대의 법신 청정하여
　　　삼세 모두 평등한 터라
　　　세계 모두 그 속에 들어가
　　　이뤄지고 무너짐이 걸림 없어라

我觀一切趣에　　　　**悉見汝形像**하니
一一毛孔中에　　　　**星月各分布**로다
　　　내, 살펴보니 일체 모든 세계에서
　　　모두 그대 모습 보아라
　　　하나하나 모공 속에
　　　별과 달이 각각 펼쳐져 있어라

汝心極廣大하야　　　　**如空徧十方**하니
諸佛悉入中하야　　　　**淸淨無分別**이로다
　　　그대 마음 지극히 광대하여
　　　허공처럼 시방세계 두루 감싸주기에
　　　모든 부처 그 가운데 들어가
　　　청정하여 분별이 없어라

一一毛孔內에 悉放無數光하사
十方諸佛所에 普雨莊嚴具로다

 하나하나 모공마다
 무수한 광명 쏟아내어
 시방 부처님 계신 도량
 널리 장엄거리 내려주노라

一一毛孔內에 各現無數身하사
十方諸國土에 方便度衆生이로다

 하나하나 모공마다
 무수한 몸 나타내어
 시방의 모든 국토에
 방편으로 중생 제도하여라

一一毛孔內에 示現無量刹하사
隨諸衆生欲하야 種種令淸淨이로다

 하나하나 모공마다
 무수한 세계 보여주어
 중생의 원하는 마음 따라
 가지가지 청정케 하여라

若有諸衆生이 聞名及見身하면

悉獲功德利하야　　　　成就菩提道로다

　어떤 중생이

　그 이름을 듣거나 그 몸만 보아도

　모두 공덕 이익 얻어

　보리의 도 성취하여라

多劫在惡趣라가　　　　始得見聞汝라도
亦應歡喜受니　　　　　以滅煩惱故로다

　오랜 세월 악도에 있다가

　처음 그대 얼굴 보거나 법문 들을지라도

　또한 기쁜 마음으로 받아들일 터

　번뇌를 없애주기 때문이다

千刹微塵劫에　　　　　歎汝一毛德이로다
劫數猶可窮이어니와　　功德終無盡이로다

　1천 세계 티끌 수 겁 다하도록

　그대의 작은 공덕 겨우 찬탄할 뿐

　세월은 오히려 다하련만

　그 공덕 영원히 그지없어라

● 疏 ●

於中二니

301

先은 以偈讚으로 表戀德之深이라

於中十偈는 分四니

初四는 讚身心超勝이오 次三은 明大用無涯오 次二는 益物不虛오
後一은 結德無盡이라

이는 2단락이다.

(1) 게송으로 찬탄함은 공덕을 연모하는 마음이 깊음을 나타냄이다.

이의 10수 게송은 4부분으로 나뉜다.

앞의 4수 게송은 마음이 뛰어남을 찬탄하였고,

다음 3수 게송은 큰 작용이 끝이 없음을 밝혔으며,

다음 2수 게송은 중생의 이익이 공허하지 않음이며,

끝의 1수 게송은 공덕의 그지없음을 끝맺었다.

經

時에 善財童子 說此頌已하고 頂禮其足하며 遶無量匝하며 殷勤瞻仰하고 辭退而去하니라

그때, 선재동자가 이 게송을 말하고, 그의 발에 엎드려 절하고, 한량없이 돌고 은근한 마음으로 우러러보면서 하직하고 떠나갔다.

● 疏 ●

二 作禮辭退니라

(2) 절을 올린 후, 하직하고 떠나갔다

◉ 論 ◉

善財投身於地하야 禮夜神足하고 合掌申請所求法門이니 此之境界身量毛孔은 乃是法界之身이 極其法界際境界也니 令修行者로 倣而學之하야 十地方終에 擧樣極全이라 學者纔得其分也에 乃是全中之分故니 以智之境界와 及時不遷이 卽全이오 約位升進이 卽分이니라

此是初歡喜地善知識이니 以檀波羅密로 爲主오 餘九로 爲伴이니 此明入俗同纏長養大慈悲門이 具足檀波羅密하야 令得圓滿하야 以修慈故로 多生에 不離女身으로 表之니 無出世相하고 常處俗流也니라

此十地中엔 總明處世長養大慈悲門이니 十箇善知識이 無出家相하고 總爲女天하야 說多生因에 本發菩提心時에도 亦是女身은 以表十地是入衆生界하야 長養大慈悲之行也니 以表女是慈悲로 能長養子孫에 無疲勞故로 用明菩薩의 養衆生故니라

　선재동자가 땅에 몸을 던져 주야신의 발에 절하고 합장하면서 구하는 바의 법문을 청함이다.

　이 경계의 법신이 모공만큼 많은 것은 바로 법계의 몸이 법계 끝의 경계까지 다함이다. 이는 수행자로 하여금 이를 본받아 배우도록 한 것으로, 십지가 바야흐로 끝나는 부분에 표본을 들어 말함이 지극하다. 배우는 이들이 조금 그 일부분만을 얻어도 이는 바로 온전한 전체 가운데 일부분이기 때문이다. 지혜의 경계와 시간에 따라 변하지 않음이 온전한 부분이며, 해당 지위를 기준으로 위로

닦아나감이 바로 전체 속의 일부분이다.

　　이것은 제1 환희지의 선지식이다. 보시바라밀로 주체를 삼고, 나머지 9가지로 객체를 삼는다. 이는 세속에 들어가 속박을 함께 하면서 대자비를 오래 길러가는 법문으로 보시바라밀이 두루 넉넉하여, 원만함을 얻게 하는 것으로써 자비의 수행을 밝혔다. 이 때문에 많은 생에 여인의 몸을 버리지 않는 것으로 나타낸 것이다. 따라서 여기에는 출세간의 모습이 없고, 언제나 세속의 흐름에 따라 거처하였다.

　　이는 십지 가운데 모두 세간에 거처하면서 대자비를 길러가는 법문을 총괄하여 밝혔다. 10명의 선지식이 출가의 모습이 없고 모두 천상계 여인의 몸이며, 많은 생의 因地에서 본래 보리심을 일으킬 적에도 또한 여인의 몸으로 말한 것은, 십지가 중생계에 들어가 대자비를 길러가는 행임을 나타낸 것이다.

　　여인은 자비의 마음으로 자손을 기르면서도 힘들어하는 마음이 없음을 밝힌 것이다. 따라서 이로써 보살이 중생을 길러줌을 밝힌 때문이다.

第二 普德淨光夜神 寄離垢地善友

義如前說이라【鈔_ 寄離垢地者는 謂眞淨尸羅로 離於能起微細毁犯煩惱垢故니라】

　　제2. 보덕정광주야신, 이구지 선지식

그 의의는 앞서 말한 바와 같다.【초_ 이구지에 붙여 말한 것은 진실하고 청정한 계율로 미세하게 계율을 훼손하거나 범하는 번뇌의 때를 여읜 때문이다.】

文則具六이나 且分爲四니

第一은 依教趣求오 第二는 見敬諮問이오 第三은 稱讚授法이오 第四는 戀德禮辭라

今은 初라

이의 경문은 6단락으로 구성되어 있으나, 4단락으로 나뉜다.

1. 가르침을 따라 선지식을 찾아가 법을 구함이다.
2. 친견하여 절을 올리고 법을 물음이다.
3. 선재동자를 칭찬하면서 법을 전수함이다.
4. 덕망을 흠모하면서 절을 올리고 떠나감이다.

이는 '1. 가르침을 따라 선지식을 찾아가 법을 구함'이다.

經

爾時에 善財童子 了知彼婆珊婆演底夜神의 初發菩提心하야 所生菩薩藏과 所發菩薩願과 所淨菩薩度와 所入菩薩地와 所修菩薩行과 所行出離道와 一切智光海와 普救衆生心과 普徧大悲雲과 於一切佛刹에 盡未來際토록 常能出生普賢行願하고

漸次遊行하야 至普德淨光夜神所하야

그때, 선재동자는 바산바연저주야신이 처음 보리심을 일으킨

데에서 생겨난 보살의 법장, 일으켰던 보살의 서원, 청정한 보살의 바라밀, 들어갔던 보살의 지위, 닦았던 보살의 행, 행하였던 벗어남의 도, 일체 지혜 광명의 바다, 널리 중생을 구제하려는 마음, 널리 덮어준 대비의 구름, 일체 세계에 미래 세월이 다하도록 언제나 내는 보현의 행원을 분명히 알았다.

차례차례 걸어가면서, 보덕정광주야신의 도량에 이르러,

◉ 疏 ◉

先은 念前法이 有十一句하니

初一은 念發心이오 餘十은 念得法이라

앞은 앞의 선지식이 가르쳐준 법을 생각한 것으로 11구이다.

첫 1구는 앞 선지식의 발심을 생각하였고,

나머지 10구는 앞 선지식이 얻은 법을 생각하였다.

第二 見敬諮問

2. 친견하여 절을 올리고 법을 묻다

經

頂禮其足하며 遶無數匝하며 於前合掌하야 而作是言호되
聖者여 我已先發阿耨多羅三藐三菩提心호니
而我未知菩薩이 云何修行菩薩地며 云何出生菩薩地

며 云何成就菩薩地리잇고

그의 발에 절하고 수없이 돌고 합장하고 서서 말하였다.

"거룩하신 이여, 저는 이미 아뇩다라삼먁삼보리심을 내었습니다.

하지만 저는 보살이 어떻게 보살의 지위를 수행하며, 어떻게 보살의 지위를 내며, 어떻게 보살의 지위를 성취하는 것인지, 모르겠습니다."

第三은 稱讚授法이니 先讚 後授라

授中二니 先長行 後偈頌이라

長行中三이니 第一은 正授法門이오 第二는 謙已推勝이오 第三은 指示後友라

初中二니 先은 總答所問이오 後는 別示己法이라

今은 初라

3. 선재동자를 칭찬하면서 법을 전수하다

앞은 찬탄이고, 뒤는 전수이다.

'전수' 부분은 2단락이다.

(1) 산문, (2) 게송이다.

'(1) 산문' 부분은 3단락이다.

(ㄱ) 바로 법문을 전수하였고,

(ㄴ) 몸을 낮추면서 선지식의 훌륭함을 추켜올렸으며,

㈐ 뒤의 선지식을 소개하였다.
'㈀ 법문 전수'는 2단락이다.
첫째, 물은 바를 총괄하여 답하였고,
둘째, 개별로 자기의 법계를 보였다.
이는 '첫째, 총괄의 답'이다.

經

夜神이 答言하사대 善哉善哉라 善男子야 汝已能發阿耨多羅三藐三菩提心하고 今復問於菩薩地에 修行出生과 及以成就로다
善男子야 菩薩이 成就十法하야 能圓滿菩薩行하나니
何者 爲十고
一者는 得淸淨三昧하야 常見一切佛이오
二者는 得淸淨眼하야 常觀一切佛相好莊嚴이오
三者는 知一切如來無量無邊功德大海오
四者는 知等法界無量諸佛法光明海오
五者는 知一切如來一一毛孔에 放等衆生數大光明海하야 利益無量一切衆生이오
六者는 見一切如來一一毛孔에 出一切寶色光明焰海오
七者는 於念念中에 出現一切佛變化海하야 充滿法界하야 究竟一切諸佛境界하야 調伏衆生이오
八者는 得佛音聲하야 同一切衆生言音海하야 轉三世一

切佛法輪이오

九者는 知一切佛無邊名號海오

十者는 知一切佛調伏衆生不思議自在力이니

善男子야 菩薩이 成就此十種法하면 則能圓滿菩薩諸行이니라

밤을 주관하는 신이 대답하였다.

"좋다, 좋다. 선남자여, 그대는 이미 아뇩다라삼먁삼보리심을 내었고, 이제 또 보살의 지위에서 수행하고 내고 성취함을 묻는구나.

선남자여, 보살이 열 가지 법을 성취하여 보살의 행을 원만히 하는 것이다.

무엇이 열 가지 법인가?

첫째는 청정 삼매를 얻어 언제나 일체 부처님을 봄이며,

둘째는 청정한 눈을 얻어 언제나 일체 부처님의 잘생긴 몸매와 장엄을 살펴봄이며,

셋째는 일체 여래의 한량없고 그지없는 공덕의 큰 바다를 앎이며,

넷째는 법계와 평등한 한량없는 불법의 광명 바다를 앎이며,

다섯째는 일체 여래의 모공에서 중생의 수효만큼 큰 광명 바다를 쏟아내어 한량없는 중생에게 이익을 베풂이며,

여섯째는 일체 여래의 모공에 일체 보배빛 광명 불꽃을 내는 것을 봄이며,

일곱째는 생각마다 일체 부처님의 변화 바다를 나타내어 법계에 충만하고 일체 부처의 경계 끝까지 중생을 조복함이며,

여덟째는 부처님의 음성을 얻어 일체중생의 언어와 음성과 똑같이 삼세 일체 부처님의 법륜을 굴림이며,

아홉째는 일체 부처님의 그지없는 명호 바다를 앎이며,

열째는 일체 부처님이 중생을 조복하는 불가사의하고 자재한 힘을 앎이다.

선남자여, 보살이 이 열 가지 법을 성취하면 보살의 모든 행이 원만할 것이다.

● 疏 ●

有標徵釋結이니 釋中에 有十句라 初는 總이오 餘는 別이라
別中三은 是智法光明이오 四는 放光利益이오 五는 常光發欬이라 餘는 可知니라 【鈔_ '餘別中三 是智法光明'者는 疏但隨難解三이어니와 今當重釋호리라 署有二意하니 一은 作總別解니 初一은 總이오 餘九는 別이라 別中에 二는 觀外相이오 三은 念內德이오 四는 知所證이오 五는 放光이오 六은 常光이오 七은 變化오 八은 圓音이오 九는 名號오 十은 調生이라

二는 約身釋인댄 一은 菩提身이오 二는 相好身이오 三은 智身이오 四는 法身이오 五는 願身이니 如賢首品에 毛孔放光이 皆宿願故오 六은 福德身이오 七은 化身이오 八은 力持身이니 圓音持法하야 盡未來故오 九는 意生身이니 隨意立名故오 十은 威勢身이니 結云威力故니라

十身竝彰하고 內外皆具니 若專念此면 何行不成이리오】

표장, 물음, 해석, 끝맺음이다.

해석 부분은 10구이다.

첫 구절은 총상이고, 나머지 구절은 별상이다.

별상의 구절 가운데

제3구는 지혜 법의 광명이며,

제4구는 방광으로 이익을 줌이며,

제5구는 항상 방광으로 불꽃이 일어남이다.

나머지 구절은 말하지 않아도 알 수 있다. 【초_ "별상의 구절 가운데 제3구는 지혜 법의 광명"이란 청량소에서는 다만 물음을 따라 제3구를 해석했지만, 여기에서 다시 이를 해석하고자 한다.

간략히 2가지 뜻이 있다.

(1) 총상과 별상의 해석이다. 첫 구절은 총상이고, 나머지 9구절은 별상이다.

별상 9구는 다음과 같다.

② 바깥 모습을 살펴봄이며, ③ 내면의 공덕을 생각함이며, ④ 증득의 대상을 앎이며, ⑤ 광명을 쏟아냄이며, ⑥ 언제나 빛남이며, ⑦ 신통변화이며, ⑧ 원만한 음성이며, ⑨ 명호이며, ⑩ 중생의 조복이다.

(2) 몸으로 해석하면 다음과 같다.

① 보리신, ② 상호신, ③ 지혜신, ④ 법신, ⑤ 원신이니, 제12 현수품에서 말한, '모공의 방광이 모두 숙원'이기 때문이다. ⑥ 복

덕신, ⑦ 화신, ⑧ 역지신이니, 원만한 음성으로 법을 지니고서 미래 세계까지 다하기 때문이다. ⑨ 의생신이니, 생각을 따라 명호를 세우기 때문이다. ⑩ 위세신이니, 위력으로 끝맺기 때문이다.

10가지의 몸이 모두 빛나고, 안팎으로 모두 갖추었다. 만약 이를 오롯하게 생각하면 어떤 행인들 성취하지 못할 게 있겠는가. 나머지 부분은 말하지 않아도 알 수 있다.】

二는 別示己法이라

於中에 二니

先標名體라

둘째, 개별로 자기의 법계를 보였다.

이 부분은 2단락이다.

앞은 명제의 자체를 밝혔다.

經

善男子야 我得菩薩解脫호니 名寂靜禪定樂普遊步라

선남자여, 나는 보살의 해탈을 얻었는데, 그 이름을 '고요한 선정의 즐거움으로 두루 다님'이라고 한다.

● 疏 ●

謂契理無著 爲寂靜이오 止觀雙運 爲禪定이오 正法樂住 爲樂이오

大用無涯 爲普游步니라

　　진리와 하나가 되어 집착이 없음이 寂靜이고,

　　止·觀을 모두 운용함이 禪定이며,

　　바른 법에 기꺼이 머묾을 樂이라 하고,

　　큰 작용이 끝이 없음을 '두루 다님[普游步]'이라 한다.

後는 廣顯業用이라

於中四니

初는 明攀緣如實禪이니 同如來淸淨禪이니 卽寂靜業用이오

次는 現法樂住禪이니 卽定業用이오

三은 明引生功德禪이오

四는 饒益有情禪이니 此二는 卽普游步業用이라

今은 初라【鈔_ '初明攀緣如實禪 同如來淸淨禪等'者는 楞伽第二에 說有四禪하니 經云 '大慧여 有四種禪하니 云何爲四오 謂愚夫所行禪과 觀察義禪과 攀緣如實禪과 如來禪이니라

云何愚夫所行禪고 謂有聲聞·緣覺·外道 修行者 人無我·自性·共相·骨璅·無常·苦·不淨相을 計著爲首하야 如是不異하고 觀前後轉進하야 想不除滅을 是名愚夫所行禪이니라

云何觀察義禪고 謂人無我 自性共相外道自他는 俱無性已라하야 觀法無我하야 彼地相義를 漸次增進을 是名觀察義禪이니라

云何攀緣如實禪고 謂妄想二無我오 妄想如實處라하야 不生妄

想을 是名攀緣如實禪이니라

云何如來禪고 謂入如來地하야 行自覺聖智相하야 三種樂住로 成辦衆生不思議事를 名如來禪이니라

故偈云凡夫所行禪과 觀察相義禪과 攀緣如實禪과 如來淸淨禪이라

釋曰 配位에 有二師하니 一云 初는 凡小오 二는 至七地오 三은 八地已上이오 四는 卽佛地라하고 二는 大雲言 亦初는 凡小오 二는 十信至廻向이오 三은 卽加行이오 四는 卽初地至佛地하야 以證如故로 皆名如來라 하니라 若修觀者는 凡夫 直用如來淨禪이라 今此文中에 卽以第三同於第四로 不用初二니 初는 是凡小오 二는 猶未忘法無我故로 卽以三四 因果交徹하니 謂見佛法界는 卽攀緣如義오 無取無入은 卽同如來淸淨禪義라하고 又如來禪은 不礙下文廣利樂故니라】

뒤는 하는 일과 작용을 자세히 밝혔다. 이 부분은 4단락이다.

① 진여실상에 반연하는 선을 밝혔다. 이는 여래 청정선과 같다. 이는 寂靜에 의한 작용이다.

② 현재의 법에 즐겁게 안주하는 선이다. 이는 선정의 작용이다.

③ 중생을 인도하는 공덕의 선을 밝혔다.

④ 중생에게 도움이 되는 선이다. 이 2가지는 두루 다니는 일이며 작용이다.

이는 '① 진여실상에 반연하는 선정'이다. 【초_ "① 진여실상에 반연하는 선정을 밝혔다."는 것은 능가경 제2에서 4가지 선을 말하

였는데, 다음과 같다.

"대혜여, 4가지 선이 있다.

무엇을 4가지 선이라 하는가? 어리석은 범부가 행하는 선, 이치를 관찰하는 선, 진여실상에 반연하는 선, 여래선이다.

무엇을 어리석은 범부가 행하는 선이라 하는가? 성문·연각·외도의 수행자가 人無我·自性·共相·骨璅·無常·苦·不淨相을 헤아리는 것으로 으뜸을 삼아, 이와 같이 다름이 없고 전후로 전전하여 나아감을 관찰하여 망상을 없애지 못한 것을 어리석은 범부가 행하는 선이라 말한다.

무엇을 이치를 관찰하는 선이라 하는가? 인무아·자성·공상이라는 외도의 자타는 모두 자성이 없다고 하여, 法無我를 관찰하여 그 지위의 모양과 이치를 차례대로 더욱 닦아나감을 이치를 관찰하는 선이라 말한다.

무엇을 진여실상에 반연하는 선이라 하는가? 인무아와 법무아는 망상이며, 진여실상이라는 곳도 망상이라 하여, 망상을 내지 않은 것을 진여실상에 반연하는 선이라 말한다.

무엇을 여래의 선이라 하는가? 여래의 지위에 들어가 聖智를 자각하는 모양을 행하여, 3가지 樂住로 중생에게 불가사의한 일을 이뤄줌을 여래의 선이라 말한다."

이 때문에 게송에서 말하였다.

"어리석은 범부가 행하는 선, 모양과 이치를 관찰하는 선, 진여실상에 반연하는 선, 여래의 청정선이다."

이에 대한 해석은 다음과 같다.

配位에 대해서는 두 스님의 설이 있다.

일설에 의하면 다음과 같다.

"첫째는 범부 소인이며, 둘째는 7지까지이며, 셋째는 8지 이상이며, 넷째는 부처의 지위이다."

또 다른 설로는 大雲 스님이 말하였다.

"또한 첫째는 범부 소인이며, 둘째는 십신에서 십회향까지이며, 셋째는 加行이며, 넷째는 初地에서 佛地까지 진여를 증득한 까닭에 모두 여래라 말한다."

觀法을 닦는 자의 경우는 범부가 바로 여래의 청정선을 쓰는 것이다.

이의 경문은 '③ 중생을 인도하는 공덕의 선'이 '④ 중생에게 도움이 되는 선'과 같은 것으로 첫째와 둘째는 인용하지 않았다.

첫째는 범부 소인이며, 둘째는 오히려 法無我를 잊지 않았기 때문에, 셋째와 넷째는 인과가 서로 통하는 것이다.

부처의 법계를 본 것은 곧 진여실상을 반연한 선의 이치이며, 취함도 없고 들어감도 없는 것은 곧 여래의 청정선과 같은 이치이다.

또한 여래선은 아래 경문의 이익과 즐거움을 널리 베푸는 데에 걸림이 없기 때문이다.】

經
普見三世一切諸佛하며 亦見彼佛의 淸淨國土와 道場衆

會와 神通名號와 說法壽命과 言音身相하야 種種不同을
悉皆明覩호되 而無取着호니
何以故오
知諸如來非去니 世趣永滅故며
非來니 體性無生故며
非生이니 法身平等故며
非滅이니 無有生相故며
非實이니 住如幻法故며
非妄이니 利益衆生故며
非遷이니 超過生死故며
非壞니 性常不變故며
一相이니 言語悉離故며
無相이니 性相本空故니라

 삼세의 일체 부처님을 두루 친견하고, 또한 그 부처님의 청정한 국토, 도량과 모인 대중, 신통과 명호, 설법과 수명, 말씀과 모습이 가지가지 똑같지 않음을 보고서 모두 다 분명히 보았지만, 집착함이 없다.

 무엇 때문일까?

 모든 여래는 떠나감이 아니다. 세간의 길이 아주 사라지기 때문이다.

 모든 여래는 오는 것이 아니다. 자체의 성품이 생겨남이 없기 때문이다.

모든 여래는 태어나는 것이 아니다. 법신은 평등하기 때문이다.

모든 여래는 사라지는 것이 아니다. 태어나는 모양이 없기 때문이다.

모든 여래는 진실한 것이 아니다. 환술 같은 법에 머물기 때문이다.

모든 여래는 허망한 것이 아니다. 중생에게 이익을 주기 때문이다.

모든 여래는 변천하는 것이 아니다. 생사를 초월하기 때문이다.

모든 여래는 무너지는 것이 아니다. 성품이 영원하여 변하지 않기 때문이다.

모든 여래는 한 모양이다. 말을 모두 여의기 때문이다.

모든 여래는 모양이 없다. 성품과 모양이 본래 공하기 때문이다.

● 疏 ●

文中有標·徵·釋이라 標以見佛無著故로 寂靜이오 釋云所以無著者는 窮了如來之體性故니라

文有十非하니 大同中論八不이니 謂不去·不來와 不生·不滅이 爲四오 其非實·非妄은 卽是不常이오 非遷·非壞는 卽是不斷이오 一相은 卽非異오 無相은 亦非一이라

이의 경문에는 표장, 물음, 해석이 있다.

부처를 친견함에 집착이 없는 것으로 나타낸 까닭에 寂靜하다. 이의 해석은 다음과 같다.

"집착한 바 없다는 것은 여래의 체성을 모두 알기 때문이다."

이의 경문에는 '十非'가 있다. 이는 中論에서 말한 '八不'과 크게는 같다.

여기에서 말한 "떠나감이 아니다, 오는 것이 아니다, 태어나는 것이 아니다, 사라지는 것이 아니다."는 '팔불' 가운데 4가지이고,

"진실한 것이 아니다, 허망한 것이 아니다."는 '팔불'에서 말한 不常이고,

"변천하는 것이 아니다, 무너지는 것이 아니다."는 '팔불'에서 말한 不斷이고,

"한 모양이다."는 '팔불'에서 말한 非異이고,

"모양이 없다."는 것 또한 '팔불'에서 말한 非一이다.

二 明現法樂住禪
② 현재의 법에 즐겁게 안주하는 선

經
善男子야 我如是了知一切如來時에 於菩薩寂靜禪定
樂普遊步解脫門에 分明了達하야 成就增長하야
思惟觀察하며 堅固莊嚴하며 不起一切妄想分別하며 大
悲救護一切衆生하며 一心不動하야 修習初禪하고
息一切意業하며 攝一切衆生하며 智力勇猛하며 喜心悅

豫하야 修第二禪하고
思惟一切衆生自性하며 厭離生死하야 修第三禪하고
悉能息滅一切衆生의 衆苦熱惱하야 修第四禪하고

　　선남자여, 내가 이처럼 일체 여래를 알 때, 보살의 고요한 선정의 낙으로 두루 다니는 해탈문을 분명하게 통달하여 성취하고 더욱 키워나가면서,

　　생각하고 관찰하며, 견고하게 장엄하며, 일체 망상과 분별을 일으키지 않으며, 크게 가엾이 여기는 마음으로 일체중생을 구호하며, 한결같은 마음이 흔들리지 않아 초선(初禪)을 닦았으며,

　　뜻으로 짓는 모든 업을 쉬고, 일체중생을 거두어 주며, 지혜의 힘이 용맹하고, 기쁜 마음이 매우 즐거워 제2선을 닦았으며,

　　일체중생의 자성을 생각하며, 생사를 여의어 제3선을 닦았으며,

　　일체중생의 모든 고통과 번뇌를 모두 없애어 제4선을 닦았으며,

● 疏 ●

先은 牒前起後요 後 '思惟'下는 正顯四禪이라
初禪中에 思惟觀察은 卽是尋伺니 當對治支요 堅固莊嚴은 猶是尋伺之相이라
次 '不起一切妄想分別'은 卽所離障이라 然世禪은 但離欲惡不善이어니와 今一乘深妙일새 故離一切妄想이라
次 大悲救護一切衆生'은 卽利益支니 謂離自憂하고 念衆生憂일새 故生喜樂이니라

後‘一心’下는 卽所依支니 謂彼二依止니라【鈔_ 後‘思惟’下는 正顯四禪者는 斯則以如來禪으로 導於四禪이니 不同三地寄位四禪이니 四禪不同일새 卽爲四別이라 然大小雖異나 支林功德名數는 皆同이라 有十八支하니 具如三地니라 地論에 皆攝以爲四類니 一은 所離障이오 二는 對治支오 三은 利益支오 四는 彼二依止三昧니라 四中에 後三은 是支오 初一은 非支니 竝如前說이라 謂離自憂者는 約五受說이니 初禪은 已離憂受니 今大悲救護 卽憂衆生之憂라 離憂는 合是所離니 今念他憂하야 卻生喜樂일새 故爲利益이라】

앞부분은 앞의 문장을 이어서 뒤의 문장을 일으켰다.

뒤의 '思惟' 이하는 바로 四禪을 밝혔다.

초선에서 말한 '사유 관찰'은 바로 '찾고 살피는 것[尋伺]'이다. 이는 '다스리는 부분[對治支]'에 해당하고,

"견고하게 장엄함"은 오히려 '찾고 살피는' 양상이며,

다음의 "일체 망상과 분별을 일으키지 않음"은 여의어야 할 대상의 장애이다. 그러나 세간의 선은 다만 탐욕과 악업과 불선을 여의는 것일 뿐이지만, 여기에서 말한 一乘은 심오하고 미묘하기에 일체 망상에서 벗어난 것이다.

다음의 "크게 가엾이 여기는 마음으로 일체중생을 구호함"은 곧 중생에게 이익을 주는 부분이다. 자기의 근심을 버리고 중생의 근심을 생각하기에 즐거운 마음을 내는 것이다.

뒤의 '一心' 이하는 곧 의지 대상의 부분이다. 그 2가지의 의지를 말한다.【초_ "뒤의 '思惟' 이하는 바로 四禪을 밝혔다."는 것은

여래선으로 4선을 이끈 것이다. 제3 발광지의 지위에 붙여 말한 4선과는 같지 않다. 4선이 같지 않기에 이는 곧 4가지의 별개이다. 그러나 大小가 비록 다르지만 支林功德의 명칭과 수효는 모두 똑같다. 18支가 있는데, 이는 제3 발광지에서 말한 바와 같다.

지도론에서는 이를 모두 포괄하여 4가지로 삼았다.

① 여의어야 할 대상으로서의 장애이며,

② 다스림의 부분이며,

③ 이익의 부분이며,

④ 그 2가지가 의지할 삼매이다.

4가지 가운데 뒤의 3가지는 支이고, '① 여의어야 할 장애'는 支가 아니다. 아울러 앞서 말한 바와 같다.

"자기의 근심을 버렸다."는 것은 五受[苦受, 樂受, 憂受, 喜受, 捨受]를 들어 말한 것이다. 초선은 이미 근심[憂受]을 여읜 것이다. 여기에서 大悲의 마음으로 중생을 구호함이 바로 중생의 근심을 근심한 것이다. '근심을 버렸다.'는 것은 여의어야 할 대상에 부합한 것이다. 여기에서는 남들의 근심을 생각하여 도리어 기쁨과 즐거움을 내어주기에 이익이 된다.】

二禪中에 息一切意業은 卽滅覺觀이오

次攝一切衆生은 是一心이오 智力勇猛은 是內淨無覺無觀이라

次喜心悅豫는 是定生喜樂이라

修第二禪은 卽彼二依止니 下三四禪은 準此니라

제2선 부분에서 "뜻으로 짓는 모든 업을 쉰다."는 것은 滅覺觀

이며,

　　다음 "일체 중생을 거두어 줌"은 一心이며,

　　"지혜의 힘이 용맹함"은 내면이 청정하여 깨달음도 없고 관찰함도 없음이며,

　　다음 "기쁜 마음이 매우 즐거움"은 선정에서 생겨난 기쁨과 즐거움이며,

　　제2선을 닦음은 바로 그 2가지의 의지이다. 아래의 제3선, 제4선은 이에 준한다.

三禪中에 初'思惟一切衆生自性'은 卽捨念二支니 謂捨離前攝生之喜하고 於此捨中에 不失念故니라
厭離生死는 卽慧樂二支니 謂正知生死不可喜故로 厭離에 卽得眞寂之樂이니라

　　제3선 부분에서 처음 "일체중생의 자성을 생각한다."는 것은 捨支와 念支이다. 앞에서 중생을 받아들이는 기쁨을 버리고, 이처럼 버린 부분에서 생각을 잃어버리지 않았기 때문이다.

　　"생사를 여읜다."는 것은 慧支와 樂支이다. 생사는 기뻐할 일이 아님을 바로 알기 때문에 생사를 여읨에 眞寂의 즐거움을 얻는 것이다.

四禪中에 二句는 通具三支니 謂苦喜憂樂이 皆是衆苦熱惱니 於下苦中에 橫生樂故니라 四受俱亡일새 故云悉能息滅이니 卽捨念淸淨이오 旣無苦樂인댄 卽是中受니라

　　제4선 부분에서 2구는 3支를 모두 갖추었다. 고통·기쁨·근

심·즐거움이 모두 수많은 고통의 매서운 고뇌이다. 아래의 고통 속에서 횡으로 즐거움을 내기 때문이다. '고통·기쁨·근심·즐거움[四受]'이 모두 사라졌기에 "모두 없앴다[悉能息滅]."고 말하였다. 이는 곧 捨念淸淨이며, 이미 고통과 즐거움이 없으면 이는 中受이다.

三 引生功德禪
③ 중생을 인도하는 공덕의 선

經
增長圓滿一切智願하며
出生一切諸三昧海하며
入諸菩薩解脫海門하며
遊戲一切神通하며
成就一切變化하야 **以淸淨智**로 **普入法界**호라

일체 지혜와 서원을 더욱 키워나가고 원만하며,

일체 모든 삼매 바다를 내었으며,

보살의 해탈 바다의 법문에 들어가며,

일체 신통에 유희하며,

일체 변화를 성취하여 청정한 지혜로 법계에 두루 들어갔다.

● 疏 ●

遊戱神通은 卽普游步義라 上來는 皆約一乘이니 異於三地寄法故로 乃至云普入法界니라

유희신통은 널리 다닌다는 뜻이다. 위에서는 모두 일승으로 말하였다. 제3 발광지에 법을 붙여 말함이 다르기에 내지 "법계에 두루 들어갔다."고 말하였다.

四 明饒益有情禪
種種方便으로 無不饒益도 亦普游步義니라

④ 중생에게 도움이 되는 선
가지가지 방편으로 중생에게 도움이 되지 않음이 없다는 것 또한 널리 다닌다는 뜻이다.

經

善男子야 我修此解脫時에 以種種方便으로 成就衆生호니 所謂於在家放逸衆生에 令生不淨想과 可厭想과 疲勞想과 逼迫想과 繫縛想과 羅刹想과 無常想과 苦想과 無我想과 空想과 無生想과 不自在想과 老病死想하야 自於五欲에 不生樂着하며 亦勸衆生하야 不着欲樂하고 唯住法樂하야 出離於家하야 入於非家하며
若有衆生이 住於空閒이어든 我爲止息諸惡音聲하고 於

靜夜時에 爲說深法하야 與順行緣하며 開出家門하야 示正道路하며 爲作光明하야 除其闇障하고 滅其怖畏하며 讚出家業하고 歎佛法僧과 及善知識의 具諸功德하며 亦歎親近善知識行호라

復次善男子야 我修解脫時에 令諸衆生으로 不生非法貪하며 不起邪分別하며 不作諸罪業하고 若已作者란 皆令止息하며 若未生善法하며 未修波羅蜜行하며 未求一切智하며 未起大慈悲하며 未造人天業이어든 皆令其生하고 若已生者란 令其增長하야 我與如是順道因緣하야 乃至令成一切智智케호라

선남자여, 내가 이 해탈을 닦을 적에 가지가지 방편으로 중생을 성취하였다.

이른바 집에 있으면서 방일하는 중생에게는 부정한 생각, 싫다는 생각, 고달프다는 생각, 핍박한다는 생각, 속박된다는 생각, 나찰이라는 생각, 무상하다는 생각, 괴롭다는 생각, '나'라는 것이 없다는 생각, 공하다는 생각, 태어남이 없다는 생각, 자재하지 못하다는 생각, 늙고 병들어 죽는다는 생각을 내게 하여, 스스로 다섯 가지 욕락에 집착을 내지 않고, 중생에게도 권하여 집착하지 않게 하며, 오직 법의 즐거움에 머물면서 속가를 떠나 속가가 아닌 데 들어가게 하였다.

어떤 중생이 한가한 데 머물면, 나는 그를 위해 모든 나쁜 소리를 멈추게 하고,

고요한 밤에 심오한 법을 말하여 순조롭게 행할 인연을 건네주면서 출가의 문을 열어 바른길을 보여주며,

그를 위해 광명이 되어 그의 어두운 장애를 없애주고 그의 공포를 없애주며,

출가하는 일을 찬탄하고,

불보, 법보, 승보와 선지식이 갖춘 모든 공덕을 찬탄하며,

또한 선지식을 가까이하는 행을 찬탄하였다.

또한 선남자여, 내가 해탈을 닦을 때,

중생으로 하여금 법답지 못한 탐욕을 내지 않도록 하고,

삿된 분별을 일으키지 않도록 하며,

여러 가지 죄업을 짓지 않게 하고,

이미 지은 것이라면 모두 쉬게 하며,

만일 착한 법을 내지 않거나

바라밀의 행을 닦지 않거나

일체 지혜를 구하지 않거나

큰 자비심을 일으키지 않거나

인간과 천상에 태어날 업을 짓지 않은 이들이 있으면 모두 이를 내도록 하고, 이미 낸 이들이라면 더욱 키워나가도록 하여, 나는 이처럼 도를 따르는 인연을 건네주기도 하여, 일체 지혜의 지혜를 이루게 하였다.

● 疏 ●

文中三이니 初는 令修四念處等觀이오 次若有衆生'下는 明作道因緣이오 後'復次'下는 令修四正斷이라

이의 경문은 3단락이다.
㉠ 그들로 하여금 四念處 등의 觀을 닦도록 하였고,
㉡ '若有衆生' 이하는 도를 짓는 인연을 밝혔으며,
㉢ '復次' 이하는 그들로 하여금 四正斷[斷斷, 律儀斷, 隨護斷, 修斷]을 닦도록 하였다.

第二는 謙已推勝이오
第三'去此不遠'下는 指示後友니라

㉡ 몸을 낮추면서 선지식의 훌륭함을 추켜올렸고,
㉢ '去此不遠' 이하는 뒤의 선지식을 소개하였다.

經

善男子야 我唯得此菩薩寂靜禪定樂普遊步解脫門이어니와
如諸菩薩摩訶薩은 具足普賢所有行願하야
了達一切無邊法界하며
常能增長一切善根하며
照見一切如來智力하며

住於一切如來境界하며
恒處生死호되 心無障礙하며
疾能滿足一切智願하며
普能往詣一切世界하며
悉能觀見一切諸佛하며
徧能聽受一切佛法하며
能破一切衆生癡暗하며
能於生死大夜之中에 出生一切智慧光明하나니
而我云何能知能說彼功德行이리오
善男子야 去此不遠한 於菩提場右邊에 有一夜神하니 名
喜目觀察衆生이니
汝詣彼問호되 云何學菩薩行이며 修菩薩道리잇고하라

  선남자여, 나는 오직 이 보살의 고요한 선정의 낙으로 두루 다니는 해탈 법문만을 얻었을 뿐이지만,

  저 보살마하살은 보현이 지녔던 행과 원을 두루 갖추어,

  일체 그지없는 법계를 통달하고,

  항상 일체 선근을 증장하며,

  일체 여래의 지혜의 힘을 비춰보고,

  일체 여래의 경계에 머물며,

  언제나 생사에 있으면서도 장애가 없고,

  일체 지혜와 서원을 빠르게 만족하며,

  일체 세계에 널리 나아가고,

일체 부처님을 모두 뵈오며,

일체 불법을 모두 다 듣고,

일체중생의 어리석음을 깨뜨리며,

나고 죽는 암흑의 밤중에 일체 지혜의 찬란한 광명을 비춰주었다.

내가 그런 공덕의 행을 어떻게 알며, 어떻게 말할 수 있겠는가.

선남자여, 여기에서 멀지 않은 보리도량의 오른편에 밤을 주관하는 신이 있는데, 그 이름을 '희목관찰중생'이라 한다.

그대는 그를 찾아가, '어떻게 보살의 행을 배우며, 보살의 도를 닦는가.'를 묻도록 하라."

◉ 疏 ◉

'去此不遠'者는 同寄世間故요.
'菩提場右'者는 依理發光이 義便易故요.
'喜目觀察'者는 忍惡視物일세 故云喜目이오 發聞持光일세 故云觀察이라.

"여기에서 멀지 않다."는 것은 함께 세간에 살기 때문이다.

'보리도량의 오른편'이란 것은 이치에 의해 광명이 쏟아내는 뜻이 바로 쉽게 이해할 수 있는 것이기 때문이다.

'희목관찰'이란 나쁜 일을 참고서 중생을 보기에 '반가운 눈[喜目]'이라 하고, 聞持의 광명을 쏟아내기에 '관찰'이라 한다.

一
後偈頌

(2) 게송

經

爾時에 **普德淨光夜神**이 **欲重宣此解脫義**하사 **爲善財童子**하야 **而說頌曰**

그때, 보덕정광주야신이 이런 해탈의 뜻을 다시 말하고자, 선재동자를 위하여 게송으로 말하였다.

若有信解心이면	**盡見三世佛**하리니
彼人眼淸淨하야	**能入諸佛海**니라

    믿고 이해하는 마음이 있으면
    삼세 부처님 모두 보리라
    그 사람 눈이 청정하여
    부처님 바다에 들어가리라

汝觀諸佛身하라	**淸淨相莊嚴**하야
一念神通力으로	**法界悉充滿**이로다

    그대는 부처님 몸을 보라
    청정한 모습으로 장엄하여
    한 생각 찰나에 신통력으로

법계에 가득하여라

盧舍那如來　　　　　**道場成正覺**하사
一切法界中에　　　　**轉於淨法輪**이로다

　　노사나불 여래께서
　　도량에서 바른 깨달음 이루어
　　일체 법계에서
　　청정 법륜을 굴리셨네

如來知法性이　　　　**寂滅無有二**나
淸淨相嚴身으로　　　**徧示諸世間**이로다

　　여래께서 법성이
　　고요하여 둘 아님을 아셨지만
　　청정한 모습 장엄한 몸으로
　　모든 세간에 두루 보이셨네

佛身不思議라　　　　**法界悉充滿**하사
普現一切刹하시니　　**一切無不見**이니라

　　부처의 몸 불가사의라
　　법계에 모두 충만하여
　　일체 세계 두루 나타나시니
　　일체중생 못 보는 이 없어라

佛身常光明이　　　　　一切剎塵等하시니
種種淸淨色이　　　　　念念徧法界로다
　　부처의 몸에 항상 찬란한 광명이
　　일체 세계 티끌 수처럼
　　가지가지 청정한 빛이
　　찰나마다 법계에 두루 가득하네

如來一毛孔에　　　　　放不思議光하사
普照諸群生하야　　　　令其煩惱滅이로다
　　여래의 한 모공에서
　　불가사의 광명 쏟아내어
　　모든 중생 널리 비춰주어
　　번뇌를 없애주었네

如來一毛孔에　　　　　出生無盡化하사
充徧於法界하야　　　　除滅衆生苦로다
　　여래의 한 모공에
　　그지없는 화신 나타내어
　　법계에 가득하여
　　중생의 고통 없애주었네

佛演一妙音하사　　　　隨類皆令解하사대

普雨廣大法하야 　　　　使發菩提意로다
　　부처님의 미묘한 하나의 음성으로
　　부류 따라 모두 알게 하고
　　광대한 법을 널리 내려
　　보리심 내어주었어라

佛昔修諸行에 　　　　已曾攝受我일세
故得見如來 　　　　普現一切刹이로다
　　부처님이 옛날 수행하실 적에
　　일찍이 나를 거두어 주셨기에
　　여래께서 일체 세계에
　　널리 나타나심 볼 수 있었네

諸佛出世間에 　　　　量等衆生數라
種種解脫境이여 　　　　非我所能知로다
　　여러 부처님 세간에 나오심이
　　중생의 수효 같아라
　　가지가지 해탈 경계여
　　나로서는 알 수 없어라

一切諸菩薩이 　　　　入佛一毛孔이니
如是妙解脫이여 　　　　非我所能知로다

일체 모든 보살이
부처님 한 모공에 들어가니
이와 같은 미묘한 해탈이여
나로서는 알 수 없어라

此近有夜神하니　　　　　**名喜目觀察**이니
汝應往詣彼하야　　　　　**問修菩薩行**이어다

여기 가까이에 주야신 있나니
그 이름 희목관찰
그대는 그를 찾아가
보살의 수행을 묻도록 하라

● 疏 ●

十三偈는 分三이니 初 十偈는 頌正授法門이오 次 二頌은 謙已推勝이오 後 一頌은 指示後友니라
前中에 頌前十法이나 文小不次니라 初四는 如次 頌前四法이오 五는 超頌第七이오 六은 頌第六이오 七은 卻頌第五오 八은 頌第十이오 九는 頌第八이오 十은 頌第九니라

　　13수 게송은 3단락이다.
　　처음 10수 게송은 바로 법문을 전수함에 대해 읊었고,
　　다음 2수 게송은 '몸을 낮추면서 선지식의 훌륭함을 추켜올림'을 읊었고,

뒤의 1수 게송은 '뒤의 선지식을 소개함'을 읊었다.

'처음 10수 게송'에서는 앞의 10가지 법을 읊었으나, 경문은 다소 차례가 맞지 않다.

처음 4수 게송은 차례와 같이 앞의 4가지 법을 읊었고,

제5게송은 제7 '一切佛變化海'의 법을 건너뛰어 읊었고,

제6게송은 제6 '一一毛孔出一切寶色光明'의 법을 읊었고,

제7게송은 제5 '一一毛孔放等衆生數大光明'의 법을 읊었고,

제8게송은 제10 '知一切佛調伏衆生'의 법을 읊었고,

제9게송은 제8 '得佛音聲'의 법을 읊었고,

제10게송은 제9 '知一切佛無邊名號'의 법을 읊었다.

經

時에 善財童子 頂禮其足하며 遶無數匝하며 慇勤瞻仰하고 辭退而去하니라

그때, 선재동자는 그의 발에 엎드려 절하고 수없이 돌고 은근한 마음으로 우러러보면서 하직하고 떠나갔다.

● 論 ●

法門名이 '菩薩寂靜禪定樂普游步解脫門'者는 此是戒波羅密이라 以法身爲戒體니 卽一切境界 性自禪故로 法界性禪이 卽智自徧周니 以智徧周일세 所以로 普游步故며 常處生死하야 行大慈悲호대 長養自體大慈悲心하야 於法性中에 具菩薩行하야 徧法界

故로 名菩薩寂靜禪定樂普游步解脫門이니 明處生死中菩提法樂도 亦能具足菩薩大慈悲일세 復能徧行普賢道故니 此明自心菩提場內菩薩大悲之行이니라

'名普德淨光夜神'者는 智悲徧周하야 照衆生之長夜故로 名爲淨光이며 其慈育俗을 名之爲德이며 其智不爲코 性自大用徧周를 名之爲神이니 如此禪은 以菩提體로 行大寂靜法界無礙大慈悲心하야 寂用徧故니 約其功用하야 要四禪之名이니라

此是第二離垢地中善知識이니 以戒波羅密로 爲體 餘九로 爲伴이니 治菩提心處於生死海行於慈悲不自在障하야 令得自在故라 此明和融菩提生死의 二不自在하야 使令自在니 此位中엔 以菩提體로 觀三界無生滅性이니 是總相觀이니라

　　법문의 명칭을 '보살의 고요한 선정의 즐거움으로 두루 다니는 해탈문'이라 함은 지계바라밀이다. 법신으로 계의 본체를 삼는다.

　　일체 경계의 자성이 스스로 선이기 때문에 법계성의 선이 곧 지혜가 스스로 두루 응하며, 지혜가 두루 응하기에 '두루 다니는' 것이며, 언제나 생사에 거처하여 대자비를 행하면서도 자체의 대자비심을 길러서 법성 중에 보살행을 갖추어 법계에 두루 응하기 때문에 그 이름을 '보살의 고요한 선정의 즐거움으로 두루 다니는 해탈문'이라 한다.

　　생사 속에 처한 보리의 법락 또한 보살의 대자비를 두루 갖춘 까닭에 다시 보현의 도를 두루 행함을 밝힌 것이다. 이는 자기 마음의 보리도량 내에서 보살의 대비행임을 밝힌 것이다.

보덕정광주야신이라 이름 붙인 것은 지혜와 자비를 모두 갖추어 중생의 기나긴 밤의 암흑을 밝혀주기 때문에 그 이름을 '청정광명[淨光]'이라 하고, 그 자비가 세속의 중생을 보살펴 길러줌을 이름 붙여 '普德'이라 하고, 그 지혜가 有爲의 법이 없으면서도 그 자체가 스스로 큰 작용을 모두 갖춤을 이름 붙여 '神'이라 한다.

이와 같은 선정은 보리의 본체로서 아주 고요한 법계의 걸림 없는 대자비심을 행하여, 고요함과 작용이 두루 원만하기 때문이다. 그 공용을 들어서 四禪의 명제를 세운 것이다.

이는 제2 이구지의 선지식이다. 지계바라밀로 주체를 삼고, 나머지 9가지로 객체를 삼는다. 보리심의 생사 바다에 머물면서 자비를 행함이 자재하지 못한 장애를 다스려서 자재함을 얻도록 한 때문이다. 이는 보리와 생사 2가지에 자재하지 못함을 융화하여 자재하게 함을 밝힌 것이다. 이 지위에서는 보리의 본체로 삼계의 생멸 없는 성품을 관찰하는 것이다. 이는 總相觀이다.

第三 喜目觀察衆生夜神 寄發光地【鈔_ 寄發光地는 謂成就勝定大法總持하아 能發無邊妙慧光故니라】
文具六段하니
第一은 依敎趣求라

    제3. 희목관찰중생주야신, 발광지 선지식【초_ 발광지를 붙여 말한 것은 뛰어난 선정의 大法總持를 성취하여 그지없이 미묘한

지혜 광명을 발산하기 때문이다.】

이의 경문은 6단락으로 구성되어 있다.

1. 가르침을 따라 선지식을 찾아가 법을 구하다

經

爾時에 善財童子 敬善知識敎하며 行善知識語하야
作如是念호되
善知識者는 難見難遇니
見善知識에 令心不散亂하며
見善知識에 破障礙山하며
見善知識에 入大悲海하야 救護衆生하며
見善知識에 得智慧光하야 普照法界하며
見善知識에 悉能修行一切智道하며
見善知識에 普能覲見十方佛海하며
見善知識에 得見諸佛의 轉於法輪하고 憶持不忘이라하야
作是念已하고 發意欲詣喜目觀察衆生夜神所하니라
時에 喜目神이 加善財童子하사 令知親近善知識에 能生
諸善根하야 增長成熟케하시니
所謂令知親近善知識에 能修助道具하며
令知親近善知識에 能起勇猛心하며
令知親近善知識에 能作難壞業하며
令知親近善知識에 能得難伏力하며

令知親近善知識에 能入無邊力하며
令知親近善知識에 能久遠修行하며
令知親近善知識에 能辦無邊業하며
令知親近善知識에 能行無量道하며
令知親近善知識에 能得速疾力하야 普詣諸刹하며
令知親近善知識에 能不離本處하고 徧至十方이러라
時에 善財童子 遽發是念호되
由親近善知識하야 能勇猛勤修一切智道하며
由親近善知識하야 能速疾出生諸大願海하며
由親近善知識하야 能爲一切衆生하야 盡未來劫토록 受無邊苦며
由親近善知識하야 能被大精進甲하고 於一微塵中說法에 聲徧法界며
由親近善知識하야 能速往詣一切方海며
由親近善知識하야 於一毛道에 盡未來劫토록 修菩薩行이며
由親近善知識하야 於念念中에 行菩薩行하야 究竟安住一切智地며
由親近善知識하야 能入三世一切如來自在神力諸莊嚴道며
由親近善知識하야 能常徧入諸法界門이며
由親近善知識하야 常緣法界호되 未曾動出하고 而能徧

往十方國土라하니라

爾時에 **善財童子 發是念已**하고 **卽詣喜目觀察衆生夜神所**하야

　그때, 선재동자는 선지식의 가르침을 공경히 받들고 선지식의 말을 실행하면서, 이런 생각을 하였다.

　'선지식은 뵙기 어렵고 만나기 어렵다.

　선지식을 보면 마음이 산란하지 않고,

　선지식을 보면 장애의 산을 깨뜨리며,

　선지식을 보면 크게 가엾이 여기는 바다에 들어가 중생을 구호하고,

　선지식을 보면 지혜 광명을 얻어 법계를 널리 비추며,

　선지식을 보면 일체 지혜의 도를 모두 수행하고,

　선지식을 보면 시방의 부처의 바다를 두루 보며,

　선지식을 보면 부처님들이 굴리는 법륜을 보고서 기억하여 잊지 않는다.'

　이런 생각을 하고서 '반가운 눈으로 중생을 바라보는, 밤을 주관하는 신[喜目觀察衆生夜神]'에게 찾아가려는 생각을 내었다.

　그때, 희목관찰중생주야신은 선재동자에게 가피를 내려, 선지식을 가까이하면 모든 선근을 내어 더욱 키워나가고 성숙케 됨을 알려주었다.

　이른바 선지식을 가까이하면 도에 도움 되는 도구를 닦도록 알려주고,

선지식을 가까이하면 용맹심을 일으키도록 알려주며,

선지식을 가까이하면 깨뜨릴 수 없는 업을 짓도록 알려주고,

선지식을 가까이하면 굴복할 수 없는 힘을 얻도록 알려주며,

선지식을 가까이하면 그지없는 힘에 들어가도록 알려주고,

선지식을 가까이하면 오랜 수행을 하도록 알려주며,

선지식을 가까이하면 그지없는 업을 이루도록 알려주고,

선지식을 가까이하면 한량없는 도를 행하도록 알려주며,

선지식을 가까이하면 빠른 힘을 얻어 여러 세계에 찾아가도록 알려주고,

선지식을 가까이하면 본래 자리를 떠나지 않고서 시방세계에 두루 이르는 것을 알려주었다.

그때, 선재동자는 문득 이런 생각을 하였다.

'선지식을 가까이함으로 연유하여 일체 지혜의 도를 용맹스럽게 닦고,

선지식을 가까이함으로 연유하여 큰 서원 바다를 빠르게 내며,

선지식을 가까이함으로 연유하여 일체중생을 위해 미래 세월이 다하도록 그지없는 고통을 받을 수 있고,

선지식을 가까이함으로 연유하여 크게 정진하는 갑옷을 입고서 한 티끌 속에서 설법하는 소리가 법계에 두루 울리며,

선지식을 가까이함으로 연유하여 일체 방위의 바다에 빠르게 찾아가고,

선지식을 가까이함으로 연유하여 한 터럭만 한 곳에서 미래

세월이 다하도록 보살의 행을 닦으며,

　선지식을 가까이함으로 연유하여 찰나마다 보살행을 행하여 끝까지 일체 지혜의 지위에 머물고,

　선지식을 가까이함으로 연유하여 삼세 일체 여래의 자재한 신통으로 장엄한 도에 들어가며,

　선지식을 가까이함으로 연유하여 언제나 모든 법계의 문에 들어가고,

　선지식을 가까이함으로 연유하여 항상 법계를 반연하되 조금도 움직이지 않고서 시방세계에 두루 찾아갈 수 있다.'

　그때, 선재동자는 이런 생각을 하고서 희목관찰중생주야신을 찾아가,

◉ 疏 ◉

趣求中에 二니 初는 依前友教하야 念友成益이오 後'作是念已'下는 趣求後友하야 得友加持니라
於中四니 一은 欲趣後友오 二'時喜目神'下는 得友加持니 謂加令知近友之益이오 三'時善財童子遽發'下는 加所成益이니 謂依前能加而起念故니 如次以此十句로 對前十句오 四'爾時善財'下는 正明趣後니라

　선지식을 찾아가 법의 요체를 구하는 부분은 2단락이다.

　(1) 앞 선지식의 가르침을 따라 선지식을 생각하면서 이익을 성취함이며,

343

⑵ '作是念' 이하는 뒤의 선지식을 찾아가 법을 구하여, 선지식의 가피를 얻음이다.

'선지식의 가피' 부분은 4단락이다.

① 뒤의 선지식을 찾아가 법을 구하고자 함이며,

② '時喜目神' 이하는 선지식의 가피를 얻음이다. 가피를 내려 선재로 하여금 선지식을 가까이한 데서 얻어지는 이익을 알게 함이며,

③ '時善財童子遽發' 이하는 가피로 이뤄진 이익이다. 앞에서 가피를 내려준 주야신에 의하여 생각을 일으켰기 때문이다. 차례와 같이 10구로써 앞의 10구에 상대하였다.

④ '爾時善財' 이하는 바로 뒤의 선지식을 찾아감을 밝혔다.

第二 見敬諮問
2. 친견하여 절을 올리고 법을 묻다

經

見彼夜神이 在於如來衆會道場하야 **坐蓮華藏師子之座**하사

그 주야신이 여래의 대중법회에 머물면서 연화장 사자법좌에 앉아,

● 疏 ●

見敬諮問中에 但畧明見이니 已含敬請이라

  친견하여 절을 올리고 조심스럽게 법을 묻는 가운데 단, 간단하게 보았던 부분을 밝힌 것이다. 여기에는 벌써 조심스럽게 법을 청한 뜻이 담겨 있다.

第三 示己法界

謂懸爲示相이니 義當答問이라

於中三이니

初는 標名體오 次는 顯業用이오 後는 出所因이라

今은 初라

  3. 자기의 법계를 보여주다

  幢解脫을 내세워 그 모습을 보여주었다. 이의 뜻은 물음의 답에 해당한다.

  이는 3부분이다.

  1) 명제의 체성을 밝혔고,

  2) 하는 일과 작용을 밝혔으며,

  3) 그런 작용이 나오게 된 원인이다.

  이는 '1) 명제의 체성'이다.

入大勢力普喜幢解脫하사

큰 세력으로, 널리 기쁘게 하는 당기 해탈에 들어갔다.

◉ 疏 ◉

無不攝伏이 爲大勢力이오 徧稱羣機일세 故云普喜오 摧伏高顯일세 所以名幢이라

중생을 섭수하여 조복하지 않음이 없는 것이 '大勢力'이며,
중생의 근기에 따라 두루 맞춰주기에 '普喜'라 말하고,
꺾고 굴복시킴을 드높게 나타내기에 '幢'이라 한다.

第二明業用
於中三이니
初는 顯無涯之用이오
次'爾時善財見聞'下는 覩用獲益이오
後'爾時善財得此'下는 慶益稱讚이라
初中에 謂毛孔身雲이 無有盡故니라
於中二니
先은 出通說修行身이오 後'復於一一諸毛孔'下는 出演說本行身이라
前中三이니

初는 總標니 亦是釋名이라

2) 하는 일과 작용을 밝히다

이는 3부분이다.

⑴ 끝이 없는 작용을 나타냄이며,

⑵ '爾時善財見聞' 이하는 작용을 보고 이익을 얻음이며,

⑶ '爾時善財得此' 이하는 이익을 경하하고 칭찬함이다.

'⑴ 끝이 없는 작용' 부분에서는 모공마다 변화의 몸이 그지없음을 말한 때문이다.

이는 2단락이다.

㈀ 수행을 모두 통틀어 말하는 몸을 말하였고,

㈁ '復於一一諸毛孔' 이하는 本行을 연설하는 몸을 말하였다.

'㈀ 수행을 모두 통틀어 말하는 몸' 부분은 3단락이다.

① 총괄하여 밝혔다. 이 또한 명제의 해석이다.

經

於其身上一一毛孔에 出無量種變化身雲하사 隨其所應하야 以妙言音으로 而爲說法하사 普攝無量一切衆生하사 皆令歡喜하야 而得利益하니라

그 몸의 모공마다 한량없는 변화의 몸 구름을 나타내어, 그들에게 알맞은 바를 따라서 미묘한 음성으로 설법하여, 한량없는 중생을 두루 거두어 모두 그들에게 기쁨을 주어 이익을 얻도록 하였다.

次別顯十度

② 개별로 십바라밀을 밝히다

經

所謂出無量化身雲하사 **充滿十方一切世界**하사 **說諸菩薩**이 **行檀波羅蜜**하야 **於一切事**에 **皆無戀着**하며 **於一切衆生**에 **普皆施與**호되 **其心平等**하야 **無有輕慢**하고 **內外悉施**하야 **難捨能捨**하시니라

이른바 한량없는 변화의 몸 구름을 나타내어 시방의 일체 세계에 가득한데, 보살들이 행한 보시바라밀을 설법하여, 모든 일에 연연하는 집착이 없게 하고, 일체중생에게 두루 보시하되 그 마음이 평등하여 교만이 없게 하고, 안팎의 재물을 모두 나눠주어 건네주기 어려운 것을 건네주도록 하였다.

出等衆生數無量化身雲하사 **充滿法界**하야 **普現一切衆生之前**하사
說持淨戒하야 **無有缺犯**하며
修諸苦行하야 **皆悉具足**하며
於諸世間에 **無有所依**하고
於諸境界에 **無所愛着**하며
說在生死하야 **輪廻往返**하며

說諸人天의 盛衰苦樂하며
說諸境界 皆是不淨하며
說一切法이 皆是無常하며
說一切行이 悉苦無味하사
令諸世間으로 捨離顚倒하고 住諸佛境하야 持如來戒하야 如是演說種種戒行하사 戒香普熏하야 令諸衆生으로 悉得成熟케하니라

  중생의 수효만큼 한량없는 변화의 몸 구름을 나타내어 법계에 가득히 일체중생의 앞에 널리 보여주면서

  청정 계율을 지니도록 설법하여 범함이 없게 하고,

  모든 고행을 닦아 모두 두루 갖추게 하며,

  모든 세간에 의지한 바 없게 하고,

  모든 경계에 애착한 바 없게 하며,

  나고 죽는 데 머물면서 오고 가는 윤회를 일러주고,

  인간과 천상의 성쇠와 고락을 일러주며,

  모든 경계가 모두 부정한 것임을 일러주고,

  일체 법이 모두 무상함을 일러주며,

  일체 변해가는 것이 모두 괴로워 재미가 없음을 일러주어,

  세간 중생으로 하여금 전도망상을 버리고 부처의 경계에 머물면서 여래의 계율을 지니도록 하고자, 이처럼 가지가지 계율의 행을 연설하여 계율의 향기가 널리 풍기어 모든 중생이 성숙함을 얻도록 하였다.

又出等衆生數種種身雲하사 說能忍受一切衆苦하시니
所謂割截捶楚하며 訶罵欺辱이라도 其心泰然하야 不動不亂하며
於一切行에 不卑不高하며
於諸衆生에 不起我慢하며
於諸法性에 安住忍受하며
說菩提心이 無有窮盡이니
心無盡故로 智亦無盡하야 普斷一切衆生煩惱하며 說諸衆生의 卑賤醜陋不具足身하사 令生厭離하고 讚諸如來의 淸淨妙色無上之身하사 令生欣樂하야 如是方便으로 成熟衆生하니라

    또한 중생의 수효만큼 가지가지 몸 구름을 나타내어, 일체 수많은 고통을 참아야 함을 설법하였다.

    이른바 나의 몸을 베고 오리고 때리고 꾸짖고 속이고 욕할지라도 그 마음이 태연하여 흔들리거나 어지럽지도 않으며,

    모든 행에 비루하지도 드높이지도 않고,

    중생들에게 아만을 부리지 않으며,

    법성에 안주하여 참고 받아들이고,

    보리심을 설법함이 그지없다.

    보리심이 그지없기에 지혜 또한 그지없어 일체중생의 번뇌를 널리 끊어주며,

    중생의 비천하고 누추하고 완전하지 못한 몸을 설법하여 싫어

하는 마음을 내도록 하고,

　　여래의 청정하고 미묘하고 위없는 최상의 몸을 찬탄하여 즐거움을 내도록 하였다.

　　이런 방편으로 중생을 성숙시켜 주었다.

又出等衆生界種種身雲하사 隨諸衆生心之所樂하야
說勇猛精進으로 修一切智助道之法하며
勇猛精進으로 降伏魔怨하며
勇猛精進으로 發菩提心하야 不動不退하며
勇猛精進으로 度一切衆生하야 出生死海하며
勇猛精進으로 除滅一切惡道諸難하며
勇猛精進으로 壞無智山하며
勇猛精進으로 供養一切諸佛如來하야 不生疲厭하며
勇猛精進으로 受持一切諸佛法輪하며
勇猛精進으로 壞散一切諸障礙山하며
勇猛精進으로 敎化成熟一切衆生하며
勇猛精進으로 嚴淨一切諸佛國土하사
如是方便으로 成熟衆生하니라

　　또한 중생 세계만큼 가지가지 몸 구름을 나타내어, 중생의 마음에 좋아하는 바를 따라서

　　용맹정진으로 일체 지혜로 도를 도와주는 법을 닦도록 설법하고,

용맹정진으로 마군과 원수를 항복 받도록 설법하며,

용맹정진으로 보리심을 내어 흔들리거나 물러서지 않도록 설법하고,

용맹정진으로 일체중생을 제도하여 생사의 바다에서 벗어나도록 설법하며,

용맹정진으로 모든 악도의 고난을 없애도록 설법하고,

용맹정진으로 무지한 산을 무너뜨리도록 설법하며,

용맹정진으로 일체 부처님 여래에게 공양하되 고달픈 생각을 내지 말도록 설법하고,

용맹정진으로 일체 부처님의 법륜을 받아 지니도록 설법하며,

용맹정진으로 일체 장애의 산을 무너뜨리도록 설법하고,

용맹정진으로 일체중생을 교화하여 성숙시키도록 설법하며,

용맹정진으로 일체 부처님의 국토를 청정하게 장엄하도록 설법하였다.

이런 방편으로 중생을 성숙시켜 주었다.

又出種種無量身雲하사 以種種方便으로 令諸衆生으로
心生歡喜하야 捨離惡意하고 厭一切欲하며
爲說慚愧하야 令諸衆生으로 藏護諸根하며
爲說無上清淨梵行하며
爲說欲界 是魔境界하사 令生恐怖하며
爲現不樂世間欲樂하고 住於法樂하사

隨其次第하야 入諸禪定諸三昧樂하사 令思惟觀察하야 除滅一切所有煩惱하며
又爲演說一切菩薩의 諸三昧海와 神力變現과 自在遊戲하사 令諸衆生으로 歡喜適悅하야 離諸憂怖하며 其心淸淨하야 諸根猛利하며 愛重於法하야 修習增長케하니라

　또한 가지가지 한량없는 몸 구름을 나타내어, 가지가지 방편으로 중생의 마음을 기쁘게 하여 나쁜 뜻을 버리고 일체 탐욕을 싫어하도록 하였으며,

　부끄러움을 설법하여 중생으로 하여금 모든 감관을 숨겨 보호하게 하고,

　위없이 청정한 범행을 설법하며,

　욕계는 마군의 경계라 설법하여 두려운 마음을 내도록 하고,

　세간의 욕락을 좋아하지 말고 법락에 머물러야 함을 나타내어,

　그 차례를 따라서 모든 선, 모든 삼매의 즐거움에 들어가게 하여, 그들로 하여금 생각하고 관찰하여 일체 번뇌를 없애도록 하며,

　또한 일체 보살의 삼매 바다와 신통변화와 자재한 유희를 연설하여, 중생으로 하여금 좋아하고 기뻐하여 모든 근심을 여의고, 그 마음이 청정하여 모든 근기가 용맹스럽고 예리하며, 법을 소중하게 여겨 닦아가고 더욱 키워나가게 하였다.

又出等衆生界種種身雲하사 爲說往詣十方國土하야 供養諸佛과 及以師長과 眞善知識하고 受持一切諸佛法輪

하야 精勤不懈하며
又爲演說稱讚一切諸如來海와 觀察一切諸法門海와 顯示一切諸法性相과 開闡一切諸三昧門과 開智慧境界하야 竭一切衆生疑海와 示智慧金剛하야 壞一切衆生見山과 昇智慧日輪하야 破一切衆生癡暗하사 皆令歡喜하야 成一切智케하니라

 또한 중생 세계만큼 가지가지 몸 구름을 나타내어, 그들을 위하여 시방 국토에 찾아가 부처님과 스승과 선지식에게 공양하고, 일체 부처님의 법륜을 받아 지니고서 부지런히 정진하여 게으르지 말도록 설법하며,

 또한 일체 여래의 바다를 찬탄,

 일체 법문 바다의 관찰,

 일체 법의 성품과 모양을 나타내 보임,

 일체 모든 삼매의 법문을 열어젖힘,

 지혜의 경계를 열어 중생의 의심 바다를 말림,

 지혜의 금강을 보여주어 일체중생의 소견의 산을 무너뜨림,

 지혜의 태양이 높이 솟아 일체중생의 어리석은 어둠을 타파함을 연설하여, 모두 그들을 기쁘게 하여 일체 지혜를 성취하도록 하였다.

又出等衆生界種種身雲하사 普詣一切衆生之前하사 隨其所應하야 以種種言辭로 而爲說法하사대

或說世間神通福力하며 或說三界 皆是可怖하사 令其不作世間業行하고 離三界處하야 出見稠林하며
或爲稱讚一切智道하사 令其超越二乘之地하며
或爲演說不住生死하고 不住涅槃하사 令其不着有爲無爲하며
或爲演說住於天宮과 乃至道場하사 令其欣樂發菩提意하야
如是方便으로 敎化衆生하사 皆令究竟得一切智케하니라

또한 중생 세계만큼 가지가지 몸 구름을 나타내어, 일체중생의 앞에 널리 나아가 그들에게 알맞은 바를 따라서 가지가지 언어와 말로써 그들을 위해 설법하였는데,

어떤 때는 세간의 신통과 복덕의 힘을 말하거나 삼계가 모두 무서운 곳임을 설법하여, 세간의 업을 짓지 않고 삼계를 떠나서 소견의 빽빽한 숲에서 벗어나게 하고,

어떤 때는 일체 지혜의 도를 칭찬하여 그들로 하여금 이승의 지위에서 벗어나게 하며,

어떤 때는 생사에 머물지도 말고 열반에 머물지도 말라고 연설하여, 그들로 하여금 유위와 무위에 집착하지 않도록 하고,

어떤 때는 천궁에 머물거나 내지 도량에 머물라고 연설하여, 그들로 하여금 기쁜 마음으로 보리심을 내도록 하였다.

이런 방편으로 중생을 교화하여 모두 마지막의 경계에서 일체 지혜를 얻도록 하였다.

又出一切世界微塵數身雲하사 普詣一切衆生之前하사

念念中에 示普賢菩薩의 一切行願하며

念念中에 示淸淨大願이 充滿法界하며

念念中에 示嚴淨一切世界海하며

念念中에 示供養一切如來海하며

念念中에 示入一切法門海하며

念念中에 示入一切世界海微塵數世界海하며

念念中에 示於一切刹에 盡未來劫토록 淸淨修行一切智道하며

念念中에 示入如來力하며

念念中에 示入一切三世方便海하며

念念中에 示往一切刹하야 現種種神通變化하며

念念中에 示諸菩薩一切行願하사

令一切衆生으로 住一切智하야 如是所作이 恒無休息하니라

또한 일체 세계의 티끌 수 몸 구름을 나타내어, 일체중생의 앞에 널리 나아가

찰나마다 보현보살의 일체 행원을 보여주고,

찰나마다 청정한 큰 서원이 법계에 가득함을 보여주며,

찰나마다 일체 세계 바다를 장엄 청정함을 보여주고,

찰나마다 일체 여래 바다에 공양함을 보여주며,

찰나마다 일체 법문 바다에 들어감을 보여주고,

찰나마다 일체 세계 바다의 티끌 수 세계 바다에 들어감을 보여주며,

찰나마다 일체 세계에서 미래 세월이 다하도록 일체 지혜의 도를 청정하게 수행함을 보여주고,

찰나마다 여래의 힘에 들어감을 보여주며,

찰나마다 일체 삼세의 방편 바다에 들어감을 보여주고,

찰나마다 일체 세계에 찾아가 가지가지 신통변화를 나타냄을 보여주며,

찰나마다 모든 보살의 행원을 보여주면서,

일체중생으로 하여금 일체 지혜에 머물게 하면서, 이처럼 하는 일을 언제나 멈추지 않았다.

又出等一切衆生心數身雲하사 普詣一切衆生之前하사 說諸菩薩의
集一切智助道之法에 無邊際力과
求一切智에 不破壞力과 無窮盡力과
修無上行에 不退轉力과 無間斷力과
於生死法에 無染着力과 能破一切諸魔衆力과 遠離一切煩惱垢力과 能破一切業障山力과
住一切劫하야 修大悲行에 無疲倦力과
震動一切諸佛國土하야 令一切衆生으로 生歡喜力과
能破一切諸外道力과

普於世間에 **轉法輪力**하사
以如是等方便成熟하야 **令諸衆生**으로 **至一切智**케하니라

또한 일체중생의 마음 수효만큼 몸 구름을 나타내어, 일체중생의 앞에 널리 나아가 보살들이

일체 지혜를 모으는 데 도를 도와주는 법에 그지없는 힘,

일체 지혜를 구하는 데 깨뜨릴 수 없는 힘, 다함이 없는 힘,

위없는 행을 닦는 데 물러서지 않는 힘, 중간에 끊이지 않는 힘,

나고 죽는 법에 물들지 않는 힘, 일체 마군의 군중을 타파하는 힘, 일체 번뇌의 때를 여의는 힘, 일체 업장의 산을 깨뜨리는 힘,

일체 겁에 머물면서 크게 가엾이 여기는 행을 닦는 데 게으르지 않는 힘,

일체 부처의 국토를 진동하여 모든 중생을 환희케 하는 힘,

일체 외도를 깨뜨리는 힘,

세간에서 널리 법륜을 굴리는 힘을 말하여,

이런 방편으로 중생들을 성숙시켜 일체 지혜에 이르게 하였다.

又出等一切衆生心數無量變化色身雲하사 **普詣十方無量世界**하사 **隨衆生心**하야 **演說一切菩薩智行**하시니
所謂說入一切衆生界海智하며
說入一切衆生心海智하며
說入一切衆生根海智하며
說入一切衆生行海智하며

說度一切衆生에 未曾失時智하며
說出一切法界音聲智하며
說念念徧一切法界海智하며
說念念知一切世界海壞智하며
說念念知一切世界海成住莊嚴差別智하며
說念念自在親近供養一切如來하야 聽受法輪智라
示現如是智波羅蜜하사 令諸衆生으로 皆大歡喜하야 調
暢適悅하며 其心淸淨하야 生決定解하며 求一切智하야
無有退轉케하시니

또한 중생의 마음 수효만큼 한량없이 변화하는 몸 구름을 나타내어, 시방의 한량없는 세계에 널리 나아가, 중생의 마음을 따라 일체 보살의 지혜와 행을 연설하였다.

이른바 일체중생의 세계 바다에 들어가는 지혜를 말하고,

일체중생의 마음 바다에 들어가는 지혜를 말하며,

일체중생의 감관 바다에 들어가는 지혜를 말하고,

일체중생의 수행 바다에 들어가는 지혜를 말하며,

일체중생을 제도함에 때를 놓치지 않는 지혜를 말하고,

일체 법계의 음성을 내는 지혜를 말하며,

찰나마다 일체 법계 바다에 두루 응하는 지혜를 말하고,

찰나마다 일체 세계 바다가 무너짐을 아는 지혜를 말하며,

찰나마다 일체 세계 바다가 이뤄지고 머물고 장엄이 각기 다름을 아는 지혜를 말하고,

찰나마다 일체 여래를 자재하게 가까이하고 공양하며 법륜을 듣는 지혜를 말하였다.

이러한 지혜바라밀을 보여주어 모든 중생을 모두 기쁘게 하여, 화창하고 즐거우며, 그 마음이 청정하여 결정된 이해를 내고, 일체 지혜를 구하여 물러섬이 없게 하였다.

◉ 疏 ◉

如次十度에 各有又出하야 以爲揀別이니 其間深旨를 如理思之니라

차례와 같이 십바라밀에 각각 '또 …을 내었다[又出].'는 말을 덧붙여, 십바라밀을 구별하였다. 그 사이의 깊은 뜻은 이치대로 생각해야 한다.

後 類通餘法

③ 유로 나머지 법을 통하여 말하다

|經|

如說菩薩의 諸波羅蜜하사 成熟衆生하야 如是宣說一切菩薩의 種種行法하사 而爲利益하나라

보살의 일체 바라밀을 말하여 중생을 성숙케 하듯이, 일체 보살의 가지가지 수행하는 법을 말하여 이익이 되도록 하였다.

● 疏 ●

種種行法者는 神通度生菩提分等이라

'가지가지 수행하는 법'이란 신통력, 중생의 제도, 보리분법 등이다.

上出通說修行身 竟하다

위는 '수행을 모두 통틀어 말하는 몸을 말한 부분'을 끝마치다.

二. 出演說本行身

(ㄴ) 本行을 연설하는 몸을 말하다

經

復於一一諸毛孔中에 出無量種衆生身雲하시니
所謂出與色究竟天과 善現天과 善見天과 無熱天과 無煩天相似身雲하며
出少廣과 廣果와 福生과 無雲天相似身雲하며
出徧淨과 無量淨과 少淨天相似身雲하며
出光音과 無量光과 少光天相似身雲하며
出大梵과 梵輔와 梵衆天相似身雲하며
出自在天과 化樂天과 兜率陀天과 須夜摩天과 忉利天과 及其媒女諸天子衆의 相似身雲하며
出提頭賴吒乾闥婆王과 乾闥婆子와 乾闥婆女의 相似

身雲하며

出毘樓勒叉鳩槃茶王과 鳩槃茶子와 鳩槃茶女의 相似身雲하며

出毘樓博叉龍王과 龍子와 龍女의 相似身雲하며

出毘沙門夜叉王과 夜叉子와 夜叉女의 相似身雲하며

出大樹緊那羅王과 善慧摩睺羅伽王과 大速疾力迦樓羅王과 羅睺阿修羅王과 閻羅法王과 及其子其女의 相似身雲하며

出諸人王과 及其子其女의 相似身雲하며

出聲聞獨覺과 及諸佛衆의 相似身雲하며

出地神水神火神風神河神海神山神樹神과 乃至晝夜主方神等의 相似身雲하사 周徧十方하며 充滿法界하시니라

於彼一切衆生之前에 現種種聲하시니

所謂風輪聲과 水輪聲과 火焰聲과 海潮聲과 地震聲과 大山相擊聲과 天城震動聲과 摩尼相擊聲과 天王聲과 龍王聲과 夜叉王聲과 乾闥婆王聲과 阿修羅王聲과 迦樓羅王聲과 緊那羅王聲과 摩睺羅伽王聲과 人王聲과 梵王聲과 天女歌咏聲과 諸天音樂聲과 摩尼寶王聲이라

　또한 하나하나의 모공 속에서 한량없는 종류의 중생 몸의 구름이 나왔다.

　이른바 색구경천, 선현천, 선견천, 무열천, 무번천과 비슷한 몸

의 구름을 내었고,

소광천, 광과천, 복생천, 무운천과 비슷한 몸의 구름을 내었고,

변정천, 무량정천, 소정천과 비슷한 몸의 구름을 내었고,

광음천, 무량광천, 소광천과 비슷한 몸의 구름을 내었고,

대범천, 범보천, 범중천과 비슷한 몸의 구름을 내었고,

자재천, 화락천, 도솔천, 수야마천, 도리천과 그들의 천녀 천자들과 비슷한 몸의 구름을 내었고,

제두뢰타 건달바왕, 건달바의 아들, 건달바의 딸과 비슷한 몸의 구름을 내었고,

비루륵차 구반다왕, 구반다의 아들, 구반다의 딸과 비슷한 몸의 구름을 내었고,

비루박차 용왕, 용의 아들, 용의 딸과 비슷한 몸의 구름을 내었고,

비사문 야차왕, 야차의 아들, 야차의 딸과 비슷한 몸의 구름을 내었고,

대수 긴나라왕, 선혜 마후라가왕, 대속질력 가루라왕, 라후 아수라왕, 염라법왕과 그들의 아들, 그들의 딸과 비슷한 몸의 구름을 내었고,

사람의 왕, 그의 아들, 그의 딸과 비슷한 몸의 구름을 내었고,

성문과 독각과 부처님들과 비슷한 몸의 구름을 내었고,

땅을 주관하는 신, 물을 주관하는 신, 불을 주관하는 신, 바람을 주관하는 신, 강을 주관하는 신, 바다를 주관하는 신, 산을 주관하는 신, 나무를 주관하는 신, 내지 낮을 주관하는 신, 밤을 주관하는

신, 방위를 주관하는 신들과 비슷한 몸의 구름을 내어, 시방세계에 두루 가득하고 법계에 가득하였다.

저 일체중생의 앞에서 가지가지 소리를 내었다.

이른바 풍륜의 소리, 수륜의 소리, 화염의 소리, 조숫물의 소리, 땅이 진동하는 소리, 큰 산이 부딪치는 소리, 하늘 성이 진동하는 소리, 마니주가 부딪치는 소리, 천왕의 소리, 용왕의 소리, 야차왕의 소리, 건달바왕의 소리, 아수라왕의 소리, 가루라왕의 소리, 긴나라왕의 소리, 마후라가왕의 소리, 인간계 왕의 소리, 범왕의 소리, 천녀들의 노랫소리, 하늘의 음악 소리, 마니보배왕의 소리들이었다.

● 疏 ●

本行身中에 四니
一은 出能說之身이오
二 於彼一切衆生 下는 明演法之聲이오
三 以如是等聲 下는 顯所說之法이오
四 如是說時 下는 彰說之益이니 前二後一은 可知니라

본행신 부분은 4단락이다.

① 설법 주체의 소리를 냄이며,

② '於彼一切衆生' 이하는 법문 연설의 소리를 밝혔고,

③ '以如是等聲' 이하는 설법 대상의 법문을 나타냄이며,

④ '如是說時' 이하는 설법의 이익을 밝혔다.

앞의 2단락과 뒤의 1단락은 설명하지 않아도 알 수 있다.

以如是等種種音聲으로 說喜目觀察衆生夜神의 從初發心所集功德하시니

所謂承事一切諸善知識하고 親近諸佛하야 修行善法호되 行檀波羅蜜하야 難捨能捨하며

行尸波羅蜜하야 棄捨王位宮殿眷屬하고 出家學道하며

行羼提波羅蜜하야 能忍世間一切苦事와 及以菩薩所修苦行하야 所持正法이 皆悉堅固하야 其心不動하며 亦能忍受一切衆生이 於己身心에 惡作惡說하며 忍一切業하야 皆不失壞하며 忍一切法하야 生決定解하며 忍諸法性하야 能諦思惟하며

行精進波羅蜜하야 起一切智行하야 成一切佛法하며

行禪波羅蜜하야 其禪波羅蜜의 所有資具와 所有修習과 所有成就와 所有清淨과 所有起三昧神通과 所有入三昧海門을 皆悉顯示하며

行般若波羅蜜하야 其般若波羅蜜의 所有資具와 所有清淨과 大智慧日과 大智慧雲과 大智慧藏과 大智慧門을 皆悉顯示하며

行方便波羅蜜하야 其方便波羅蜜의 所有資具와 所有修行과 所有體性과 所有理趣와 所有清淨과 所有相應事를 皆悉顯示하며

行願波羅蜜하야 其願波羅蜜의 所有體性과 所有成就와

所有修習과 所有相應事를 皆悉顯示하며
行力波羅蜜하야 其力波羅蜜의 所有資具와 所有因緣과 所有理趣와 所有演說과 所有相應事를 皆悉顯示하며
行智波羅蜜하야 其智波羅蜜의 所有資具와 所有體性과 所有成就와 所有淸淨과 所有處所와 所有增長과 所有深入과 所有光明과 所有顯示와 所有理趣와 所有相應事와 所有簡擇과 所有行相과 所有相應法과 所有所攝法과 所知法과 所知業과 所知刹과 所知劫과 所知世와 所知佛出現과 所知佛과 所知菩薩과 所知菩薩心과 菩薩位와 菩薩資具와 菩薩發趣와 菩薩廻向과 菩薩大願과 菩薩法輪과 菩薩簡擇法과 菩薩法海와 菩薩法門海와 菩薩法旋流와 菩薩法理趣인 如是等智波羅蜜의 相應境界를 皆悉顯示하야 成熟衆生하시며
又說此神의 從初發心으로
所集功德의 相續次第와
所習善根의 相續次第와
所修無量諸波羅蜜의 相續次第와
死此生彼하며 及其名號의 相續次第와
親近善友하고 承事諸佛하야 受持正法하며
修菩薩行하야 入諸三昧하며
以三昧力으로 普見諸佛하며 普見諸刹하며 普知諸劫하야 深入法界하며

觀察眾生하야 入法界海하며
知諸眾生의 死此生彼하며
得淨天耳하야 聞一切聲하며
得淨天眼하야 見一切色하며
得他心智하야 知眾生心하며
得宿住智하야 知前際事하며
得無依無作神足智通하야 自在遊行하야 徧十方刹한 如是所有의 相續次第와
得菩薩解脫하며 入菩薩解脫海하며 得菩薩自在하며 得菩薩勇猛하며 得菩薩遊步하며 住菩薩想하며 入菩薩道한 如是一切所有功德의 相續次第를 皆悉演說分別顯示하사 成熟眾生하시니라

이런 여러 가지 음성으로 희목관찰중생주야신이 처음 발심한 적부터 모아온 공덕을 말하였다.

이른바 일체 선지식을 받들어 섬기고, 부처님을 가까이하여 착한 법을 수행하되,

보시바라밀을 행하여 건네주기 어려운 것을 건네주며,

지계바라밀을 행하여 왕의 지위와 궁전과 권속을 버리고 출가하여 도를 닦으며,

인욕바라밀을 행하여 세간의 모든 괴로운 일과 보살이 닦은 바의 고행을 참으며, 지닌 바의 바른 법이 모두 견고하여 마음이 흔들리지 않으며, 또한 일체중생이 나의 몸과 마음에 나쁜 짓과 나

쁜 말 하는 것을 참고 받아들이며, 모든 업을 참고서 모두 잃거나 무너뜨리지 않고, 일체 법을 참아서 결정된 이해를 내며, 모든 법의 성품을 참으면서 잘 살피고 생각하였으며,

　　정진바라밀을 행하여 일체 지혜의 행을 일으켜 일체 불법을 성취하였으며,

　　선바라밀을 행하여 그 선바라밀로서 소유한 도구, 소유한 수행, 소유한 성취, 소유한 청정, 소유한 삼매의 신통을 일으킴, 소유한 삼매 바다에 들어가는 문을 모두 드러내 보였으며,

　　반야바라밀을 행하여 그 반야바라밀로서 소유한 도구, 소유한 청정, 큰 지혜의 태양, 큰 지혜의 구름, 큰 지혜의 법장, 큰 지혜의 문을 모두 드러내 보였으며,

　　방편바라밀을 행하여 그 방편바라밀로서 소유한 도구, 소유한 수행, 소유한 체성, 소유한 이취, 소유한 청정, 소유한 상응의 일을 모두 드러내 보였으며,

　　서원바라밀을 행하여 그 서원바라밀로서 소유한 성품, 소유한 성취, 소유한 닦아 익힘, 소유한 상응의 일을 모두 드러내 보였으며,

　　역바라밀을 행하여 역바라밀로서 소유한 도구, 소유한 인연, 소유한 이취, 소유한 연설, 소유한 상응의 일을 모두 드러내 보았으며,

　　지혜바라밀을 행하여 그 지혜바라밀로서 소유한 도구, 소유한 성품, 소유한 성취, 소유한 청정, 소유한 처소, 소유한 증장, 소유한 깊이 들어감, 소유한 광명, 소유한 드러내 보임, 소유한 이취, 소유

한 상응의 일, 소유한 간택, 소유한 행상, 소유한 상응의 법, 소유한 거두어 주는 법, 아는 바의 법, 아는 바의 업, 아는 바의 세계, 아는 바의 겁, 아는 바의 세상, 아는 바의 부처님의 나타나심, 아는 바의 부처님, 아는 바의 보살, 아는 바의 보살 마음, 보살의 지위, 보살의 도구, 보살의 나아감, 보살의 회향, 보살의 큰 서원, 보살의 법륜, 보살의 가려내는 법, 보살의 법 바다, 보살의 법문 바다, 보살의 법 소용돌이, 보살의 법 이취, 이런 등등의 지혜바라밀과 상응한 경계를 모두 밝혀 중생을 성숙시켜 주었다.

또 이 밤을 주관하는 신의 처음 발심한 적부터 모아온 공덕이 이어지는 차례,

모아온 선근이 이어지는 차례,

모아온 한량없는 모든 바라밀이 이어지는 차례,

여기서 죽어 저기 태어나면서 명호가 이어지는 차례,

선지식을 가까이하고 부처님을 섬기면서 바른 법을 받아 지니며,

보살의 행을 닦아 여러 삼매에 들어가며,

삼매의 힘으로 널리 부처님을 보고, 널리 여러 세계를 보고, 널리 여러 겁을 알아 법계에 깊이 들어가며,

중생을 관찰하여 법계 바다에 들어가며,

중생들이 여기서 죽어 저기에 태어나는 것을 알며,

청정한 하늘 귀를 얻어 일체 소리를 듣고,

청정한 하늘눈을 얻어 일체 빛을 보며,

남의 마음을 아는 지혜를 얻어 중생의 마음을 알고,

전생의 일을 아는 지혜를 얻어 앞 세상의 일을 알며,

의지함도 없고 지음도 없이 뜻대로 움직이는 신족통의 지혜를 얻어 자재하게 다니면서 시방세계를 두루 찾아가는, 이처럼 소유한 일체 공덕이 서로 이어지는 차례를 알며,

보살의 해탈을 얻고, 보살의 해탈 바다에 들어가며, 보살의 자재함을 얻고, 보살의 용맹을 얻으며, 보살의 걸음걸이를 얻고, 보살의 생각에 머물며, 보살의 도에 들어가는, 이처럼 소유한 일체 공덕이 서로 이어지는 차례를 모두 연설하고 분별하여 내보이어 중생을 성숙케 하였다.

● 疏 ●

三所說法中二니

先은 說本行十度行法이오

後又說下는 類通所餘行法이라

今初忍中에 惡作은 屬身하고 惡說은 屬口니라

禪中에 有六句하니 一은 名體오 二는 資緣이오 三은 造修오 四는 獲得이오 五는 治障이오 六은 起用이라

下之五度는 句雖多少나 例此可知니라

般若中에 日은 約破闇이오 雲은 約演法이오 藏은 顯包含이라

方便中에 體性은 通事理하고 理趣는 謂意趣라

後類通餘行中에 具四菩薩行이니 思之어다【鈔_ 後類通餘行具

四菩薩行者는 初菩提分法行이니 以從初發心으로 積集功德이 皆助菩提니 是菩提分이오 二'入諸三昧'下는 卽三昧行이오 三'得淨天耳'下는 卽神通行이오 '得菩薩解脫'下는 成熟衆生行이니 結中에 云分別顯示成熟衆生이라하니라】

'③ 설법 대상의 법문' 부분은 2단락이다.

앞은 本行인 십바라밀의 법을 말하였고,

뒤의 '又說' 이하는 나머지 행의 법을 유로 통하여 말하였다.

앞의 '本行인 십바라밀' 가운데 인욕바라밀에서 말한 '나쁜 짓[惡作]'은 身業에 속하고, '궂은 말[惡說]'은 口業에 속한다.

선바라밀에서 말한 부분은 6구이다. ㉠ 명제의 체성, ㉡ 바탕의 반연, ㉢ 닦아나감, ㉣ 얻음, ㉤ 장애를 다스림, ㉥ 작용을 일으킴이다.

아래의 5바라밀에 대해서는 구절에 다소의 차이가 있으나 이에 준하여 살펴보면, 말하지 않아도 알 수 있다.

반야바라밀 부분에서 말한 태양은 어둠을 타파한 것으로 말하고, 구름은 법문 연설로 말하고, 법장은 간직함을 나타냄이다.

방편바라밀 부분에서 말한 體性은 사법계와 이법계에 모두 통하고, 理趣는 意趣를 말한다.

뒤의 '나머지 행의 법을 유로 통한' 부분에서는 4가지 보살행을 갖추어 말하였다. 이는 생각하면 알 수 있다.【초_ "나머지 행의 법을 유로 통한 부분에서는 4가지 보살행을 갖추어 말하였다."는 것은 다음과 같다.

㉠ 菩提分法行이다. 초발심으로부터 쌓아온 공덕이 모두 菩提助道分法이다. 이것이 菩提分이다.

㉡ '入諸三昧' 이하는 삼매행이며,

㉢ '得淨天耳' 이하는 신통행이며,

㉣ '得菩薩解脫' 이하는 중생을 성숙시키는 행이다. 결어 부분에서 "분별하여 내보이어 중생을 성숙케 하였다."고 말하였다.】

經

如是說時에 於念念中에 十方各嚴淨不可說不可說諸佛國土하야 **度脫無量惡趣衆生**하며
令無量衆生으로 **生天人中**하야 **富貴自在**하며
令無量衆生으로 **出生死海**하며
令無量衆生으로 **安住聲聞辟支佛地**하며
令無量衆生으로 **住如來地**케하시니라

이와 같이 설법할 때, 한 생각의 찰나마다 말할 수 없이 말할 수 없는 부처님의 국토를 청정하게 장엄하여, 한량없는 악취 중생들을 제도하였으며,

한량없는 중생으로 하여금 천상계와 인간계에 태어나 부귀가 자재하도록 하였고,

한량없는 중생으로 하여금 생사의 바다에서 벗어나게 하였으며,

한량없는 중생으로 하여금 성문이나 벽지불의 지위에 머물게 하였으며,

한량없는 중생으로 하여금 여래의 지위에 머물게 하였다.

● 疏 ●

四는 彰說之益이라

④ 설법의 이익을 밝혔다.

二 出演說本行身 竟하다

'(ㄴ) 本行을 연설하는 몸을 말한 부분'을 끝마치다.

二는 覩用獲益이니 卽證入法界라

(2) 작용을 보고 이익을 얻다

이는 법계를 증득하여 들어감이다.

經

爾時에 善財童子 見聞如上所現一切諸希有事하고 念念觀察하야 思惟解了하며 深入安住하야 承佛威力과 及解脫力하야 則得菩薩不思議大勢力인 普喜幢自在力解脫하니

何以故오 與喜目夜神으로

於往昔時에 同修行故며

如來神力의 所加持故며

不思議善根의 所祐助故며

得菩薩諸根故며
生如來種中故며
得善友力의 所攝受故며
受諸如來의 所護念故며
毘盧遮那如來 曾所化故며
彼分善根이 已成熟故며
堪修普賢菩薩行故니라

 그때, 선재동자가 위와 같이 나타낸 바의 일체 모든 희유한 일을 보고 듣고서, 찰나마다 관찰하여 깊이 생각하여 이해하였고, 깊이 들어가 그 세계 속에 안주하고서, 부처님의 위신력과 해탈력을 받들어 보살의 불가사의한 큰 세력인 보희당자재력해탈을 얻었다.

 무슨 까닭일까?

 희목주야신과 함께 옛날에 같이 수행했기 때문이며,

 부처님이 신통력의 가피를 내렸기 때문이며,

 불가사의한 선근이 도왔기 때문이며,

 보살의 모든 감관을 얻었기 때문이며,

 여래의 종성으로 태어났기 때문이며,

 선지식의 힘으로 받아주었기 때문이며,

 여래의 가호와 염려를 받았기 때문이며,

 비로자나불이 일찍이 교화한 바가 있었기 때문이며,

 그가 갖춘 선근이 이미 성숙하였기 때문이며,

 보현보살의 행을 닦았기 때문이다.

● 疏 ●

於中에 三이니

初는 顯證因緣이오

次'則得'下는 正明證入이오

後'何以'下는 徵釋所由니라

    이는 3단락이다.
    ① 증득의 인연을 밝혔고,
    ② '則得' 이하는 바로 증득하여 들어감을 밝혔으며,
    ③ '何以' 이하는 유래가 되는 바를 묻고 해석하였다.

三 慶益稱讚
    (3) 이익을 경하하고 칭찬하다

經

爾時에 善財童子 得此解脫已하고 心生歡喜하야 合掌向
喜目觀察衆生夜神하야 以偈讚曰

    그때, 선재동자는 이런 해탈을 얻고서 기쁜 마음에 합장하고서 희목관찰중생주야신을 향하여 게송으로 찬탄하였다.

無量無數劫에   學佛甚深法하사
隨其所應化하야   顯現妙色身이로다

한량없는 수없는 겁에
　　부처님의 깊은 법 배우고
　　교화해야 할 중생을 따라서
　　미묘한 몸을 나타내어라

了知諸衆生이　　　　　**沈迷嬰妄想**하고
種種身皆現하사　　　　**隨應悉調伏**이로다
　　모든 중생이 혼미하고
　　망상에 걸린 줄 알고서
　　가지가지 몸 나타내어
　　알맞게 모두 조복하여라

法身恒寂靜하야　　　　**淸淨無二相**이로대
爲化衆生故로　　　　　**示現種種形**이로다
　　법신은 항상 고요하여
　　청정으로 두 모양 없지만
　　중생 교화하기 위하여
　　가지가지 모습 나타내어라

於諸蘊界處에　　　　　**未曾有所着**이나
示行及色身하사　　　　**調伏一切衆**이로다
　　모든 5온 12처 18계에

집착한 바 없지만

행동과 몸을 보이어

일체중생을 조복하여라

不着內外法하야 　　　**已度生死海**로대
而現種種身하사 　　　**住於諸有界**로다

안팎 모든 법에 집착하지 않고

나고 죽는 바다에서 벗어났지만

가지가지 몸 나타내어

삼유세계 머무노라

遠離諸分別하사 　　　**戲論所不動**이로대
爲着妄想者하사 　　　**弘宣十力法**이로다

모든 분별 멀리 여의어

쓸모없는 말에 흔들리지 않지만

망상에 집착한 이를 위해

열 가지 힘을 크게 펼치노라

一心住三昧하사 　　　**無量劫不動**이나
毛孔出化雲하사 　　　**供養十方佛**이로다

한결같은 마음 삼매에 머물러

한량없는 세월 흔들리지 않지만

모공에 변화 구름 내어
　　시방 부처님께 공양하여라

得佛方便力하사　　　　**念念無邊際**호되
示現種種身하사　　　　**普攝諸群生**이로다
　　부처님 방편의 힘을 얻어
　　생각마다 그지없는 즈음에
　　가지가지 몸 나타내어
　　모든 중생 널리 교화하여라

了知諸有海에　　　　**種種業莊嚴**하고
爲說無礙法하사　　　　**令其悉淸淨**이로다
　　모든 생사의 바다에
　　가지가지 업으로 장엄한 줄 알고
　　걸림이 없는 법을 말하여
　　그들 모두 청정케 하여라

色身妙無比하사　　　　**淸淨如普賢**이라
隨諸衆生心하사　　　　**示現世間相**이로다
　　미묘하여 비길 데 없는 몸
　　청정함이 보현 같아라
　　중생의 마음을 따라

세간의 모든 모습 보여주노라

● 疏 ●

十偈分四니

初一偈는 現說之因이오

次一은 現說之意오

次六은 現說體相이니 皆卽寂之用이오

後二는 總結現說無礙이라

　　10수 게송은 4단락으로 나뉜다.

　　처음 1수 게송은 설법의 원인을 밝혔고,

　　다음 1수 게송은 설법의 의의를 밝혔으며,

　　다음 6수 게송은 설법의 體相을 밝혔다. 이는 모두 고요와 하나가 된 작용이다.

　　뒤의 2수 게송은 걸림 없는 설법을 나타내어, 총체로 끝맺었다.

已上은 顯業用 竟하다

　　이상은 하는 일과 작용을 밝힌 부분을 끝마치다.

第三大科는 明出所因이니

於中에 先興二問하고 後具二答이라

於中에 先以偈答하고 後會古今이라

前中에 總九十一頌은 分二니 前七十九頌은 答發心久近이오 後

十二頌은 答得法時節이라

今은 初라

3) 그런 작용이 나오게 된 원인을 밝히다

이 부분은 앞에서는 2가지 물음을 일으켰고, 뒤는 2가지 대답을 갖추고 있다.

'2가지 대답' 가운데

⑴ 게송으로 답하였고,

⑵ 고금의 일을 회통하였다.

⑴ 게송 부분은 총 91수 게송으로 2단락이다.

㈀ 79수 게송은 발심한 지 얼마나 되었는가에 대한 답이며,

㈁ 12수 게송은 법을 얻은 시절에 대한 답이다.

이는 '㈀ 79수 게송'이다.

經

爾時에 善財童子 說此頌已하고 白言호되 天神하 汝發阿耨多羅三藐三菩提心이 爲幾時耶하며 得此解脫이 其已久如니잇고

爾時에 喜目觀察衆生主夜神이 以頌答曰

그때, 선재동자가 이 게송을 읊은 뒤에 희목관찰중생주야신에게 여쭈었다.

"하늘의 신이여,

그대가 아뇩다라삼먁삼보리심을 내신 것은 어느 때이며,

이런 해탈을 얻은 지는 얼마나 되었습니까?"
희목관찰중생주야신이 게송으로 답하였다.

我念過去世에　　　過於刹塵劫하야
刹號摩尼光이오　　劫名寂靜音이라

　내, 생각해 보니 과거 지난 세월
　세계의 티끌 수 겁을 지나
　마니광명 세계가 있었고
　적정음겁이 있었다

◉ 疏 ◉

初中에 有十復次하니 初 寂靜音劫은 正是發心之時라
有三十一頌은 分六이니
初 一偈는 總標니라

　첫 단락에는 10겁을 차례로 말하고 있다.
　제1겁, 첫 게송에서 말한 '적정음겁'은 바로 발심한 시점이다.
　31수 게송이 있다. 이는 6단락으로 나뉜다.
　첫 1수 게송은 총체의 표장이다.

經

百萬那由他　　　俱胝四天下에
其王數亦爾하야　各各自臨馭어든

백만 나유타 구지의
　　사천하에
　　그런 수효만큼의 임금들이
　　각기 그 세계를 다스렸는데

中有一王都하니　　　　　**號曰香幢寶**라
莊嚴最殊妙하야　　　　　**見者皆欣悅**하며
　　그중 하나의 도읍이 있었는데
　　'향당보' 왕성이라 하였네
　　장엄이 가장 훌륭하여
　　보는 이마다 기뻐하였고

中有轉輪王하니　　　　　**其身甚微妙**하야
三十二種相에　　　　　　**隨好以莊嚴**이라
　　그곳에 전륜왕이 있었는데
　　그의 몸이 매우 아름다워
　　32가지 거룩한 모습
　　잘생긴 몸매로 장엄하였어라

蓮華中化生　　　　　　　**金色光明身**이
騰空照遠近하야　　　　　**普及閻浮界**로다
　　연꽃 속에서 화생하신

금빛 찬란한 광명의 몸
　　허공 법계 모두 비춰
　　염부제까지 널리 빛났네

其王有千子하니　　　　　**勇猛身端正**이오
臣佐滿一億하니　　　　　**智慧善方便**이로다
　　그 왕의 1천 아들
　　용맹하고 몸이 단정하며
　　1억이나 되는 신하들
　　지혜 있고 방편도 뛰어났네

嬪御有十億하니　　　　　**顔容狀天女**라
利益調柔意와　　　　　　**慈心給侍王**이로다
　　10억의 궁녀들
　　천상 여인 닮은 얼굴
　　이익 베풀고 유순한 마음
　　자비의 마음으로 왕을 모셨네

其王以法化로　　　　　　**普及四天下**하사
輪圍大地中에　　　　　　**一切皆豊盛**이어든
　　그 임금, 법으로 교화하여
　　사천하에 두루 미쳐

철위산 온 누리에

모든 물건 풍성한데

我時爲寶女하니　　　　　**具足梵音聲**하고
身出金色光하야　　　　　**照及千由旬**이라

나는 그때, 전륜왕의 딸로

범천의 음성을 구족하고

몸에서 금빛 광명 쏟아져

1천 유순까지 비췄어라

● 疏 ●

二에 有八偈는 顯其本生이라

둘째, 8수 게송은 그 본생을 밝혔다.

經

日光旣已沒하고　　　　　**音樂咸寂然**하야
大王及侍御　　　　　　　**一切皆安寢**이러니

해는 이미 저물고

음악 소리도 고요한데

대왕과 궁녀들이

모두 깊은 잠에 들었을 적

彼時德海佛이　　　　　出興於世間하사
顯現神通力하사　　　　充滿十方界하시며
　그때, 덕해여래
　세간에 몸을 나타내어
　신통력을 보여줌이
　시방세계 가득하고

放大光明海를　　　　　一切刹塵數하사
種種自在身이　　　　　徧滿於十方이어든
　쏟아내는 큰 광명 바다
　일체 세계 티끌 수만큼
　가지가지 자재하신 몸
　시방세계에 가득한데

地震出妙音하야　　　　普告佛興世하니
天人龍神衆이　　　　　一切皆歡喜라
　땅이 진동하고 미묘한 소리로
　부처님 나셨다 널리 알려주니
　하늘, 사람, 용과 신중들이
　모두 기뻐 어쩔 줄 몰랐네

一一毛孔中에　　　　　出佛化身海하야

十方皆徧滿하야　　　　　隨應說妙法이어늘
　　하나하나 모공에서
　　부처님 화신 나와
　　시방에 모두 가득하여
　　중생 따라 미묘한 법 연설하셨는데

我時於夢中에　　　　　　見佛諸神變하며
亦聞深妙法하고　　　　　心生大歡喜러니
　　그때, 나는 꿈속에서
　　부처님 신통변화 보았고
　　미묘한 법문 듣고서
　　마음에 큰 기쁨 얻었어라

一萬主夜神이　　　　　　共在空中住하야
讚歎佛興世하야　　　　　同時覺悟我호되
　　밤을 주관하는 1만 명의 신이
　　모두 함께 허공에 머물면서
　　부처님 나오심 찬탄하며
　　한꺼번에 나의 잠 깨웠어라

賢慧汝應起하라　　　　　佛已現汝國이시니
劫海難値遇라　　　　　　見者得淸淨이라하야늘

"슬기로운 이여, 빨리 일어나라
너희 나라에 부처님 오셨나니
오랜 세월에 만날 수 없는 분이라
뵙기만 하면 청정하리라."

我時便寤寐하야   **卽覩淸淨光**하고
觀此從何來하야   **見佛樹王下**호니

나는 그때, 바로 잠에서 깨어나
부처님 찬란한 광명을 보았고
그 광명 어디서 오나 살펴보니
덕해여래, 보리수 아래 계셨어라

諸相莊嚴體   **猶如寶山王**하야
一切毛孔中에   **放大光明海**러라

거룩한 몸매 장엄하신 몸
보배의 수미산 같은데
모든 모공에서
찬란한 광명 쏟아내었네

● 疏 ●

三에 有十偈는 明發心本事라
    셋째, 10수 게송은 발심한 본행의 일을 밝혔다.

經

見已心歡喜하야 　　便生此念言호되
願我得如佛　　　廣大神通力하야지이다

　그 모습 보고서 즐거운 마음에
　이런 생각 했어라
　'바라건대, 나도 부처님처럼
　광대한 신통 얻어지이다.'

● **疏** ●

四에 一偈는 正顯發心이라

　넷째, 1수 게송은 바로 발심을 밝혔다.

經

我時尋覺悟　　　大王幷眷屬하야
令見佛光明하니　一切皆欣慶이라

　나는 그때, 번뜩 이런 생각 했어라
　대왕과 권속까지 모두 깨워
　부처님 광명 보도록 하였더니
　일체 모두가 기뻐하였네

我時與大王과　　騎從千萬億과
衆生亦無量으로　俱行詣佛所호라

나는 대왕과 함께
　　천만억 말 탄 시종들과
　　한량없는 중생을 데리고
　　부처님 계신 곳으로 찾아갔노라

我於二萬歲에　　　　**供養彼如來**호되
七寶四天下를　　　　**一切皆奉施**호니
　　나는 2만 년 동안
　　그 부처님 공양할 적에
　　칠보와 사천하를
　　모두 받들어 보시하였어라

時彼如來說　　　　**功德普雲經**하사
普應群生心하야　　　**莊嚴諸願海**로다
　　그때, 덕해부처님께서
　　공덕보운경 설법하여
　　널리 중생의 마음 맞추어
　　모든 서원 장엄하였어라

夜神覺悟我하야　　　**令我得利益**일세
我願作是身하야　　　**覺諸放逸者**로니
　　주야신이 나를 일깨워

나에게 이익을 얻게 하였기에

나의 이런 몸 얻어

방일한 자 깨우쳐 주겠다 원하였어라

我從此初發   **最上菩提願**하야
往來諸有中에   **其心無忘失**호라

나는 그때, 처음 발심하여

최상의 보리 성취 서원 세워

삼계 생사 오가면서

그 마음 잊지 않았어라

◉ 疏 ◉

五에 六偈는 明發後之德이라

다섯째, 6수 게송은 발심 이후의 공덕을 밝혔다.

經

從此後供養   **十億那由佛**하고
恒受人天樂하야   **饒益諸群生**호니

나는 그 이후로 줄곧

십억 나유타 부처님 공양하고

항상 천상 인간의 낙을 받아

많은 중생 이익 주었나니

初佛功德海오 第二功德燈이오
第三妙寶幢이오 第四虛空智오
 첫째 공덕해부처님
 둘째 공덕등부처님
 셋째 묘보당부처님
 넷째 허공지부처님

第五蓮華藏이오 第六無礙慧오
第七法月王이오 第八智燈輪이오
 다섯째 연화장부처님
 여섯째 무애혜부처님
 일곱째 법월왕부처님
 여덟째 지등륜부처님

第九兩足尊은 寶焰山燈王이오
第十調御師는 三世華光音이라
 아홉째 부처님은
 보염산등왕이요
 열째 부처님은
 삼세화광음이어라

如是等諸佛을 我悉曾供養이나

然未得慧眼하야　　　　入於解脫海호라

　　이처럼 많은 부처님을
　　내, 일찍이 모두 공양했지만
　　아직도 혜안 얻지 못하여
　　해탈 바다 들지 못했네

◉ 疏 ◉

六에 有五偈는 轉値餘佛이라
'未得慧眼'者는 未得十解正慧明故니라

　　여섯째, 5수 게송은 점점 나머지 부처를 만남이다.
　　"혜안 얻지 못하였다."는 것은 十解의 바른 밝은 지혜를 얻지 못하였기 때문이다.

經

從此次第有　　　　一切寶光刹하니
其劫名天勝이오　　　五百佛興世하시니

　　그 후로 차례차례
　　일체 보광세계 있었나니
　　그 겁은 천승겁이라 하고
　　5백 부처님이 세상에 나셨어라

最初月光輪이오　　　第二名日燈이오

第三名光幢이오　　　　　第四寶須彌오

　　첫째 월광륜부처님
　　둘째 일등부처님
　　셋째 광당부처님
　　넷째 보수미부처님

第五名華焰이오　　　　　第六號燈海오
第七熾然佛이오　　　　　第八天藏佛이오

　　다섯째 화염부처님
　　여섯째 등해부처님
　　일곱째 치연부처님
　　여덟째 천장부처님

九光明王幢이오　　　　　十普智光王이라
如是等諸佛을　　　　　　我悉曾供養호되

　　아홉째 광명왕당부처님
　　열째 보지광왕부처님이시다
　　이처럼 많은 부처님께
　　내, 일찍이 공양했지만

尙於諸法中에　　　　　　無而計爲有호라

　　아직도 모든 법에 대하여

393

없는 것을 있다 잘못 생각하였어라

◉ 疏 ◉

二 天勝劫中에 有四偈半은 無而計爲有者는 未解卽心自性故니라 餘之八劫은 偈數可知니라【鈔_ '未解卽心自性'者는 前劫에 未得十住自分이오 此劫에 未得十住勝進이라】

제2 천승겁 부분의 4수 반 게송에서 "없는 것을 있다 잘못 생각하였다."는 것은 마음이 자성임을 알지 못한 까닭이다.

나머지 8겁은 게송의 수효를 말하지 않아도 알 수 있다.【초_ "마음이 자성임을 알지 못하였다."는 것은 앞의 적정음겁에서는 十住의 自分을 얻지 못함이며, 이 천승겁에서는 十住를 잘 닦아나가지 못함이다.】

經

從此復有劫하니　　名曰梵光明이오
　그 뒤에 또한 겁이 있으니
　그 이름 '범광명겁'이며

世界蓮華燈이라　　莊嚴極殊妙어든
彼有無量佛하시니　一一無量衆이라
　세계는 '연화등세계'라 한다
　장엄이 매우 훌륭한데

그 세계에 한량없는 부처님 계시는데
부처님마다 한량없는 대중 모였어라

我悉曾供養하고 　　　尊重聽聞法호니
初寶須彌佛이오 　　　二功德海佛이오
　　내, 일찍이 모두 공양하면서
　　높이 받들며 법문 들었나니
　　첫째 보수미불
　　둘째 공덕해불

三法界音佛이오 　　　四法震雷佛이오
五名法幢佛이오 　　　六名地光佛이오
　　셋째 법계음불
　　넷째 법진뢰불
　　다섯째 법당불
　　여섯째 지광불

七名法力光이오 　　　八名虛空覺이오
第九須彌光이오 　　　第十功德雲이라
　　일곱째 법력광불
　　여덟째 허공각불
　　아홉째 수미광불

열째 공덕운불이시다

如是等如來를　　　　我悉曾供養호되
未能明了法하야　　　而入諸佛海호라

　　이처럼 모든 여래에게
　　내, 일찍이 공양했지만
　　법을 분명히 알지 못하여
　　부처님 바다에 들지 못했어라

 疏 ●

三 梵光明劫中에 未能明了法者는 未了十行眞實行法故니라

　　제3 범광명겁 부분에서 말한 "법을 분명히 알지 못하였다."는 것은 십행의 진실행 법을 잘 알지 못하였기 때문이다.

經

次後復有劫하니　　　名爲功德月이오
爾時有世界하니　　　其名功德幢이어든

　　그다음 또 겁이 있는데
　　그 이름 '공덕월겁'이라 하고
　　그 당시의 세계는
　　'공덕당세계'라 하는데

彼中有諸佛하시니 八十那由他라
我皆以妙供으로 深心而敬奉호니

    그 세계에 계신 부처님
    80나유타이다
    나는 모두 미묘한 공양으로
    깊은 마음으로 받들었노라

初乾闥婆王이오 二名大樹王이오
三功德須彌오 第四寶眼佛이오

    첫째 건달바왕부처님
    둘째 대수왕부처님
    셋째 공덕수미부처님
    넷째 보안부처님

第五盧舍那오 第六光莊嚴이오
第七法海佛이오 第八光勝佛이오

    다섯째 노사나부처님
    여섯째 광장엄부처님
    일곱째 법해부처님
    여덟째 광승부처님

九名賢勝佛이오 第十法王佛이라

如是等諸佛을　　　我悉曾供養이나
　아홉째 현승부처님
　열째는 법왕부처님
　이처럼 모든 여래에게
　내, 일찍이 공양했지만

然未得深智하야　　入於諸法海호라
　깊은 지혜를 얻지 못해
　법 바다에 들어가지 못했어라

◉ 疏 ◉

四功德月劫에 未得善巧廻向深智하야 趣佛智海故니라
　제4 공덕월겁 부분에서 뛰어난 회향의 깊은 지혜를 얻지 못해, 부처의 지혜 바다에 들어가지 못하였기 때문이다.

經

此後復有劫하니　　名爲寂靜慧오
　그다음 또 겁이 있는데
　'적정혜겁'이라 하고

刹號金剛寶라　　　莊嚴悉殊妙어든
於中有千佛이　　　次第而出興하사

세계 이름은 '금강보세계'
　　장엄이 모두 가장 훌륭한데
　　그 사이에 1천 부처님
　　차례차례 나오시어

衆生少煩惱하고　　　　衆會悉淸淨하니
初金剛臍佛이오　　　　二無礙力佛이오
　　중생은 번뇌가 적어지고
　　대중법회 모두 청정하였나니
　　첫째 금강제불
　　둘째 무애력불

三名法界影이오　　　　四號十方燈이오
第五名悲光이오　　　　第六名戒海오
　　셋째 법계영불
　　넷째 시방등불
　　다섯째 비광불
　　여섯째 계해불

第七忍燈輪이오　　　　第八法輪光이오
九名光莊嚴이오　　　　十名寂靜光이라
　　일곱째 인등륜불

399

여덟째 법륜광불

아홉째 광장엄불

열째 적정광불이시다

如是等諸佛을　　　　　我悉曾供養호되
猶未能深悟　　　　　　如空淸淨法하야

　이처럼 모든 여래에게
　내, 일찍이 공양했지만
　허공처럼 청정한 법을
　깊이 깨닫지 못하여

遊行一切刹하야　　　　於彼修諸行호라

　여러 세계 다니다가
　그곳에서 수행하였어라

◉ 疏 ◉

五寂靜慧劫에 未得地上 二空眞如淸淨法故니라

　제5 적정혜겁에서 '地上의 아공과 법공 진여의 청정한 법'을 얻지 못하였기 때문이다.

次第復有劫하니　　　　名爲善出現이오

그다음 또 겁이 있는데
그 이름을 '선출현겁'이라 하고

**刹號香燈雲이라　　　淨穢所共成이어든
億佛於中現하사　　　莊嚴刹及劫이라**

　세계는 '향등운세계'이다
　정토와 예토가 한데 섞여 있는데
　억 부처님, 그곳에 몸을 나타내어
　세계와 겁 장엄하였어라

**所說種種法을　　　我皆能憶持호니
初名廣稱佛이오　　次名法海佛이오**

　가지가지 설법을
　나는 모두 기억하나니
　첫째 광칭부처님
　둘째 법해부처님

**三名自在王이오　　　四名功德雲이오
第五法勝佛이오　　　第六天冠佛이오**

　셋째 자재왕부처님
　넷째 공덕운부처님
　다섯째 법승부처님

여섯째 천관부처님

第七智焰佛이오　　　　**第八虛空音**이오
第九兩足尊은　　　　　**名普生殊勝**이오

 일곱째 지염부처님
 여덟째 허공음부처님
 아홉째 양족존은
 보생수승부처님

第十無上士는　　　　　**眉間勝光明**이라
如是一切佛을　　　　　**我悉曾供養**이나

 열째 무상사는
 미간승광명부처님이시다
 이처럼 모든 여래를
 내, 일찍이 공양했지만

然猶未能淨　　　　　　**離諸障礙道**호라

 그러나 청정하게
 장애의 길 여의지 못했어라

● 疏 ●

六 善出現劫에 未淨修道之障故니라

제6 선출현겁에서 修道의 장애를 말끔히 없애지 못하였기 때문이다.

經

次第復有劫하니　　　名集堅固王이오
刹號寶幢王이라　　　一切善分布어든

　그다음 또 겁이 있는데
　'집견고왕겁'이며
　세계는 '보당왕세계'라 한다
　모든 것이 잘 펼쳐져 있는데

有五百諸佛이　　　　於中而出現이어늘
我恭敬供養하야　　　求無礙解脫호니

　5백 부처님이
　그곳에 몸을 나타내셨는데
　나는 공경하고 공양하면서
　걸림 없는 해탈을 구했노라

最初功德輪이오　　　其次寂靜音이오
次名功德海오　　　　次名日光王이오

　첫째 공덕륜부처님
　둘째 적정음부처님

셋째 공덕해부처님
　　　넷째 일광왕부처님

第五功德王이오　　　　第六須彌相이오
次名法自在오　　　　　次佛功德王이오
　　　다섯째 공덕왕불
　　　여섯째 수미상불
　　　일곱째 법자재불
　　　여덟째 공덕왕불

第九福須彌오　　　　　第十光明王이라
如是等諸佛을　　　　　我悉曾供養하야
　　　아홉째 복수미부처님
　　　열째 광명왕부처님이시다
　　　이처럼 모든 여래를
　　　내, 일찍이 공양하면서

所有淸淨道에　　　　　普入盡無餘나
然於所入門에　　　　　未能成就忍호라
　　　그분들이 지닌 청정한 도에
　　　남김없이 널리 들어갔으나
　　　그래도 들어가야 할 문에

인욕바라밀을 이루지 못했어라

● 疏 ●

七은 集堅固王劫에 未得六地緣生深順之忍이라

  제7 집견고왕겁에서 제6 현전지의 緣生深順忍을 얻지 못하였기 때문이다.

經

次第復有劫하니   名爲妙勝主오
刹號寂靜音이라   衆生煩惱薄이어든

  그다음 또 겁이 있는데
  '묘승주겁'이라 하고
  세계는 '적정음세계'이다
  중생의 번뇌가 적은데

於中有佛現하시니   八十那由他라
我悉曾供養하야   修行最勝道호니

  그 사이 나오신 부처님
  80나유타이다
  내, 일찍이 공양하면서
  가장 훌륭한 도를 수행하였나니

初佛名華聚오
次名功德生이오

次佛名海藏이오
次號天王髻오

    첫째 화취부처님
    둘째 해장부처님
    셋째 공덕생부처님
    넷째 천왕계부처님

第五摩尼藏이오
第七寶聚尊이오

第六眞金山이오
第八法幢佛이오

    다섯째 마니장부처님
    여섯째 진금산부처님
    일곱째 보취존부처님
    여덟째 법당부처님

第九名勝財오
此十爲上首어늘

第十名智慧라
供養無不盡호라

    아홉째 승재부처님
    열째 지혜부처님이시다
    열 부처님 으뜸으로 삼아
    공양에 미진함 없었어라

● 疏 ●

八妙勝主劫에 修最勝道者는 六地般若 爲勝道故니라【鈔_ '八妙勝劫'下는 無結說得之言이니 合言未得七地로되 而前劫에 但云 修行最勝道라하니 卽是已得六地耳라】

제8 묘승주겁에서 "가장 훌륭한 도를 수행하였다."는 것은 제6 현전지 반야가 훌륭한 도이기 때문이다.【초_ '제8 묘승주겁' 이하에서 얻었다는 경계에 대해 말한 바를 끝맺은 말이 없다. 이는 제7 원행지를 얻지 못하였다는 점을 말한 것이지만, 앞의 겁에서 "가장 훌륭한 도를 수행하였다."고 말하니, 이는 이미 제6 현전지를 얻은 것이다.】

經

次第復有劫하니　　　　名曰千功德이오
爾時有世界하니　　　　號善化幢燈이라

　그다음 또 겁이 있는데
　'천공덕겁'이라 하고
　그 겁의 세계는
　'선화당등세계'라 한다

六十億那由의　　　　　諸佛興於世하시니
最初寂靜幢이오　　　　其次奢摩他오

　60억 나유타 부처님이

그 세계에 나셨는데
첫째 적정당부처님
둘째 사마타부처님

第三百燈王이오   **第四寂靜光**이오
第五雲密陰이오   **第六日大明**이오
　셋째 백등왕부처님
　넷째 적정광부처님
　다섯째 운밀음부처님
　여섯째 일대명부처님

七號法燈光이오   **八名殊勝焰**이오
九名天勝藏이오   **十名大吼音**이라
　일곱째 법등광부처님
　여덟째 수승염부처님
　아홉째 천승장부처님
　열째 대후음부처님이시다

如是等諸佛을   **我悉常供養**호되
未得淸淨忍하야   **深入諸法海**호라
　이처럼 모든 여래를
　내, 언제나 모두 공양했지만

청정한 법인 얻지 못하여
법의 바다에 깊이 들어가지 못했어라

◉ 疏 ◉

九는 千功德劫에 未得八地淨無生忍故니라
    제9 천공덕겁에서 제8 부동지의 청정 무생법인을 얻지 못하였기 때문이다.

経

次第復有劫하니   名無着莊嚴이오
爾時有世界하니   名曰無邊光이라
    그다음 또 겁이 있는데
    '무착장엄겁'이라 하고
    그 겁의 세계 이름을
    '무변광세계'라 한다

中有三十六   那由他佛現하시니
    그 사이 나오신 부처님의 수효는
    36나유타 불인데

初功德須彌오   第二虛空心이오
第三具莊嚴이오   第四法雷音이오

첫째 공덕수미부처님
　　둘째 허공심부처님
　　셋째 구장엄부처님
　　넷째 법뇌음부처님

第五法界聲이오　　　　**第六妙音雲**이오
第七照十方이오　　　　**第八法海音**이오
　　다섯째 법계성부처님
　　여섯째 묘음운부처님
　　일곱째 조시방부처님
　　여덟째 법해음부처님

第九功德海오　　　　　**第十功德幢**이라
如是等諸佛을　　　　　**我悉曾供養**호라
　　아홉째 공덕해부처님
　　열째 공덕당부처님이시다
　　이처럼 많은 부처님을
　　내, 일찍이 모두 공양하였어라

● 疏 ●

十無著莊嚴劫은 四頌半이니 但言供養者는 下明得法故니라 又前次第에 皆言未得後後라하니 則已得前前이니 思之어다 亦可初劫已

得初地나 未得第二오 乃至第九에 未得第十地오 第十劫中이라야 方得圓滿이라 故其劫名에 亦順地義니 如文思之니라【鈔_ 故其劫下는 疏家 復爲一釋이니 以初劫은 名寂靜音이니 已得初地오 二 天勝劫은 天卽淨義니 亦順離垢오 三 梵光은 順發光이오 四 功德月은 順燄慧니 月有光明하니 發光燄故오 五 寂靜慧는 順禪增故오 六 善出現은 順善現故오 七 集堅固王은 功用滿이니 已得方便하야 不可壞故오 八 勝妙劫은 順於不動이니 無功用故오 九 千功德은 法師位故오 十 無著莊嚴은 智慧無著하야 二嚴滿故니라】

제10 무착장엄겁 부분은 4수 반 게송이다.

공양만을 말한 것은 아래의 게송에서 법을 얻음에 대해 밝혔기 때문이다.

또 앞의 차례에서 모두 뒤의 뒤는 얻지 못함을 말했는데, 이는 앞의 앞을 이미 얻은 것이다. 이 점을 생각해야 한다.

또한 제1 적정음겁에 이미 제1 환희지를 얻었으나, 제2 이구지를 얻지 못하였고, 내지 제9 선혜지에서는 제10 법운지를 얻지 못하였고, 제10 무착장엄겁에 이르러서야 비로소 원만함을 얻었기에, 그 겁의 명칭 또한 십지의 뜻을 따른 것이다. 이는 게송에서 말한 바와 같이 생각해야 한다.【초_ '故其劫名' 이하는 청량소에서 다시 한 번 해석한 것이다.

제1겁의 이름은 '적정음'이다. 이미 제1 환희지를 얻었고,

제2 천승겁에서는 하늘의 명호는 '淨義'이다. 이 또한 제2 離垢地의 뜻을 따름이며,

제3 梵光劫은 제3 發光地의 뜻을 따름이며,

제4 功德月劫은 제4 燄慧地의 뜻을 따랐다. '功德月'의 '月'에는 광명이 있기에, '燄慧'의 '불꽃[光燄]'을 일으키기 때문이며,

제5 寂靜慧劫은 선정의 增長의 뜻을 따른 때문이며,

제6 善出現劫은 제6 善現地의 뜻을 따른 때문이며,

제7 集堅固王劫은 功用이 원만하기 때문이다. 이미 방편을 얻어 무너지지 않기 때문이며,

제8 勝妙劫은 제8 不動地의 뜻을 따른 것이다. 이는 공용이 없기 때문이며,

제9 千功德劫은 법사의 지위이기 때문이며,

제10 無著莊嚴劫은 지혜가 집착이 없어 복덕장엄과 지혜장엄이 원만하기 때문이다.】

已上七十九頌은 答發心久近 竟하다

이상 79수 게송은 '발심한 지 얼마나 되었는가'에 관한 대답 부분을 끝마치다.

第二 答得法時節

(ㄴ) 12수 게송은 법을 얻은 시절에 대해 답하다

經
次有佛出現하시니　　　名爲功德幢이라

我爲月面天하야 　　供養人中主호니

　그다음 나신 부처님은
　'공덕당부처님'이시다
　나는 당시 월면천신으로
　그 부처님께 공양했더니

時佛爲我說 　　　無依妙法門이어늘
我聞專念持하야 　出生諸願海호라

　그 부처님이 나를 위하여
　의지 없는 미묘한 설법 하였는데
　나는 그 법문 듣고 오롯한 생각으로
　여러 가지 서원을 내었어라

我得淸淨眼과 　　寂滅定總持하야
能於念念中에 　　悉見諸佛海하며

　나는 청정한 눈
　고요한 선정, 다라니 얻어
　생각마다
　많은 부처님 모두 보았고

我得大悲藏하야 　普明方便眼으로
增長菩提心하야 　成就如來力호라

나는 대비법장 얻어

두루 밝은 방편의 눈으로

보리심 더욱 키워

여래의 힘 성취하였어라

● 疏 ●

時節中은 卽前無著劫得此法也라

於中二니

初 四偈는 得無功用之三地니 謂八地에 無依大願이오 九地에 滅
定總持오 十地에 成如來力이라

　법을 얻은 시절에 대해 답한 부분은 앞의 무착장엄겁에 이 법을 얻었음을 말한다.

　이는 2단락이다.

　 4수 게송은 공용이 없는 3가지 지위를 얻음이다.

　제8 부동지에서는 의지함이 없는 큰 서원을,

　제9 선혜지에서는 멸진정 총지를,

　제10 법운지에서는 여래의 힘을 성취하였다.

經

見衆生顚倒하야　　　執常樂我淨하야
愚癡暗所覆로　　　　妄想起煩惱하며

　중생이 전도된 소견으로

상락아정 집착하여
어리석음에 가려진 바로
망상이 번뇌를 일으키며

行止見稠林하고　　　　**往來貪欲海**하야
集於諸惡趣에　　　　　**無量種種業**하며

　나쁜 소견의 숲에서 가고 멈추고
　탐욕의 바다에 오가면서
　삼악도에 떨어질
　한량없는 업을 쌓아가고

一切諸趣中에　　　　　**隨業而受身**하야
生老死衆患과　　　　　**無量苦逼迫**하고

　일체 모든 세계의 길에
　업에 따라 태어나
　나고 늙고 죽는 근심과
　끝없는 고통 조여들고

爲彼衆生故로　　　　　**我發無上心**호되
願得如十方　　　　　　**一切十力尊**이라하야

　그러한 중생 위해
　위없는 나의 마음 내지만

시방세계 계시는

열 가지 힘 지니신 세존처럼

緣佛及衆生하야　　　　**起於大願雲**호라

부처님과 중생의 인연으로

큰 서원 일으켰어라

◉ 疏 ◉

後八은 結成普賢行位라

於中三이니

初 四偈半은 牒擧大心之始니라

② 뒤의 8수 게송은 보현행의 지위를 끝맺음이다.

이 부분은 3단락이다.

첫 4수 반 게송은 큰마음의 시작을 이어 말한 것이다.

經

從是修功德하야　　　　**趣入方便道**호니
願雲悉彌覆하야　　　　**普入一切道**라

그 후로 공덕을 닦아

방편의 길에 들어가니

서원의 구름 두루 가득하여

일체 도에 널리 들어갔어라

具足波羅蜜하야　　　　充滿於法界하며
速入於諸地　　　　　　三世方便海하야

    바라밀 구족하여

    법계에 충만하며

    여러 지위의

    삼세 방편에 빠르게 들어가

一念修諸佛　　　　　　一切無礙行호라

    한 생각의 찰나에 모든 부처님

    걸림 없는 행을 닦았어라

◉ 疏 ◉

次 二偈半은 明成德之終이라

    다음 2수 반의 게송은 성취한 덕의 끝을 밝혔다.

經

佛子我爾時에　　　　　得入普賢道하야
了知十法界의　　　　　一切差別門하노라

    불자여, 나는 그때

    보현의 도에 들어가

    열 가지 법계의

    일체 각기 다른 법문 분명히 알았다네

◉ 疏 ◉

後一偈는 總結圓滿이며 因果圓融하고 初後該徹일세 故入普賢道니라

    뒤의 1수 게송은 원만함을 끝맺었다. 원인과 결과가 원융하고, 처음과 끝이 모두 통한 까닭에 보현의 도에 들어갔다.

二 結會古今
    (2) 고금의 일을 회통하다

經

善男子야 於汝意云何오 彼時 轉輪聖王名十方主 能紹隆佛種者는 豈異人乎아 文殊師利童子 是也며 爾時夜神이 覺悟我者는 普賢菩薩之所化耳라
我於爾時에 爲王寶女러니 蒙彼夜神이 覺悟於我하야 令我見佛하고 發阿耨多羅三藐三菩提心하니 自從是來로 經佛刹微塵數劫토록 不墮惡趣하고 常生人天하야 於一切處에 常見諸佛하며 乃至於妙燈功德幢佛所에 得此大勢力普喜幢菩薩解脫하야 以此解脫로 如是利益一切衆生하노라

    "선남자여, 그대의 생각은 어떠한가.
    그때, 전륜성왕은 시방의 임금이라는 이름을 가진 이로서 부처의 종성을 이은 분이다. 그가 어찌 다른 사람이었겠는가. 문수사리

동자가 바로 그 사람이다.

그때, 나를 깨워준 주야신은 보현보살의 화신이었다.

나는 그 당시, 전륜왕의 딸이었다. 그 주야신이 나를 깨워준 가피를 받아, 나는 부처님을 친견할 수 있었고, 아뇩다라삼먁삼보리심을 내게 된 것이다.

그 후로부터 세계의 티끌 수 겁을 지내오도록 악도에 떨어지지 않았고, 항상 인간계와 천상계에 태어나 일체 모든 곳에서 언제나 부처님을 보았고, 내지 묘등공덕당불의 도량에서 '큰 세력으로 널리 기쁨을 주는 당기의 보살 해탈'을 얻었고, 이 해탈로써 이처럼 일체중생에게 이익을 베풀었다.

第四 謙己推勝
並可知라
第五 指示後友
  4. 몸을 낮추면서 선지식의 훌륭함을 추켜올리다
아울러 모두 말하지 않아도 알 수 있다.
  5. 뒤의 선지식을 소개하다

經
善男子야 **我唯得此大勢力普喜幢解脫門**이어니와
如諸菩薩摩訶薩은

於念念中에 普詣一切諸如來所하야 疾能趣入一切智海하며
於念念中에 以發趣門으로 入於一切諸大願海하며
於念念中에 以願海門으로 盡未來劫하며
念念出生一切諸行하며
一一行中에 出生一切刹微塵數身하며
一一身이 普入一切法界門하며
一一法界門이 一切佛刹中에 隨衆生心하야 說諸妙行하며
一切刹一一塵中에 悉見無邊諸如來海하며
一一如來所에 悉見徧法界諸佛神通하며
一一如來所에 悉見往劫修菩薩行하며
一一如來所에 受持守護所有法輪하며
一一如來所에 悉見三世一切如來諸神變海하나니
而我云何能知能說彼功德行이리오
善男子야 此衆會中에 有一夜神하니 名普救衆生妙德이니
汝詣彼問호되 菩薩이 云何入菩薩行이며 淨菩薩道리잇고 하라

　선남자여, 나는 오직 '큰 세력으로 널리 기쁨을 주는 당기의 보살 해탈 법문'만을 얻었을 뿐이지만,
　저 보살마하살은
　한 생각의 찰나에 일체 여래의 도량에 널리 찾아가 일체 지혜의 바다에 빠르게 들어가고,

한 생각의 찰나에 나아가는 문으로 일체 큰 서원 바다에 들어가며,

한 생각의 찰나에 서원 바다의 문으로 미래 세월을 다하고,

한 생각의 찰나에 일체 행을 내며,

하나하나의 행 가운데 일체 세계의 티끌 수 몸을 내고,

하나하나의 몸이 일체 법계의 문에 널리 들어가며,

하나하나의 법계 문이 일체 세계에 중생의 마음을 따라서 여러 가지 미묘한 행을 설법하고,

일체 세계의 하나하나 티끌 속에서 그지없는 여래 바다를 모두 보며,

하나하나 여래의 처소에서 법계에 두루 나타내는 부처님의 신통을 모두 보고,

하나하나 여래의 처소에서 지나간 겁에 닦았던 보살의 행을 모두 보며,

하나하나 여래의 처소에서 지녀온 법륜을 받아 수호하고,

하나하나 여래의 처소에서 삼세 일체 여래의 신통변화를 모두 보았다.

내가 그런 공덕의 행을 어떻게 알며, 어떻게 말할 수 있겠는가.

선남자여, 여기 대중법회 가운데 하나의 주야신이 있는데, 그 이름을 '보구중생묘덕'이라 한다.

그대는 그를 찾아가 '보살이 어떻게 보살의 행을 배우며, 보살의 도를 닦는가.'를 묻도록 하라."

◉ 疏 ◉

後友니 同在證位일새 故云於此會中이라 起精進行이 爲普救衆生이오 智燄吉祥일새 稱爲妙德이라

뒤의 선지식이다. 증득한 지위가 한 가지이기에, '여기 대중법회 가운데'라고 말하였다. 정진의 수행을 일으킴이 중생을 널리 구제함이며, 지혜의 불꽃이 길상이기에 미묘한 공덕이라고 말하였다.

經

時에 善財童子- 頂禮其足하며 遶無數匝하며 殷勤瞻仰하고 辭退而去하니라

그때, 선재동자는 그의 발에 엎드려 절하고 수없이 돌며, 은근한 마음으로 우러러 사모하면서 하직하고 떠나갔다.

◉ 論 ◉

從'供養十億那由他佛'已下로 至了'知十法界一切無差別'히 有六十五行頌은 答善財住劫供養諸佛久近多少之數라
於此供養分中에 有十一段하야 一段에 有十佛名號하고 十一段佛名號는 皆配十一地中隨位升進이니 一地로 配十佛名號하야 十地로 配百佛名號하고 十一地로 配一佛名號니 明後一이 攝前多故며 明一地 具十地行故며 以十波羅密이 互条成故니라
'彼轉輪聖王名十方主能紹隆佛種者는 豈異人乎아 文殊師利是며 爾時夜天神이 覺悟我者는 普賢菩薩之所化也며 其王寶女

蒙彼夜神의 所化者는 卽此喜目夜神이 是'는 表法에 是依根本智
法身之理하야 起差別智하야 行大慈悲하야 不限時劫일새 以佛刹微
塵數로 以況之니라

經'如是等劫量修行하야 得此大勢力普喜幢解脫'者는 明第三
地에 修三界別別對治四禪八定하야 得自在故며 處世에 行慈悲
行忍行이 一分終故로 始於一切善惡衆生에 常歡喜不厭故라
以此修行劫數로 答前善財所問發心久近故니 明忍性徧周하야
一時總答이며 又明智無前後故니라

經에 云'禪波羅密所有資具'者는 明施戒忍精進四念觀三十七
道品等이 是禪家資具며 亦以五停心觀과 十八事物과 空閒寂靜
이 是禪家資具며 亦以師弟法智之正教 是禪家資具며 亦以十
波羅密과 與四攝과 四無量으로 爲助顯法界體用自在 是禪家資
具니라

此是第三發光地善知識이니 以忍波羅密로 爲主오 餘九로 爲伴이
니 治三界中住禪染淨二障하야 令行大慈悲하야 使無礙故로 如是
染淨二習이 一分微薄하야 始於善惡衆生에 不生厭捨하야 得大勢
力普喜幢解脫門이니 前五位十地中엔 言說所陳이라 恐不能了일
새 至此位中하야 善財求善知識에 以名目處所와 男女長者와 比
丘比丘尼와 優婆塞優婆夷와 菩薩夜神等의 名行相狀으로 託法
及事以表之하야 使令易解니라

"10억 나유타 부처를 공양하였다." 이하로부터 "열 가지 법계
의 일체 차별 없음을 안다."는 구절까지 65행의 게송은 선재동자에

게 '머물렀던 세월'과 '모든 부처를 공양한 세월이 얼마인가'의 수효를 답한 것이다.

이 공양 부분은 11단락이다. 하나의 단락마다 각기 열 부처의 명호가 있고, 11단락의 부처 명호는 모두 11지의 지위에 따라 닦아 올라가는 것으로 짝지어 말하였다.

하나의 지위에 열 부처의 명호를 짝지어서, 10지에다가 1백 부처의 명호를 짝지었고, 11지로 한 부처의 명호를 짝지었다.

뒤의 하나는 앞의 많은 것을 섭수함을 밝혔기 때문이며,

하나의 地가 십지의 행을 모두 갖춤을 밝혔기 때문이며,

십바라밀이 서로 함께 성취하였기 때문이다.

"그때, 전륜성왕은 시방의 임금이라는 이름을 가진 이로서 부처의 종성을 이은 분이다. 그가 어찌 다른 사람이었겠는가. 문수사리동자가 바로 그 사람이다. 그때, 나를 깨워준 주야신은 보현보살의 화신이었다. 그 전륜왕의 딸이 주야신의 교화를 입었다는 것은 곧 희목야신이 바로 그 사람이다."라는 것은 법으로 나타냄에, 근본지 법신의 이치에 의거하여 차별지를 일으켜 대자비를 행하여 시간을 한정하지 않고 세계의 티끌 수로써 이를 비유한 것이다.

이와 같은 세월을 지나도록 수행하여 '대세력보희당해탈문'을 얻었다는 것은 제3 발광지에서 삼계를 개별로 다스리는 4禪 8定을 닦아 자재함을 얻었기 때문이며,

세간에 거처할 때 자비행과 인욕행을 수행함에 있어 1부분을 끝마쳤기 때문에 비로소 일체의 선악 중생에 대해 언제나 기쁜 마

음으로 싫어하지 않음을 밝혔기 때문이다.

이러한 수행의 세월로써 앞서 선재동자가 물은 '발심한 지 얼마나 오래되었는가.'에 대해 답한 때문이다. 忍性이 두루 원만하여, 일시에 총괄하여 답함을 밝힌 것이며, 또한 지혜는 전후의 차이가 없음을 밝힌 때문이다.

경문에서 "선바라밀이 소유한 살림살이의 도구이다."라고 말한 것은 보시·지계·인욕·정진과 4념관, 37조도품 등이 바로 선가의 살림살이 도구이며,

또한 5停心觀과 18事物과 한가한 고요함이 선가의 살림살이 도구이며,

또한 스승과 제자의 法智의 바른 가르침이 선가의 살림살이 도구이며,

또한 십바라밀과 4섭법과 4무량심으로 법계의 체용이 자재함을 도와 나타냄이 선가의 살림살이 도구임을 밝힌 것이다.

이는 제3 발광지의 선지식이다. 인욕바라밀로 주체를 삼고 나머지 9가지로 객체를 삼는다.

삼계 가운데 선에 머문 오염과 청정의 2가지 장애를 다스려서 1분의 대자비를 행하여 걸림이 없도록 하였다. 이 때문에 이와 같은 오염과 청정의 2가지 습기가 1분이라도 희박하여, 비로소 선악의 중생에 대해 1분이라도 싫어하여 버리려는 마음을 내지 않아 대세력보희당해탈문을 얻은 것이다.

앞의 5위 십지 가운데 말로만 말한 부분이라, 그 뜻을 제대로

알지 못할까 두렵다. 이 때문에 이 지위에 이르러 선재동자가 선지식을 찾아갈 적에, 명목과 처소, 남녀와 장자, 비구와 비구니, 우바새와 우바이, 보살과 야신 등의 명칭과 수행, 그 모습으로 법과 현상의 실재 일에 붙여 밝혀줌으로써 이를 알기 쉽게 이해시키려는 것이다.

입법계품 제39-10 入法界品 第三十九之十
화엄경소론찬요 제107권 華嚴經疏論纂要 卷第一百之七

화엄경소론찬요 제108권
華嚴經疏論纂要 卷第一百之八

●

입법계품 제39-11
入法界品 第三十九之十一

第四 普救衆生妙德夜神 寄燄慧地【鈔_ 寄燄慧者는 謂安住最勝菩提分法이니 燒煩惱薪하야 慧燄增故니라】
文但有五니 二三合故니라
第一 依敎趣求

제4. 보구중생묘덕주야신, 염혜지 선지식【초_ 염혜지에 붙여 말한 것은 가장 훌륭한 菩提分法에 안주함을 말한다. 번뇌의 섶을 불살라 지혜의 불꽃이 더욱 치성하기 때문이다.】

이의 경문은 단 5단락이다.

2, 3단락을 합하였기 때문이다.

1. 가르침을 따라 선지식을 찾아가 법을 구하다

經

爾時에 善財童子 於喜目觀察衆生夜神所에 聞普喜幢解脫門하고 信解趣入하며 了知隨順하며 思惟修習하야 念善知識의 所有敎誨하야 心無暫捨하야 諸根不散하며
一心願得見善知識하야
普於十方에 勤求匪懈하며
願常親近하야 生諸功德하며
與善知識으로 同一善根하며
得善知識의 巧方便行하며
依善知識하야 入精進海하며

於無量劫에 **常不遠離**하야
作是願已하고 **往詣普救衆生妙德夜神所**하니라

그때, 선재동자는 희목관찰중생주야신의 도량에서 '널리 기쁜 당기의 해탈문'을 듣고 이를 믿고 이해하고 나아가며, 잘 알고 따르며, 생각하고 익히면서, 선지식의 가르침을 생각하면서 마음에 잠깐도 버리지 않아, 모든 감관이 산란하지 않았으며,

하나같은 마음으로 선지식을 보고자,
시방으로 두루 널리 찾기를 게을리하지 않고,
항상 가까이 모시면서 공덕을 내며,
선지식과 선근이 같고,
선지식의 뛰어난 방편의 행을 얻으며,
선지식을 의지하여 정진 바다에 들어가고,
한량없는 겁에 항상 떠나지 않기를 원하였다.

이처럼 서원을 세우고서, 보구중생묘덕주야신의 도량을 찾아갔다.

◉ 疏 ◉

趣求中에 先은 修入前法이오 後 '一心願得'下는 趣求後友라

선지식을 찾아가 법의 요체를 구한 부분에서 앞은 앞의 선지식이 말한 법을 닦아 들어감이며,

뒤의 '一心願得' 이하는 뒤의 선지식을 찾아가 법을 구함이다.

第二 聞見法界

卽合二三이니

謂約善財인댄 則是見敬이오

若約夜神所現인댄 卽是解脫業用이니 便爲默授法界오

若約二文開辨이면 則先明見敬諮問이오 後答因緣이니 方爲正授法界니라

今依合科하야 總分爲四니

一은 現光加持오 二는 蒙光獲益이오 三은 三業敬讚이오 四는 問答因緣이라

今은 初라

    2. 법계를 듣고 보다

    2, 3단락을 합하였다.

    선재의 입장에서 말하면, 이는 '2. 선지식을 뵙고 공경히 절을 올림'이며,

    주야신이 현신한 바로 말하면, 이는 해탈의 작용이니, '3. 침묵으로 법계를 전수함'이며,

    두 문장을 나누어 말하면, 앞은 '친견하여 절을 올리고 법을 물음'을 밝혔고, 뒤는 법을 얻은 인연에 대해 답하였다. 이는 바로 '자기의 법계를 전수함'이 된다.

    여기에서는 과목을 종합한 부분에 의하여, 모두 4가지로 나뉜다.

    1) 방광을 나타내어 가피를 내림이며,

2) 방광을 입어 이익을 얻음이며,

3) 신구의 삼업을 공경하고 찬탄함이며,

4) 법을 얻은 인연에 대한 문답이다.

이는 '1) 방광을 나타내어 가피를 내림'이다.

經

時彼夜神이 **爲善財童子**하사 **示現菩薩調伏衆生解脫神力**하사대 **以諸相好**로 **莊嚴其身**하며 **於兩眉間**에 **放大光明**하시니 **名智燈普照淸淨幢**이라

無量光明으로 **以爲眷屬**하야 **其光**이 **普照一切世間**하고 **照世間已**에 **入善財頂**하야 **充滿其身**하나라

그때, 희목관찰중생주야신은 선재동자를 위하여 보살이 중생을 조복하는 해탈의 신통력을 보여주고, 많은 거룩한 몸매로 그 몸을 장엄하며, 양미간에서 큰 광명을 쏟아내니, 그 방광의 이름을 '지혜 등불이 널리 비추는 청정한 당기'라 한다.

한량없는 광명으로 권속을 삼아, 그 광명이 일체 세간을 널리 비추고 선재동자의 정수리로 들어가 그의 몸에 가득하였다.

●疏●

調伏衆生解脫은 **卽光所依**니 **是已法門**이라 **名體可知**로다

'중생을 조복하는 해탈의 신통력'은 방광의 의지 대상이다. 이는 자기의 법문이다. 명제의 체성은 말하지 않아도 알 수 있다.

一

第二는 蒙光獲益이니 謂得三昧하야 見大用故니라

2) 방광을 입어 이익을 얻다

삼매를 얻어 큰 작용을 보았기 때문이다.

經

善財 爾時에 卽得究竟淸淨輪三昧하고 得此三昧已에 悉見二神兩處中間에 所有一切地塵水塵과 及以火塵과 金剛摩尼衆寶微塵과 華香瓔珞諸莊嚴具의 如是一切所有微塵하며

선재동자가 그때에 마지막 경계의 청정법륜 삼매를 얻었다.

이 삼매를 얻고서 희목관찰중생주야신과 보구중생묘덕주야신의 도량 중간에 있는, 일체 땅의 티끌, 물의 티끌, 불의 티끌, 금강마니의 여러 보배 티끌, 꽃과 향과 영락과 여러 장엄거리에 있는 티끌들을 보았으며,

◉ 疏 ◉

於中二니

先은 得定이니 謂三業·六根이 皆離障故로 云究竟淸淨이오 卽淨智圓滿하야 摧障爲輪이니 故所見無礙니라

後 '得此三昧' 下는 明見大用이니

於中二니

先은 見用所依處니라

이는 2단락이다.

⑴ 선정을 얻음이다.

삼업과 육근이 모두 장애를 여읜 까닭에 '마지막 경계의 청정'이라 하고,

청정 지혜가 원만하여 장애를 꺾음을 '법륜[輪]'이라 한다. 이 때문에 보는 바에 장애가 없다.

⑵ '得此三昧' 이하는 보는 바의 큰 작용을 밝혔다.

여기에는 2단락이 있다.

앞은 작용의 의지 대상을 봄이다.

經
一一塵中에 各見佛刹微塵數世界成壞하며 及見一切地水火風의 諸大積聚하며 亦見一切世界接連이 皆以地輪으로 任持而住한 種種山海와 種種河池와 種種樹林과 種種宮殿하니

所謂天宮殿과 龍宮殿과 夜叉宮殿과 乃至摩睺羅伽人非人等宮殿屋宅과 地獄畜生閻羅王界一切住處와 諸趣輪轉生死往來와 隨業受報의 各各差別을 靡不悉見하며

又見一切世界差別하니

所謂或有世界雜穢하며

或有世界淸淨하며

或有世界趣雜穢하며
或有世界趣淸淨하며
或有世界雜穢淸淨하며
或有世界淸淨雜穢하며
或有世界一向淸淨하며
或有世界其形平正하며
或有覆住하며
或有側住라

하나하나 티끌 속에서 부처님 세계의 티끌 수 세계가 이뤄지고 무너짐을 보았고,

일체 땅, 물, 불, 바람의 큰 무더기를 보았으며,

또한 일체 세계가 하나로 연이어 있는데, 모두 땅의 둘레[地輪]로 실어주고 있는, 가지가지 산과 바다, 가지가지 강과 못, 가지가지 나무와 숲, 가지가지 궁전을 보았다.

이른바 하늘의 궁전, 용의 궁전, 야차의 궁전, 마후라가의 궁전, 사람과 사람 아닌 이의 궁전과 집, 그리고 지옥, 축생, 염라왕 세계 따위의 일체 처소, 여러 세계의 길에서 윤회하는 나고 죽음, 가고 오는 것과 지은 업에 따라 과보를 받음이 제각기 다른 것을 모두 보았다.

또한 일체 세계가 각기 다른 것을 보았다.

이른바 어떤 세계는 더럽고,

어떤 세계는 청정하며,

어떤 세계는 더러운 데로 나아가고,
어떤 세계는 청정한 데로 나아가며,
어떤 세계는 더러우면서 청정하고,
어떤 세계는 청정하면서 더러우며,
어떤 세계는 하나같이 청정하기만 하고,
어떤 세계는 모양이 반듯하며,
어떤 세계는 엎어져 있고,
어떤 세계는 모로 있었다.

● 疏 ●

後는 明所見事라
於中三이니
一은 所化處오 二는 能化益이오 三은 所化意라
前中二니
一은 總明處類오
二又見下는 別明塵中之刹이라 趣雜穢等者는 轉變向染淨故오 雜染淸淨者는 染多故니 下句는 反此니라 一向淸淨者는 對上二故니라
初之二句는 乃是總明이라

 뒤는 보았던 일을 밝힘이다.
 이 부분은 3단락이다.
 ㈀ 교화 대상의 공간이며,

㈡ 교화 주체의 이익이며,

㈢ 교화 대상의 의의이다.

'㈠ 교화 대상의 공간'은 2부분이다.

① 교화 대상의 공간에 살고 있는 부류를 총체로 밝혔다.

② '又見' 이하는 티끌 속의 세계를 개별로 밝혔다.

'더러운 세계로 나아간다.'는 등은 전변하여 더러운 세계, 또는 청정한 세계로 향하여 가기 때문이며,

'더러우면서도 청정한 세계'는 더러움이 많기 때문이다. 아래의 '청정하면서도 더러운 세계' 구절은 이와는 반대이다.

'하나같이 청정하기만 한 세계'란 위의 '더러우면서도 청정한 세계'와 '청정하면서도 더러운 세계'를 상대로 말하기 때문이다.

첫 2구[或有世界雜穢, 或有世界淸淨]는 총괄하여 밝혔다.

經

如是等一切世界一切趣中에 悉見此普救衆生夜神이 於一切時一切處에 隨諸衆生의 形貌言辭行解差別하사 以方便力으로 普現其前하야 隨宜化度하사대

令地獄衆生으로 免諸苦毒하며

令畜生衆生으로 不相食噉하며

令餓鬼衆生으로 無有饑渴하며

令諸龍等으로 離一切怖하며

令欲界衆生으로 離欲界苦하며

令人趣衆生으로 **離暗夜怖**와 **毀呰怖**와 **惡名怖**와 **大衆怖**와 **不活怖**와 **死怖**와 **惡道怖**와 **斷善根怖**와 **退菩提心怖**와 **遇惡知識怖**와 **離善知識怖**와 **墮二乘地怖**와 **種種生死怖**와 **異類衆生同住怖**와 **惡時受生怖**와 **惡種族中受生怖**와 **造惡業怖**와 **業煩惱障怖**와 **執着諸想繫縛怖**하야 **如是等怖**를 **悉令捨離**하며

又見一切衆生의 **卵生胎生濕生化生有色無色有想無想非有想非無想**에 **普現其前**하야 **常勤救護**하니

　이와 같은 일체 세계의 여러 길에서 중생을 널리 구호하는 밤을 주관하는 신이 일체 시간, 일체 장소에서 모든 중생의 각기 다른 모습, 언어, 행동, 이해를 따라서 방편의 힘으로 그들의 앞에 나타나 그들에 알맞게 교화하고 제도하여,

　　지옥의 중생으로 하여금 온갖 혹독한 고통에서 벗어나게 하고,
　　축생의 중생으로 하여금 서로 잡아먹지 않도록 하며,
　　아귀의 중생으로 하여금 기갈이 없도록 하고,
　　용 등으로 하여금 일체 두려움을 여의게 하며,
　　욕계의 중생으로 하여금 욕계의 고통을 여의게 하고,
　　사람으로 하여금 어두운 밤을 두려워하는 마음, 훼방을 입을까 두려워하는 마음, 나쁜 소문을 들을까 두려워하는 마음, 대중의 위력을 두려워하는 마음, 살아갈 수 없을까 두려워하는 마음, 죽음을 두려워하는 마음, 악도에 태어날까 두려워하는 마음, 선근이 끊어질까 두려워하는 마음, 보리심에서 물러날까 두려워하는 마음, 나

쁜 사람을 만날까 두려워하는 마음, 선지식을 여의게 될까 두려워하는 마음, 이승의 지위에 떨어질까 두려워하는 마음, 가지가지로 죽고 살까 두려워하는 마음, 다른 종류의 중생들과 함께 살까 두려워하는 마음, 나쁜 시기에 태어날까 두려워하는 마음, 나쁜 종족에 몸을 받아 태어날까 두려워하는 마음, 악업을 지을까 두려워하는 마음, 업과 번뇌의 장애가 있을까 두려워하는 마음, 여러 생각에 집착하여 속박될까 두려워하는 마음을 얻게 하는 이런 등등의 공포를 모두 여의게 하였다.

또한 일체중생으로서 알로 태어나는 것, 모태로 태어나는 것, 습기에 의해 태어나는 것, 변화로 태어나는 것, 형상이 있는 것, 형상이 없는 것, 생각이 있는 것, 생각이 없는 것, 생각이 있지도 않고 생각이 없지도 않은 것들의 앞에 나타나 언제나 부지런히 구호하는 것을 보았다.

◉ 疏 ◉

二는 明能化益이니 亦二라
先은 總明이오 後 '令地獄'下는 別顯이니
於中에 先은 化五道오
後 '又見一切衆生'下는 明化九類니라

(ㄴ) 교화 주체의 이익이다.

이 또한 2단락이다.

앞은 총체로 밝혔고,

뒤의 '令地獄' 이하는 개별로 밝혔다.

그 가운데 앞은 5세계[五道: 天道, 人道, 畜生道, 餓鬼道, 地獄道]의 중생을 교화함이며,

뒤의 '又見一切衆生' 이하는 9類[卵生, 胎生, 濕生, 化生, 有色, 無色, 有想, 無想, 非有想非無想]의 중생을 교화함을 밝혔다.

經

爲成就菩薩大願力故며

深入菩薩三昧力故며

堅固菩薩神通力故며

出生普賢行願力故며

增廣菩薩大悲海故며

得普覆衆生無礙大慈故며

得普與衆生無量喜樂故며

得普攝一切衆生智慧方便故며

得菩薩廣大解脫自在神通故며

嚴淨一切佛刹故며

覺了一切諸法故며

供養一切諸佛故며

受持一切佛敎故며

積集一切善根하야 修一切妙行故하며

入一切衆生心海하야 而無障礙故며

知一切衆生諸根하야 敎化成熟故며
淨一切衆生信解하야 除其惡障故며
破一切衆生의 無知黑暗故며
令得一切智淸淨光明故러라

　　보살의 큰 서원의 힘을 성취하기 위함이며,
　　보살의 삼매의 힘에 깊이 들어가기 위함이며,
　　보살의 신통력을 굳건히 하기 위함이며,
　　보현의 행원의 힘을 내기 위함이며,
　　보살의 크게 가엾이 여기는 바다를 더욱 넓히기 위함이며,
　　중생을 두루 덮어주는 걸림 없이 크게 인자함을 얻기 위함이며,
　　중생에게 한량없는 즐거움을 널리 주기 위함이며,
　　일체중생을 널리 받아들이는 지혜와 방편을 얻기 위함이며,
　　보살의 광대한 해탈과 자재한 신통을 얻기 위함이며,
　　일체 부처의 세계를 청정, 장엄하기 위함이며,
　　일체 법을 분명하게 깨닫기 위함이며,
　　일체 부처님께 공양하기 위함이며,
　　일체 부처님의 가르침을 받아 지니기 위함이며,
　　일체 선근을 모아 일체 미묘한 행을 닦기 위함이며,
　　일체중생의 마음 바다에 들어가 장애를 없애기 위함이며,
　　일체중생의 근성을 알고 교화하여 성숙시키기 위함이며,
　　일체중생의 믿고 이해함을 청정히 하여 악업의 장애를 없애기 위함이며,

일체중생의 무지한 암흑을 타파하기 위함이며,

일체 지혜의 청정한 광명을 얻게 하고자 한 때문이다.

◉ 疏 ◉

三明化意中에 爲成諸法이 通能所化니라

㈐ 교화 대상의 의의 가운데 모든 법이 주체와 대상을 모두 이루고자 함이다.

第三 三業敬讚

3) 신구의 삼업을 공경하고 찬탄하다

經

時에 善財童子 見此夜神의 如是神力不可思議甚深境界인 普現調伏一切衆生菩薩解脫已하고 歡憙無量하야 頭面作禮하야 一心瞻仰이러니

時彼夜神이 卽捨菩薩莊嚴之相하고 還復本形호되 而不捨其自在神力이어시늘

爾時에 善財童子 恭敬合掌하고 却住一面하야 以偈讚曰

그때, 선재동자가 주야신의 이와 같은 신통력과 헤아릴 수 없는 깊은 경지인 '두루 몸을 나타내어 일체중생을 조복하는 보살의 해탈'을 보고서, 한량없이 기뻐하여 머리를 숙여 예배하고 한결같

은 마음으로 우러러보았다.

　그때, 그 주야신이 보살의 장엄한 모습을 버리고, 본래의 모습으로 되돌아오면서도 그 자재한 신통력을 버리지 않았다.

　그때, 선재동자는 공경하는 마음으로 합장하고 한 곁에 물러가서 게송으로 찬탄하였다.

我善財得見　　　　　如是大神力하고
其心生歡喜하야　　　說偈而讚歎하노이다

　선재는 이처럼 뛰어난
　신통력을 뵈옵고
　그 기쁜 마음에
　게송으로 찬탄하나이다

我見尊妙身이　　　　衆相以莊嚴하니
譬如空中星하야　　　一切悉嚴淨이로다

　제가 존귀하고 미묘하신 몸이
　여러 가지 모습으로 장엄함을 뵈오니
　비유하면 허공의 수많은 별이
　일체 모두 청정 장엄함과 같나이다

所放殊勝光이　　　　無量刹塵數라
種種微妙色으로　　　普照於十方이로다

방광하신 뛰어난 광명이
한량없는 세계의 티끌 수
가지가지 미묘한 빛으로
시방세계 널리 비추네

一一毛孔放   **衆生心數光**이어든
一一光明端에   **皆出寶蓮華**하고

하나하나 모공의 방광
중생 수효만큼 나오는데
하나하나 광명에서
모두 보배 연꽃 피어나고

華中出化身하야   **能滅衆生苦**로다
光中出妙香하야   **普熏於衆生**하고

연꽃에서 부처님 화신 나와
중생의 고통을 없애주네
광명에서 아름다운 향기 나와
널리 중생 감싸주며

復雨種種華하야   **供養一切佛**이로다

또 가지가지 꽃을 내려
일체 부처님께 공양하여라

兩眉放妙光하니 　　　量與須彌等이라
普觸諸含識하야 　　　令滅愚癡暗이로다
　　두 눈썹 사이 미묘한 방광
　　수미산만큼 크나크다
　　널리 중생 비춰주어
　　어리석은 암흑 없애주네

口放淸淨光하니 　　　譬如無量日하야
普照於廣大 　　　　　毘盧舍那境이로다
　　입에서 나오는 청정한 광명
　　한량없는 태양처럼 빛나
　　비로자나불 경계를
　　널리 두루 비춰주네

眼放淸淨光하니 　　　譬如無量月이라
普照十方刹하야 　　　悉滅世癡翳로다
　　눈에서 나오는 청정한 광명
　　한량없는 달빛 같아
　　시방세계 널리 비춰
　　세간의 어리석음 모두 없애주네

現化種種身하니 　　　相狀等衆生이라

充滿十方界하야 度脫三有海로다

 가지가지 몸 나타내니

 그 모양 중생과 같아

 시방세계에 가득하여

 삼계의 중생 제도하여라

妙身徧十方하사 普現衆生前하야
滅除水火賊과 王等一切怖로다

 미묘한 몸 시방에 두루 내어

 중생 앞에 모두 보여주어

 수재, 화재, 도둑

 국왕 등 일체 두려움 없애주네

我承喜目敎하야 今得詣尊所하야
見尊眉間相에 放大淸淨光하사

 나는 희목주야신 가르침 받들어

 지금 그대 도량 찾아와

 그대의 양미간에서

 찬란한 광명 쏟아내어

普照十方海하야 悉滅一切暗하고
顯現神通力하사 而來入我身이로다

시방세계 두루 비춰

모든 암흑 없애주고

신통력을 나타내어

나의 몸에 들어옴을 보았나이다

我遇圓滿光하야   **心生大歡喜**하고
得總持三昧하야   **普見十方佛**호이다

저는 원만한 광명을 만나

저의 마음 매우 기뻐

다라니 삼매 얻어

시방의 부처님 두루 뵙나이다

我於所經處에   **悉見諸微塵**하고
一一微塵中에   **各見塵數刹**하니

내가 지나는 곳마다

모든 티끌을 살펴보니

하나하나 티끌마다

티끌만큼 많은 세계 보았어라

或有無量刹은   **一切咸濁穢**하야
衆生受諸苦하야   **常悲歎號泣**하며

어떤 한량없는 세계는

온통 혼탁하고 더러운 길이라
중생들 온갖 고통으로
언제나 울부짖고

或有染淨刹은 　　　　**少樂多憂苦**어든
示現三乘像하야 　　　　**往彼而救度**하며

더러우면서도 청정한 어떤 세계는
즐거움 적고 근심이 많은데
삼승의 모습 나타내어
그곳 찾아가 구제하고

或有淨染刹은 　　　　**衆生所樂見**이라
菩薩常充滿하야 　　　　**住持諸佛法**하며

깨끗하면서도 더러운 어떤 세계는
중생들 즐거워하는데
보살이 항상 가득하여
불법을 받들어 지니며

一一微塵中에 　　　　**無量淨刹海**는
毘盧遮那佛의 　　　　**往劫所嚴淨**이니

하나하나 티끌 가운데
한량없는 세계는

비로자나 부처님이
과거 세계에 장엄하신 곳

佛於一切刹에 　　　　悉坐菩提樹하사
成道轉法輪하사 　　　度脫諸群生하나니

　부처님은 그 많은 세계
　보리수 아래 바로 앉아
　성도하시고 법륜 굴려
　모든 중생 제도하시니

我見普救天이 　　　　於彼無量刹
一切諸佛所에 　　　　普皆往供養하노이다

　보구주야신이
　저 한량없는 세계의
　일체 부처님 계신 도량에
　모두 찾아가 공양하심, 제가 보았나이다

◉ 疏 ◉

於中에 三이니
初는 身心敬重이오
二 時彼夜神 下는 顯友自在오
三 爾時 下는 口以偈讚이라

二十偈半은 分二니

初偈는 總이오 餘偈는 別이니

別中二니

初九偈半은 明光用無涯오

後我承下는 述前蒙光獲益이니

於中三이니

初는 半偈推功歸本이오 次二偈半은 述得三昧오 餘는 述見大用이라

이의 문장은 3단락이다.

(1) 몸과 마음으로 존중하고 공경함이며,

(2) '時彼夜神' 이하는 선지식의 자재함을 밝혔고,

(3) '爾時' 이하는 게송으로 찬탄하였다.

20수 반의 게송은 2단락이다.

첫 게송은 총상이고, 나머지 게송은 별상이다.

별상의 게송은 2부분이다.

앞의 9수 반 게송은 방광의 작용이 끝이 없음을 밝혔고,

뒤의 '我承' 이하는 앞의 방광을 만나 얻은 이익을 서술하였다.

'방광의 이익' 부분은 3단락이다.

첫 반 수 게송은 공을 추켜올리면서 근본으로 귀결 지었으며,

다음 2수 반의 게송은 삼매를 얻음에 대해 서술하였고,

나머지는 큰 작용을 봄에 대해 서술하였다.

一

第四問答因緣

中二니 先問 後答이라

> 4) 법을 얻은 인연에 대한 문답
>
> 이는 2단락이다.
>
> (1) 물음이고, (2) 대답이다.

經

爾時에 **善財童子 說此頌已**하고 **白普救衆生妙德夜神 言**호되

天神하 **今此解脫**이 **甚深希有**하니 **其名何等**이며 **得此解 脫**이 **其已久如**며 **修何等行**하야 **而得淸淨**이니잇고

그때, 선재동자가 이 게송을 말하고, 보구중생묘덕주야신에게 말하였다.

"하늘 신이여, 지금 이 해탈은 매우 깊어 드문 일입니다.

그 이름을 무엇이라 하며,

이 해탈을 얻은 지 얼마나 오래되었으며,

어떤 행을 닦아서 청정하게 되었습니까?"

◉ 疏 ◉

問中三이니

一은 問名이니 前來標名은 集經者言일새 故此方問이라

451

二는 問得法久近이니 欲顯久修德遠故오
三은 問修因淨治니 求入路故니라

　　(1) 물음 부분은 3단락이다.

　　(ㄱ) 해탈의 명칭을 물음이다. 앞에서 밝힌 명칭은 화엄경을 편집한 자의 말이기에, 여기에서 바야흐로 물은 것이다.

　　(ㄴ) 해탈의 법을 얻은 지 얼마나 오래되었는가를 물음이다. 공덕을 닦아온 지 오래되었음을 나타내고자 하기 때문이며,

　　(ㄷ) 어떤 因行을 닦아서 청정하게 다스렸는가를 물음이다. 들어가는 길을 구하기 때문이다.

後答中二니
先은 歎深難說이오 後는 承力爲說이라
今은 初라

　　(2) 대답 부분은 2단락이다.

　　(ㄱ) 심오하여 말로 형용하기 어려움을 찬탄하였고,

　　(ㄴ) 가피의 힘을 받들어 그를 위해 설법하였다.

　　이는 '(ㄱ) 심오함의 찬탄' 부분이다.

經
夜神이 言하사대 善男子야 是處難知라 諸天及人과 一切二乘의 所不能測이니

何以故오
此是住普賢菩薩行者境界故며
住大悲藏者境界故며
救護一切衆生者境界故며
能淨一切三惡八難者境界故며
能於一切佛刹中에 紹隆佛種不斷者境界故며
能住持一切佛法者境界故며
能於一切劫에 修菩薩行하야 成滿大願海者境界故며
能於一切法界海에 以淸淨智光으로 滅無明暗障者境界故며
能以一念智慧光明으로 普照一切三世方便海者境界故니라

밤을 주관하는 신이 대답하였다.

"선남자여, 이런 경계는 알기 어렵다. 일체 하늘이나 인간이나 일체 이승으로서는 헤아릴 수 없다.

무엇 때문일까?

이는 보현보살의 행에 머무른 이의 경계이기 때문이며,

대비 법장에 머무른 이의 경계이기 때문이며,

일체중생을 구호하는 이의 경계이기 때문이며,

일체 삼악도, 여덟 가지 어려움을 청정히 한 이의 경계이기 때문이며,

일체 세계에서 부처의 종성을 계승하여 끊어지지 않게 하는

이의 경계이기 때문이며,

일체 불법에 안주하는 이의 경계이기 때문이며,

일체 겁 동안에 보살행을 닦아 큰 서원을 만족한 이의 경계이기 때문이며,

일체 법계 바다에서 청정 지혜 광명으로 무명의 어두운 장애를 없앤 이의 경계이기 때문이며,

한 생각의 찰나에 지혜 광명으로 널리 일체 삼세의 방편 바다를 두루 비추는 이의 경계이기 때문이다.

● 疏 ●

深相云何오

若約得時면 時久遠故니 非久近故오

若約修因이면 因行廣故오

若通上二면 契理深故오

若約名說이면 名如體用故니라 名者는 實賓이니 難窮實故니라

文有標와 及徵釋이니 可知니라

'매우 깊어 드문 일'은 무엇인가?

법을 얻은 때로 말하면, 오랜 세월을 말한 것이지, 오래되었는지 가까운 날인지를 말함이 아니기 때문이며,

因行을 닦는 것으로 말하면, 因行이 광대하기 때문이며,

위의 2가지를 통틀어 말하면, 이치에 계합함이 심오하기 때문이며,

명칭으로 말하면, 명칭의 본체와 작용이 같기 때문이다. 名이란 실상의 객이다. 실상을 다 알기 어렵기 때문이다.

경문에 표장 및 묻고 해석함이 있다. 이는 말하지 않아도 알 수 있다.

━

後 承力爲說

中에 先은 長行이오 後는 偈頌이라

前中에 先은 標許오 後 '善男子' 下는 正說이니 於中二라 先은 通答三問이오 後는 別答修行治淨問이라

今初分三이니 一은 答得法久近이오 二는 明發心之始오 三은 結會古今이라

今은 初라

(ㄴ) 가피의 힘을 받들어 그를 위해 설법하다

앞은 산문이고, 뒤는 게송이다.

'산문' 부분은 다시 2단락이다.

앞은 표장과 허락이다.

뒤의 '善男子' 이하는 바로 설법이다.

'설법'은 2부분이다.

제1 단락, 3가지 물음을 통합하여 답하였고,

제2 단락, '어떤 因行을 닦아 청정하게 다스렸는가.'에 대한 물음을 개별로 답하였다.

'제1 단락, 3가지 물음의 통합' 부분은 3단락이다.

첫째, 법을 얻은 지 얼마나 오래되었는가에 대해 답하였고,

둘째, 발심의 시초를 밝혔으며,

셋째, 고금의 일을 회통하여 끝맺었다.

이는 '첫째, 법을 얻은 지'에 대한 답이다.

經

我承佛力하야 今爲汝說호리라

善男子야 乃往古世에 過佛刹微塵數劫하야 爾時有劫하니 名圓滿淸淨이오

世界는 名毘盧遮那大威德이어든

有須彌山微塵數如來 於中出現하시니라

其佛世界 以一切香王摩尼寶로 爲體하고 衆寶莊嚴하야 住無垢光明摩尼王海上하니 其形正圓하야 淨穢合成이라 一切嚴具帳雲이 而覆其上하고 一切莊嚴摩尼輪山이 千匝圍遶하며 有十萬億那由他四天下 皆妙莊嚴하야

或有四天下엔 惡業衆生이 於中止住하며

或有四天下엔 雜業衆生이 於中止住하며

或有四天下엔 善根衆生이 於中止住하며

或有四天下엔 一向淸淨한 諸大菩薩之所止住러라

此界東際輪圍山側에 有四天下하니 名寶燈華幢이라 國界淸淨하고 飮食豊足하며

不藉耕耘하고 而生稻粱하며
宮殿樓閣이 悉皆奇妙하며
諸如意樹 處處行列하며
種種香樹 恒出香雲하며
種種鬘樹 恒出鬘雲하며
種種華樹 常雨妙華하며
種種寶樹 出諸奇寶하야 無量色光이 周匝照耀하며
諸音樂樹 出諸音樂하야 隨風吹動하야 演妙音聲하며
日月光明摩尼寶王이 普照一切하야 晝夜受樂하야 無時間斷하며
此四天下에 有百萬億那由他諸王國土하고
一一國土에 有千大河 周匝圍遶어든 一一皆以妙華覆上하야 隨流漂動에 出天樂音하며 一切寶樹로 列植其岸하고 種種珍奇로 以爲嚴飾하고 舟船來往에 稱情戲樂하며 一一河間에 有百萬億城하고 一一城에 有百萬億那由他聚落하야 如是一切城邑聚落에 各有無量百千億那由他宮殿園林이 周匝圍遶하며
此四天下閻浮提內에 有一國土하니 名寶華燈이니 安穩豊樂하야 人民熾盛이라 其中衆生이 具行十善하니라
有轉輪王이 於中出現하니 名毘盧遮那妙寶蓮華髻라
於蓮華中에 忽然化生하야 三十二相으로 以爲嚴好하고
七寶具足하야 王四天下에 恒以正法으로 教導群生하며

王有千子하니 端正勇健하야 能伏怨敵하며 百萬億那由他宮人婇女 皆悉與王으로 同種善根하며 同修諸行하며 同時誕生하니 端正姝妙 猶如天女하며 身眞金色이라 常放光明하며 諸毛孔中에 恒出妙香하며 良臣猛將이 具足千億하며

王有正妃하니 名圓滿面이라 是王女寶 端正殊特하야 皮膚金色이오 目髮紺青하며 言同梵音하고 身有天香하며 常放光明하야 照千由旬하나라

其有一女하니 名普智焰妙德眼이라 形體端嚴하고 色相殊美하야 衆生見者 情無厭足이러라

爾時에 衆生이 壽命無量하며 或有不定而中夭者하며 種種形色과 種種音聲과 種種名字와 種種族姓과 愚智勇怯과 貧富苦樂의 無量品類 皆悉不同이러니

時或有人이 語餘人言호되 我身은 端正하고 汝形은 鄙陋라하야 作是語已하고 遞相毀辱하야 集不善業하니 以是業故로 壽命色力과 一切樂事 悉皆損減하나라

　　내, 부처님의 위신력을 받들어, 이제 그대 위해 말하리라.

　　선남자여, 지난 옛적에 부처 세계의 티끌 수 겁을 지나, 그 당시 '원만청정겁'이 있었고,

　　세계의 이름은 '비로자나 대위덕 세계'라 하였다.

　　그때, 수미산 티끌 수의 여래가 그 세계에 나오셨다.

　　그 부처님의 세계는 일체 향왕 마니보배로 자체를 이루었고,

여러 보배로 장엄하여, 때 없는 광명 마니왕 바다 위에 머물렀다.

　그 세계의 모습이 반듯한 원형으로 청정하고 더러움이 뒤섞여 이뤄졌다. 일체 장엄 도구 휘장 구름이 위를 덮었고, 일체장엄마니륜산이 천 겹이나 둘러 있고, 십만억 나유타 사천하는 모두 미묘하게 장엄하여,

　어떤 사천하는 악업 중생이 살고,

　어떤 사천하는 잡업 중생이 살고,

　어떤 사천하는 선근 중생이 살고,

　어떤 사천하는 하나같이 청정한 대보살이 살았다.

　이 세계의 동쪽 윤위산 곁에는 '보배등화당사천하'가 있다.

　나라의 경계가 청정하고 음식이 풍족하며,

　농사를 짓지 않아도 벼와 기장이 절로 돋아나며,

　궁전과 누각이 모두 기묘하며,

　많은 여의수가 곳곳마다 줄지어 있으며,

　여러 가지 향나무에서는 언제나 향 구름이 피어나며,

　여러 가지 화만 나무에서는 언제나 화만 구름이 피어나며,

　여러 가지 꽃나무에서는 언제나 아름다운 꽃이 휘날리며,

　여러 가지 보배 나무에서는 기이한 보배가 나와 한량없는 빛이 두루 비추며,

　여러 가지 음악 나무에서는 온갖 음악이 울려 나와 바람이 부는 대로 미묘한 음악을 연주하며,

　일월광명 마니보배가 널리 모든 곳을 비춰주어 밤낮으로 받는

쾌락이 끊이지 않았다.

　이 사천하에 백만억 나유타 나라가 있고,

　나라마다 1천 줄기의 큰 강이 휘둘러 흐르는데, 하나하나 강마다 모두 미묘한 꽃이 위를 뒤덮고, 물결이 흐르는 대로 떠가면서 하늘 음악을 울려 내며,

　모든 보배 나무가 강 언덕에 줄지어 서 있는데 가지가지 보배로 장엄하여 꾸몄고,

　배들은 오가면서 마음껏 유희하고 즐겼으며,

　하나하나 강 사이에는 백만억 성이 있고, 성마다 백만억 나유타 마을이 있다.

　그와 같은 성과 마을에는 각각 한량없는 백천억 나유타 궁전과 숲이 둘러 있었다.

　이 사천하의 염부제에 '보화등국'이라는 나라가 있는데, 평온하고 풍부하여 백성이 번성하였다. 그곳에 사는 중생들은 열 가지 선업을 갖추었다.

　그 나라에 '비로자나 묘보연화계 전륜왕'이 나오셨다.

　연꽃 송이 속에서 문득 변화로 몸을 나타내어 32 거룩한 모습으로 장엄하였고, 칠보가 넉넉하며, 사천하에 왕이 되어 언제나 바른 법으로 중생을 교화하였다.

　왕에게 1천 아들이 있는데 단정하고 용맹하여 적들을 항복 받으며,

　또 백만억 나유타 궁녀와 아름다운 여인이 모두 전륜왕과 함

께 선근을 심었고, 모든 행을 함께 닦았으며, 한꺼번에 탄생하였는데, 단정하고 아름다움이 천상의 여인과 같았으며, 몸은 금빛이었다. 언제나 광명을 쏟아내며, 모든 모공에서는 항상 아름다운 향기를 풍겼으며,

어진 신하와 용맹스러운 장군이 천억이나 되었으며,

왕비의 이름은 '원만한 얼굴[圓滿面]'이었다. 이는 왕의 보배 여인으로 단정하고 남다르며, 살결은 금빛이고, 눈과 머리카락이 검푸르며, 말소리는 범천의 음성과 같고, 몸에는 하늘 향기를 풍기며, 항상 광명을 쏟아내어 1천 유순을 비춰주었다.

그 딸의 이름은 '넓은 지혜 불꽃 미묘한 덕의 눈[普智焰妙德眼]'이다. 형체가 단정하고 모습이 아름다워서 보는 이마다 싫어하는 마음이 없었다.

그때, 중생의 수명은 한량없었는데, 어떤 중생은 일정하지 않아서 일찍 죽는 이도 있으며,

가지가지 얼굴, 가지가지 음성, 가지가지 이름, 가지가지 성씨, 그리고 어리석은 이와 지혜 있는 이, 용맹한 이와 겁약한 이, 가난한 이와 부자, 고통받는 이와 안락을 누리는 이, 한량없는 이들이 모두 똑같지 않았다.

그때, 어떤 사람이 다른 이에게 말하였다.

'나의 몸은 단정한데 네 얼굴은 추하다.'

이처럼 말하면서 서로 헐뜯고 욕하며 선하지 못한 업을 쌓아갔다.

이러한 악업 때문에 수명과 색상과 기운과 일체 안락한 일이 모두 줄어들게 되었다.

● 疏 ●

初十段이니
一은 總擧劫刹佛興 已畧酬其久近이오
二 其佛世界 下는 通顯刹相이오
三 此界東際 下는 別顯生處오
四 有轉輪王 下는 明本生父母오
五 其有一女 下는 明本生身이오
六 爾時衆生 下는 衆生起惡이 爲佛現因이오
七 時彼城北 下는 佛興益物이오
八 時普賢 下는 明善友引導오
九 時轉輪王女 下는 明德女修因이오
十 普智寶燄 下는 聞經得益이라 前六은 可知니라

첫 부분은 10단락이다.

제1, 겁과 세계와 부처의 출현을 총괄하여 말하였다. 이미 '법을 얻은 지 그 얼마나 오래되었는가.'를 간단하게 답하였다.

제2, '其佛世界' 이하는 세계의 양상을 통합하여 밝혔고,

제3, '此界東際' 이하는 태어난 곳을 별상으로 밝혔으며,

제4, '有轉輪王' 이하는 本生의 부모를 밝혔고,

제5, '其有一女' 이하는 본생의 몸을 밝혔으며,

제6, '爾時衆生' 이하는 중생이 악업을 일으킴이 부처가 나오게 된 원인임을 밝혔고,

제7, '時彼城北' 이하는 부처님이 세간에 나와 중생에게 이익을 줌이며,

제8, '時普賢' 이하는 선지식의 인도를 밝혔고,

제9, '時轉輪王女' 이하는 德女의 因行 닦음을 밝혔으며,

제10, '普智寶焰' 이하는 경전을 듣고서 얻은 이익이다.

앞의 6단락은 말하지 않아도 알 수 있다.

經

時彼城北에 有菩提樹하니 名普光法雲音幢이라 以念念出現一切如來道場莊嚴堅固摩尼王으로 以爲其根하고 一切摩尼로 以爲其幹하고 衆雜妙寶로 以爲其葉하야 次第分布하야 並相稱可하며 四方上下에 圓滿莊嚴하며 放寶光明하고 出妙音聲하야 說一切如來甚深境界하며

於彼樹前에 有一香池하니 名寶華光明演法雷音이라 妙寶爲岸하고 百萬億那由他寶樹圍遶하니 一一樹形이 如菩提樹하야 衆寶瓔珞이 周匝垂下하며 無量樓閣이 皆寶所成이라 周徧道場하야 以爲嚴飾하며

彼香池內에 出大蓮華하니 名普現三世一切如來莊嚴境界雲이라

그때, 그 성 북쪽에 보리수 한 그루가 있었다. 그 이름을 '보광

법운음당'이라 하였다.

　찰나마다 일체 여래의 도량에 나타나 장엄하는 견고한 마니왕으로 뿌리를, 일체 마니주로 줄기를, 여러 가지 미묘한 보배로 그 잎을 만들어, 차례차례 펼치면서 모두 서로 잘 어울렸으며, 상하 사방에 원만하게 장엄하며, 보배 광명을 쏟아내고 미묘한 음성을 울려 내어 일체 여래의 깊은 경계를 연설하였다.

　그 보리수 앞에 향기로운 연못이 있었다. 그 이름을 '보화광명연법뢰음'이라 하였다.

　미묘한 보배로 언덕을 만들고, 백만억 나유타 보배 나무가 둘러서 있었다.

　하나하나 나무마다 그 모습이 보리수와 같은데, 보배 영락을 빙 둘러 드리웠고, 한량없는 누각들이 모두 보배로 이뤄졌다. 도량을 빙 둘러 장엄하여 꾸몄다.

　그 향기로운 연못에 큰 연꽃이 피어올랐다. 그 꽃이름을 '삼세 여래의 장엄한 경계를 널리 나타내는 구름 같은 연꽃'이라 하였다.

須彌山微塵數佛이 **於中出現**하시니
其第一佛은 **名普智寶焰妙德幢**이라 **於此華上**에 **最初得阿耨多羅三藐三菩提**하사 **無量千歲**에 **演說正法**하야 **成熟衆生**하시니라
其彼如來 未成佛時에 **十千年前**에 **此大蓮華 放淨光明**하니 **名現諸神通成熟衆生**이라 **若有衆生**이 **遇斯光者**면

心自開悟하야 無所不了하야 知十千年後에 佛當出現하며
九千年前에 放淨光明하니 名一切衆生離垢燈이라 若有
衆生이 遇斯光者면 得淸淨眼하야 見一切色하야 知九千
年後에 佛當出現하며

八千年前에 放大光明하니 名一切衆生業果音이라 若有
衆生이 遇斯光者면 悉得自知諸業果報하야 知八千年後
에 佛當出現하며

七千年前에 放大光明하니 名生一切善根音이라 若有衆
生이 遇斯光者면 一切諸根이 悉得圓滿하야 知七千年後
에 佛當出現하며

六千年前에 放大光明하니 名佛不思議境界音이라 若有
衆生이 遇斯光者면 其心廣大하야 普得自在하야 知六千
年後에 佛當出現하며

五千年前에 放大光明하니 名嚴淨一切佛刹音이라 若有
衆生이 遇斯光者면 悉見一切淸淨佛土하야 知五千年後
에 佛當出現하며

四千年前에 放大光明하니 名一切如來境界無差別燈
이라 若有衆生이 遇斯光者면 悉能往覲一切諸佛하야 知
四千年後에 佛當出現하며

三千年前에 放大光明하니 名三世明燈이라 若有衆生이
遇斯光者면 悉能現見一切如來諸本事海하야 知三千年
後에 佛當出現하며

二千年前에 放大光明하니 名如來離翳智慧燈이라 若有衆生이 遇斯光者면 則得普眼하야 見一切如來神變과 一切諸佛國土와 一切世界衆生하야 知二千年後에 佛當出現하며

一千年前에 放大光明하니 名令一切衆生見佛集諸善根이라 若有衆生이 遇斯光者면 則得成就見佛三昧하야 知一千年後에 佛當出現하며

次七日前에 放大光明하니 名一切衆生歡喜音이라 若有衆生이 遇斯光者면 得普見諸佛하고 生大歡喜하야 知七日後에 佛當出現이니라

수미산 티끌 수의 부처님이 그곳에서 나셨는데, 첫 부처님의 명호는 '보지보염묘덕당불'이시다.

이 연꽃 송이 위에서 처음으로 아뇩다라삼먁삼보리를 얻어, 한량없는 천 년 동안 바른 법을 연설하여 중생을 성숙시켰다.

그 여래가 성불하기 십천 년 전에 이 연꽃에서 청정한 광명이 쏟아져 나왔다. 그 방광의 이름을 '신통을 나타내어 중생을 성숙시켜 주는 광명'이라 하였다. 이 광명을 만난 중생은 마음이 절로 열려 알지 못함이 없어, 십천 년 뒤에 부처님이 나실 것을 알았다.

9천 년 전에 청정한 광명을 쏟아내었는데, 그 이름을 '중생의 때를 여읜 등불 광명'이라 하였다. 이 광명을 만난 중생은 청정한 눈을 얻어 일체 색을 보고서, 9천 년 뒤에 부처님이 나실 것을 알았다.

8천 년 전에 큰 광명을 쏟아내었는데, 그 이름을 '일체중생의 업

과를 내주는 음성 광명'이라 하였다. 이 광명을 만난 중생은 스스로 모든 업보를 모두 알고서, 8천 년 뒤에 부처님이 나실 것을 알았다.

7천 년 전에 큰 광명을 쏟아내었는데, 그 이름을 '일체 선근을 내어주는 음성 광명'이라 하였다. 이 광명을 만난 중생은 일체 모든 선근이 모두 원만하여, 7천 년 뒤에 부처님이 나실 것을 알았다.

6천 년 전에 큰 광명을 쏟아내었는데, 그 이름을 '부처의 불가사의한 경계의 음성 광명'이라 하였다. 이 광명을 만난 중생은 그 마음이 광대하여 널리 자재함을 얻어, 6천 년 뒤에 부처님이 나실 것을 알았다.

5천 년 전에 큰 광명을 쏟아내었는데, 그 이름을 '모든 부처의 세계를 깨끗이 하는 음성 광명'이라 하였다. 이 광명을 만난 중생은 모든 부처님의 청정한 국토를 보고서, 5천 년 뒤에 부처님이 나실 것을 알았다.

4천 년 전에 큰 광명을 쏟아내었는데, 그 이름을 '모든 여래의 경계가 차별 없는 등불 광명'이라 하였다. 이 광명을 만난 중생은 모두 일체 부처님을 찾아가 뵙고서, 4천 년 뒤에 부처님이 나실 것을 알았다.

3천 년 전에 큰 광명을 쏟아내었는데, 그 이름을 '삼세의 밝은 등불 광명'이라 하였다. 이 광명을 만난 중생은 일체 여래의 본생의 일을 모두 보고서, 3천 년 뒤에 부처님이 나실 것을 알았다.

2천 년 전에 큰 광명을 쏟아내었는데, 그 이름을 '여래의 가림을 여읜 지혜 등불 광명'이라 하였다. 이 광명을 만난 중생은 널리 보는 눈을 얻어 일체 여래의 신통변화와 일체 부처의 국토와 일체 세계의 중생을 보고서, 2천 년 뒤에 부처님이 나실 것을 알았다.

    1천 년 전에 큰 광명을 쏟아내었는데, 그 이름을 '모든 중생이 부처님을 뵈옵고 선근을 모아주는 광명'이라 하였다. 이 광명을 만난 중생은 부처님을 뵙는 삼매를 성취하여, 1천 년 뒤에 부처님이 나실 것을 알았다.

    다음 이레 전에 큰 광명을 쏟아내었는데, 그 이름을 '모든 중생이 기뻐하는 음성 광명'이라 하였다. 이 광명을 만난 중생은 여러 부처님을 두루 뵈옵고 크게 환희하여, 이레 뒤에 부처님이 나실 것을 알았다.

滿七日已에 一切世界 悉皆震動하야 純淨無染하야 念念普現十方一切淸淨佛刹하며 亦現彼刹種種莊嚴하니 若有衆生이 根性淳熟하야 應見佛者면 咸詣道場이러라
爾時 彼世界中에 一切輪圍와 一切須彌와 一切諸山과 一切大海와 一切地와 一切城과 一切垣牆과 一切宮殿과 一切音樂과 一切語言이 皆出音聲하야 讚說一切諸佛如來神力境界하며
又出一切香雲과 一切燒香雲과 一切末香雲과 一切香摩尼形像雲과 一切寶焰雲과 一切焰藏雲과 一切摩尼衣雲과 一切瓔珞雲과 一切妙華雲과 一切如來光明雲과 一切如來圓光雲과 一切音樂雲과 一切如來願聲雲과 一

切如來言音海雲과 一切如來相好雲하야 顯示如來出現 世間不思議相이러라

善男子야 此普照三世一切如來莊嚴境界大寶蓮華王 에 有十佛刹微塵數蓮華 周匝圍遶어든 諸蓮華內에 悉 有摩尼寶藏師子之座하고 一一座上에 皆有菩薩이 結跏 趺坐하니라

만 이레 뒤에 일체 세계가 모두 진동하여 순일 청정으로 더러움이 없었으며, 한 생각의 찰나마다 시방의 모든 청정한 세계를 널리 나타냈으며, 또한 저 세계의 여러 가지 장엄도 나타내었다.

만약 중생의 근기가 성숙하여 부처님을 볼 수 있는 이라면 모두 도량으로 찾아갔다.

그때, 저 세계의 일체 윤위산, 일체 수미산, 일체 모든 산, 일체 바다, 일체 땅, 일체 성, 일체 담장, 일체 궁전, 일체 음악, 일체 언어가 모두 소리를 내어 일체 부처님의 신통한 경계를 찬탄하였다.

또한 일체 향 구름, 일체 사르는 향 구름, 일체 가루 향 구름, 일체 향 마니 형상 구름, 일체 보배 불꽃 구름, 일체 불꽃 창고 구름, 일체 마니주 옷 구름, 일체 영락 구름, 일체 미묘한 꽃 구름, 일체 여래의 광명 구름, 일체 여래의 둥근 광명 구름, 일체 음악 구름, 일체 여래의 서원 소리 구름, 일체 여래의 음성 바다 구름, 일체 여래의 잘생긴 모습 구름을 내어서, 여래가 세간에 몸을 나타내는 불가사의한 모양을 보여주었다.

선남자여, 이 삼세 일체 여래의 장엄한 경계를 두루 비추는 큰

보배 연꽃 왕에 열 세계의 티끌 수 연꽃이 둘러싸고 있는데, 모든 연꽃 송이에는 모두 마니보배장 사자법좌가 있고, 하나하나 사자법좌마다 보살이 모두 가부좌하고 앉았다.

善男子야 彼普智寶焰妙德幢王如來 於此에 成阿耨多羅三藐三菩提時에 卽於十方一切世界中에 成阿耨多羅三藐三菩提하사 隨衆生心하야 悉現其前하사 爲轉法輪하야

於一一世界에 令無量衆生으로 離惡道苦하며

令無量衆生으로 得生天中하며

令無量衆生으로 住於聲聞辟支佛地하며

令無量衆生으로 成就出離菩提之行하며

令無量衆生으로 成就勇猛幢菩提之行하며

令無量衆生으로 成就法光明菩提之行하며

令無量衆生으로 成就淸淨根菩提之行하며

令無量衆生으로 成就平等力菩提之行하며

令無量衆生으로 成就入法城菩提之行하며

令無量衆生으로 成就徧至一切處不可壞神通力菩提之行하며

令無量衆生으로 入普門方便道菩提之行하며

令無量衆生으로 安住三昧門菩提之行하며

令無量衆生으로 成就緣一切淸淨境界菩提之行하며

令無量衆生으로 發菩提心하며
令無量衆生으로 住菩薩道하며
令無量衆生으로 安住淸淨波羅蜜道하며
令無量衆生으로 住菩薩初地하며
令無量衆生으로 住菩薩二地와 乃至十地하며
令無量衆生으로 入於菩薩殊勝行願하며
令無量衆生으로 安住普賢淸淨行願이러라
善男子야 彼普智寶焰妙德幢如來 現如是不思議自在神力하사 轉法輪時에 於彼一一諸世界中에 隨其所應하야 念念調伏無量衆生이니라

선남자여, 저 보지보염묘덕왕불이 여기에서 아뇩다라삼먁삼보리를 성취할 때, 시방의 일체 세계에서 아뇩다라삼먁삼보리를 성취하여, 중생의 마음을 따라 그들의 앞에 몸을 나타내어 법륜을 굴려서,

하나하나 세계마다 한량없는 중생에게 악도의 고통을 여의게 하였고,

한량없는 중생을 천상에 나게 하였으며,

한량없는 중생을 성문 벽지불의 지위에 머물게 하였고,

한량없는 중생에게 삼계를 벗어난 보리행을 성취케 하였으며,

한량없는 중생에게 용맹한 당기 보리행을 성취케 하였고,

한량없는 중생에게 법광명 보리행을 성취케 하였으며,

한량없는 중생에게 청정한 선근의 보리행을 성취케 하였고,

한량없는 중생에게 평등한 힘의 보리행을 성취케 하였으며,

한량없는 중생에게 법성에 들어가는 보리행을 성취케 하였고,

한량없는 중생에게 '일체 처소에 두루 찾아가는, 깨뜨릴 수 없는 신통력 보리행'을 성취케 하였으며,

한량없는 중생에게 보문 방편의 도에 들어가는 보리행을 성취케 하였고,

한량없는 중생에게 삼매문에 안주하는 보리행을 성취케 하였으며,

한량없는 중생에게 일체 청정한 경계를 반연하는 보리행을 성취케 하였고,

한량없는 중생에게 보리심을 내게 하였으며,

한량없는 중생을 보살의 도에 머물게 하였고,

한량없는 중생을 청정한 바라밀의 도에 안주하도록 하였으며,

한량없는 중생을 초지에 안주하도록 하였고,

한량없는 중생을 보살의 2지 내지 10지에 안주하도록 하였으며,

한량없는 중생을 보살의 훌륭한 행과 원에 들어가게 하였고,

한량없는 중생을 보현의 청정한 행과 원에 머물게 하였다.

선남자여, 보지보염묘덕당불이 이처럼 불가사의의 자재한 신통을 나타내어 법륜을 굴릴 적에, 그 하나하나 세계에서 중생에게 알맞은 바를 따라서 찰나마다 한량없는 중생을 조복하였다.

◉ 疏 ◉

就第七佛興益物中에 三이니

一은 明得道之場이오

二 '須彌山'下는 總顯佛數오

三 '其第一'下는 別明初佛이라 於中七이니

一은 總明成道오

二 '其彼如來'下는 成道前相이니 謂放光調機 有十一重이라 一一重中에 各有光名·業用·成益하야 以益對名이니 可以思準이라 若約表法인댄 則前十은 爲次第十度光이오 後一은 爲圓融十度光이니 以此照心이면 則自智出現이라

三 '滿七日已'下는 動刹集衆이오

四 '爾時彼世界中'下는 現相顯德이오

五 '善男子此普照'下는 明成道依正이오

六 '善男子彼普智寶燄'下는 始成正覺이니 一成一切成故니라

七 '隨衆生心'下는 轉正法輪이라 於中三이니 初는 總標轉法이오 二 '於一一'下는 顯其成益이니 於中에 初는 益凡夫니 次는 益二乘이오 後는 益菩薩이니 菩薩中에 先은 成行이오 後 '發菩提心'下는 成位니 菩提心은 是住位오 菩薩道는 是行位오 淨波羅密은 是廻向位오 以大願海로 淨治前度故니라 後二句는 是等覺位라 三 '善男子彼普智'下는 結無間斷이라【鈔_ 後二句是等覺'者는 不言十地者는 上二句文에 十地顯故며 餘位義引일세 故別指耳라】

제7, 부처님이 세간에 나와 중생에게 이익을 주는 부분은 3단락이다.

⑴도를 증득한 도량을 밝혔으며,

473

⑵ '須彌山' 이하는 부처님의 수효를 총체로 밝혔으며,

⑶ '其第一' 이하는 개별로 첫 부처님을 밝혔다.

이는 다시 7단락으로 나뉜다.

① 成道를 총체로 밝혔고,

② '其彼如來' 이하는 성도 이전의 모습이다. 방광으로 중생의 근기를 조복함이 11중이다. 하나하나마다 각기 다른 방광의 명칭, 그 작용, 성취의 이익이 있는데, 그 해당 이익에 따라 그 명칭을 붙인 것이다. 이에 준하여 생각하면 된다.

만약 법으로 말하면, 앞의 10가지 방광은 차례로 십바라밀의 광명이고, 뒤의 하나는 십바라밀의 광명을 원융함이다. 이러한 광명으로 마음을 비추면 스스로 지혜가 나타나게 된다.

③ '滿七日' 이하는 세계를 진동하여 대중을 모음이다.

④ '爾時彼世界中' 이하는 모습을 나타내고 공덕을 밝혔으며,

⑤ '善男子此普照' 이하는 성도의 의보와 정보를 밝혔으며,

⑥ '善男子彼普智寶㷿' 이하는 처음 정각을 성취함이다. 한 사람의 정각 성취가 일체중생의 정각을 성취하기 때문이다.

⑦ '隨衆生心' 이하는 바른 법륜을 굴림이다.

이 부분은 3단락이다.

㉠ 법륜 굴림을 총체로 밝혔다.

㉡ '於一一' 이하는 그 성취의 이익을 밝혔다.

그 가운데 첫째는 범부의 이익이며, 다음은 이승의 이익이며, 뒤는 보살의 이익이다.

'뒤의 보살' 가운데 앞은 보살행의 성취이며, 뒤의 '發菩提心' 이하는 보살 지위의 성취인바,

보리의 마음은 십주 지위이며,

보살의 도는 십행 지위이며,

청정바라밀은 십회향 지위이다. 큰 서원의 바다로써 앞의 바라밀을 청정하게 다스리기 때문이다.

뒤의 2구는 등각의 지위이다.

ⓒ '善男子彼普智' 이하는 간단이 없음을 끝맺었다.【초_"뒤의 2구는 등각의 지위"라는 것은 十地를 말하지 않음은 위 2구의 문장에서 十地를 밝혔기 때문이며, 나머지 지위는 그 뜻으로 인용한 까닭에 개별로 가리킨 것이다.】

已上은 別明初佛七段 竟하다

이상은 개별로 밝힌 첫 부처님의 7단락 부분을 끝마치다.

經

時에 普賢菩薩이 知寶華燈王城中衆生이 自恃色貌와 及諸境界하야 而生憍慢하야 陵蔑他人하시고 化現妙身호되 端正殊特하사 往詣彼城하야 放大光明하야 普照一切하사 令彼聖王과 及諸妙寶와 日月星宿과 衆生身等의 一切光明으로 悉皆不現이 譬如日出에 衆景奪耀하며 亦如聚墨이 對閻浮金케하신대 時諸衆生이 咸作是言호되 此爲是誰爲天가 爲梵가 今放此光하야 令我等身의 所有光

色으로 皆不顯現이라하야 種種思惟호되 無能解了러니 爾時에 普賢菩薩이 在彼輪王寶宮殿上虛空中住하야 而告之言하사대 大王아 當知하라 今汝國中에 有佛興世하사 在普光明法雲音幢菩提樹下하시니라

時에 聖王女蓮華妙眼이 見普賢菩薩의 所現色身光明自在하며 及聞身上諸莊嚴具의 所出妙音하고 心生歡喜하야 作如是念호되 願我所有一切善根으로 得如是身과 如是莊嚴과 如是相好와 如是威儀와 如是自在하야지이다 今此大聖이 能於衆生生死長夜黑暗之中에 放大光明하사 開示如來出興於世하시니 願令於我로 亦得如是하야 爲諸衆生하야 作智光明하야 破彼所有無知黑暗하며 願我所在受生之處에 常得不離此善知識하야지이다하니라

善男子야 時에 轉輪王이 與其寶女와 千子眷屬과 大臣輔佐와 四種兵衆과 及其城內無量人民으로 前後圍遶하야 以王神力으로 俱升虛空하니 高一由旬이라 放大光明하야 照四天下하야 普使一切로 咸得瞻仰하고 欲令衆生으로 俱往見佛하야 以偈讚曰

 그때, 보현보살은 '보화등왕'의 성안에 있는 중생들이 잘생긴 모양, 모든 환경을 믿고서 교만한 마음을 내어 다른 이들을 능멸한 것을 알고서, 단정하고 훌륭한 몸을 나타내어 그 성을 찾아가 큰 광명을 쏟아내어 모든 것을 비춰주자, 그곳의 전륜성왕, 모든 보배, 일월성신, 중생들의 모든 광명이 모두 드러나지 못하였다. 마치 태

양이 솟아오르면 모든 별빛이 사라지는 것과 같았고, 검은 먹으로 염부단금을 마주하는 듯하였다.

그때, 중생들이 모두 이처럼 말하였다.

'이는 누구의 일일까? 하늘일까? 범천일까? 이런 광명을 쏟아내어 우리의 몸에 있던 광채가 전혀 나타나지 못하는구나.'

이런저런 온갖 생각 하였지만 이를 알 수 없었다.

그때, 보현보살이 그 전륜왕의 궁전 위의 허공에 머물면서 그들에게 말하였다.

"대왕이여, 지금 그대의 나라에 부처님이 오시어 '보광법운음당 보리수' 아래 계신 줄을 알라."

그때, 전륜성왕의 딸, 연화묘안 공주가 보현보살이 나타내신 몸에 광명이 자재함을 보았고, 또한 몸에 있는 여러 장엄거리에서 울려나는 아름다운 소리를 듣고서 기쁜 마음으로 이런 생각을 하였다.

'바라건대 제가 지닌 모든 선근으로 이러한 몸, 이러한 장엄, 이러한 모습, 이러한 위의, 이러한 자재함을 얻게 하소서.

지금 이 거룩하신 보살께서 중생들이 나고 죽는 암흑의 밤중에 큰 광명을 비춰주어, 여래가 세상에 나오심을 보여주셨습니다.

원하건대 저로 하여금 또한 그와 같이 모든 중생을 위하여 지혜의 광명이 되어, 그들의 암흑의 무명을 깨뜨리게 하소서.

원하건대 제가 태어나는 곳마다 언제나 이 선지식을 떠나지 않게 하소서.'

선남자여, 그때, 전륜왕이 귀한 딸, 1천 아들, 권속과 신하, 네 종류의 군대, 한량없는 성중의 백성으로 앞뒤를 호위하면서, 왕의 신통력으로 모두 1유순쯤 높은 허공에 올라가, 큰 광명을 쏟아내어 사천하를 비춰주었다. 이에 일체중생으로 하여금 모두 우러러 바라보게 하고, 중생들과 함께 부처님을 찾아가 뵙고자 게송으로 찬탄하였다.

如來出世間하사　　　普救諸群生하시니
汝等應速起　　　　　往詣導師所어다

　　부처님 이 세상에 나오시어
　　많은 중생 널리 구제하시니
　　너희들은 빨리 일어나
　　부처님 계신 곳 찾아가자

無量無數劫에야　　　乃有佛興世하사
演說深妙法하야　　　饒益一切衆이로다

　　한량없고 수없는 겁에
　　부처님 세간에 나오시어
　　깊고 미묘한 법문 연설하여
　　일체중생에게 이익을 주시네

佛觀諸世間의　　　　顚倒常癡惑하야
輪廻生死苦하고　　　而起大悲心이로다

　　부처님이 세간 중생의

잘못된 생각으로 항상 어리석고 의심 많아
　　생사에 윤회함을 살펴보시고
　　자비심을 일으키셨다

無數億千劫에　　　　　**修習菩提行**이
爲欲度衆生이시니　　　**斯由大悲力**이로다
　　그지없는 억천만 겁에
　　위없는 보리행 닦아 익힘은
　　많은 중생 구제코자 원함이니
　　이는 대비의 마음에서 연유한 터

頭目手足等을　　　　　**一切悉能捨**하시니
爲求菩提故로　　　　　**如是無量劫**이로다
　　머리와 눈과 손과 발 등
　　온몸 모두 버리심은
　　보리를 구하고자
　　이처럼 한량없는 세월 닦아오셨다

無量億千劫에　　　　　**導師難可遇**니
見聞若承事하면　　　　**一切無空過**로다
　　그지없는 억천 겁에
　　부처님 만나기 어려운 일

보고 듣고 섬기면
　　모든 일 헛되지 않으리라

今當共汝等으로　　　　**往觀調御尊**이
坐於如來座하사　　　　**降魔成正覺**호리라
　　지금 너희와 함께
　　찾아가 부처님 뵈면
　　여래의 사자법좌 앉으시어
　　마군을 항복 받고 정각 성취했으리라

瞻仰如來身호니　　　　**放演無量光**과
種種微妙色하사　　　　**除滅一切暗**이로다
　　여래의 거룩한 몸 우러르니
　　한량없는 광명과
　　온갖 미묘하신 색상 나타내어
　　일체 암흑 없애주었네

一一毛孔中에　　　　　**放光不思議**라
普照諸群生하야　　　　**咸令大歡喜**로다
　　하나하나 모공마다
　　불가사의 광명 내어
　　수많은 중생 널리 비춰

모두에게 큰 기쁨 주었네

汝等咸應發 廣大精進心하야
詣彼如來所하야 恭敬而供養이어다

너희 모두 발심하라
광대한 정진의 마음으로
부처님 계신 곳 찾아가
공경으로 공양하여라

爾時에 轉輪聖王이 說偈讚佛하야 開悟一切衆生已하고 從輪王善根으로 出十千種大供養雲하야 往詣道場하야 向如來所하니
所謂一切寶蓋雲과 一切華帳雲과 一切寶衣雲과 一切寶鈴網雲과 一切香海雲과 一切寶座雲과 一切寶幢雲과 一切宮殿雲과 一切妙華雲과 一切諸莊嚴具雲을 於虛空中에 周徧嚴飾하야 到已에 頂禮普智寶焰妙德幢王如來足하며 遶無量百千匝하고 即於佛前에 坐普照十方寶蓮華座니라

그때, 전륜성왕이 게송으로 부처님을 찬탄하여 일체중생을 깨우치고, 전륜왕의 선근으로부터 십천 가지 광대한 공양거리 구름을 내어 부처님 도량으로 찾아가 여래의 계신 곳으로 향하였다.

이른바 일체 보배 일산 구름, 일체 꽃 휘장 구름, 일체 보배 옷

구름, 일체 보배 방울 그물 구름, 일체 향기 바다 구름, 일체 보배 자리 구름, 일체 보배 당기 구름, 일체 궁전 구름, 일체 미묘한 꽃 구름, 일체 장엄거리 구름이 허공을 가득히 장엄하였다.

　부처님 도량에 이르러서 보지보염묘덕당왕불의 발에 엎드려 예배하고, 한량없이 백천 차례 돌고, 부처님 앞에 나아가 시방을 두루 비추는 보배 연꽃 법좌에 앉았다.

◉ 疏 ◉

第八善友引導中六이니

一은 知機起惡이오

二 化現妙身 下는 現身超勝이오

三 時諸衆生 下는 物機驚怖오

四 爾時普賢 下는 告語佛興이오

五 時聖王女 下는 女發大心이니 亦是入法之因이오

六 善男子時轉輪王 下는 父王詣佛이니

於中四니

一은 身處虛空이오

二는 以偈讚引이니 於中十偈니 初一은 總勸이오 次五偈는 釋勸이오 後四偈는 結勸이니 勝故應往이라

三 爾時 下는 廣興供雲이오

四 到已 下는 至彼修敬이라

　제8, 선지식의 인도 부분은 6단락이다.

(1) 중생의 근기로 악업을 일으킴을 앎이며,

(2) '化現妙身' 이하는 나타낸 몸이 뛰어나게 훌륭함이며,

(3) '時諸衆生' 이하는 중생이 깜짝 놀람이며,

(4) '爾時普賢' 이하는 부처님이 나오심을 일러줌이며,

(5) '時聖王女' 이하는 왕의 딸이 큰마음을 냄이다. 이 또한 법에 들어가는 원인이다.

(6) '善男子時轉輪王' 이하는 부왕이 부처님에게 찾아감이다.

'부처님을 찾아간' 부분은 다시 4단락이다.

① 몸이 허공에 떠 있음이며,

② 게송으로 찬탄하면서 이끌었다.

여기에는 10수 게송이 있다.

첫 1수 게송은 총체로 권면함이며,

다음 5수 게송은 해석하여 권면함이며,

뒤의 4수 게송은 권면을 끝맺음이다. 부처님이 훌륭하기 때문에 당연히 찾아가야 한다.

③ '爾時' 이하는 널리 공양 구름을 일으킴이며,

④ '到已' 이하는 그곳을 찾아가 경례를 갖춤이다.

經

時에 轉輪王女普智焰妙德眼이 卽解身上諸莊嚴具하야 持以散佛한대

時에 莊嚴具 於虛空中에 變成寶蓋하야 寶網垂下어늘 龍

王이 執持하며 一切宮殿이 於中間列하며 十種寶蓋 周匝圍遶하니 形如樓閣하야 內外淸淨하며 諸瓔珞雲과 及諸寶樹와 香海摩尼로 以爲莊嚴하며 於此蓋中에 有菩提樹 枝葉榮茂하야 普覆法界하며 念念示現無量莊嚴하야 毘盧遮那如來 坐此樹下어시든 有不可說佛刹微塵數菩薩이 前後圍遶하니 皆從普賢行願出生하야 住諸菩薩無差別住하며

亦見有一切諸世間主하며

亦見如來自在神力하며

又見一切諸劫次第와 世界成壞하며

又亦見彼一切世界에 一切諸佛出興次第하며

又亦見彼一切世界에 一一皆有普賢菩薩이 供養於佛하고 調伏衆生하며

又亦見彼一切菩薩이 莫不皆在普賢身中하며

亦見自身이 在其身內하며

亦見其身이 在一切如來前과 一切普賢前과 一切菩薩前과 一切衆生前하며

又亦見彼一切世界에 一一各有佛刹微塵數世界의 種種際畔과 種種任持와 種種形狀과 種種體性과 種種安布와 種種莊嚴과 種種淸淨과 種種莊嚴雲으로 而覆其上과 種種劫名과 種種佛興과 種種三世와 種種方處와 種種住法界와 種種入法界와 種種住虛空과 種種如來菩提

場과 **種種如來神通力**과 **種種如來師子座**와 **種種如來大衆海**와 **種種如來衆差別**과 **種種如來巧方便**과 **種種如來轉法輪**과 **種種如來妙音聲**과 **種種如來言說海**와 **種種如來契經雲**이러라

旣見是已에 **其心淸淨**하야 **生大歡喜**하니라

전륜성왕의 딸, 보지염묘덕안이 몸을 단장한 장엄거리를 풀어 부처님께 올렸다. 그 장엄거리는 공중에서 보배 일산으로 변화하여 보배 그물이 드리워졌는데, 용왕이 받들었다.

모든 궁전이 그 가운데 널려 있으며, 열 가지 보배 일산이 둘러 있는데 형상이 누각과 같아 안팎이 청정하였고, 영락 구름과 보배 나무를 향물 바다 마니로 장엄하였다.

이 일산 가운데 보리수가 있는데 가지와 잎이 무성하여 법계를 두루 덮었으며, 잠깐 사이에 한량없는 장엄을 나타내었다.

비로자나불이 이 보리수 아래 앉으셨는데, 말할 수 없는 세계의 티끌 수 보살들이 앞뒤로 둘러 모셨다. 이는 모두 보현보살의 행원으로부터 생겨나 여러 보살의 차별 없이 머무는 데 머물렀다.

또한 일체 세간의 임금을 보았으며,

또한 여래의 자재한 신통력도 보았으며,

또한 일체 겁의 차례와 세계가 이뤄지고 무너짐도 보았으며,

또한 그 일체 세계에 일체 부처님이 차례로 나오심을 보았으며,

또한 그 일체 세계에 하나하나 모두 보현보살이 부처님께 공양하고 중생을 조복함을 보았으며,

또한 그 일체 보살이 보현의 몸속에 있음을 보았으며,

또한 자기의 몸이 그의 몸속에 있음을 보았으며,

또한 그 몸이 일체 여래의 앞, 일체 보현의 앞, 일체 보살의 앞, 일체중생의 앞에 있음을 보았으며,

또한 그 일체 세계에 하나하나 각각 부처 세계의 티끌 수 세계의 가지가지 경계선, 가지가지 유지, 가지가지 형상, 가지가지 체성, 가지가지 펼침, 가지가지 장엄, 가지가지 청정함, 가지가지 장엄 구름으로 그 위를 덮음을 보았으며,

가지가지 겁의 이름, 가지가지 부처님이 나심, 가지가지 삼세, 가지가지 처소, 가지가지 법계에 머무름, 가지가지 법계에 들어감, 가지가지 허공에 머무름, 가지가지 여래의 보리장, 가지가지 여래의 신통력, 가지가지 여래의 사자법좌, 가지가지 여래의 대중 바다, 가지가지 여래의 대중 차별, 가지가지 여래의 교묘한 방편, 가지가지 여래의 법륜을 굴림, 가지가지 여래의 미묘한 음성, 가지가지 여래의 말씀 바다, 가지가지 여래의 경전 구름을 보았다.

이런 것들을 보고서 그 마음이 청정하여 큰 기쁨을 얻었다.

● 疏 ●

第九는 德女修因이라

於中三이니

一은 嚴具奉佛이니 表修萬行向佛果故오

二 時莊嚴下는 見佛現變이니 表因小果大故오

三'旣見是已'下는 覩變獲益이라

제9, 보지염묘덕안녀의 因地 수행이다.

이 부분은 3단락이다.

(1) 장엄거리로 부처님께 공양함이다. 만행을 닦아 불과에 향함을 나타낸 때문이다.

(2) '時莊嚴' 이하는 부처의 현신 변화를 봄이다. 원인은 작고 결과는 큼을 나타낸 때문이다.

(3) '旣見是已' 이하는 변화를 보고서 이익을 얻음이다.

經

普智寶焰妙德幢王如來 爲說修多羅하시니 名一切如來轉法輪이라
十佛刹微塵數修多羅로 而爲眷屬이어늘
時彼女人이 聞此經已하고 則得成就十千三昧門하니
其心柔軟하야 無有麤疆이 如初受胎하며 如始誕生하며
如娑羅樹의 初始生芽하야 彼三昧心도 亦復如是하니
所謂現見一切佛三昧와
普照一切刹三昧와
入一切三世門三昧와
說一切佛法輪三昧와
知一切佛願海三昧와
開悟一切衆生하야 令出生死苦三昧와

常願破一切衆生暗三昧와

常願滅一切衆生苦三昧와

常願生一切衆生樂三昧와

教化一切衆生호되 不生疲厭三昧와

一切菩薩無障礙幢三昧와

普詣一切清淨佛刹三昧라

得如是等十千三昧已에

復得妙定心과 不動心과 歡喜心과 安慰心과 廣大心과 順善知識心과 緣甚深一切智心과 住廣大方便海心과 捨離一切執着心과 不住一切世間境界心과 入如來境界心과 普照一切色海心과 無惱害心과 無高倨心과 無疲倦心과 無退轉心과 無懈怠心과 思惟諸法自性心과 安住一切法門海心과 觀察一切法門海心과 了知一切衆生海心과 救護一切衆生海心과 普照一切世界海心과 普生一切佛願海心과 悉破一切障山心과 積集福德助道心과 現見諸佛十力心과 普照菩薩境界心과 增長菩薩助道心과 徧緣一切方海心하니라

一心思惟普賢大願하야 發一切如來十佛刹微塵數願海호되

願嚴淨一切佛國하며

願調伏一切衆生하며

願徧知一切法界하며

願普入一切法界海하며
願於一切佛刹에 盡未來際劫토록 修菩薩行하며
願盡未來際劫토록 不捨一切菩薩行하며
願得親近一切如來하며
願得承事一切善友하며
願得供養一切諸佛하며
願於念念中에 修菩薩行하야 增一切智하야 無有間斷하야지이다
發如是等十佛刹微塵數願海하야 成就普賢所有大願이러니
時彼如來 復爲其女하사 開示演說發心已來所集善根과 所修妙行과 所得大果하사 令其開悟하야 成就如來所有願海하야 一心趣向一切智位케하시니라

보지보염묘덕당왕불이 경을 말씀하시니, 그 이름을 '일체여래전법륜경'이라 한다.

열 세계의 티끌 수 경으로 권속을 삼았다.

그때, 그 여인이 이 경을 듣고서 십천 가지 삼매문을 성취하였다.

그 마음이 부드러워 억세지 않음이, 마치 처음 태에 든 듯, 처음 태어난 듯, 사라나무의 싹이 처음 돋아나는 듯, 그 삼매의 마음 또한 그와 같았다.

이른바 일체 부처님이 나타남을 보는 삼매,

일체 세계를 비추는 삼매,

일체 삼세문에 들어가는 삼매,

일체 부처님의 법륜을 말하는 삼매,

일체 부처님의 서원 바다를 아는 삼매,

일체중생을 깨우쳐 생사의 고통에서 벗어나게 하는 삼매,

항상 일체중생의 암흑을 깨뜨려주려는 삼매,

항상 일체중생의 고통을 없애려는 삼매,

항상 일체중생의 즐거움을 내주려는 삼매,

일체중생을 교화하면서 고달픈 생각을 내지 않는 삼매,

일체 보살의 걸림 없는 당기 삼매,

일체 청정한 부처님 세계에 두루 나아가는 삼매이다.

이와 같은 십천 삼매를 얻은 뒤에,

또한 미묘한 선정 마음, 흔들리지 않는 마음, 환희의 마음, 안위의 마음, 광대한 마음, 선지식을 따르는 마음, 깊고 깊은 일체 지혜를 반연하는 마음, 광대한 방편 바다에 머무는 마음, 일체 집착을 버리는 마음, 일체 세간의 경계에 머물지 않는 마음, 여래의 경계에 들어가는 마음, 일체 색상 바다를 널리 비추는 마음, 괴로움이 없는 마음, 거만함이 없는 마음, 게으름이 없는 마음, 물러섬이 없는 마음, 게으르지 않는 마음, 모든 법의 자성을 생각하는 마음, 일체 법문 바다에 안주하는 마음, 일체 법문 바다를 관찰하는 마음, 일체 중생 바다를 잘 아는 마음, 일체 중생 바다를 구호하는 마음, 일체 세계 바다를 두루 비추는 마음, 일체 부처님의 서원 바다를 두루 내어주는 마음, 일체 장애의 산을 깨뜨려주는 마음, 복덕

을 쌓아서 도를 돕는 마음, 여러 부처님의 열 가지 힘을 보는 마음, 보살의 경계를 두루 비추는 마음, 보살의 도를 돕는 것을 더욱 키워주는 마음, 일체 방편 바다를 두루 반연하는 마음을 얻었다.

하나같은 마음으로 보현보살의 큰 서원을 생각하여, 일체 여래의 열 세계 티끌 수처럼 헤아릴 수 없는 서원 바다를 세웠는데,

일체 부처님 국토를 장엄 청정히 하려는 서원,

일체중생을 조복하려는 서원,

일체 법계를 두루 알려는 서원,

일체 법계 바다에 널리 들어가려는 서원,

일체 부처님 세계에서 미래 세월이 다하도록 보살행을 닦으려는 서원,

일체 여래에게 가까이하려는 서원,

일체 선지식을 받들어 섬기려는 서원,

일체 부처님께 공양하려는 서원,

찰나마다 보살행을 닦아 일체 지혜를 더욱 키워 끊임이 없으려는 서원이다.

이와 같은 열 세계의 티끌 수처럼 헤아릴 수 없는 서원 바다를 세워서 보현보살이 지녔던 큰 서원을 성취하고자 하였다.

그때, 저 여래께서 또한 그 여인을 위하여, 발심한 후로부터 쌓아온 선근, 닦아온 미묘한 수행, 얻은 바의 결과를 연설하여 보여주어, 그 여인으로 하여금 깨달아 여래의 서원 바다를 성취하여, 하나같은 마음으로 일체 지혜의 지위에 나아가게 하였다.

◉ *疏* ◉

第十聞經得益中三이니 一은 佛爲說經이니 從總相爲名이오 二時彼女人下는 正明聞益이니 於中亦三이니 初는 得三昧益이니 文有總別이오 次得如是等下는 得大心益이니 卽悲智等心이오 後一心思惟下는 成大願益이라 上之三益은 卽調伏衆生解脫이니 三事皆調伏之法故오 三時彼如來復爲下는 顯發昔因이라

제10, 경전을 듣고서 얻은 이익 부분은 3단락이다.

(1) 부처님이 여인을 위해 경을 연설하였다. 총상으로 경의 명제를 삼았다.

(2) '時彼女人' 이하는 경을 듣고서 얻은 이익을 밝혔다.

이 부분은 또다시 3단락이다.

① 삼매의 이익을 얻음이다. 이의 문장에는 총상과 별상이 있다.

② '得如是等' 이하는 큰마음의 이익을 얻음이다. 이는 悲智 등의 마음이다.

③ '一心思惟' 이하는 큰 서원의 이익을 성취함이다.

위의 3가지 이익은 중생을 조복한 해탈이다. 3가지의 일이 모두 조복의 법이기 때문이다.

(3) '時彼如來復爲' 이하는 발심했던 옛 인연을 나타냄이다.

一答得法久近 竟하다

첫째, 법을 얻은 지 얼마 되었는가에 관한 대답 부분을 끝마치다.

第二明發心之始

둘째, 발심의 시초를 밝히다

經

善男子야 復於此前에 過十大劫하야 有世界하니 名曰輪光摩尼오 佛號는 因陀羅幢妙相이라
此妙眼女 於彼如來遺法之中에 普賢菩薩이 勸其修補蓮華座上故壞佛像이어늘 旣修補已에 而復彩畵하며 旣彩畵已에 復寶莊嚴하고 發阿耨多羅三藐三菩提心하니라
善男子야 我念過去에 由普賢菩薩善知識故로 種此善根하야 從是已來로 不墮惡趣하고 常於一切天王人王種族中生하야 端正可喜오 衆相圓滿하야 令人樂見이라 常見於佛하며 常得親近普賢菩薩하야 乃至於今히 示導開悟하야 成熟於我하야 令生歡喜케하시니라

선남자여, 또 이보다 열 대겁 이전에 세계가 있었는데, 그 이름을 '일륜광마니세계'라 하고, 그 세계의 부처님 명호는 '인드라당묘상불'이시다.

저 '묘안' 여인이 그 여래가 남기신 교법 중에서 보현보살의 권고로 연화법좌에 있는 낡은 불상을 보수하였는데, 보수한 후에 또 채색을 올렸으며, 채색을 올린 후에 다시 보배로 장엄하였고, 아뇩다라삼먁삼보리심을 내었다.

선남자여, 내가 생각하니 과거에 보현보살 선지식을 만난 인연으로 이런 선근을 심었으며, 그 후로부터 악도에 떨어지지 않고, 항상 천상계의 왕이나 인간계의 왕족으로 태어나 단정하고 기뻤으며, 모든 모습이 원만하여 보는 이들을 반갑게 하였다.
　항상 부처님을 뵈옵고, 항상 보현보살을 가까이하여 지금까지도 나를 지도하고 깨우쳐주고 성숙케 하여 환희심을 내어주었다.

● 疏 ●

於此前者는 卽得法劫之前也니 顯前得法이 非無因也니라

　이 이전이란 법을 얻기 이전의 겁이다. 앞서 법을 얻기까지 원인이 없지 않음을 밝힌 것이다.

二 答發心之始 竟하다

　둘째, 발심의 시초를 물음에 관한 대답 부분을 끝마치다.

第三 結會古今

　셋째, 고금의 일을 회통하여 끝맺다

經

善男子야 於意云何오 爾時 毘盧遮那藏妙寶蓮華髻轉輪聖王者는 豈異人乎아 今彌勒菩薩이 是오
時에 王妃圓滿面者는 寂靜音海夜神이 是니 今所住處

去此不遠이오
時에 妙德眼童女者는 卽我身이 是니 我於彼時에 身爲童女러니
普賢菩薩이 勸我修補蓮華座像하야 以爲無上菩提因緣하야 令我發於阿耨多羅三藐三菩提心이어늘 我於彼時에 初始發心호라
次復引導하야 令我得見妙德幢佛이어늘 解身瓔珞하야 散佛供養하며 見佛神力하며 聞佛說法하고 卽得菩薩普現一切世間調伏衆生解脫門하야 於念念中에 見須彌山微塵數佛하며 亦見彼佛道場衆會와 淸淨國土하야 我皆尊重하야 恭敬供養하며 聽聞說法하고 依敎修行호라

선남자여, 이를 어떻게 생각하는가?

그때, '비로자나장 묘보연화계 전륜성왕'은 어찌 다른 사람이겠는가. 지금의 미륵보살이시다.

그 당시 '원만면' 왕비는 지금의 '적정음해주야신'이다. 지금 주야신이 머문 곳이 여기서 멀지 않다.

그때의 '묘덕안동녀'는 바로 나의 몸이다. 나는 그때에 아가씨였는데, 보현보살의 권유로 연화법좌 위에 모신 불상을 보수한 것이 위없는 보리의 인연이 되어, 아뇩다라삼먁삼보리심을 내도록 해주었다. 나는 그때 처음 발심하였다.

그다음 또 나를 인도하여, 묘덕당불을 뵙게 하였는데, 몸의 영락을 풀어 부처님께 올려 공양하고서 부처님의 신통력을 보았으

며, 부처님의 설법을 듣고 바로 보살이 일체 세계에 두루 나타나 중생을 조복하는 해탈문을 얻었으며, 찰나마다 수미산 티끌 수 부처님을 보았고, 또한 그 부처님의 도량에 모인 대중과 청정한 국토를 보고서, 나는 모두 존중하여 공경하고 공양하였으며, 법문을 듣고 가르침대로 수행하였다.

◉ 疏 ◉

於中三이니

初는 結會得法時身이오

次我於彼時下는 結發心之始오

後次復引導下는 正結得法이라 此方酬其名이니 卽前三益이라

　　이 부분은 3단락이다.

　　① 법을 얻을 때의 몸을 회통하여 끝맺음이며,

　　② '我於彼時' 이하는 발심의 시초를 끝맺음이며,

　　③ '次復引導' 이하는 법을 얻음을 끝맺음이다. 이는 바야흐로 그 명칭에 대한 답이다. 앞의 3가지 이익이다.

上通答三問 竟하다

　　제1단락, 3가지 물음을 통합하여 답한 부분을 끝마치다.

第二別答修行淨治

前有聞法修行은 是得法之前이오 此是得法之後라

於中二니
一은 別舉大光劫이오 二 '善男子此世界中' 下는 總顯諸劫이라
今은 初라

제2 단락, '어떤 因行을 닦아 청정하게 다스렸는가.'에 대한 물음을 개별로 답하다

앞에서 말한 설법을 듣고서 수행함은 법을 얻기 이전이며, 이 부분은 법을 얻은 뒤이다.

이는 2단락이다.

첫째, 大光劫을 개별로 들어 말하였고,

둘째, '善男子此世界中' 이하는 모든 겁을 총괄하여 밝혔다.

이는 '첫째, 대광겁을 개별로 들어 말한 부분'이다.

經

善男子야 過彼毘盧遮那大威德世界圓滿淸淨劫已에 次有世界하니 名寶論妙莊嚴이오 劫名大光이니 有五百佛이 於中出現이어시늘 我皆承事하야 恭敬供養호니

其最初佛은 名大悲幢이니 初出家時에 我爲夜神하야 恭敬供養하며

次有佛出하니 名金剛那羅延幢이니 我爲轉輪王하야 恭敬供養한대 其佛이 爲我說修多羅하시니 名一切佛出現이니 十佛刹微塵數修多羅로 以爲眷屬이며

次有佛出하니 名金剛無礙德이니 我於彼時에 爲轉輪王

하야 恭敬供養한대 其佛이 爲我하야 說修多羅하시니 名普照一切衆生根이니 須彌山微塵數修多羅로 而爲眷屬이어늘 我皆受持하며

次有佛出하니 名火焰山妙莊嚴이니 我於彼時에 爲長者女러니 其佛이 爲我하야 說修多羅하시니 名普照三世藏이니 閻浮提微塵數修多羅로 而爲眷屬이어늘 我皆聽聞하고 如法受持하며

次有佛出하니 名一切法海高勝王이니 我爲阿修羅王하야 恭敬供養한대 其佛이 爲我하야 說修多羅하시니 名分別一切法界니 五百修多羅로 而爲眷屬이어늘 我皆聽聞하고 如法受持하며

次有佛出하니 名海嶽法光明이니 我爲龍王女하야 雨如意摩尼寶雲하야 而爲供養한대 其佛이 爲我하야 說修多羅하시니 名增長歡喜海니 百萬億修多羅로 而爲眷屬이어늘 我皆聽聞하고 如法受持하며

次有佛出하니 名寶焰山燈이니 我爲海神하야 雨寶蓮華雲하야 恭敬供養한대 其佛이 爲我하야 說修多羅하시니 名法界方便海光明이니 佛刹微塵數修多羅로 而爲眷屬이어늘 我皆聽聞하고 如法受持하며

次有佛出하니 名功德海光明輪이니 我於彼時에 爲五通仙하야 現大神通하고 六萬諸仙이 前後圍遶하야 雨香華雲하야 而爲供養한대 其佛이 爲我하야 說修多羅하시니 名

無着法燈이니 六萬修多羅로 而爲眷屬이어늘 我皆聽聞하고 如法受持하며

次有佛出하니 名毘盧遮那功德藏이오 我於彼時에 爲主地神하니 名出生平等義니 與無量地神으로 俱하야 雨一切寶樹와 一切摩尼藏과 一切寶瓔珞雲하야 而爲供養한대 其佛이 爲我하야 說修多羅하시니 名出生一切如來智藏이니 無量修多羅로 而爲眷屬이어늘 我皆聽聞하고 受持不忘호라

善男子야 如是次第로 其最後佛이 名充滿虛空法界妙德燈이오 我爲妓女하니 名曰美顔이라 見佛入城하고 歌舞供養할새 承佛神力하야 踊在空中하야 以千偈頌으로 讚歎於佛한대 佛爲於我하사 放眉間光하시니 名莊嚴法界大光明이라 徧觸我身이어늘 我蒙光已하고 卽得解脫門호니 名法界方便不退藏이니라

선남자여, 저 비로자나 대위덕 세계의 원만 청정한 겁을 지나서 다음 세계가 있었는데, 그 이름은 '보륜묘장엄세계'라 하며, 겁의 이름은 '대광겁'이라 한다. 5백 부처님이 그 세계에 나오셨는데, 나는 모두 받들어 섬기고 공경하고 공양하였다.

그 최초 부처님의 명호는 '대비당불'이시다. 처음 출가할 적에 나는 밤을 주관하는 신이 되어 공경하고 공양하였다.

그다음에 나신 부처님의 명호는 '금강나라연당불'이시다. 나는 전륜왕으로 공경하고 공양하였는데, 그 부처님이 나를 위해 경을

일러주었다. 그 경의 이름은 '일체불 출현경'이라 한다. 열 세계의 티끌 수 경으로 권속을 삼았다.

그다음에 나신 부처님의 명호는 '금강무애덕불'이시다. 나는 그 당시 전륜왕으로 공경하고 공양하였는데, 그 부처님이 나를 위해 경을 일러주었다. 그 경의 이름은 '보조일체중생근경'이라 한다. 수미산 티끌 수 경으로 권속을 삼았는데, 내가 모두 받아 지녔다.

그다음에 나신 부처님의 명호는 '화염산묘장엄불'이시다. 나는 그 당시 장자의 딸이었다. 그 부처님이 나를 위해 경을 일러주었다. 그 경의 이름은 '보조삼세장경'이라 한다. 염부제의 티끌 수 경으로 권속을 삼았는데, 나는 모두 듣고 법대로 받아 지녔다.

그 다음에 나신 부처님의 명호는 '일체법해고승왕불'이시다. 나는 아수라왕으로 공경하고 공양하였는데, 그 부처님이 나를 위해 경을 일러주었다. 그 경의 이름은 '분별일체법계경'이라 한다. 5백 경전으로 권속을 삼았는데, 나는 모두 듣고 법대로 받아 지녔다.

그다음에 나신 부처님의 명호는 '해악법광명불'이시다. 나는 용왕의 딸로 여의 마니보배 구름을 내려 공양하였는데, 그 부처님이 나를 위해 경을 일러주었다. 그 경의 이름은 '증장환희해경'이라 한다. 백만억 경전으로 권속을 삼았는데, 나는 모두 듣고 법대로 받아 지녔다.

그다음에 나신 부처님의 명호는 '보염산등불'이시다. 나는 바다를 주관하는 신이 되어 보배 연꽃 구름을 내려 공경하고 공양하였는데, 그 부처님이 나를 위해 경을 일러주었다. 그 경의 이름은

'법계방편해 광명경'이라 한다. 부처님 세계의 티끌 수 경으로 권속을 삼았는데, 나는 모두 듣고 법대로 받아 지녔다.

그다음에 나신 부처님의 명호는 '공덕해 광명륜불'이시다. 나는 그때에 5신통 선인으로 큰 신통을 나타내고 6만 신선들이 앞뒤에 호위하여, 향꽃 구름을 내려 공양하였는데, 그 부처님이 나를 위해 경을 일러주었다. 그 경의 이름은 '무착법등경'이라 한다. 6만 경으로 권속을 삼았는데, 나는 모두 듣고 법대로 받아 지녔다.

그다음에 나신 부처님의 명호는 '비로자나 공덕장불'이시다. 나는 그 당시 땅을 주관하는 신이었는데, 그 명호는 '출생평등의주지신'이라 하였다. 땅을 주관하는, 한량없는 신들과 함께 일체 보배 나무, 일체 마니광, 일체 보배 영락 구름을 내려 공양하였는데, 그 부처님이 나를 위해 경을 일러주었다. 그 경의 이름은 '출생일체여래지장경'이라 한다. 한량없는 경으로 권속을 삼았는데, 나는 모두 듣고 받아 지니고서 잊지 않았다.

선남자여, 이러한 차례로 최후에 나신 부처님의 명호는 '충만허공법계묘덕등불'이시다. 나는 당시 기생으로 나의 이름은 '예쁜이[美顏]'라 하였다. 부처님이 성안으로 들어오시는 것을 보고서 노래와 춤으로 공양할 적에, 부처님의 위신력을 받들어 공중으로 뛰어올라가 1천 수 게송으로 부처님을 찬탄하였다. 부처님은 나를 위하여 미간의 방광을 내주었다. 방광의 이름은 '장엄법계 대광명'이라 하였다. 나의 몸에 온통 비춰주자, 나는 그 광명을 입고서 해탈문을 얻었다. 그 이름을 '법계방편불퇴장'이라 하였다.

● 疏 ●

分三이니

初는 總明이오 次'其最初佛'下는 別顯이니 其中經名은 說者常演이
라 後'善男子如是'下는 顯其最後라

3단락으로 나뉜다.

① 총체로 밝혔고,

② '其最初佛' 이하는 개별로 밝혔다. 이 부분에서 말한 경의 이름은 '說者常演經'이다.

③ '善男子如是' 이하는 최후의 부처를 밝혔다.

二. 總顯諸劫

둘째, 모든 겁을 총괄하여 밝히다

經

善男子야 此世界中에 有如是等佛刹微塵數劫하야 一切 如來 於中出現이어시늘 我皆承事하야 恭敬供養하고

彼諸如來의 所說正法을 我皆憶念하야 乃至不忘一文一 句하며

於彼一一諸如來所에 稱揚讚歎一切佛法하고 爲無量衆 生하야 廣作利益하며

於彼一一諸如來所에 得一切智光明하야 現三世法界海

하야 入一切普賢行호라

善男子야 我依一切智光明故로 於念念中에 見無量佛하고 旣見佛已에 先所未得과 先所未見인 菩賢諸行을 悉得成滿호니

何以故오 以得一切智光明故니라

　선남자여, 이 세계에는 이와 같은 부처 세계의 티끌 수 겁이 있어, 일체 여래가 그 가운데 나타나시는데, 내가 모두 받들어 섬기면서 공경하고 공양하였고, 저 모든 여래가 말씀하신 바른 법을 나는 모두 기억하여 한 구절 한 글자도 잊지 않았으며,

　저 하나하나 여래의 계신 도량에서 일체 불법을 칭찬하고 찬탄하면서, 한량없는 중생을 위하여 널리 이익을 베풀었으며,

　저 하나하나 여래의 계신 도량에서 일체 지혜의 광명을 얻어, 삼세의 법계 바다를 나타내어 일체 보현행에 들어갔다.

　선남자여, 나는 일체 지혜의 광명을 의지하였기에 한 생각의 찰나마다 한량없는 부처님을 뵈었으며, 부처님을 뵌 뒤에는 예전에 얻지 못하였던 것, 예전에 보지 못하였던 보현의 모든 행을 모두 원만하게 성취하였다.

　무엇 때문일까?

　일체 지혜의 광명을 얻었기 때문이다."

◉ 疏 ◉

於中三이니

初는 總標오 次'彼諸如來'下는 得法修行이오 後'善男子我依'下는 見佛行成이라

이 부분은 3단락이다.
① 총체의 표장이며,
② '彼諸如來' 이하는 법을 얻어 수행함이며,
③ '善男子我依' 이하는 부처님을 친견하고서 행이 이뤄짐이다.

第二偈頌

뒤의 보구중생주야신 게송

經

爾時에 普救衆生夜神이 欲重明此解脫義하야 承佛神力하사 爲善財童子하야 而說頌言하사대

그때, 보구중생주야신이 이런 해탈의 뜻을 다시 밝히고자, 부처님의 위신력을 받들어 선재동자를 위해 게송으로 말하였다.

善財聽我說하라　　　甚深難見法이
普照於三世　　　　　一切差別門이니라

선재여, 나의 말을 들으라
매우 깊어 볼 수 없는 법이
삼세의 일체 다른 법문을

널리 비추느니

如我初發心에　　　　　專求佛功德하야
所入諸解脫을　　　　　汝今應諦聽이어다
　　내, 처음 발심할 적에
　　오롯이 부처의 공덕 구하고자
　　들어갔던 모든 해탈을
　　그대는 이제 자세히 들으라

⊙ 疏 ⊙

四十一偈는 分三이니
初 二偈는 擧法誡聽이오 次 三十八偈는 頌前正說이오 後 一偈는
擧因勸修니라
今은 初라 卽頌前標許하다
　　41수 게송은 3단락으로 나뉜다.
　　⑴ 2수 게송은 법을 들어 귀담아듣도록 경계하였고,
　　⑵ 38수 게송은 앞에서 설법한 바를 읊었으며,
　　⑶ 1수 게송은 因行을 들어 수행을 권하였다.
　　이는 '⑴ 2수 게송'으로 앞의 설법의 표장을 읊었다.

我念過去世에　　　　　過刹微塵劫하야

次前有一劫하니　　　　名圓滿淸淨이며
　　내, 생각하니 지난 과거 세상에
　　세계의 티끌 수 겁을 지나
　　그 전에 겁이 있었는데
　　그 이름 '원만청정겁'이며

是時有世界하니　　　　名爲徧照燈이라
須彌塵數佛이　　　　　於中出興世하시니
　　그때, 세계의 이름은
　　'변조등세계'인데
　　수미산 티끌 수 부처님이
　　그 세계에 나셨다

初佛名智焰이오　　　　次佛名法幢이오
第三法須彌오　　　　　第四德師子오
　　첫째는 지염불
　　둘째는 법당불
　　셋째는 법수미불
　　넷째는 덕사자불

第五寂靜王이오　　　　第六滅諸見이오
第七高名稱이오　　　　第八大功德이오

다섯째는 적정왕불
여섯째는 멸제견불
일곱째는 고명칭불
여덟째는 대공덕불

第九名勝日이오 　　**第十名月面**이라
於此十佛所에 　　**最初悟法門**호라

아홉째는 승일불
열째는 월면불이시다
이 열 부처님 계신 데서
최초 법문 깨달았다

從此後次第로 　　**復有十佛出**하시니
初名虛空處오 　　**第二名普光**이오

그 후 차례차례로
다시 열 부처 나셨나니
첫째는 허공처불
둘째는 보광불

三名住諸方이오 　　**四名正念海**오
五名高勝光이오 　　**六名須彌雲**이오

셋째는 주제방불

넷째는 정념해불

다섯째는 고승광불

여섯째는 수미운불

七名法焰佛이오　　**八名山勝佛**이오
九名大悲華오　　**十名法界華**라

일곱째는 법염불

여덟째는 산승불

아홉째는 대비화불

열째는 법계화불

此十出現時에　　**第二悟法門**호라
從此後次第로　　**復有十佛出**하시니

이 열 부처님 나실 적에

제2 법문 깨달았다

그 후로 차례차례

열 부처님 나셨나니

第一光幢佛이오　　**第二智慧佛**이오
第三心義佛이오　　**第四德主佛**이오

첫째는 광당불

둘째는 지혜불

셋째는 심의불
　　넷째는 덕주불

第五天慧佛이오　　　　**第六慧王佛**이오
第七勝智佛이오　　　　**第八光王佛**이오
　　다섯째는 천혜불
　　여섯째는 혜왕불
　　일곱째는 승지불
　　여덟째는 광왕불

第九勇猛佛이오　　　　**第十蓮華佛**이라
於此十佛所에　　　　　**第三悟法門**호라
　　아홉째는 용맹불
　　열째는 연화불이시다
　　이 열 부처님 계신 데서
　　제3 법문 깨쳤어라

從此後次第로　　　　　**復有十佛出**하시니
第一寶焰山이오　　　　**第二功德海**오
　　그 후로 차례차례
　　열 부처님 나셨나니
　　첫째는 보염산불

둘째는 공덕해불

第三法光明이오　　　　**第四蓮華藏**이오
第五衆生眼이오　　　　**第六香光寶**오
　　셋째는 법광명불
　　넷째는 연화장불
　　다섯째는 중생안불
　　여섯째는 향광보불

七須彌功德이오　　　　**八乾闥婆王**이오
第九摩尼藏이오　　　　**第十寂靜色**이로다
　　일곱째는 수미공덕불
　　여덟째는 건달바왕불
　　아홉째는 마니장불
　　열째는 적정색불이시다

從此後次第로　　　　　**復有十佛出**하시니
初佛廣大智오　　　　　**次佛寶光明**이오
　　그 후로 차례차례
　　열 부처님 나셨나니
　　첫째는 광대지불
　　둘째는 보광명불

第三虛空雲이오　　　第四殊勝相이오
第五圓滿戒오　　　　第六那羅延이오
　　셋째는 허공운불
　　넷째는 수승상불
　　다섯째는 원만계불
　　여섯째는 나라연불

第七須彌德이오　　　第八功德輪이오
第九無勝幢이오　　　第十大樹山이로다
　　일곱째는 수미덕불
　　여덟째는 공덕륜불
　　아홉째는 무승당불
　　열째는 대수산불이시다

從此後次第로　　　　復有十佛出하시니
第一娑羅藏이오　　　第二世主身이오
　　그 후로 차례차례
　　열 부처님 나셨나니
　　첫째는 바라장불
　　둘째는 세주신불

第三高顯光이오　　　第四金剛照오

第五地威力이오　　　　第六甚深法이오

　　셋째는 고현광불
　　넷째는 금강조불
　　다섯째는 지위력불
　　여섯째는 심심법불

第七法慧音이오　　　　第八須彌幢이오
第九勝光明이오　　　　第十妙寶光이로다

　　일곱째는 법혜음불
　　여덟째는 수미당불
　　아홉째는 승광명불
　　열째는 묘보광불이시다

從此後次第로　　　　　復有十佛出하시니
第一梵光明이오　　　　第二虛空音이오

　　그 후로 차례차례
　　열 부처님 나셨나니
　　첫째는 범광명불
　　둘째는 허공음불

第三法界身이오　　　　第四光明輪이오
第五智慧幢이오　　　　第六虛空燈이오

셋째는 법계신불

　　넷째는 광명륜불

　　다섯째는 지혜당불

　　여섯째는 허공등불

第七微妙德이오　　　　**第八徧照光**이오
第九勝福光이오　　　　**第十大悲雲**이로다

　　일곱째는 미묘덕불

　　여덟째는 변조광불

　　아홉째는 승복광불

　　열째는 대비운불이시다

從此後次第로　　　　　**復有十佛出**하시니
第一力光慧오　　　　　**第二普現前**이오

　　그 후로 차례차례

　　열 부처님 나셨나니

　　첫째는 역광혜불

　　둘째는 보현전불

第三高顯光이오　　　　**第四光明身**이오
第五法起佛이오　　　　**第六寶相佛**이오

　　셋째는 고현광불

513

넷째는 광명신불

　　다섯째는 법기불

　　여섯째는 보상불

第七速疾風이오　　　　第八勇猛幢이오
第九妙寶蓋오　　　　　第十照三世로다
　　일곱째는 속질풍불

　　여덟째는 용맹당불

　　아홉째는 묘보개불

　　열째는 조삼세불이시다

從此後次第로　　　　　復有十佛出하시니
第一願海光이오　　　　第二金剛身이오
　　그 후로 차례차례

　　열 부처님 나셨나니

　　첫째는 원해광불

　　둘째는 금강신불

第三須彌德이오　　　　第四念幢王이오
第五功德慧오　　　　　第六智慧燈이오
　　셋째는 수미덕불

　　넷째는 염당왕불

다섯째는 공덕혜불
　　여섯째는 지혜등불

第七光明幢이오　　　　**第八廣大智**오
第九法界智오　　　　　**第十法海智**로다
　　일곱째는 광명당불
　　여덟째는 광대지불
　　아홉째는 법계지불
　　열째는 법해지불이시다

從此後次第로　　　　**復有十佛出**하시니
初名布施法이오　　　**次名功德輪**이오
　　그 후로 차례차례
　　열 부처님 나셨나니
　　첫째는 보시법불
　　둘째는 공덕륜불

三名勝妙雲이오　　　　**四名忍智燈**이오
五名寂靜音이오　　　　**六名寂靜幢**이오
　　셋째는 승묘운불
　　넷째는 인지등불
　　다섯째는 적정음불

여섯째는 적정당불

七名世間燈이오　　　**八名深大願**이오
九名無勝幢이오　　　**十名智焰海**로다
　　일곱째는 세간등불
　　여덟째는 심대원불
　　아홉째는 무승당불
　　열째는 지염해불이시다

從此後次第로　　　**復有十佛出**하시니
初佛法自在오　　　**二佛無礙慧**오
　　그 후로 차례차례
　　열 부처님 나셨나니
　　첫째는 불법자재불
　　둘째는 무애혜불

三名意海慧오　　　**四名衆妙音**이오
五名自在施오　　　**六名普現前**이오
　　셋째는 음해혜불
　　넷째는 중묘음불
　　다섯째는 자재시불
　　여섯째는 보현전불

七名隨樂身이오　　　　八名住勝德이오
第九本性佛이오　　　　第十賢德佛이로다

　일곱째는 수락신불

　여덟째는 주승덕불

　아홉째는 본성불

　열째는 현덕불이시다

● 疏 ●

就頌正說中하야 通頌得法久近과 及修行淸淨이라

於中二니

先三十六偈는 頌最初一劫이니 廣前長行이라 有百一十佛은 表十地等覺이라 各以初佛爲主오 餘九는 爲伴이니 思之어다

　(2) 38수 게송은 설법을 읊은 가운데 법을 얻은 지 얼마나 오래되었는가와 수행의 청정을 전체로 들어 읊었다.

　이는 2단락이다.

　앞의 36수 게송은 최초의 겁을 읊었다. 앞의 산문을 자세히 말하였다. 여기에는 110불이 있으니, 십지와 등각을 밝힌 것이다. 각각 첫째 부처로 주체를 삼고, 나머지 아홉 부처로 객체를 삼는다. 이런 점을 생각해야 한다.

須彌塵數劫에　　　　　此中所有佛이

普作世間燈이어늘　　我悉曾供養하며

 수미산 티끌 수 겁 동안
 그중에 나신 부처님
 널리 세간 등불 되셨는데
 내, 모두 일찍 공양하였고

佛刹微塵劫에　　　所有佛出現을
我皆曾供養하야　　入此解脫門호라

 부처의 세계 티끌 수 겁에
 나오신 부처님을
 내, 모두 일찍 공양하여
 이 해탈문에 들어갔노라

 疏 ◉

後二偈는 頌前總顯諸劫이니 亦表智滿行圓에 無非佛故니라

 뒤의 2수 게송은 앞의 모든 겁을 총체로 밝힌 부분을 읊은 것이다.

 이 또한 지혜가 원만하고 행이 원만함에 부처 아님이 없음을 나타낸 때문이다.

經

我於無量劫에　　　修行得此道호니

汝若能修行하면　　　不久亦當得하리라

　　나는 한량없는 겁에

　　이런 도를 수행하여 얻었나니

　　그대 이처럼 수행하면

　　머지않아 또한 얻으리라

● 疏 ●

後一偈는 擧因勸修니라

　(3) 1수 게송은 주야신의 因行을 들어 선재의 수행을 권면하였다.

第三 謙己推勝

　3. 몸을 낮추면서 선지식의 훌륭함을 추켜올리다

經

善男子야 我唯知此菩薩普現一切世間調伏衆生解脫이어니와

如諸菩薩摩訶薩은 集無邊行하며 生種種解하며 現種種身하며 具種種根하며 滿種種願하며 入種種三昧하며 起種種神變하며 能種種觀察法하며 入種種智慧門하며 得種種法光明하나니

519

而我云何能知能說彼功德行이리오

 "선남자여, 나는 오직 보살이 일체 세간에 널리 나타나 중생을 조복하는 해탈만을 알 뿐이지만,

저 모든 보살마하살은

그지없는 행을 쌓으며,

가지가지 이해를 내며,

가지가지 몸을 나타내며,

가지가지 선근을 갖추며,

가지가지 서원이 원만하며,

가지가지 삼매에 들어가며,

가지가지 신통변화를 일으키며,

가지가지 법을 관찰하며,

가지가지 지혜의 문에 들어가며,

가지가지 법의 광명을 얻었다.

내가 그런 공덕의 행을 어떻게 알며, 어떻게 말할 수 있겠는가.

第四指示後友

4. 뒤의 선지식을 소개하다

經
善男子야 **去此不遠**에 **有主夜神**하니 **名寂靜音海**라 **坐摩**

尼光幢莊嚴蓮華座하사 百萬阿僧祇主夜神이 前後圍
遶하나니
汝詣彼問호되 菩薩이 云何學菩薩行이며 修菩薩道리잇고
하라

　　선남자여, 여기서 멀지 않은 곳에 밤을 주관하는 신이 있는데,
그 이름을 '적정음해주야신'이라 한다.

　　마니광명당 당기 장엄 연화법좌에 앉아 있는데, 백만 아승지
밤을 주관하는 신들이 앞뒤로 둘러싸고 있다.

　　그대는 그를 찾아가 '보살이 어떻게 보살의 행을 배우며, 보살
의 도를 닦는가.'를 묻도록 하라."

◉ 疏 ◉

指示後友니 亦以證同이라 又禪依進發일새 故云不遠이오 禪故寂
靜이오 入俗演法에 化物深廣일새 故云音海니라 然此神은 卽普救
之母니 表眞精進이 卻從定生이니 起心動念은 是妄非進故니라 餘
는 可知니라【鈔_ '表眞精進 卻從定生'은 眞精進者는 離身心故니
非定이면 無此니라】

　　뒤의 선지식을 알려줌이다. 또한 같은 경지를 증득하였기 때문
이다.

　　또한 선정이란 정진에 의해 일어나기에 '멀리 있지 않다.'고 말
한다. 선정 때문에 '고요[寂靜]'하고, 세속에 들어가 법문을 연설함
에 중생의 교화가 심오하고 광대하기에 '音海'라 말한다.

그러나 이 주야신은 널리 중생을 구제하는 어머니이다. 진실한 정진이 도리어 선정으로부터 나옴을 나타낸 것이다. 마음을 일으키고 생각을 움직임은 망상이지, 정진이 아니기 때문이다. 나머지는 말하지 않아도 알 수 있다.【초_ "진실한 정진이 도리어 선정으로부터 나옴을 나타냈다."는 '진실한 정진'은 몸과 마음을 여읜 까닭이다. 선정이 아니면 이는 있을 수 없다.】

經

時에 善財童子 頂禮其足하며 遶無數匝하며 殷勤瞻仰하고 辭退而去하니라

그때, 선재동자는 그의 발에 엎드려 절하고 수없이 돌며, 은근한 마음으로 우러러 사모하면서 하직하고 떠나갔다.

◉ 論 ◉

云 '往古에 過佛刹微塵劫하야 有劫하니 名圓滿淸淨'者는 此是一切智之圓滿普照之體也오

'有世界하니 名毘盧遮那威德'者는 此是種種差別智之純雜光明自在니 此是精進行之徧周오

'有須彌山微塵數佛이 於中出現'者는 是精進位升進差別智廣量이 高出世間之果也니 前位에 擧三十二那由他와 又一無量과 又五百과 更有二佛은 爲升進見佛智之廣量이오 此須彌山微塵으로 爲佛量也는 明勝進高升이니라

'此世界東際輪圍山側에 有四天下하니 名寶燈華幢'者는 明東際者와 及以寶燈華幢者는 總名修差別智也오

'有百萬億那由他諸國土'者는 此名一切智智主伴法門眷屬攝生報居境界也라

'此四天下閻浮提內에 有一國土하니 名寶華燈'은 此明差別智自在照耀義也오

'於中衆生이 具行十善하며 有轉輪王이 於中出現하니 名毘盧遮那妙寶華髻니 其王이 於蓮華中에 忽然化生'者는 表一切智種種差別智 生皆無所生하야 而生無所染也오

'三十二相'은 智所報生也오

'七寶具足'은 表七菩提分也오

'王四天下'者는 四智徧周也오

'恒演正法하야 教導羣生'者는 正智現行에 無邪行也오

'王有千子'者는 萬行具足也오

'夫人寶女'는 竝表法樂慈悲也오

'其有一女하니 名普智燄妙德眼'者는 此是普救夜神의 會智悲之行이라

'其此世界 淨穢合成하고 愚智同居'는 是此位에 會融染淨하야 成智悲二行이라

'於其城北菩提樹前에 有香池하니 名寶蓮華光明'은 此表法身戒定定體之香也라

'香池之內에 出大蓮華하니 名普現三世一切如來莊嚴境界雲'者

는 是於法身中에 起十波羅密行也니 能現一切諸佛境界如雲故오
'須彌山微塵數佛이 於中出現'者는 總明一切諸佛이 皆以一切智
智大慈大悲十波羅密法身池中에 起精進行하야 而出現故라
已下에 '香池中蓮華名寶華光明十度放光'者는 明節級利生이니
'十千年前에 此大蓮華 放淨光明하니 名現諸神通成就衆生이라
若有衆生이 遇斯光'者면 心自開悟하야 無不了知'者는 配檀波羅密
爲主오 餘九爲伴이니 '十千年後에 佛當出現'者는 每以智波羅密로
爲佛出現일새 互體爲十과 及以百千萬이니 皆以智로 爲十佛也라
'又九千年前에 放淨光明하니 名一切衆生離垢燈'者는 配戒波羅
密爲主오 餘九爲伴이니 '九千年後에 佛當出現'者는 至智波羅密이
是佛出現이라
'八千年前에 放大光明하니 名一切衆生業果音'이니 若有衆生이 遇
斯光이면 得自知諸業果報'는 次配忍波羅密中十波羅密이니 八千
年後에 佛當出現이라
已下七六五四三二一은 總如是以次配之니 末後에 云'供養佛刹
微塵數佛'者는 智滿行徧에 自心如佛하며 行總如佛하며 見總如佛
하야 十方世界 無不是佛故니라
已下頌中에 '頌一百一十箇佛號'者는 配此十地十一地因果佛
位故니 其意都擧'佛刹微塵數佛'者는 智滿行徧에 無非佛故오
'皆悉承事'者는 卽聖凡同體에 無一不佛하야 法空無間也며 以普
眼觀之에 徹其心境하야 無不佛也며 智隨敬行에 一切皆佛故라 如
是見者는 以事而論이라도 亦實如是어니와 表法而論인댄 一切 總實

是佛故니 若一法一物이 不是佛見者면 當知是人은 卽是邪見이오 非正見也라 卽有能所是非의 諸見競生하야 不得入此普賢文殊의 智眼境界니 如是見初心과 及智滿이 不移하야 地地中에 以總別六相義로 明之니라

經에 云'毘盧遮那藏妙寶蓮華髻轉輪王者는 豈異人乎아 今彌勒菩薩이 是'者는 此明一切智智藏圓滿이 是佛果滿이며 菩薩行亦周라

'其王妃圓滿面'者는 以智滿法悅이 是圓滿面이며 又面者는 表見聞香味諸法滿故니 以表法悅이 如妻義也라

今寂靜音海夜神은 配第五禪門하야 表禪悅樂也니 非如世間妻의 取少分像也라

'王女妙眼童女'者는 表以智行慈에 無染淨二習也라

又經에 云'善男子야 過毘盧遮那大威德世界圓滿淸淨劫已에 次有世界하니 名寶輪莊嚴이오 劫名大光이니 於中에 有五百佛이 出現이어든 我皆承事'者는 此十一地中에 都行五位中各十波羅密하야 互爲其體니 一位有百하야 共爲五百이오 於中에 隨佛出現하야 事佛之身이 或爲夜神하며 或爲輪王하며 或爲阿修羅王은 是佛果中隨位之行이오

最後爲妓女者는 表法悅樂이니 明十一地中五百行滿이라 約如是知니 離自行法自佛果外에 一向別緣身外他佛하야 而求眞者는 本非修道見道人也라 若自行位果及者는 諸佛이 自相應也니 以自佛果相應故어니와 設強求而得見者인댄 是暫化現也오 非自

525

行所及故라

此明一位中에 具十地法하야 地地之內에 皆有十種十地體故며 以十波羅密이 互參而成故로 同別具足也니 如是皆如帝網門의 一多相徹이니라

此是第四燄慧地善知識이니 以精進波羅密로 爲主오 餘九로 爲伴이니 治處世間修慈悲懈怠不樂精進捨衆生障하야 使令專精進敎化衆生故라 此五位十地位內佛果는 一一約修行智慈所及所行所到處하야 施設佛名이니 不可如情要期立志하야 暫見佛化身也라 一一須立自智自行及處하야 而爲佛名이니 一一以名下義로 次第配當하면 自見其意니 不可於自法外에 別作安模어다

"지난 옛적에 부처 세계의 티끌 수 겁을 지나서 겁이 있는데, 그 이름을 '원만청정'이라 한다."는 것은 일체 지혜가 원만하게 널리 비추는 본체임을 말한다.

"세계가 있는데, 그 이름을 '비로자나 위덕'이라 한다."는 것은 가지가지 차별지의 순수함과 혼잡함의 광명이 자재함이다. 이는 정진행의 두루 함을 말한다.

"수미산 티끌 수 부처님이 그 가운데서 출현하였다."는 것은 정진의 지위에서 위로 닦아나가는 차별지의 광대한 양이 세간을 훨씬 뛰어넘는 결과이다. 앞의 지위에서 32나유타 부처님, 또 하나의 한량없는 부처님, 5백 부처님, 다시 두 부처님을 들어 말한 것은 위로 닦아나가면서 부처 지혜를 보는 광대한 양이며, 이 수미산 티끌 수로 부처의 양을 삼은 것은 위로 닦아나가면서 높이 올라감을 밝

힌 것이다.

"이 세계의 동쪽 윤위산 곁에 사천하가 있는데, 그 이름을 '보등화당'이라 한다."에서, 동쪽과 보등화당을 밝힌 것은 모두 차별지의 수행을 총괄하여 밝힌 것이다.

"백만억 나유타의 모든 국토가 있다."는 것은 '일체 지혜의 지혜'의 주체와 객체의 법문과 권속으로 중생을 섭수하는 報土의 경계임을 밝힌 것이다.

"이 사천하 염부제 안에 한 국토가 있는데, 그 이름을 '보화등'이라 한다."는 것은 차별지로 자재하게 비추는 뜻을 밝힌 것이다.

"그곳에 사는 중생들은 열 가지 선업을 갖추었다. 전륜왕이 그 나라에 출현하니 그 명칭이 '비로자나 묘보연화계 전륜왕'이다. 연꽃 송이 속에서 문득 변화로 몸을 나타냈다."는 것은 일체지와 가지가지 차별지가 생겨나면서도 모두 생겨난 바 없어, 생겨나되 오염된 바 없음을 나타낸 것이다.

'32 거룩한 모습'은 지혜의 과보로 생긴 것이며,

"칠보가 넉넉하다."는 것은 7보리분법을 나타낸 것이며,

"사천하에 왕이 되었다."는 것은 4가지 지혜를 두루 갖춤이며,

"언제나 바른 법으로 중생을 교화하였다."는 것은 바른 지혜가 나타나 삿된 행이 없음이며,

"왕에게 1천 아들이 있다."는 것은 만행이 구족함이며,

'부인과 딸'은 법락과 자비를 나타냄이며,

"한 여인이 있는데, 그 이름을 '보지염묘덕안'이라 한다."는 것

은 '보구주야신'의 지혜와 자비를 회통한 행이다.

"이 세계가 청정과 오염이 뒤섞여 이뤄졌고 어리석은 이와 지혜로운 이가 함께 살고 있다."는 것은 이 지위에서 오염과 청정을 융화 회통하여 지혜와 자비 2가지 행을 성취함을 말한다.

"그 성의 북쪽 보리수 앞에 향기로운 연못이 있는데, 그 이름을 '보련화광명'이라 한다."는 것은 법신의 계율과 선정 자체에 의한 향기를 나타낸 것이다.

"향기로운 연못에 커다란 연꽃이 피어나는데, 그 이름을 '삼세 일체 여래의 장엄한 경계를 널리 나타내는 구름'이라 한다."는 것은 법신 가운데 십바라밀행을 일으킴이다. 일체 제불의 경계를 나타냄이 구름과 같기 때문이다.

"수미산 티끌 수의 부처님이 그곳에서 나셨다."는 것은 일체 제불이 모두 일체 지혜의 지혜, 대자대비, 십바라밀 법신의 연못 속에서 정진의 행을 일으켜 출현함을 총체로 밝힌 때문이다.

아래에 "향기로운 연못 속의 연꽃 이름을 '보화광명'이라 하고 십바라밀로 방광한" 것은 절차와 등급으로 중생을 이롭게 함을 밝힌 것이다.

"십천 년 전에 이 커다란 연꽃이 청정한 광명을 쏟아냈는데, 그 이름을 '모든 신통을 나타내어 중생을 성취시켜 주는 광명'이라 한다. 만약 어떤 중생이 이 광명을 만나면 마음이 절로 깨달음을 얻어 잘 알지 못함이 없다."는 것은 보시바라밀로 주체를 삼고, 나머지 9가지로 객체를 삼는다. '십천 년 뒤에 부처가 반드시 출현한다.'는 것은 언제나 지혜바라밀로 부처의 출현을 삼기 때문에 서로가 자체가 되어 10이 되고 백천만이 되는 것이다. 이는 모두 지혜로 열 부처[十佛]를 삼는다.

"또한 9천 년 전에 청정한 광명을 쏟아내었는데, 그 이름을 '일체중생의 더러움을 여읜 등불 광명'이라 한다."는 것은 지계바라밀로 주체를 삼고, 나머지 9가지로 객체를 삼는다. '9천 년 뒤에 부처가 반드시 출현한다.'는 것은 지혜바라밀에 이르기까지 부처의 출현이다.

"8천 년 전에 큰 광명을 쏟아내었는데, 그 이름을 '일체중생의 업과를 내주는 음성 광명'이라 한다. 어떤 중생이 이 광명을 만나면 스스로 모든 업의 과보를 알게 된다."는 것은 다음 인욕바라밀 가운데 십바라밀에 짝지어 말한 것이다. 8천 년 뒤에 부처가 반드시 출현하게 된다.

아래의 7천 년, 6천 년, 5천 년, 4천 년, 3천 년, 2천 년, 1천 년은 모두 이와 같은 차례로 짝지어 말하였다.

맨 마지막에서 "세계 티끌 수의 부처에게 공양한다."고 말한 것은 지혜가 원만하고 행이 두루 갖춰짐에 나의 마음이 부처와 같고, 행이 모두 부처와 같고, 소견이 모두 부처와 같아서 시방세계가 부처 아닌 게 없기 때문이다.

이하의 게송 내에서 110개의 부처 명호를 읊은 것은 십지와 11지의 인과인 부처 지위에 짝지어 보기 때문이다. 그 뜻은 세계 티끌 수의 부처를 한꺼번에 들어 말한 것은 지혜가 원만하고 행을 두루 갖추어 부처 아님이 없기 때문이다.

"모두 받들어 섬긴다."는 것은 범부와 성인이 일체로서 어느 한 사람, 부처 아닌 자가 없어, 法空이 사이가 없으며, 普眼으로 살펴보면 그 마음과 경계가 서로 통하여 부처 아닌 게 없으며, 지혜가 공경을 따라 행하므로 일체 모두가 부처이기 때문이다.

이와 같이 보는 자는 현상의 사법계로써 논할지라도 또한 실제로 이와 같지만, 법을 나타내는 것으로 논하면 일체가 모두 실제로 부처이다. 만약 하나의 법, 하나의 사물이라도 부처로 보지 않으면 그 사람은 삿된 견해이지 바른 견해가 아님을 알아야 한다.

이는 주체와 대상, 옳고 그름이라는 모든 소견이 다투어 생겨나 보현과 문수의 智眼의 경계에 들어갈 수 없다. 이와 같이 초심으로부터 지혜의 원만함에 이르기까지 변하지 않음을 보고서, 지위마다 총상, 별상 등 6가지의 뜻으로 이를 밝힌 것이다.

경문에서 "비로자나장 묘보연화계 전륜성왕은 어찌 다른 사람이겠는가. 지금의 미륵보살이시다."는 것은 一切智智藏의 원만함이 佛果의 원만함이며, 보살행 또한 두루 갖춰짐을 밝힌 것이다.

'그 왕비의 이름을 원만면이라 말한' 것은 지혜가 원만한 법열을 말하며, 또한 '얼굴'이란 보고 듣고 냄새 맡고 맛보는 모든 법이 원만함을 나타낸 것이다. 법의 희열이 아내와 같다는 뜻을 나타낸 것이다.

여기에서 말한 '적정음해주야신'은 제5 禪門에 짝지어 禪悅의 즐거움을 나타낸 것이다. 세간 아내의 약간의 형상을 취하는 것과는 같지 않다.

'왕의 딸 묘덕안동녀'란 지혜로써 자비를 행함에 오염과 청정 2가지 습기가 없음을 나타낸 것이다.

또한 경문에서 "선남자여, 비로자나 대위덕 세계의 원만 청정한 겁을 지나서 다음 세계가 있었는데, 그 이름을 '보륜장엄세계'라 한다. 겁의 이름은 '대광겁'이다. 그사이에 5백 부처님이 출현하였는데, 나는 모두 받들어 섬겼다."는 것은 11지 가운데 5위에서 각각 십바라밀을 행하여 서로 그 자체가 되는 것이다. 하나의 지위마다 1백 가지로 모두 5백 가지이다. 그 가운데 부처의 출현을 따라서 부처를 섬긴 몸이 혹은 주야신이 되기도 하고, 혹은 전륜왕이 되기도 하고, 혹은 아수라왕이 되기도 한 것은 佛果의 가운데 지위에 따른 행이다.

마지막으로 말한 기녀는 법열의 즐거움을 나타냈다. 11지 가운데 5백 행이 원만함을 밝힌 것이다.

이와 같이 알아야 한다. 자신이 수행한 법, 자신의 불과를 떠나서 하나같이 자신 밖의 다른 부처를 반연하여 진여를 구하는 자는 본래 도를 닦아 도를 깨달은 사람이 아니다. 만약 자신이 행하는 지위의 결과에 미치는 자라면 모든 부처가 절로 상응하게 된다. 이는 자신의 불과와 상응하기 때문이지만, 억지로 구하여 보는 자라면 이는 잠시 나타날 뿐, 자신의 행으로 미칠 바가 아니기 때문이다.

이는 하나의 지위 가운데 십지의 법을 갖추어 지위의 내에 모두 10가지 십지의 자체가 있기 때문이며, 십바라밀이 서로 함께 성취하기 때문에 같은 부분과 개별의 부분이 서로 넉넉함을 밝힌 것이다. 이처럼 모두 제석천의 그물처럼 하나와 많은 것이 서로 통하는 것과 같다.

이는 제4 염혜지의 선지식이다. 정진바라밀로 주체를 삼고, 나머지 9가지로 객체를 삼는다. 세간에 머물면서 자비행을 닦는데 게으름으로 정진을 좋아하지 않아 중생을 버리는 장애를 다스려서 정진에 전념하여 중생을 교화하도록 한 것이다.

이 5위 십지의 지위 내의 불과는 하나하나가 지혜와 자비의 수행으로 미칠 수 있는 곳, 행할 수 있는 곳, 도달할 수 있는 곳을 들어서 부처의 명호를 붙인 것이다. 情識으로 기약하고 뜻을 세워 잠시 부처의 화신을 보는 데 그쳐서는 안 된다.

하나하나가 반드시 자신의 지혜와 자신의 수행이 미친 곳을 내세워 부처의 명호를 삼는 것이다. 하나하나의 글자 속에 담긴 뜻을 차례대로 배당하면 스스로 그 뜻을 볼 수 있다. 자신의 법 밖에 별개로 표본을 세워서는 안 된다.

입법계품 제39-11 入法界品 第三十九之十一
화엄경소론찬요 제108권 華嚴經疏論纂要 卷第一百之八

ововое화엄경소론찬요 제109권
華嚴經疏論纂要 卷第一百之九

●

입법계품 제39-12
入法界品 第三十九之十二

第五寂靜音海夜神 寄難勝地

文中具六이라 第一 依敎趣求【鈔_ 寄難勝地者는 謂眞俗兩智 行相互違나 合令相應이 極難勝故니라】

제5. 적정음해주야신, 난승지 선지식

이의 경문은 6단락으로 구성되어 있다.

1. 가르침을 따라 선지식을 찾아가 법을 구하다【초_ 난승지에 붙여 말한 것은 진제와 속제 2가지 지혜의 행상이 서로 어긋남을 말한다. 이를 종합하여 상응하게 함이 지극히 이겨내기 어렵기 때문이다.】

經

爾時에 善財童子 於普救衆生妙德夜神所에 聞菩薩普現一切世間調伏衆生解脫門하고 了知信解하며 自在安住하야 而往寂靜音海夜神所하니라

그때, 선재동자는 보구중생묘덕주야신의 도량에서 보살이 일체 세간에 나타나 중생을 조복하는 해탈문을 듣고서, 분명히 알고 믿고 이해하였으며, 자재하게 안주하여 적정음해주야신에게 찾아갔다.

第二 見敬諮問

2. 친견하여 절을 올리고 법을 묻다

頂禮其足하며 **遶無數匝**하고 **於前合掌**하야 **而作是言**호되
聖者여 **我已先發阿耨多羅三藐三菩提心**하고 **我欲依
善知識**하야 **學菩薩行**하며 **入菩薩行**하며 **修菩薩行**하며
住菩薩行하노니
唯願慈哀하사 **爲我宣說**하소서 **菩薩**이 **云何學菩薩行**이며
云何修菩薩道리잇고

그의 발에 엎드려 절하고 수없이 돌고 앞에서 합장하고 말하였다.

"거룩하신 이여, 저는 이미 아뇩다라삼먁삼보리심을 내었습니다. 저는 선지식을 의지하여 보살의 행을 배우고, 보살의 행에 들어가며, 보살의 행을 닦고, 보살의 행에 머물고자 하오니,

바라건대 자비하신 마음으로 저를 위하여 보살이 어떻게 보살의 행을 배우며, 보살의 도를 닦는가를 말해주십시오."

第三은 稱讚授法이니
於中에 先은 讚이오 後 善男子我得下는 正授法界라
於中二니
先은 畧標名體니라

3. 선재동자를 칭찬하면서 법을 전수하다

이는 2단락이다.

1) 찬탄이며,

2) '善男子我得' 이하는 법계를 전수함이다.

'1) 찬탄'은 2단락이다.

(1) 명제 자체를 간단히 밝혔다.

經

時彼夜神이 告善財言하사대
善哉善哉라 善男子야 汝能依善知識하야 求菩薩行이로다
善男子야 我得菩薩念念出生廣大喜莊嚴解脫門호라

그때, 밤을 주관하는 신이 선재동자에게 말하였다.

"훌륭하고 훌륭하다. 선남자여, 그대가 선지식을 의지하여 보살행을 구하려 하는구나.

선남자여, 나는 보살의 생각마다 광대한 기쁨을 내는 장엄 해탈문을 얻었다."

● 疏 ●

準下有二意니 一은 化生遂志故로 生喜니 卽福德莊嚴이오 二는 觀佛菩薩勝用故로 歡喜니 卽智慧莊嚴이라 觀·化 旣無間斷일새 故喜亦念念出生이라

아래의 경문을 준하면 2가지 뜻이 있다.

537

① 중생을 교화함에 뜻을 성취한 까닭에 기쁨이 생겨남이다. 이는 복덕장엄이다.

② 불보살의 뛰어난 작용을 살펴본 까닭에 기쁨이 생겨남이다. 이는 지혜장엄이다. 관찰과 교화에 이미 간단이 없는 까닭에 기쁨 또한 생각마다 나오는 것이다.

後廣顯其相
於中三이니
初는 顯解脫業用이오 次는 明解脫所因이오 後는 彰發心久近이니 各有問答이라
今初는 先問이라

(2) 해탈의 양상을 자세히 밝히다

이 부분은 3단락이다.

(ㄱ) 해탈의 업용을 나타냄이며,

(ㄴ) 해탈의 원인이 되는 바를 밝혔으며,

(ㄷ) 발심한 지 얼마인가를 밝혔다.

각각 문답이 있다.

이는 '(ㄱ) 해탈의 업용'의 물음이다.

經
善財 言호되 大聖이시여 此解脫門이 爲何事業이며 行何

境界며 **起何方便**이며 **作何觀察**이니잇고

선재동자가 말하였다.

"거룩하신 성자여, 이 해탈문은 어떤 사업을 하며, 어떤 경계를 행하며, 어떤 방편을 일으키며, 어떤 관찰을 하는 것입니까?"

◉ 疏 ◉

先問有四니

一은 問所起業用이오

二는 問所行之境이오

三은 問能起方便이니 成上所起오

四는 問能觀之觀이니 成上所行이라

앞의 물음은 4가지이다.

첫째, 일으킬 대상의 작용을 물음이며,

둘째, 행할 대상의 경계를 물음이며,

셋째, 일으킴의 주체가 되는 방편을 물음이다. 위의 일으킬 대상을 성취함이다.

넷째, 관찰의 주체가 되는 관조를 물음이다. 위의 행할 대상을 성취함이다.

━

後答中에 卽分爲四니

初는 答起何方便이니 以悲智雙運等心으로 爲能起之方便이로

二『發是心已』下는 答爲何事業이니 正以化生으로 爲事業故오
三『復次善男子我常觀察』下는 答作何觀察이니 謂觀察菩薩如來오
四『又善男子此解脫無邊』下는 答行何境界니 以無邊無盡甚深廣大能所不二로 爲所行境이라
問中에 欲顯能所別故로 先問所成하고 後問能成이어니와 答中에 欲顯能所相成일새 故隔句相屬이라 又由能起所일새 故先辨能이라 又觀察中에 雖有所觀이나 意在能觀이며 所行境中에 雖是所行이나 而義兼能所라 故四問全別이니 是以로 晉經에 行何境界를 名境界云何라하니 此則兼通分齊之境이오 非但所觀이라
今初는 能起方便이라

뒤는 '해탈의 작용'의 대답이다.

이는 4단락으로 나뉜다.

첫째, '어떤 방편을 일으키는가.'에 대한 답이다. 자비와 지혜를 모두 함께하는 등의 마음으로써 일으킴의 주체 방편을 삼는다.

둘째, '發是心' 이하는 '어떤 사업'에 대한 답이다. 바로 중생을 교화함으로써 사업을 삼았기 때문이다.

셋째, '復次善男子我常觀察' 이하는 '어떤 관찰'에 대한 답이다. 보살과 여래를 관찰하였다.

넷째, '又善男子此解脫無邊' 이하는 '어떤 경계'에 대한 답이다. 끝이 없고 그지없는 매우 심오하고 광대한 주체와 대상이 둘이 아닌 것으로써 행할 바의 대상 경계를 삼았다.

물음 속에 주체와 대상의 구별을 밝히고자 한 까닭에 성취의 대상을 먼저 물었고, 성취의 주체를 뒤에 물었지만, 대답 부분에 주체와 대상이 서로 이뤄짐을 나타내고자 한 까닭에 구절을 건너뛰어 연결한 것이다.

또한 주체에 의하여 대상을 일으키기에 주체를 먼저 논변하였다.

또한 관찰 부분에서는 비록 관찰의 대상이 있으나 그 뜻은 관찰의 주체에 있으며, 행할 대상의 경계 가운데 비록 행할 대상이라 하지만, 그 뜻은 주체와 대상을 모두 겸하고 있기에 4가지의 물음이 전혀 다른 것이다. 이 때문에 60화엄경에서는, "어떤 경계를 행하였는가."를 "경계는 어떤 것인가."라고 말하였다. 이는 구분과 한계의 경계에 모두 통함을 말해주기에, 관찰의 대상만을 말한 것이 아니다.

이는 '첫째, 일으킴의 주체 방편'이다.

經

夜神이 言하사대 善男子야
我發起清淨平等樂欲心하며
我發起離一切世間塵垢清淨堅固莊嚴不可壞樂欲心하며
我發起攀緣不退轉位永不退轉心하며
我發起莊嚴功德寶山不動心하며

我發起無住處心하며

我發起普現一切衆生前救護心하며

我發起見一切佛海無厭足心하며

我發起求一切菩薩淸淨願力心하며

我發起住大智光明海心하며

我發起令一切衆生超過憂惱曠野心하며

我發起令一切衆生捨離愁憂苦惱心하며

我發起令一切衆生捨離不可意色聲香味觸法心하며

我發起令一切衆生捨離愛別離苦怨憎會苦心하며

我發起令一切衆生捨離惡緣愚癡等苦心하며

我發起與一切險難衆生作依怙心하며

我發起令一切衆生出生死苦處心하며

我發起令一切衆生捨離生老病死等苦心하며

我發起令一切衆生成就如來無上法樂心하며

我發起令一切衆生皆受喜樂心호라

밤을 주관하는 신이 대답하였다.

"선남자여, 나는 청정하고 평등한 좋아하는 마음을 내었노라.

나는 일체 세간의 티끌을 여의고, 청정하고 견고하게 장엄하여 깨뜨릴 수 없는, 좋아하는 마음을 내었노라.

나는 물러서지 않는 자리를 반연하여 영원히 물러서지 않을 마음을 내었노라.

나는 공덕 보배의 산을 장엄하여 흔들리지 않는 마음을 내었노라.

나는 머무는 곳이 없는 마음을 내었노라.

나는 일체중생의 앞에 두루 몸을 나타내어 구호하는 마음을 내었노라.

나는 일체 부처님 바다를 보되 싫어함이 없는 마음을 내었노라.

나는 일체 보살의 청정한 서원의 힘을 구하는 마음을 내었노라.

나는 큰 지혜 광명 바다에 머무는 마음을 내었노라.

나는 일체중생으로 하여금 근심과 고뇌의 벌판을 뛰어넘도록 하려는 마음을 내었노라.

나는 일체중생으로 하여금 근심과 괴로움을 여의도록 하려는 마음을 내었노라.

나는 일체중생으로 하여금 마음에 맞지 않는 빛, 소리, 향기, 맛, 감촉, 법진을 버리도록 하려는 마음을 내었노라.

나는 일체중생으로 하여금 사랑하는 이와 헤어지는 괴로움, 싫어하는 이들과 만나는 괴로움을 여의도록 하려는 마음을 내었노라.

나는 일체중생으로 하여금 악업의 인연과 어리석음 등의 고통을 여의도록 하려는 마음을 내었노라.

나는 일체 험난한 일을 겪는 중생의 의지처가 되려는 마음을 내었노라.

나는 일체중생으로 하여금 생사의 고통에서 벗어나도록 하려는 마음을 내었노라.

나는 일체중생으로 하여금 나고 늙고 병들고 죽는 고통을 여의도록 하려는 마음을 내었노라.

　나는 일체중생으로 하여금 여래의 위없는 법의 즐거움을 성취하도록 하려는 마음을 내었노라.

　나는 일체중생으로 하여금 모두 기쁨을 누리도록 하려는 마음을 내었노라.

● 疏 ●

於中에 有二十心하니
前十은 起上求大智心이오 後我發起令一切衆生超過下十心은 下化大悲心이라

　여기에 20가지의 마음이 있다.

　앞의 10가지 마음은 위로 큰 지혜를 추구하는 마음을 일으켰으며,

　뒤의 '我發起令一切衆生超過' 이하 10가지 마음은 아래로 크게 가엾이 여기는 마음을 일으켰다.

第二 答所作事業

　둘째, '어떤 사업'에 대해 답하다

發是心已하고 復爲說法하야 令其漸至一切智地하니

544

所謂若見衆生이 樂着所住宮殿屋宅이면 我爲說法하야
令其了達諸法自性하야 離諸執着하며
若見衆生이 戀着父母兄弟姊妹면 我爲說法하야 令其得
預諸佛菩薩淸淨衆會하며
若見衆生이 戀着妻子면 我爲說法하야 令其捨離生死愛
染하고 起大悲心하야 於一切衆生에 平等無二하며
若見衆生이 住於王宮하야 婇女侍奉이면 我爲說法하야
令其得與衆聖集會하야 入如來敎하며
若見衆生이 染着境界면 我爲說法하야 令其得入如來境
界하며
若見衆生이 多瞋恚者면 我爲說法하야 令住如來忍波羅
蜜하며
若見衆生이 其心懈怠면 我爲說法하야 令得淸淨精進波
羅蜜하며
若見衆生이 其心散亂이면 我爲說法하야 令得如來禪波
羅蜜이며
若見衆生이 入見稠林無明暗障이면 我爲說法하야 令得
出離稠林黑暗하며
若見衆生이 無智慧者면 我爲說法하야 令得般若波羅蜜
하며
若見衆生이 染着三界면 我爲說法하야 令出生死하며
若見衆生이 志意下劣이면 我爲說法하야 令其圓滿佛菩

提願하며

若見衆生이 住自利行이면 我爲說法하야 令其發起利益一切諸衆生願하며

若見衆生이 志力微弱이면 我爲說法하야 令得菩薩力波羅蜜하며

若見衆生이 愚癡暗心이면 我爲說法하야 令得菩薩智波羅蜜하며

　이런 마음을 낸 뒤에 다시 설법하여 그들로 하여금 차츰차츰 일체 지혜의 지위에 이르게 하였다.

　이른바 어떤 중생이 거주하는 궁전이나 가옥을 애착하는 것을 보면, 나는 그를 위해 설법하여 모든 법의 자성을 통달하여 모든 집착에서 벗어나도록 하였다.

　어떤 중생이 부모나 형제나 자매에 연연하는 것을 보면, 나는 그를 위해 설법하여 여러 부처님과 보살의 청정한 법회에 참여하도록 하였다.

　어떤 중생이 처자에 연연하는 것을 보면, 나는 그를 위해 설법하여 생사의 애착을 버리고 가엾이 여기는 마음을 일으켜, 일체중생에게 둘이 없이 평등하도록 하였다.

　어떤 중생이 왕궁에 머물면서 아름다운 여인들이 받들어 모시는 것을 보면, 나는 그를 위해 설법하여 여러 성인이 모이는 법회에 참여하여 여래의 가르침에 들도록 하였다.

　어떤 중생이 경계에 물드는 것을 보면, 나는 그를 위해 설법하

여 여래의 경계에 들어가도록 하였다.

　어떤 중생이 성을 많이 내는 것을 보면, 나는 그를 위해 설법하여 여래의 인욕바라밀에 머물도록 하였다.

　어떤 중생이 게으른 마음이 있는 것을 보면, 나는 그를 위해 설법하여 청정하게 정진바라밀을 얻도록 하였다.

　어떤 중생의 마음이 산란한 것을 보면, 나는 그를 위해 설법하여 여래의 선정바라밀을 얻도록 하였다.

　어떤 중생이 소견의 숲이나 무명의 어둠 속으로 들어가는 것을 보면, 나는 그를 위해 설법하여 암흑의 숲속에서 벗어나도록 하였다.

　어떤 중생이 지혜가 없는 것을 보면, 나는 그를 위해 설법하여 반야바라밀을 얻도록 하였다.

　어떤 중생이 삼세에 물든 것을 보면, 나는 그를 위해 설법하여 생사에서 벗어나게 하였다.

　어떤 중생의 뜻이 용렬한 것을 보면, 나는 그를 위해 설법하여 부처님의 보리 서원을 원만케 하도록 하였다.

　어떤 중생이 자리행에 집착하는 것을 보면, 나는 그를 위해 설법하여 일체중생에게 이익을 베풀려는 서원을 내도록 하였다.

　어떤 중생이 의지와 힘이 미약한 것을 보면, 나는 그를 위해 설법하여 보살의 역바라밀을 얻도록 하였다.

　어떤 중생이 어리석어 마음이 밝지 못한 것을 보면, 나는 그를 위해 설법하여 보살의 지혜바라밀을 얻도록 하였다.

◉ 疏 ◉

於中에 有標·釋·結이라

初標는 可知오 二'所謂'下는 別釋이라

有三十七門은 分三이니

初十五門은 隨其便宜하야 以十度化로 治其十蔽니 於中에 初五門은 雙明捨·戒니 以捨一切著이면 則戒淨故오 後十心은 明餘八度니 而般若及願에 各有二門이라

여기에는 표장, 해석, 결어가 있다.

① 표장은 말하지 않아도 알 수 있다.

② '所謂' 이하는 별상의 해석이다.

37법문은 3단락이다.

첫 15법문은 그 편의를 따라서 십바라밀의 교화로써 중생의 10가지 가림을 다스리는 것이다.

15법문 가운데 앞의 5법문은 보시바라밀과 지계바라밀을 모두 밝혔다. 일체의 집착을 버리면 계율이 청정하기 때문이다.

뒤의 10가지 마음은 나머지 8가지 바라밀을 밝혔다. 반야바라밀 및 원바라밀은 각각 2가지 법문이다.

經

若見衆生이 色相不具면 我爲說法하야 令得如來淸淨色身하며

若見衆生이 形容醜陋면 我爲說法하야 令得無上淸淨法

身하며

若見衆生이 色相麤惡이면 我爲說法하야 令得如來微妙色身하며

若見衆生이 情多憂惱면 我爲說法하야 令得如來畢竟安樂하며

若見衆生이 貧窮所苦면 我爲說法하야 令得菩薩功德寶藏하며

若見衆生이 住止園林이면 我爲說法하야 令彼勤求佛法因緣하며

若見衆生이 行於道路면 我爲說法하야 令其趣向一切智道하며

若見衆生이 在聚落中이면 我爲說法하야 令出三界하며

若見衆生이 住止人間이면 我爲說法하야 令其超越二乘之道하야 住如來地하며

若見衆生이 居住城郭이면 我爲說法하야 令其得住法王城中하며

若見衆生이 住於四隅면 我爲說法하야 令得三世平等智慧하며

若見衆生이 住於諸方이면 我爲說法하야 令得智慧하야 見一切法하며

　어떤 중생의 몸이 온전하지 못한 것을 보면, 나는 그를 위해 설법하여 여래의 청정한 몸을 얻도록 하였다.

어떤 중생의 얼굴이 못생긴 것을 보면, 나는 그를 위해 설법하여 위없는 청정한 법신을 얻도록 하였다.

어떤 중생의 몸매가 추악한 것을 보면, 나는 그를 위해 설법하여 여래의 미묘한 몸을 얻도록 하였다.

어떤 중생이 근심이 많은 것을 보면, 나는 그를 위해 설법하여 여래의 끝까지 안락함을 얻도록 하였다.

어떤 중생이 가난에 쪼들리는 것을 보면, 나는 그를 위해 설법하여 보살의 공덕인 보배장을 얻도록 하였다.

어떤 중생이 동산에 집착하는 것을 보면, 나는 그를 위해 설법하여 불법의 인연을 부지런히 구하도록 하였다.

어떤 중생이 길 가는 것을 보면, 나는 그를 위해 설법하여 일체 지혜의 길로 향하도록 하였다.

어떤 중생이 마을에 있는 것을 보면, 나는 그를 위해 설법하여 삼계에서 벗어나도록 하였다.

어떤 중생이 인간에 집착하는 것을 보면, 나는 그를 위해 설법하여 이승의 도를 초월하여 여래의 지위에 머물도록 하였다.

어떤 중생이 성중에 사는 것을 보면, 나는 그를 위해 설법하여 법왕의 성중에 머물도록 하였다.

어떤 중생이 네 간방에 사는 것을 보면, 나는 그를 위해 설법하여 삼세가 평등한 지혜를 얻도록 하였다.

어떤 중생이 여러 방위에 사는 것을 보면, 나는 그를 위해 설법하여 지혜를 얻어 모든 법을 보도록 하였다.

● 疏 ●

次有十二門이니 化無功德衆生하야 令得佛因果功德하야 見第一
義니라

다음은 12법문이다.

공덕이 없는 중생을 교화하여 그들로 하여금 부처의 인과공덕
을 얻어 제일의제를 보도록 하였다.

經

若見衆生이 貪行多者면 我爲彼說不淨觀門하야 令其捨
離生死愛染하며
若見衆生이 瞋行多者면 我爲彼說大慈觀門하야 令其得
入하야 勤加修習하며
若見衆生이 癡行多者면 我爲說法하야 令得明智하야 觀
諸法海하며
若見衆生이 等分行者면 我爲說法하야 令其得入諸乘願
海하며
若見衆生이 樂生死樂이면 我爲說法하야 令其厭離하며
若見衆生이 厭生死苦하야 應爲如來所化度者면 我爲說
法하야 令能方便으로 示現受生하며
若見衆生이 愛着五蘊이면 我爲說法하야 令其得住無依
境界하며
若見衆生이 其心下劣이면 我爲顯示勝莊嚴道하며

若見衆生이 **心生憍慢**이면 **我爲其說平等法忍**하며
若見衆生이 **其心諂曲**이면 **我爲其說菩薩直心**호라

어떤 중생이 탐욕의 행이 많은 것을 보면, 나는 그를 위해 부정관을 설법하여 생사에 대한 애착을 버리도록 하였다.

어떤 중생이 성내는 행이 많은 것을 보면, 나는 그를 위해 대자비관을 설법하여 거기에 들어가 부지런히 닦도록 하였다.

어떤 중생이 어리석은 행이 많은 것을 보면, 나는 그를 위해 설법하여 밝은 지혜를 얻어 모든 법 바다를 보도록 하였다.

어떤 중생이 삼독이 평등하다고 생각하는 것을 보면, 나는 그를 위해 설법하여 여러 법의 서원 바다에 들어가도록 하였다.

어떤 중생이 나고 죽는 낙을 좋아하는 것을 보면, 나는 그를 위해 설법하여 이를 싫어서 버리도록 하였다.

어떤 중생이 생사의 고통을 싫어하여, 여래의 제도를 받아야 할 것을 보면, 나는 그를 위해 설법하여 방편으로 생을 받아 태어나는 것을 보여주었다.

어떤 중생이 오온에 애착하는 것을 보면, 나는 그를 위해 설법하여 의지 없는 경계에 머물도록 하였다.

어떤 중생의 마음이 용렬한 것을 보면, 나는 그를 위해 훌륭하게 장엄한 도를 보여주었다.

어떤 중생의 마음이 교만한 것을 보면, 나는 그를 위해 평등한 법의 지혜를 말해주었다.

어떤 중생의 마음이 곧지 못한 것을 보면, 나는 그를 위해 보살

의 곧은 마음을 말해주었다.

◉ 疏 ◉

後十門은 但以對治門으로 破其惑障이라

뒤의 10가지 법문은 다스리는 법문으로 그들의 미혹의 장애를 타파해 주는 것이다.

經

善男子야 我以此等無量法施로 攝諸衆生하야 種種方便으로 敎化調伏하야 令離惡道하고 受人天樂하며 脫三界縛하고 住一切智로니
我時에 便得廣大歡喜法光明海하야 其心怡暢하야 安穩適悅호라

선남자여, 나는 이러한 한량없는 법 보시로 중생을 거두어 주면서, 가지가지 방편으로 교화하고 조복하여 악도에서 벗어나고, 인간이나 천상계의 즐거움을 누리도록 하였으며, 삼세의 속박에서 벗어나고, 일체 지혜에 머물도록 하였다.

그 당시 나는 엄청난 즐거움과 법의 광명 바다를 얻고서 마음이 통창하여 평온하고 기뻤다.

◉ 疏 ◉

三은 總結化意라 見物成益일세 故大歡喜니 此는 卽釋名中初意니라

③ 교화의 뜻을 총괄하여 끝맺었다. 중생의 성취 이익을 보았기에 큰 기쁨을 얻은 것이다. 이는 명제 해석 부분의 첫째 뜻이다.

━

第三 答觀察問

셋째, '어떤 관찰'에 대해 답하다

經

復次善男子야 我常觀察一切菩薩道場衆會하야 修種種願行하며 現種種淨身하며 有種種常光하며 放種種光明하며

以種種方便으로 入一切智門하며 入種種三昧하며 現種種神變하며 出種種音聲海하며 具種種莊嚴身하며 入種種如來門하며 詣種種國土海하며 見種種諸佛海하며 得種種辯才海하며 照種種解脫境하며 得種種智光海하며 入種種三昧海하며 遊戲種種諸解脫門하며

以種種門으로 趣一切智하야 種種莊嚴虛空法界하며

以種種莊嚴雲으로 徧覆虛空하며 觀察種種道場衆會하며 集種種世界하며 入種種佛刹하며 詣種種方海하며 受種種如來命하며 從種種如來所하며 與種種菩薩俱하며 雨種種莊嚴雲하며 入如來種種方便하며 觀如來種種法海하며 入種種智慧海하며 坐種種莊嚴座호라

또한 선남자여, 나는 일체 보살 도량의 대중법회를 살펴보면서,

가지가지 원과 행을 닦았으며,

가지가지 청정한 몸을 나타냈으며,

가지가지 변함없는 광명을 두었으며,

가지가지 광명을 쏟아냈으며,

가지가지 방편으로 일체 지혜의 문에 들어갔으며,

가지가지 삼매에 들어갔으며,

가지가지 신통변화를 나타냈으며,

가지가지 음성 바다를 냈으며,

가지가지 장엄한 몸을 갖췄으며,

가지가지 여래의 문에 들어갔으며,

가지가지 세계 바다에 나아갔으며,

가지가지 부처 바다를 뵈었으며,

가지가지 변재 바다를 얻었으며,

가지가지 해탈 경계를 비췄으며,

가지가지 지혜의 광명 바다를 얻었으며,

가지가지 삼매 바다에 들어갔으며,

가지가지 해탈의 문에 유희하였으며,

가지가지 문으로 일체 지혜에 나아가 가지가지로 허공 법계를 장엄하였으며,

가지가지 장엄 구름으로 허공을 두루 덮었으며,

가지가지 도량의 대중법회를 살펴보았으며,

가지가지 세계를 모았으며,

가지가지 부처님 세계에 들어갔으며,

가지가지 방편 바다에 나아갔으며,

가지가지 여래의 명을 받았으며,

가지가지 여래의 처소를 따랐으며,

가지가지 보살과 함께하였으며,

가지가지 장엄 구름을 내렸으며,

여래의 가지가지 방편에 들어갔으며,

여래의 가지가지 법 바다를 보았으며,

가지가지 지혜 바다에 들어갔으며,

가지가지 장엄한 법좌에 앉았노라.

● 疏 ●

於中二니

先은 觀菩薩境界니라

이는 2단락이다.

앞은 보살의 경계를 살펴봄이다.

經

善男子야 我觀察此道場衆會하고 知佛神力이 無量無邊하야 生大歡喜호라

선남자여, 나는 이 도량에 대중법회를 살펴보면서 부처님의 신

통력이 한량없고 그지없음을 알고서 큰 기쁨을 내었다.

◉ 疏 ◉

後는 觀佛勝用이니

於中三이니

初는 結前生後요 '知佛神力'下는 義當生後故니라

뒤는 부처의 뛰어난 작용을 살펴봄이다.

이 부분은 3단락이다.

① 첫 단락은 앞의 문장을 끝맺으면서 뒤의 문장을 일으켰다.

'知佛神力' 이하에서 말한 뜻은 뒤의 문장을 일으킨 데에 해당하기 때문이다.

經

善男子야

我觀毘盧遮那如來의 念念出現不可思議淸淨色身하고 旣見是已에 生大歡喜하며

又觀如來의 於念念中에 放大光明하사 充滿法界하고 旣見是已에 生大歡喜하며

又見如來의 一一毛孔에 念念出現無量佛刹微塵數光明海어든 一一光明이 以無量佛刹微塵數光明으로 而爲眷屬하야 一一周徧一切法界하야 消滅一切諸衆生苦하고 旣見是已에 生大歡喜하며

又善男子야 我觀如來의 頂及兩肩에 念念出現一切佛刹微塵數寶焰山雲하사 充滿十方一切法界하고 旣見是已에 生大歡喜하며

又善男子야 我觀如來의 一一毛孔에 於念念中에 出一切佛刹微塵數香光明雲하사 充滿十方一切佛刹하고 旣見是已에 生大歡喜하며

又善男子야 我觀如來의 一一相에 念念出一切佛刹微塵數諸相莊嚴如來身雲하사 徧往十方一切世界하고 旣見是已에 生大歡喜하며

又善男子야 我觀如來의 一一毛孔에 於念念中에 出不可說佛刹微塵數佛變化雲하사 示現如來從初發心으로 修波羅蜜하사 具莊嚴道하야 入菩薩地하고 旣見是已에 生大歡喜하며

又善男子야 我觀如來의 一一毛孔에 念念出現不可說不可說佛刹微塵數天王身雲과 及以天王의 自在神變하사 充徧一切十方法界하사 應以天王身으로 而得度者는 卽現其前하야 而爲說法하고 旣見是已에 生大歡喜하며

如天王身雲하야 其龍王과 夜叉王과 乾闥婆王과 阿修羅王과 迦樓羅王과 緊那羅王과 摩睺羅伽王과 人王과 梵王身雲을 莫不皆於一一毛孔에 如是出現하사 如是說法이어시든

선남자여, 나는 비로자나불이 한 생각의 찰나마다 불가사의한

청정 색신을 나타내는 것을 보았다. 이를 보고서 아주 큰 기쁨을 얻었다.

또한 여래께서 한 생각의 찰나마다 큰 광명을 쏟아내어 법계에 가득함을 보았다. 이를 보고서 아주 큰 기쁨을 얻었다.

또한 여래의 하나하나 모공에서 한 생각의 찰나마다 한량없는 세계의 티끌 수 광명 바다를 내었는데, 하나하나의 광명이 한량없는 세계의 티끌 수 광명으로 권속을 삼아, 하나하나의 광명이 일체 법계를 두루 비춰 일체중생의 고통을 없애주는 것을 보았다. 이를 보고서 아주 큰 기쁨을 얻었다.

또한 선남자여, 나는 여래의 정수리와 두 어깨에서 한 생각의 찰나마다 일체 세계의 티끌 수 보배 불꽃 산 구름을 나타내어 시방의 모든 법계에 가득한 것을 보았다. 이를 보고서 아주 큰 기쁨을 얻었다.

또한 선남자여, 나는 여래의 모공에서 한 생각의 찰나마다 일체 부처 세계의 티끌 수 향기 구름을 피어내어 시방의 일체 세계에 가득한 것을 보았다. 이를 보고서 아주 큰 기쁨을 얻었다.

또한 선남자여, 나는 여래의 하나하나 모습에서 한 생각의 찰나마다 일체 부처 세계의 티끌 수 몸매로 장엄한 여래의 몸 구름을 피어내어 시방의 일체 세계를 두루 찾아가는 것을 보았다. 이를 보고서 아주 큰 기쁨을 얻었다.

또한 선남자여, 나는 여래의 모공에서 한 생각의 찰나마다 말할 수 없는 세계의 티끌 수 변화하는 구름을 피어내어, 여래께서 처음 발심하여 바라밀을 닦을 적부터 장엄한 도를 갖추어 보살의 지위에 들어간 것을 보았다. 이를 보고서 아주 큰 기쁨을 얻었다.

또한 선남자여, 나는 여래의 하나하나 모공에서 한 생각의 찰나마다 말할 수 없이 말할 수 없는 세계의 티끌 수 천왕의 몸 구름을 나타내며,

또한 천왕의 자재한 신통변화로 일체 시방의 법계에 가득하여, 천왕의 몸으로 제도할 수 있는 자에게는 그의 앞에 몸을 나타내어 설법한 것을 보았다. 이를 보고서 아주 큰 기쁨을 얻었다.

천왕의 몸 구름처럼, 용왕, 야차왕, 건달바왕, 아수라왕, 가루라왕, 긴나라왕, 마후라가왕, 사람의 왕, 범천왕의 몸 구름을 모두 하나하나의 모공마다 이처럼 나타내어 이처럼 설법하였다.

◉ 疏 ◉

次는 正顯이니 有其十門이라

② 다음은 바로 밝혔다. 여기에는 10가지 법문이 있다.

經

我見是已하고 於念念中에 生大歡喜하며 生大信樂하니
量與法界薩婆若等이라
昔所未得을 而今始得하며
昔所未證을 而今始證하며
昔所未入을 而今始入하며

昔所未滿을 而今始滿하며
昔所未見을 而今始見하며
昔所未聞을 而今始聞호니
何以故오
以能了知法界相故며
知一切法이 唯一相故며
能平等入三世道故며
能說一切無邊法故니라
善男子야 我入此菩薩念念出生廣大喜莊嚴解脫光明海호라

　나는 이런 것을 보고서, 모든 생각마다 아주 큰 기쁨을 얻었으며, 아주 큰 믿음과 좋아하는 마음을 내었다. 그 분량이 법계의 살바야 등과 같았다.

　　예전에 얻지 못한 것을 이제 처음 얻었고,
　　예전에 증득하지 못한 것을 이제 처음 증득하였으며,
　　예전에 들어가지 못한 것을 이제 처음 들어갔고,
　　예전에 만족하지 못한 것을 이제 처음 만족하였으며,
　　예전에 보지 못한 것을 이제 처음 보았고,
　　예전에 듣지 못한 것을 이제 처음 들었다.
　　무엇 때문일까?
　　법계의 모양을 분명하게 알기 때문이며,
　　일체 법이 오직 하나의 모양임을 알기 때문이며,

평등하게 삼세의 도에 들어갔기 때문이며,

일체 그지없는 법을 말하였기 때문이다.

선남자여, 나는 이 보살이 모든 생각마다 엄청나게 기쁜 장엄을 내는 해탈의 광명 바다에 들어갔다.

● 疏 ●

後는 總結이라 近結前之十門하고 亦遠結前觀菩薩境이니 以所觀境이 皆稱性故니라

於中에 先은 標喜成益이오

後何以下는 徵釋所由니 以能觀之大智로 稱法界之體相일세 故所生信等이 等一切智니라

③ 뒤 단락은 총체로 끝맺었다. 앞의 10가지 법문을 가까이 끝맺으면서 또한 앞의 보살의 경계를 살펴봄을 멀리 끝맺었다. 관찰 대상의 경계가 모두 성품과 하나가 되었기 때문이다.

그 가운데 앞은 성취의 이익을 기뻐함을 밝혔으며,

뒤의 '何以' 이하는 그 유래를 묻고 해석하였다. 관찰 주체의 큰 지혜로써 법계의 體相에 하나가 되기에, 신심 등을 내는 바가 일체 지혜와 같다.

第四 答所行境界問

넷째, '어떤 경계'에 대해 답하다

又善男子야
此解脫이 無邊이니 普入一切法界門故며
此解脫이 無盡이니 等發一切智性心故며
此解脫이 無際니 入無際畔一切衆生心想中故며
此解脫이 甚深이니 寂靜智慧所知境故며
此解脫이 廣大니 周徧一切如來境故며
此解脫이 無壞니 菩薩智眼之所知故며
此解脫이 無底니 盡於法界之源底故며
此解脫者는 卽是普門이니 於一事中에 普見一切諸神變故며
此解脫者는 終不可取니 一切法身이 等無二故며
此解脫者는 終無有生이니 以能了知如幻法故며
此解脫者는 猶如影像이니 一切智願이 光所生故며
此解脫者는 猶如變化니 化生菩薩의 諸勝行故며
此解脫者는 猶如大地니 爲一切衆生의 所依處故며
此解脫者는 猶如大水니 能以大悲로 潤一切故며
此解脫者는 猶如大火니 乾竭衆生의 貪愛水故며
此解脫者는 猶如大風이니 令諸衆生으로 速疾趣於一切智故며
此解脫者는 猶如大海니 種種功德으로 莊嚴一切諸衆生故며

此解脫者는 如須彌山이니 出一切智法寶海故며
此解脫者는 如大城郭이니 一切妙法의 所莊嚴故며
此解脫者는 猶如虛空이니 普容三世佛神力故며
此解脫者는 猶如大雲이니 普爲衆生하야 雨法雨故며
此解脫者는 猶如淨日이니 能破衆生의 無知暗故며
此解脫者는 猶如滿月이니 滿足廣大福德海故며
此解脫者는 猶如眞如니 悉能周徧一切處故며
此解脫者는 猶如自影이니 從自善業所化出故며
此解脫者는 猶如呼響이니 隨其所應하야 爲說法故며
此解脫者는 猶如影像이니 隨衆生心하야 而照現故며
此解脫者는 如大樹王이니 開敷一切神通華故며
此解脫者는 猶如金剛이니 從本已來로 不可壞故며
此解脫者는 如如意珠니 出生無量自在力故며
此解脫者는 如離垢藏摩尼寶王이니 示現一切三世如來諸神力故며
此解脫者는 如喜幢摩尼寶니 能平等出一切諸佛法輪聲故니라
善男子야 我今爲汝하야 說此譬喩하노니 汝應思惟하야 隨順悟入이어다

또한 선남자여,

이 해탈은 그지없다. 일체 법계의 문에 두루 들어가기 때문이다.

이 해탈은 다함이 없다. 일체 지혜 성품의 마음을 평등하게 일

으키기 때문이다.

　이 해탈은 끝이 없다. 경계가 없는 일체중생의 생각 속에 들어가기 때문이다.

　이 해탈은 매우 깊다. 고요한 지혜만이 알 수 있는 경계이기 때문이다.

　이 해탈은 넓고 크다. 일체 여래의 경계에 두루 있기 때문이다.

　이 해탈은 무너짐이 없다. 보살의 지혜 눈으로 알기 때문이다.

　이 해탈은 바닥이 없다. 법계의 본원 밑바닥까지 다하기 때문이다.

　이 해탈은 넓은 문이다. 하나의 일에서 일체 신통변화를 두루 보기 때문이다.

　이 해탈은 마침내 취할 수 없다. 일체 법신이 평등하여 둘이 없기 때문이다.

　이 해탈은 마침내 나지 않는다. 요술과 같은 법인 줄을 알기 때문이다.

　이 해탈은 영상과 같다. 일체 지혜와 서원이 광명으로 생긴 바이기 때문이다.

　이 해탈은 변화와 같다. 보살의 여러 가지 훌륭한 행을 변화로 나타내기 때문이다.

　이 해탈은 대지와 같다. 일체중생의 의지처가 되기 때문이다.

　이 해탈은 큰물과 같다. 크게 가엾이 여기는 마음으로 일체중생을 적셔주기 때문이다.

이 해탈은 큰불과 같다. 중생의 탐심과 애욕의 물을 말려주기 때문이다.

이 해탈은 큰바람과 같다. 중생들을 일체 지혜로 빠르게 나아가게 하기 때문이다.

이 해탈은 큰 바다와 같다. 여러 가지 공덕으로 일체중생을 장엄해 주기 때문이다.

이 해탈은 수미산과 같다. 일체 지혜의 법보 바다를 내어주기 때문이다.

이 해탈은 큰 성곽과 같다. 일체 미묘한 법으로 장엄한 바이기 때문이다.

이 해탈은 허공과 같다. 삼세 부처님의 신통력을 두루 용납하기 때문이다.

이 해탈은 큰 구름과 같다. 널리 중생을 위해 법비를 내려주기 때문이다.

이 해탈은 맑은 태양과 같다. 중생의 무지한 어둠을 깨뜨려주기 때문이다.

이 해탈은 보름달과 같다. 광대한 복덕 바다를 만족시켜 주기 때문이다.

이 해탈은 진여와 같다. 일체 모든 곳에 두루 존재하기 때문이다.

이 해탈은 자신의 그림자와 같다. 자신의 선업에 따라 변화하여 나타나기 때문이다.

이 해탈은 메아리와 같다. 그에게 알맞은 바를 따라 그를 위해 설법해 주기 때문이다.

이 해탈은 영상과 같다. 중생의 마음을 따라 비춰주기 때문이다.

이 해탈은 큰 나무와 같다. 일체 신통의 꽃을 피워주기 때문이다.

이 해탈은 금강과 같다. 본래부터 깨뜨릴 수 없기 때문이다.

이 해탈은 여의주와 같다. 한량없이 자재한 힘을 내주기 때문이다.

이 해탈은 때를 여읜 마니주와 같다. 일체 삼세 여래의 신통력을 나타내주기 때문이다.

이 해탈은 기쁜 당기 마니주와 같다. 일체 부처님의 법륜의 소리를 평등하게 내주기 때문이다.

선남자여, 내가 이제 그대를 위하여 이런 비유를 말하였다. 그대는 잘 생각하고 이를 따라서 깨달아 들어가도록 하라."

● 疏 ●

通二種境이니 如言 入法界門은 即所觀境이오 發一切智性心은 即分齊境이니 餘可準思니라

文中分三이니

初는 十門法說이오

次猶如影下 二十二門은 喻說이니 以深廣相을 難可知故오

後我今爲汝下 一句는 總結勸修니라

2가지 경계를 통하여 말하였다.

"법계의 문에 들어간다."고 말한 것은 관찰 대상의 경계이며,

"일체 지혜 성품의 마음을 일으킨다."는 것은 부분과 한계의 경계이다.

나머지는 이에 준하여 생각하면 된다.

이의 경문은 3단락이다.

첫 10가지 법문은 법으로 말하였고,

다음의 '猶如影' 이하 20가지 법문은 비유로 말하였다. 심오하고 광대한 모양을 알기 어렵기 때문이다.

뒤의 '我今爲汝' 이하 1구는 수행의 권면을 총괄하여 끝맺었다.

已上은 初明解脫業用 竟하다

이상은 ㈀ 해탈의 업용에 대해 밝힌 부분을 끝마치다.

第二 明得解脫所因

㈁ 해탈의 원인이 되는 바를 밝히다

經

爾時에 善財童子 白寂靜音海夜神言호되 大聖이시여 云何修行하야 得此解脫이니잇고
夜神이 言하사대 善男子야 菩薩이 修行十大法藏하야 得此解脫이니
何等이 爲十고
一은 修布施廣大法藏하야 隨衆生心하야 悉令滿足이오

二는 修淨戒廣大法藏하야 普入一切佛功德海오

三은 修堪忍廣大法藏하야 能徧思惟一切法性이오

四는 修精進廣大法藏하야 趣一切智하야 恒不退轉이오

五는 修禪定廣大法藏하야 能滅一切衆生熱惱오

六은 修般若廣大法藏하야 能徧了知一切法海오

七은 修方便廣大法藏하야 能徧成熟諸衆生海오

八은 修諸願廣大法藏하야 徧一切佛刹一切衆生海하야 盡未來劫토록 修菩薩行이오

九는 修諸力廣大法藏하야 念念現於一切法界海一切佛國土에 成等正覺하야 常不休息이오

十은 修淨智廣大法藏하야 得如來智하야 徧知三世一切諸法이 無有障礙니

善男子야 若諸菩薩이 安住如是十大法藏하면 則能獲得如是解脫하야 淸淨增長하며 積集堅固하며 安住圓滿하리라

그때, 선재동자가 적정음해주야신에게 말하였다.

"거룩하신 성자여, 어떻게 수행하여 이런 해탈을 얻었습니까?"

주야신이 대답하였다.

"선남자여, 보살이 열 가지 큰 법장을 수행하면 이런 해탈을 얻을 수 있다.

무엇이 열 가지 큰 법장의 수행인가?

첫째, 보시의 광대한 법장을 닦아서 중생의 마음을 따라 모두

만족케 하고,

둘째, 계행의 광대한 법장을 닦아서 일체 부처님의 공덕 바다에 들어가며,

셋째, 인욕의 광대한 법장을 닦아서 일체 법성을 두루 생각하고,

넷째, 정진의 광대한 법장을 닦아서 일체 지혜에 나아가 언제나 물러서지 않으며,

다섯째, 선정의 광대한 법장을 닦아서 일체중생의 고뇌를 없애 주고,

여섯째, 반야의 광대한 법장을 닦아서 일체 법해를 두루 알며,

일곱째, 방편의 광대한 법장을 닦아서 일체중생을 성숙시켜 주고,

여덟째, 서원의 광대한 법장을 닦아서 일체 세계의 일체 중생 바다에 두루 하여 미래 세월이 다하도록 보살행을 수행하며,

아홉째, 힘의 광대한 법장을 닦아서 한 생각의 찰나마다 일체 법계 바다의 일체 국토에 몸을 나타내어 등정각을 이루어 언제나 멈추지 않고,

열째, 지혜의 광대한 법장을 닦아서 여래의 지혜를 얻어, 삼세의 일체 모든 법을 두루 알아 막힘이 없도록 하는 것이다.

선남자여, 만일 모든 보살이 이와 같은 열 가지 큰 법장에 안주하면, 이와 같은 해탈을 얻어 청정하고 증장하며, 쌓여가고 견고하며, 편안히 머물면서 원만하게 될 것이다."

● 疏 ●

於中에 先問後答이니

答은 卽十度爲因이니 可知라

 이 부분의 앞은 물음이고, 뒤는 대답이다.

 대답은 십바라밀로 원인을 삼는다. 이는 말하지 않아도 알 수 있다.

二 明解脫所因 竟하다

 (ㄴ) 해탈의 원인이 되는 바를 밝힌 부분을 끝마치다.

第三 明發心久近

欲顯道根深故니라

先問後答이니

答中二니

先은 長行中三이니

初는 於餘刹海中에 發心修行이오

二 然後命終 下는 於娑婆界中에 修行得法이오

三 善男子汝問於我 下는 結酬其問이라

今은 初라

 (ㄷ) 발심한 지 얼마 되었는가를 밝히다

 도의 선근이 깊음을 나타내고자 한 때문이다.

 앞은 물음이고, 뒤는 대답이다.

대답은 2단락이다.

앞의 산문 부분은 3단락이다.

첫째, 나머지 세계에서 발심하여 수행함이며,

둘째, '然後命終' 이하는 사바세계에서 수행하여 법을 얻음이며,

셋째, '善男子汝問於我' 이하는 그 물음에 대한 답을 끝맺음이다.

이는 '첫째, 나머지 세계에서의 발심 수행'이다.

經

善財童子 言호되 聖者여 汝發阿耨多羅三藐三菩提心이 其已久如니잇고

夜神이 言하사대 善男子야 此華藏莊嚴世界海東에 過十世界海하야 有世界海하니 名一切淨光寶오

此世界海中에 有世界種하니 名一切如來願光明音이며

中有世界하니 名淸淨光金莊嚴이라 一切香金剛摩尼王으로 爲體하야 形如樓閣하며 衆妙寶雲으로 以爲其際하야 住於一切寶瓔珞海하며 妙宮殿雲으로 而覆其上하야 淨穢相雜이러라

此世界中에 乃往古世에 有劫하니 名普光幢이오

國名은 普滿妙藏이오

道場은 名一切寶藏妙月光明이오

有佛하니 名不退轉法界音이라

於此에 成阿耨多羅三藐三菩提어시든 我於爾時에 作菩
提樹神하니 名具足福德燈光明幢이라 守護道場이라가
我見彼佛이 成等正覺하사 示現神力하고 發阿耨多羅三
藐三菩提心하야 卽於此時에 獲得三昧하니 名普照如來
功德海며

此道場中에 次有如來 出興於世하시니 名法樹威德山이
어든 我時命終하고 還生此中하야 爲道場主夜神하니 名
殊妙福智光이라 見彼如來 轉正法輪하사 現大神通하고
卽得三昧하니 名普照一切離貪境界며

次有如來 出興於世하시니 名一切法海音聲王이라 我於
彼時에 身爲夜神이라가 因得見佛하야 承事供養하고 卽
獲三昧하니 名生長一切善法地며

次有如來 出興於世하시니 名寶光明燈幢王이라 我於彼
時에 身爲夜神이라가 因得見佛하야 承事供養하고 卽獲
三昧하니 名普現神通光明雲이며

次有如來 出興於世하시니 名功德須彌光이라 我於彼時
에 身爲夜神이라가 因得見佛하야 承事供養하고 卽獲三
昧하니 名普照諸佛海며

次有如來 出興於世하시니 名法雲音聲王이라 我於彼時
에 身爲夜神이라가 因得見佛하야 承事供養하고 卽獲三
昧하니 名一切法海燈이며

次有如來 出興於世하시니 名智燈照耀王이라 我於彼時

에 身爲夜神이라가 因得見佛하야 承事供養하고 卽獲三昧하니 名滅一切衆生苦淸淨光明燈이며

次有如來 出興於世하시니 名法勇妙德幢이라 我於彼時에 身爲夜神이라가 因得見佛하야 承事供養하고 卽獲三昧하니 名三世如來光明藏이며

次有如來 出興於世하시니 名師子勇猛法智燈이라 我於彼時에 身爲夜神이라가 因得見佛하야 承事供養하고 卽獲三昧하니 名一切世間無障礙智慧輪이며

次有如來 出興於世하시니 名智力山王이라 我於彼時에 身爲夜神이라가 因得見佛하야 承事供養하고 卽獲三昧하니 名普照三世衆生諸根行이라

善男子야 淸淨光金莊嚴世界普光明幢劫中에 有如是等佛刹微塵數如來 出興於世어시늘

我於彼時에 或爲天王하며 或爲龍王하며 或爲夜叉王하며 或爲乾闥婆王하며 或爲阿修羅王하며 或爲迦樓羅王하며 或爲緊那羅王하며 或爲摩睺羅伽王하며 或爲人王하며 或爲梵王하며 或爲天身하며 或爲人身하며 或爲男子身하며 或爲女人身하며 或爲童男身하며 或爲童女身하야 悉以種種諸供養具로 供養於彼一切如來하고 亦聞其佛所說諸法호라

從此命終에 還卽於此世界中生하야 經佛刹微塵數劫토록 修菩薩行하고

선재동자가 말하였다.

"거룩하신 성자여, 당신이 아뇩다라삼먁삼보리심을 발심한 지 얼마나 오래되었습니까?"

주야신이 말하였다.

"선남자여, 이 화장장엄 세계 바다의 동쪽으로 열 세계 바다를 지나서 세계 바다가 있는데, 그 이름을 '일체정광보세계'라 한다.

이 세계 바다에 하나의 세계 종성이 있는데, 그 이름을 '일체여래원 광명음 종성'이라 한다.

그 가운데 한 세계가 있는데, 그 이름을 '청정광금장엄세계'라 한다.

온갖 향기가 풍겨나는 금강마니왕으로 자체가 만들어져 있고, 세계의 형상은 누각과 같으며, 수많은 미묘한 보배 구름으로 그 경계선을 삼아, 모든 보배 영락 바다에 머무르며, 미묘한 궁전 구름이 위에 덮였는데, 청정한 것과 더러운 것이 함께 뒤섞여 있다.

이 세계의 과거 옛 겁의 이름을 '보광당겁'이라 하고,

나라의 이름을 '보만묘장국'이라 하고,

도량의 이름을 '일체보배장묘월광명도량'이라 하고,

그곳의 부처님의 명호를 '불퇴전법계음불'이라 한다.

그 도량에서 아뇩다라삼먁삼보리를 이루셨다.

나는 그 당시, 보리수를 주관하는 신이었는데, 이름은 '구족복덕 등광명당 보리수신'이었다.

도량을 수호하다가 그 부처님이 등정각을 성취하여 신통력을

나타내는 것을 보고서, 나는 아뇩다라삼먁삼보리심을 내어, 바로 그때 삼매를 얻었는데, 그 이름을 '보조여래공덕해 삼매'라 하였다.

이 도량에서 다음 여래가 세상에 나오셨는데, 그 명호를 '법수위덕산불'이라 하였다. 나는 그때, 목숨이 다하고 다시 태어나 그 도량의 밤을 주관하는 신이 되었는데, 그 이름을 '남다르고 미묘한 복덕 지혜 광명[殊妙福智光]으로 밤을 주관하는 신'이라 하였다. 그 여래께서 바른 법륜을 굴리면서 큰 신통을 나타내는 것을 보고서 바로 삼매를 얻었는데, 그 이름을 '일체 널리 비춰 탐욕의 경계를 여읜[普照一切離貪境界] 삼매'라 하였다.

다음에 여래가 세상에 나오셨는데, 그 명호를 '일체 법해 음성의 왕이신 부처[一切法海音聲王佛]'라 하였다. 나는 그 당시, 밤을 주관하는 신으로 부처님을 뵈옵고 받들어 섬기며 공양하고, 바로 삼매를 얻었는데, 그 이름을 '모든 착한 법을 내어 키워가는 땅[生長一切善法地]의 삼매'라 하였다.

다음에 여래가 세상에 나오셨는데, 그 명호를 '보광명등당왕불'이라 하였다. 나는 그 당시, 밤을 주관하는 신으로 부처님을 뵈옵고 받들어 섬기며 공양하고, 바로 삼매를 얻었는데, 그 이름을 '신통을 두루 나타내는 광명 구름[普現神通光明雲]의 삼매'라 하였다.

다음에 여래가 세상에 나오셨는데, 그 명호를 '공덕수미광불'이라 하였다. 나는 그 당시, 밤을 주관하는 신으로 부처님을 뵈옵고 받들어 섬기며 공양하고, 바로 삼매를 얻었는데, 그 이름을 '여러 부처 바다를 두루 비춰주는[普照諸佛海] 삼매'라 하였다.

다음에 여래가 세상에 나오셨는데, 그 명호를 '법운음성왕불'이라 하였다. 나는 그 당시, 밤을 주관하는 신으로 부처님을 뵈옵고 받들어 섬기며 공양하고, 바로 삼매를 얻었는데, 그 이름을 '일체 법 바다 등불[一切法海燈] 삼매'라 하였다.

다음에 여래가 세상에 나오셨는데, 그 명호를 '지등조요왕불'이라 하였다. 나는 그 당시, 밤을 주관하는 신으로 부처님을 뵈옵고 받들어 섬기며 공양하고, 바로 삼매를 얻었는데, 그 이름을 '일체중생의 괴로움을 없애는 청정한 광명 등불[滅一切衆生苦淸淨光明燈] 삼매'라 하였다.

다음에 여래가 세상에 나오셨는데, 그 명호를 '법용묘덕당불'이라 하였다. 나는 그 당시, 밤을 주관하는 신으로 부처님을 뵈옵고 받들어 섬기며 공양하고, 바로 삼매를 얻었는데, 그 이름을 '삼세 여래의 광명 법장[三世如來光明藏] 삼매'라 하였다.

다음에 여래가 세상에 나오셨는데, 그 명호를 '사자용맹법지등불'이라 하였다. 나는 그 당시, 밤을 주관하는 신으로 부처님을 뵈옵고 받들어 섬기며 공양하고, 바로 삼매를 얻었는데, 그 이름을 '일체 세간에 걸림 없는 지혜 법륜[一切世間無障礙智慧輪] 삼매'라 하였다.

다음에 여래가 세상에 나오셨는데, 그 명호를 '지력산왕불'이라 하였다. 나는 그 당시, 밤을 주관하는 신으로 부처님을 뵈옵고 받들어 섬기며 공양하고, 바로 삼매를 얻었는데, 그 이름을 '삼세 중생의 근기와 행을 두루 비춰주는[普照三世衆生諸根行] 삼매'라 하였다.

선남자여, '청정광금장엄세계의 넓은 광명 당기 겁[淸淨光金莊嚴世界普光明幢劫]'에 이와 같은 세계의 티끌 수 여래가 세상에 나셨는데,

나는 그 당시, 천왕이 되기도 하고, 용왕이 되기도 하고, 야차왕이 되기도 하고, 건달바왕이 되기도 하고, 아수라왕이 되기도 하고, 가루라왕이 되기도 하고, 긴나라왕이 되기도 하고, 마후라가왕이 되기도 하고, 사람의 왕이 되기도 하고, 범왕이 되기도 하고, 하늘의 몸이 되기도 하고, 사람의 몸이 되기도 하고, 남자의 몸이 되기도 하고, 여자의 몸이 되기도 하고, 동남의 몸이 되기도 하고, 동녀의 몸이 되기도 하여 가지가지 공양거리로 여러 부처님께 공양하였고, 또한 그 부처님들이 설법하는 말씀을 들었다.

여기서 목숨이 다하고, 다시 이 세계에 태어나, 두 세계의 티끌 수 겁을 지나도록 보살행을 닦았고,

● 疏 ●

分二니

先은 於第一刹塵劫修요 後는 於第二刹塵劫修라

前中分五니

初는 總顯刹海요

二 此世界中下는 別彰時處요

三 有佛名不退下는 顯於初佛發心得定이니 此卽正酬發心之

問이라 自此已去는 皆顯修行得法이니 是知先問도 亦含問其得法
久近이라 神名具足等者는 亦表五地入俗에 福智高勝故니라
四'此道場中次有如來'下는 畧擧次前九佛이라
五'善男子淸淨光'下는 結畧顯廣이니 此擧一劫之中에 刹塵數佛
을 皆悉供事니라
二'從此命終還卽'下는 於第二刹塵劫修行이니 界不異前일새 故
云還卽이오 劫時有異일새 言歷刹塵이라 前雖數數命終이나 今語前
劫之末이니 是知前普光明幢劫이 卽是大劫이라 其中에 已含有刹
塵數小劫이어늘 此中에 但明塵數小劫하고 畧無大劫之名하니 二文
影畧이라 故下結云'於二佛刹微塵數劫中修菩薩行'이라하니 是則
前段一如來興이 義當一劫이라
若以普光明劫으로 爲刹塵之一인댄 此'命終之下 結成刹塵之劫'
에 則闕'二'字니라 故晉經에 言호대'於彼世界에 經二佛刹微塵數劫'
이라하니 方順下文二劫之言이라 一劫에 已有刹塵之佛인댄 則佛彌
多矣니라

    이는 2단락이다.
    앞은 제1 세계 미진수 겁의 수행이며,
    뒤는 제2 세계 미진수 겁의 수행이다.
    앞의 '제1 세계 수행' 부분은 다시 5단락으로 나뉜다.
    ① 세계 바다의 총상을 나타냄이며,
    ② '此世界中' 이하는 시간과 공간을 개별로 밝혔으며,
    ③ '有佛名不退' 이하는 첫 부처님 당시 발심하여 선정을 얻

음에 대해 밝혔다. 이는 바로 언제 발심했는가에 대한 물음에 대한 답이다.

그 이후로 모두 수행하여 법을 얻음에 대해 밝힌 것이다. 이는 앞의 물음 또한 법을 얻은 지 얼마 되었는가에 대한 물음을 포함하고 있다.

주야신의 이름을 '具足福德燈光明幢' 등이라 말한 것은 또한 제5 난승지에서 세속으로 들어감에 복덕과 지혜가 드높고 훌륭함을 나타낸 까닭이다.

④ '此道場中次有如來' 이하는 다음 앞의 아홉 부처를 간략하게 들어 말하였고,

⑤ '善男子淸淨光' 이하는 간략하게 끝맺으면서 자세히 밝혔다. 이는 1겁의 사이에 세계 티끌 수와 같은 부처를 모두 공양하고 받들어 모심을 들어 말하였다.

뒤의 '從此命終還卽' 이하는 제2 세계 미진수 겁의 수행이다. 앞의 세계와 다르지 않기 때문에 '또한 곧[還卽]'이라 말하였고, 겁의 시간은 다르기에 세계의 미진수를 지난다고 말하였다.

앞에서는 비록 여러 차례 목숨이 다했음을 말했으나, 여기에서는 앞 겁의 끝부분을 말하고 있다. 앞의 보광명당겁은 바로 大劫임을 알아야 한다. 그 가운데 이미 세계 미진수의 小劫이 포함되어 있는데, 여기에서는 미진수 소겁만을 밝혔을 뿐, 대겁이라는 명칭은 생략하여 없다. 두 문장은 서로 한 부분을 생략하였다.

이 때문에 아래에서 끝맺기를, "두 부처 세계의 티끌 수 겁 동

안 보살행을 닦았다."고 하였다. 이는 앞 단락에서 '한 분의 여래가 나왔다.'는 뜻이 하나의 겁에 해당한다. 만약 보광명겁으로써 세계 티끌 수의 1겁으로 삼은 것이라면 '목숨이 다하고' 이하에 세계 티끌의 겁을 끝맺은 부분에 '二' 자가 빠진 것이다. 이 때문에 60화엄경에서는 "그 세계에 두 세계의 티끌 수 겁을 지나서"라고 말하였다. 바야흐로 아래 경문의 '二劫'이란 말을 따른 것이다. 하나의 겁에 이미 세계 티끌 수의 부처가 있다면, 이는 부처가 더욱 많은 것이다.

第二 於娑婆世界修行得法
둘째, 사바세계에서 수행하여 법을 얻다

經

然後命終에 **生此華藏莊嚴世界海娑婆世界**하야 **值迦羅鳩孫馱如來**하야 **承事供養**하야 **得三昧**하니 **名離一切塵垢光明**이며

次值拘那含牟尼如來하야 **承事供養**하야 **得三昧**하니 **名普現一切諸刹海**며

次值迦葉如來하야 **承事供養**하야 **得三昧**하니 **名演一切衆生言音海**며

次值毘盧遮那如來하니 **於此道場**에 **成正等覺**하사 **念念示現大神通力**이어시늘 **我時得見**하고 **卽獲此念念出生**

廣大喜莊嚴解脫호라

　그런 뒤에 목숨이 다하자, 이 화장장엄세계해의 사바세계에 태어나 가라구손타여래를 만나 받들어 섬기고 공양하면서 삼매를 얻었는데, 그 이름을 '모든 때를 여읜 광명[離一切塵垢光明] 삼매'라 한다.

　그다음에 구나함모니여래를 만나 받들어 섬기고 공양하면서 삼매를 얻었는데, 그 이름을 '일체 세계를 두루 나타내는[普現一切諸刹海] 삼매'라 한다.

　그다음 가섭여래를 만나 받들어 섬기고 공양하면서 삼매를 얻었는데, 그 이름을 '일체중생의 언어 음성의 바다를 연설하는[演一切衆生言音海] 삼매'라 한다.

　그다음 비로자나여래를 만났는데, 이 도량에서 등정각을 이루어 한 생각의 찰나마다 큰 신통력을 나타내었는데, 나는 그때 뵈옵고 바로 '모든 생각마다 아주 크나큰 기쁨 장엄을 내는 해탈'을 얻었다.

◉ 疏 ◉

於中二니 先은 舉此前三佛이오 後次值毘盧下는 顯遇本師하야 得今解脫이니 則前所得이 望此皆因이라
於中二니 先은 名體니라

　이는 2단락이다.
　앞에서는 앞서 말한 세 부처님을 들어 말하였고,

뒤의 '次値毘盧' 이하는 비로자나여래를 만나서 현재의 해탈을 얻었음을 나타낸 것이다. 이는 앞에 얻은 바가 이를 상대로 살펴보면 모두 因行이다.

이는 2부분이다.

앞은 명제의 체성이다.

經

得此解脫已하야는 **能入十不可說不可說佛刹微塵數法界安立海**하야

이런 해탈을 얻고서 열 곱절 말할 수 없이 말할 수 없는 세계의 티끌 수 법계가 정돈되는 바다에 들어갔으며,

● 疏 ●

後는 明業用이니 此中業用은 非獨事業이니 良以前之四問이 皆業用일세 故此通包니라

於中二니

初는 標所入海數니라

뒷부분은 해탈의 일과 작용을 밝혔다. 여기에서 해탈의 일과 작용은 유독 사업에 그치지 않는다. 진실로 앞의 4가지 물음이 모두 해탈의 일과 작용이기에, 여기에서는 총괄하여 포함하였다.

이는 2단락이다.

첫 부분은 들어간 바의 바다의 수효를 밝혔다.

見彼一切法界安立海一切佛刹所有微塵이 **一一塵中**
에 **有十不可說不可說佛刹微塵數佛國土**어든 **一一佛**
土에 **皆有毘盧遮那如來 坐於道場**하사 **於念念中**에 **成**
正等覺하사 **現諸神變**하시니

所現神變이 **一一皆徧一切法界海**하며

亦見自身이 **在彼一切諸如來所**하며

又亦聞其所說妙法하며

    그 일체 법계가 나란히 정돈된 바다에 있는 일체 세계의 티끌이 하나하나 티끌 속에 열이나 되는 말할 수 없이 말할 수 없는 세계의 티끌 수 부처님 국토가 있는데, 하나하나 부처님 국토에 비로자나여래께서 도량에 앉아, 모든 생각마다 등정각을 이루어 여러 가지 신통변화를 나타내시니,

    그 나타내신 신통변화는 하나하나가 모두 일체 법계 바다에 두루 나타남을 보았으며,

    또한 나의 몸이 저 일체 여래가 계신 곳에 있음을 보았으며,

    또한 그곳에서 말씀하신 미묘한 법을 들었으며,

● **疏** ●

後明海中所見이 **展轉深細**니라

畧爲四重이니

一은 **刹海中塵**이오 **二**는 **塵中之刹**이오 **三**은 **刹中之佛**이라

뒤에서는 바다에 보인 바가 더욱더 깊고 미세함을 밝혔다.

간략히 4중이다.

① 세계 바다 가운데 티끌이며,

② 티끌 가운데 세계이며,

③ 세계 가운데 부처이다.

經

又亦見彼一切諸佛이 一一毛孔에 出變化海하고 現神通力하사 於一切法界海와 一切世界海와 一切世界種과 一切世界中에 隨衆生心하야 轉正法輪하고

또한 저 일체 부처님의 모공마다 변화의 바다를 내고, 신통력을 나타내어, 일체 법계 바다와 일체 세계 바다, 일체 세계 종성, 일체 세계에서 중생의 마음을 따라서 바른 법륜을 굴리심을 보았으며,

● 疏 ●

四는 佛毛變化라

於中에 二니

先은 通力演法이라

④ 부처님의 모공에 신통변화이다.

이 부분은 2단락이다.

앞에서는 신통력으로 법문을 연설하였다.

我得速疾陀羅尼力하야 受持思惟一切文義하야

以明了智로 普入一切淸淨法藏하며

以自在智로 普遊一切甚深法海하며

以周徧智로 普知三世諸廣大義하며

以平等智로 普達諸佛無差別法하야

如是悟解一切法門하야

　　나는 빠른 다라니의 힘을 얻어, 일체 글과 뜻을 받아 지니고 생각하여,

　　밝은 지혜로 일체 청정한 법장에 두루 들어가고,

　　자재한 지혜로 일체 깊은 법 바다에 널리 노닐며,

　　두루 응하는 지혜로 삼세의 광대한 이치를 널리 알고,

　　평등한 지혜로 부처님의 차별 없는 법을 널리 통달하여,

　　이처럼 일체 법문을 깨달아,

◉ 疏 ◉

後는 明夜神悟入이라

於中에 有二하니 一은 總顯能所悟라

　　뒤에서는 주야신의 깨달음을 밝혔다.

　　여기에는 2단락이 있다.

　　앞부분은 주체와 객체의 깨달음에 대해 총체로 밝혔다.

經

一一法門中에 悟解一切修多羅雲하며
一一修多羅雲中에 悟解一切法海하며
一一法海中에 悟解一切法品하며
一一法品中에 悟解一切法雲하며
一一法雲中에 悟解一切法流하며
一一法流中에 出生一切大喜海하며
一一大喜海에 出生一切地하며
一一地에 出生一切三昧海하며
一一三昧海에 得一切見佛海하며
一一見佛海에 得一切智光海호니

하나하나 법문 가운데 일체 경 구름을 깨닫고,
하나하나 경 구름 속에서 일체 법 바다를 깨닫고,
하나하나 법 바다 속에서 일체 법의 품을 깨닫고,
하나하나 법의 품 속에서 일체 법 구름을 깨닫고,
하나하나 법 구름 속에서 일체 법의 흐름을 깨닫고,
하나하나 법의 흐름 속에서 일체 큰 기쁜 바다를 내고,
하나하나 큰 기쁨에서 일체 지위를 내고,
하나하나 지위에서 일체 삼매 바다를 내고,
하나하나 삼매 바다에서 일체 부처 뵙는 바다를 얻고,
하나하나 부처 뵙는 바다에서 일체 지혜 광명 바다를 얻었다.

◉ 疏 ◉

二는 明重重微細니

於中二니

先은 總顯十重이오 後 '一一智光'下는 別顯智光之用이라

今初에 有十重一切하야 顯無盡法門이니

十中에 前五는 約所悟니

一 法門者는 如般若一門中에 有多契經이오

二는 隨一契經하야 詮多深廣之法이니 謂含諸度等이오

三은 隨一深法하야 有多品類오

四는 隨一類中하야 有多事法이니 其一一法이 含旨如雲이오

五는 隨一根本法雲하고 流出衆多支派니라

後五는 約能悟니 可知니라【鈔_ '三隨一深法有多品類'者는 如一施度에 有九門等이오 '四一一類中有多事法'者는 如一外施에 有多財寶等이오 五如一施食에 有多支派니라】

뒷부분은 거듭거듭 미세함을 밝혔다.

이는 2단락이다.

제1 단락, 10중의 총상을 밝혔고,

제2 단락, '一一智光' 이하는 지혜 광명의 작용을 개별로 밝혔다.

'제1 단락, 10중의 총상'에서 일체를 10중으로 그지없는 법문을 밝혔다.

10중 가운데 앞의 5중은 깨달음의 대상으로 말하였다.

㉠ 법문이란 하나의 반야 법문 가운데 수많은 경이 있음과 같고,

㉡ 하나의 경을 따라서 심오하고 광대한 수많은 법을 말하고 있다. 십바라밀 등을 포함하고 있음을 말한다.

㉢ 하나의 심오한 법을 따라서 많은 품류가 있다.

㉣ 하나의 품류 부분을 따라서 수많은 일의 법이 있다. 그 하나하나의 법에는 종지를 포함함이 구름과 같다.

㉤ 하나의 근본 법 구름을 따라서 수많은 지파를 유출한다.

뒤의 5중은 깨달음의 주체로 말하였다. 이는 말하지 않아도 알 수 있다.【초_"㉢ 하나의 심오한 법을 따라서 많은 품류가 있다."는 것은 첫째 보시바라밀에 나머지 9바라밀의 법문이 있는 등이며,

"㉣ 하나의 품류 부분을 따라서 수많은 일의 법이 있다."는 것은 하나의 외적 보시에 수많은 재물과 보배가 있는 등이며,

"㉤ 하나의 근본 법 구름을 따라서 수많은 지파를 유출한다."는 것은 하나의 음식 보시에 수많은 여러 갈래가 있는 것과 같다.】

經

一一智光海 普照三世하고 偏入十方하야

知無量如來의 往昔諸行海하며

知無量如來의 所有本事海하며

知無量如來의 難捨能施海하며

知無量如來의 清淨戒輪海하며

知無量如來의 清淨堪忍海하며

知無量如來의 廣大精進海하며

知無量如來의 甚深禪定海하며

知無量如來의 般若波羅蜜海하며

知無量如來의 方便波羅蜜海하며

知無量如來의 願波羅蜜海하며

知無量如來의 力波羅蜜海하며

知無量如來의 智波羅蜜海하며

知無量如來의 往昔에 超菩薩地하며

知無量如來의 往昔에 住菩薩地하야 無量劫海에 現神通力하며

知無量如來의 往昔에 入菩薩地하며

知無量如來의 往昔에 修菩薩地하며

知無量如來의 往昔에 治菩薩地하며

知無量如來의 往昔에 觀菩薩地하며

知無量如來의 昔爲菩薩時에 常見諸佛하며

知無量如來의 昔爲菩薩時에 盡見佛海하야 劫海同住하며

知無量如來의 昔爲菩薩時에 以無量身으로 徧生刹海하며

知無量如來의 昔爲菩薩時에 周徧法界하야 修廣大行하며

知無量如來의 昔爲菩薩時에 示現種種諸方便門하야 調伏成熟一切衆生하며

知無量如來의 放大光明하사 普照十方一切刹海하며

知無量如來의 現大神力하사 普現一切諸衆生前하며

知無量如來의 **廣大智地**하며
知無量如來의 **轉正法輪**하며
知無量如來의 **示現相海**하며
知無量如來의 **示現身海**하며
知無量如來의 **廣大力海**하야
彼諸如來의 **從初發心**으로 **乃至法滅**을 **我於念念**에 **悉得知見**호라

하나하나 지혜 광명 바다가 삼세를 널리 비추고 시방에 두루 들어가,

한량없는 여래의 옛적에 닦았던 수행 바다를 알고,

한량없는 여래의 지녀온 본사의 바다[本事海]를 알며,

한량없는 여래의 버리기 어려운 것을 버린 보시 바다를 알고,

한량없는 여래의 청정한 계행 바다를 알며,

한량없는 여래의 청정한 인욕 바다를 알고,

한량없는 여래의 광대한 정진 바다를 알며,

한량없는 여래의 깊고 깊은 선정 바다를 알고,

한량없는 여래의 반야바라밀 바다를 알며,

한량없는 여래의 방편바라밀 바다를 알고,

한량없는 여래의 원바라밀 바다를 알며,

한량없는 여래의 역바라밀 바다를 알고,

한량없는 여래의 지혜바라밀 바다를 알며,

한량없는 여래의 옛적에 보살의 지위를 초월함을 알고,

한량없는 여래가 옛적에 보살의 지위에 머물면서 한량없는 세월에 신통력 나타냄을 알며,

한량없는 여래가 옛적에 보살의 지위에 들어감을 알고,

한량없는 여래가 옛적에 보살의 지위 닦음을 알며,

한량없는 여래가 옛적에 보살의 지위 다스림을 알고,

한량없는 여래가 옛적에 보살의 지위 관찰함을 알며,

한량없는 여래가 옛날 보살이던 때에 항상 부처님 친견함을 알고,

한량없는 여래가 옛날 보살이던 때에 부처님 바다를 모두 보고서 겁 바다에 함께 머묾을 알며,

한량없는 여래가 옛날 보살이던 때에 한량없는 몸으로 세계 바다에 두루 몸을 받아 태어남을 알고,

한량없는 여래가 옛날 보살이던 때에 법계에 두루 광대한 행을 닦음을 알며,

한량없는 여래가 옛날 보살이던 때에 가지가지 방편 법문을 나타내어 일체중생을 조복하고 성숙함을 알며,

한량없는 여래가 큰 광명을 내어 시방의 일체 세계 바다에 널리 비춤을 알고,

한량없는 여래가 큰 신통력을 나타내어 일체중생의 앞에 널리 몸을 나타냄을 알며,

한량없는 여래의 광대한 지혜의 지위를 알고,

한량없는 여래가 바른 법륜 굴림을 알며,

한량없는 여래의 형상을 나타내는 바다를 알고,

한량없는 여래의 몸을 나타내는 바다를 알며,

한량없는 여래의 광대한 힘 바다를 알고서,

일체 여래가 처음 발심할 적으로부터 법이 사라지는 것까지, 나는 모든 생각마다 모두 보고 알았다.

● 疏 ●

二別顯智光之用者는 是第十一重이니 但廣最後一重에 功用無邊이니 則類前重重不可盡也니라

於中에 初句는 總該橫豎요 後'知無量如來'下는 別顯橫豎之中所知이라

於中五니

一은 知如來因地之行이요

二'知往昔超菩薩地'下는 知佛因地之位요

三'知爲菩薩時常見'下는 知因地作用이니 上三은 知因이라

四'知無量如來放大光'下는 知果用이요

五'彼諸如來'下는 總知因果니라

제2 단락, 지혜 광명의 작용을 개별로 밝혔다는 것은 제11중이다. 다만 최후의 겁에 작용이 그지없음을 자세히 말하였다. 이는 앞의 끝없이 거듭함과 같다.

이 가운데 첫 구절은 횡과 종으로 총괄하여 갖췄으며,

뒤의 '知無量如來' 이하는 횡과 종의 가운데 알아야 할 바를

개별로 밝혔다.

그 부분은 5단락으로 나뉜다.

㉠ 여래의 因地 행을 앎이며,

㉡ '知往昔超菩薩地' 이하는 부처의 인지 지위를 앎이며,

㉢ '知爲菩薩時常見' 이하는 인지의 작용을 앎이다. 위의 3가지는 인지를 앎이다.

㉣ '知無量如來放大光' 이하는 결과의 작용을 앎이며,

㉤ 彼諸如來' 이하는 인과를 총체로 앎이다.

第三 結酬其問

셋째, 그 물음에 대한 답을 끝맺다

經

善男子야 汝問我言호되 汝發心來 其已久如오하니
善男子야 我於往昔에 過二佛刹微塵數劫하야 如上所說
於淸淨光金莊嚴世界中에 爲菩提樹神하야 聞不退轉
法界音如來의 說法하고 發阿耨多羅三藐三菩提心하야
於二佛刹微塵數劫中에 修菩薩行한 然後에 乃生此娑
婆世界賢劫之中하야 從迦羅鳩孫馱佛로 至釋迦牟尼
佛과 及此劫中未來所有一切諸佛히 我皆如是親近供
養하니 如於此世界賢劫之中에 供養未來一切諸佛하야

一切世界一切劫中에 所有未來一切諸佛을 悉亦如是
親近供養호라
善男子야 彼淸淨光金莊嚴世界 今猶現在하야 諸佛出
現이 相續不斷하나니 汝當一心으로 修此菩薩大勇猛門
이어다

 선남자여, 그대가 묻기를, '내가 발심한 지 얼마나 오래되었는가.'라고 하니,

 선남자여, 나는 지난 옛적 두 세계의 티끌 수 겁 이전, 위에서 말한 바와 같이 청정광금장엄세계에 보리수신이 되어 불퇴전법계음여래의 설법을 듣고서 아뇩다라삼먁삼보리심을 내어, 두 세계의 티끌 수 겁 동안 보살행을 닦은 뒤에 사바세계의 현겁에 태어나 가라구손타불로부터 석가모니부처님, 그리고 이 겁의 미래 세계에 나실 여러 부처님까지 나는 모두 이처럼 가까이하고 공양하였다. 이 세계의 현겁에서 미래 세계의 일체 부처님께 공양하여 일체 세계의 일체 겁에 나실 미래 세계의 부처님을 모두 그처럼 가까이하고 공양할 것이다.

 선남자여, 저 청정광금장엄세계에 현재처럼 여러 부처님이 계속하여 끊임없이 나오시니, 그대는 한결같은 마음으로 이 보살의 대용맹의 법문을 닦아야 한다."

◉ 疏 ◉

於中三이니 初는 結此前이오 次 及此劫中下는 類顯未來와 及於餘

界오 後'善男子'下는 結勸修學이라

이 부분은 3단락이다.

앞은 이 부분을 끝맺었고,

다음 '及此劫中' 이하는 미래 및 나머지 세계를 유로 밝혔으며,

뒤의 '善男子' 이하는 닦고 배울 것을 끝맺으면서 권면하였다.

第二偈頌

　뒤의 적정음해주야신 게송

經

爾時에 **寂靜音海主夜神**이 **欲重宣此解脫義**하사 **爲善財童子**하야 **而說頌言**

　그때, 적정음해주야신이 이 해탈의 뜻을 거듭 말하고자 선재동자를 위하여 게송으로 말하였다.

善財聽我說　　　　清淨解脫門하고
聞已生歡喜하야　**勤修令究竟**이어다

　선재여, 내가 말하는

　청정한 해탈법문을 들으라

　듣고서 기쁜 마음을 내어

　부지런히 닦아 끝까지 다할지어다

我昔於劫海에　　　　　生大信樂心일세
淸淨如虛空하야　　　　常觀一切智호라

　　나는 지난 오랜 겁 동안
　　믿고 좋아하는 마음 내었기에
　　청정함이 허공 같아
　　일체 지혜 항상 보았노라

我於三世佛에　　　　　皆生信樂心하고
幷及其衆會를　　　　　悉願常親近호라

　　나는 삼세 부처님께
　　모두 믿고 좋아하는 마음 내고
　　아울러 법회 대중과 함께
　　항상 가까이하기 원했노라

我昔曾見佛하고　　　　爲衆生供養하며
得聞淸淨法하고　　　　其心大歡喜호라

　　내, 옛적 부처님 뵈옵고
　　중생 위해 공양했으며
　　청정 법문 듣고서
　　그 마음 너무 기뻤노라

常尊重父母하야　　　　恭敬而供養하야

如是無休懈하야 　　　　**入此解脫門**호라
　　항상 부모 존중하듯이
　　공경하고 공양하여
　　이처럼 게으름 없어
　　이 해탈문에 들었노라

老病貧窮人이 　　　　**諸根不具足**이어든
一切皆愍濟하야 　　　　**令其得安穩**호라
　　늙은 이, 병든 이, 가난한 이
　　모든 몸이 온전하지 못한 이
　　그들 모두 구제하여
　　평온을 얻게 하였노라

水火及王賊과 　　　　**海中諸恐怖**를
我昔修諸行에 　　　　**爲救彼衆生**호라
　　수재, 화재, 국법, 도둑이나
　　해난 등 온갖 공포들을
　　내, 옛적에 수행한 것은
　　그런 중생을 구제하기 위함이어라

煩惱恒熾然하고 　　　　**業障所纏覆**로
墮於諸險道어든 　　　　**我救彼衆生**호라

번뇌 항상 치성하고
업장에 얽매인 바로
험난한 악도에 떨어지면
나는 그들을 구제했노라

一切諸惡趣에　　　　　無量楚毒苦와
生老病死等을　　　　　我當悉除滅호라
　일체 모든 악도에서
　한량없는 고통 받거나
　나고 늙고 병들고 죽음을
　나는 모두 없애주었노라

願盡未來劫토록　　　　普爲諸群生하야
滅除生死苦하고　　　　得佛究竟樂호라
　미래 세월 다하도록
　많은 중생 위하여
　나고 죽는 고통 없애주고
　부처님의 최고의 즐거움 얻게 하였어라

◉ 疏 ◉

有十偈分三이니
初는 一誠聽勸修오

次八은 正明昔行이니 於中前四는 智行上供이오 後四는 悲心下救오
後一은 結行分齊니라

10수 게송은 3단락이다.

첫 1수 게송은 법문을 귀담아듣기를 경계하였고 수행을 권면하였으며,

다음 8수 게송은 예전의 수행을 밝혔다.

8수 게송 가운데 앞의 4수 게송은 智行으로써 위로 부처에게 공양하였고, 뒤의 4수 게송은 자비의 마음으로써 아래로 중생을 구제하였다.

뒤의 1수 게송은 수행의 구분과 한계를 끝맺었다.

第四 謙己推勝
4. 몸을 낮추면서 선지식의 훌륭함을 추켜올리다

經
善男子야 我唯知此念念出生廣大喜莊嚴解脫이어니와
如諸菩薩摩訶薩은
深入一切法界海하며
悉知一切諸劫數하며
普見一切刹成壞하나니
而我云何能知能說彼功德行이리오

"선남자여, 나는 오직 모든 생각마다 광대한 기쁨으로 장엄한 해탈만을 알 뿐이지만,

저 보살마하살은

일체 법계 바다에 깊이 들어가며,

일체 겁의 수효를 모두 알며,

세계가 이뤄지고 무너짐을 널리 보았다.

내가 그런 공덕의 행을 어떻게 알며, 어떻게 말할 수 있겠는가.

第五指示後友

5. 뒤의 선지식을 소개하다

經

善男子야 **此菩提場如來會中**에 **有主夜神**하니 **名守護一切城增長威力**이니

汝詣彼問호되 **菩薩**이 **云何學菩薩行**이며 **修菩薩道**리잇고 하라

선남자여, 이 보리도량의 여래의 법회 가운데 밤을 주관하는 신이 있는데, 그 이름을 '일체 성을 수호하고 위신력을 더욱 키워 가는[守護一切城增長威力] 주야신'이라 한다.

그대는 그를 찾아가 '보살이 어떻게 보살의 행을 배우며, 보살의 도를 닦는가.'를 묻도록 하라."

◉ 疏 ◉

般若爲得佛之所일세 特言菩提場이라 般若若現이면 則善守心城과 及一切智城이니 萬行由生이 爲增威力이라

반야는 부처를 얻는 곳이다. 이 때문에 특별히 보리도량을 말하였다. 반야가 나타나면 마음의 성곽 및 일체 지혜의 성곽을 잘 지킬 수 있다. 모든 행은 이에 의하여 생겨남이 '위신력을 더욱 키워감[增威力]'이다.

第六 戀德禮辭

6. 덕망을 흠모하면서 절을 올리고 떠나가다

經

爾時에 善財童子 一心觀察寂靜音海主夜神身하고 而說頌言

그때, 선재동자는 한결같은 마음으로 관찰적정음해주야신의 몸을 살펴보면서 게송으로 말하였다.

我因善友敎하야　　　　來詣天神所하야
見神處寶座하니　　　　身量無有邊이로다

　나는 선지식의 가르침으로
　천신이 있는 곳 찾아와

보배 법좌에 앉은 주야신 뵈니
몸의 크기 한량없어라

非是着色相하야 **計有於諸法**하는
劣智淺識人의 **能知尊境界**로다

　현상의 색상에 집착하여
　모든 법이 있다고 잘못 생각하는
　못난 지혜와 식견 지닌 이들이
　알 수 없는, 높으신 경계여라

世間天及人이 **無量劫觀察**하야도
亦不能測度이니 **色相無邊故**니이다

　세간과 천상 사람들이
　한량없는 겁을 살펴봐도
　헤아릴 수 없는 것은
　몸매가 그지없기 때문이어라

遠離於五蘊하고 **亦不住於處**하사
永斷世間疑하야 **顯現自在力**이로다

　오온을 멀리 여의고
　12처에도 머물지 않고서
　세간의 의심 영원히 끊으시어

자재한 힘을 나타내시네

不取內外法하사 　　無動無所礙하야
淸淨智慧眼으로 　　見佛神通力이로다

　안팎의 법에 집착하지 않아
　흔들림도 걸림도 없어
　청정한 지혜의 눈으로
　부처의 신통 보였어라

身爲正法藏이오 　　心是無礙智라
旣得智光照하야는 　　復照諸群生이로다

　몸은 바른 법의 창고
　마음은 걸림 없는 지혜
　앞서 지혜 광명 얻고서
　다시 중생을 비춰주었어라

心集無邊業하야 　　莊嚴諸世間하며
了世皆是心하야 　　現身等衆生이로다

　마음에 그지없는 업을 쌓아
　일체 세간 장엄하였고
　세상이 모두 마음임을 알고서
　중생 닮은 몸 나타내었어라

知世悉如夢하며 　　　　一切佛如影하며
諸法皆如響하야 　　　　令衆無所着이로다

　　세간은 모두 꿈이요
　　일체 부처님은 그림자
　　모든 법은 메아리 같은 줄 알고서
　　중생의 집착 없애주었어라

爲三世衆生하야 　　　　念念示現身호되
而心無所住하야 　　　　十方徧說法이로다

　　삼세 중생 위하여
　　찰나마다 몸을 나타내면서도
　　마음에 집착한 바 없어
　　시방에 두루 설법하였네

無邊諸刹海와 　　　　　佛海衆生海
悉在一塵中하니 　　　　此尊解脫力이로다

　　그지없는 모든 세계 바다
　　부처 바다, 중생 바다
　　모두 한 티끌 속에 있나니
　　존귀하신 해탈의 힘이어라

時에 善財童子 說此偈已하고 頂禮其足하며 遶無量匝하

며 殷勤瞻仰하고 辭退而去하니라

그때, 선재동자가 이 게송을 말하고서, 그의 발에 엎드려 절하고 한량없이 돌며, 은근한 마음으로 우러러 사모하면서 하직하고 떠나갔다.

◉ 疏 ◉

於中에 初는 以心觀이오 次는 以偈讚이오 後는 以身禮니 可知라

이 부분에서 첫 단락은 마음으로 바라봄이며,

다음은 게송으로 찬탄함이며,

뒤는 몸으로 절을 올림이다.

이는 말하지 않아도 알 수 있다.

◉ 論 ◉

云'念念出生廣大喜莊嚴解脫'者는 明禪悅徧周에 利生廣大하야 稱本願行으로 以立其名이니 理行互嚴을 名之莊嚴이오

夜神號寂靜音海者는 明理性無爲일새 故名寂靜이며 言音響應하야 等利含生이 名爲音海니 明卽音이 是定體用故일세니라

如'善財問夜神發心久如에 夜神이 云此世界海東에 過十世界海하야 有世界海하니 名一切淨光寶'已下로 至'然後命終 生此華藏莊嚴世界海娑婆世界中'히 四十六行半經은 明夜神의 所供養十佛出興에 一一佛을 皆以身承事供養과 及所聞法이니 此是所行之事로 答善財所問發心久近이어니와 若以表法門中인댄 是

606

一地中에 修十地行이니라
次生娑婆世界하야 先見三佛한 然後에 見毘盧遮那如來하고 得此念念出生廣大喜莊嚴解脫者는 是一地 入十地十一地法門하야 得三世智印으로 印三世佛일새 悉皆承事하며 悉皆聞法이니 如經具明이라 以表禪體徧該에 三世一念으로 普印諸法하야 無去來今이니 是所答善財發菩提心之久近이오

'十佛之後에 供養佛刹微塵數佛'者는 表十地之後에 智印普周하야 於一塵中에 徧多佛刹하고 以多佛刹로 住一塵中하야 以智無障礙故며 無表裏故로 等諸佛智하며 同衆生心故니 此約法界禪定體用論也니라

此是難勝地善知識이니 以禪波羅蜜로 爲主오 餘九로 爲伴이니 治寂用不自在障하야 令得自在라

"모든 생각마다 광대한 기쁨의 장엄 해탈을 냈다."는 것은 선정의 기쁨이 두루 충만함에 중생을 이롭게 함이 광대하여 本願의 행에 하나가 되는 것으로 그 명칭을 세움을 밝힌 것이다. 이치와 수행이 서로 장엄하는 것을 '장엄'이라 부른다.

주야신의 명호를 '적정음해'라 말한 것은 이치의 성품이 작위가 없기 때문에 그 이름을 '적정'이라 하고, 언어와 음성이 메아리처럼 울려 평등히 중생에게 이익을 줌을 '音海'라 함을 밝힌 것이다. 이는 음성이 선정의 본체와 작용임을 밝힌 까닭이다.

선재동자가 "주야신이 발심한 지 얼마 되었는가."를 묻자, 주야신이 "이 화장세계해의 동쪽으로 열 세계 바다를 지나서 세계 바

다가 있는데, 그 이름을 '일체정광보세계'라 한다." 이하로부터 "그런 뒤 목숨이 다하자, 이 화장장엄세계 바다의 사바세계에서 태어났다."까지의 46행 반의 경문은 주야신이 공양한 것으로, 열 분의 부처가 나올 적마다 하나하나의 부처를 모두 몸으로 받들어 섬기면서 공양한 것과 들었던 법문을 밝힌 것이다. 이는 주야신이 행한 바의 일로써 선재동자가 물은 "발심한 지 얼마 되었는가."에 답한 것이지만, 법문을 나타낸 부분으로 말하면 하나의 지위 속에서 십지의 행을 모두 닦은 것이다.

다음 사바세계에 태어나 먼저 세 부처를 본 뒤에 비로자나불을 보고서 "모든 생각마다 광대한 기쁨의 장엄 해탈을 냈다."는 것은 하나의 지위가 십지와 11지의 법문에 들어가 삼세의 智印으로 삼세의 부처에게 도장을 찍는 것이기에, 모두 받들어 섬기고 모두 법문을 들었다. 경문에서 구체적으로 밝힌 바와 같다.

선의 본체가 두루 하므로 삼세가 한 생각의 찰나로 모든 법을 널리 도장 찍어 과거·미래·현재가 없음을 나타낸 것이다. 이는 선재동자에게 보리심을 일으킨 지 얼마 되었는가에 대해 답하였다.

"열 부처의 뒤에 세계 티끌 수의 부처를 공양하였다."는 것은 십지 뒤에 智印으로 시방에 두루 찍어 하나의 티끌 속에 많은 세계가 두루 충만하고, 많은 세계가 하나의 티끌 속에 머물면서 지혜가 장애가 없기 때문이며, 안팎이 없기 때문에 모든 부처의 지혜와 같으며, 중생의 마음과 같음을 나타낸 것이다. 이는 법계의 선정 본체와 작용에 관하여 논하였다.

이는 제5 난승지의 선지식이다. 선바라밀로 주체를 삼고, 나머지 9바라밀로 객체를 삼는다. 선정의 고요한 작용이 자재하지 못한 장애를 다스려서 자재하도록 하는 것이다.

第六 守護一切城夜神 寄現前地【鈔_ 寄現前地者는 謂住緣起智니 引無分別最勝般若하야 令現前故니라】

제6. 수호일체성주야신, 현전지 선지식【초_ 현전지에 붙여 말한 것은 연기의 지혜에 머묾을 말한다. 분별심이 없는 가장 훌륭한 반야를 끌어다가 앞에 나타나도록 하기 때문이다.】

第一 依敎趣求

1. 가르침을 따라 선지식을 찾아가 법을 구하다

經

爾時에 善財童子 隨順寂靜音海夜神敎하야 思惟觀察所說法門하야 一一文句를 皆無忘失하며 於無量深心과 無量法性과 一切方便과 神通智慧에 憶念思擇하야 相續不斷하며 其心廣大하야 證入安住하고 行詣守護一切城夜神所하니라

그때, 선재동자는 수순적정음해주야신의 가르침을 따라, 그가 말한 법문을 생각하고 살펴보면서, 하나하나 문장과 구절을 하나도 잊지 않았고, 한량없는 깊은 마음, 한량없는 법의 성품, 일체 방

편, 신통과 지혜를 기억하고 생각하고 선택하여, 끊임없이 이어갔으며, 그 마음이 광대하여 증득하여 안주하였고, '모든 성을 수호하는 밤을 주관하는 신[守護一切城夜神]'의 도량으로 찾아갔다.

第二. 見敬諮問
2. 친견하여 절을 올리고 법을 묻다

經

見彼夜神이 坐一切寶光明摩尼王師子之座하니 無數夜神의 所共圍遶로 現一切衆生色相身하며 現普對一切衆生身하며 現不染一切世間身하며 現一切衆生身數身하며 現超過一切世間身하며 現成熟一切衆生身하며 現速往一切十方身하며 現徧攝一切十方身하며 現究竟如來體性身하며 現究竟調伏衆生身이어늘

善財 見已하고 歡喜踊躍하야 頂禮其足하며 遶無量匝하고 於前合掌하야 而作是言호되

聖者여 我已先發阿耨多羅三藐三菩提心호니 而未知菩薩이 修菩薩行時에 云何饒益衆生이며 云何以無上攝으로 而攝衆生이며 云何順諸佛教며 云何近法王位리잇고 唯願慈哀로 爲我宣說하소서

수호일체성야신이 온갖 보배 광명 마니왕으로 만든 사자법좌

에 앉아 있는 것을 보았다.

밤을 주관하는 수없는 신들이 빙 둘러 모시고 있는데, 일체중생의 모습을 닮은 몸을 나타냈으며,

일체중생을 널리 대하는 몸을 나타냈으며,

일체 세간에 물들지 않는 몸을 나타냈으며,

일체중생의 수효만큼의 몸을 나타냈으며,

일체 세간을 초월한 몸을 나타냈으며,

일체중생을 성숙시키는 몸을 나타냈으며,

일체 시방으로 빨리 찾아가는 몸을 나타냈으며,

일체 시방을 두루 받아들이는 몸을 나타냈으며,

최고의 경계인 여래의 체성인 몸을 나타냈으며,

끝까지 중생을 조복하는 몸을 나타냈다.

선재동자는 이를 보고서 기쁜 마음에 발을 구르면서 그의 발에 절하고 한량없이 돌고 앞에 서서 합장하고 말하였다.

"거룩하신 이여, 저는 이미 아뇩다라삼먁삼보리심을 내었습니다.

그러나 보살들이 보살행을 닦을 적에,

어떻게 중생을 이롭게 하며,

어떻게 위없이 거두어 주는 일로 중생을 거두어 주며,

어떻게 부처님의 가르침을 따르며,

어떻게 법왕의 자리에 가까이하는지를 알지 못합니다.

바라건대 자비의 마음으로 저를 위하여 말해주십시오."

◉ 疏 ◉

可知

이는 말하지 않아도 알 수 있다.

第三 稱讚授法

先은 讚發心之相이오

後'善男子我得'下는 正授法界니

於中三이니

初는 標名體오 二는 顯業用이오 三은 辨法根深이라

今은 初라

3. 선재동자를 칭찬하면서 법을 전수하다

1) 먼저 발심의 양상을 찬탄하였고,

2) '善男子我得' 이하는 바로 자기의 법계를 전수하였다.

'2) 법계 전수' 부분은 3단락이다.

(1) 법계의 명제 자체를 밝혔고,

(2) 법계의 작용을 밝혔으며,

(3) 법문의 근원이 심오함을 논변하였다.

이는 '(1) 법계의 명제'이다.

經

時彼夜神이 告善財言하사대 善男子야

汝爲救護一切衆生故며
汝爲嚴淨一切佛刹故며
汝爲供養一切如來故며
汝欲住一切劫하야救衆生故며
汝欲守護一切佛種性故며
汝欲普入十方하야修諸行故며
汝欲普入一切法門海故며
汝欲以平等心으로徧一切故며
汝欲普受一切佛法輪故며
汝欲普隨一切衆生心之所樂하야
雨法雨故로問諸菩薩의所修行門하나라
善男子야我得菩薩甚深自在妙音解脫하야

그때, 밤을 주관하는 신이 선재에게 말하였다.
"선남자여,
그대가 일체중생을 구호하기 위하여,
그대가 일체 부처님 세계를 청정히 장엄하기 위하여,
그대가 일체 여래에게 공양하기 위하여,
그대가 일체 겁에 머물면서 중생을 구제하기 위하여,
그대가 일체 부처의 종성을 수호하기 위하여,
그대가 시방에 두루 들어가 모든 행을 닦기 위하여,
그대가 일체 법문 바다에 널리 들어가기 위하여,
그대가 평등한 마음으로 일체에 두루 응하기 위하여,

그대가 일체 부처님의 법륜을 널리 받기 위하여,

그대가 일체중생이 좋아하는 마음을 널리 따르기 위하여,

법비를 내려주고자 보살들의 수행한 법문을 묻는구나.

선남자여, 나는 보살의 매우 깊고 자재한 미묘한 음성의 해탈을 얻어서,

● 疏 ●

卽事契理일세 故曰甚深이오

權實無礙하야 蘊攝妙辯일세 稱爲自在오

依此演法하야 普應羣機 是爲妙音이라

사법계와 하나가 되어 이법계에 계합한 까닭에 매우 깊다[甚深] 말하고,

權敎와 實敎에 걸림이 없어 미묘한 논변을 간직하고 있기에 '自在'라 말하고,

이에 의해 법문을 연설하여 중생의 근기에 널리 응함을 '妙音'이라 한다.

二는 顯其業用이니

三에 初는 總明이오 次는 別顯이오 後는 結益이라

今은 初라

(2) 법계의 작용을 밝혔다.

3단락이다.

㈀ 총체로 밝혔고,

㈁ 개별로 밝혔으며,

㈂ 이익을 끝맺었다.

이는 '㈀ 총체'이다.

經

爲大法師호되 無所罣礙하야 善能開示諸佛法藏故며
具大誓願大慈悲力하야 令一切衆生으로 住菩提心故며
能作一切利衆生事하야 積集善根하야 無有休息故며
爲一切衆生調御之師하야 令一切衆生으로 住薩婆若道故며
爲一切世間淸淨法日하야 普照世間하야 令生善根故며
於一切世間에 其心平等하야 普令衆生으로 增長善法故며
於諸境界에 其心淸淨하야 除滅一切諸不善業故며
誓願利益一切衆生하야 身恒普現一切國土故며
示現一切本事因緣하야 令諸衆生으로 安住善行故며
恒事一切諸善知識하야 爲令衆生으로 安住佛敎故니
佛子야 我以此等法으로 施衆生하야 令生白法하야 求一切智하며
其心堅固 猶如金剛那羅延藏하야 善能觀察佛力魔力하며

常得親近諸善知識하야 **摧破一切業惑障山**하며
集一切智助道之法하야 **心恒不捨一切智地**케호라

큰 법사가 되었지만, 걸린 바 없어 일체 부처님의 법장을 잘 보여주었기 때문이며,

큰 서원과 큰 자비의 힘을 갖추어, 일체중생으로 하여금 보리심에 머물도록 한 때문이며,

일체중생에게 이익되는 모든 일을 마련하여 선근을 쌓아가면서 멈춤이 없기 때문이며,

일체중생을 지도하는 스승이 되어, 일체중생으로 하여금 살바야의 도에 머물도록 한 때문이며,

일체 세간의 해맑은 법의 태양이 되어, 세간을 두루 비춰 선근을 내도록 한 때문이며,

일체 세간에 그 마음이 평등하여, 널리 중생으로 하여금 착한 법을 더욱 키워가도록 한 때문이며,

모든 경계에 마음이 청정하여, 일체 착하지 못한 업을 없애고자 한 때문이며,

일체중생의 이익을 위해 서원하여, 몸이 항상 일체 국토에 널리 나타난 때문이며,

일체 본생 일의 인연을 나타내어, 중생으로 하여금 선행에 머물도록 한 때문이며,

언제나 일체 선지식을 섬겨, 중생으로 하여금 부처님의 가르침에 머물도록 한 때문이다.

불자여, 나는 이런 법으로 중생에게 베풀어, 중생으로 하여금 선한 법을 내어 일체 지혜를 구하게 하며,

그 마음의 견고함이 금강나라연 창고와 같아서 부처의 힘과 마군의 힘을 잘 관찰하며,

항상 선지식을 가까이하여 일체 업과 번뇌의 산을 무너뜨렸으며,

일체 지혜의 도를 돕는 법을 모아서, 마음에 항상 일체 지혜의 지위를 버리지 않도록 하려는 것이다.

● 疏 ●

於中에 二니

先十句는 彰法施之德이오

後'佛子我以此等'下는 顯法施之意라

　이 부분은 2단락이다.

　앞의 10구는 법보시의 공덕을 밝혔고,

　뒤의 '佛子我以此等' 이하는 법보시의 의의를 밝혔다.

第二는 別顯業用이라

於中에 三이니

初는 釋甚深이오 次는 釋自在오 後는 釋妙音이라

今은 初라

㈎ 개별로 밝혔다.

이 부분은 다시 3단락이다.

첫째, 甚深을 해석하였고,

둘째, 自在를 해석하였으며,

셋째, 妙音을 해석하였다.

이는 '첫째, 심심의 해석'이다.

經

善男子야 我以如是淨法光明으로 饒益一切衆生하야 集善根助道法時에 作十種觀察法界호니

何者 爲十고

所謂我知法界無量이니 獲得廣大智光明故며

我知法界無邊이니 見一切佛의 所知見故며

我知法界無限이니 普入一切諸佛國土하야 恭敬供養諸如來故며

我知法界無畔이니 普於一切法界海中에 示現修行菩薩行故며

我知法界無斷이니 入於如來不斷智故며

我知法界一性이니 如來一音에 一切衆生이 無不了故며

我知法界性淨이니 了如來願하야 普度一切諸衆生故며

我知法界의 徧衆生이니 普賢妙行이 悉周徧故며

我知法界의 一莊嚴이니 普賢妙行으로 善莊嚴故며

我知法界의 不可壞니 一切智善根이 充滿法界하야 不可壞故라
善男子야 我作此十種觀察法界하야 集諸善根하야 辦助道法하며 了知諸佛廣大威德하며 深入如來難思境界호라

선남자여, 나는 이와 같은 청정한 법의 광명으로 일체중생에게 이익을 주어 선근과 도를 돕는 법을 쌓아 모을 적에 열 가지로 법계를 관찰하였다.

무엇이 열 가지의 법계 관찰인가?

이른바 나는 법계가 한량없음을 알고 있다. 광대한 지혜 광명을 얻기 때문이다.

나는 법계가 그지없음을 알고 있다. 일체 부처님의 지견을 보기 때문이다.

나는 법계가 한량이 없음을 알고 있다. 일체 부처님의 국토에 널리 들어가 여러 여래를 공경하고 공양하기 때문이다.

나는 법계가 끝이 없음을 알고 있다. 일체 법계 바다 속에서 수행한 보살행을 보여주기 때문이다.

나는 법계가 끊임없음을 알고 있다. 여래의 끊이지 않은 지혜에 들어가기 때문이다.

나는 법계가 하나의 성품임을 알고 있다. 여래의 하나의 음성을 일체중생이 모두 알기 때문이다.

나는 법계의 성품이 청정함을 알고 있다. 여래의 서원을 알고서 일체중생을 널리 제도하기 때문이다.

나는 법계가 중생에게 두루 존재함을 알고 있다. 보현의 미묘한 행이 모두 두루 가득하기 때문이다.

나는 법계가 하나의 장엄임을 알고 있다. 보현의 미묘한 행으로 널리 장엄하기 때문이다.

나는 법계가 무너지지 않음을 알고 있다. 일체 지혜의 선근이 법계에 가득하여 무너뜨릴 수 없기 때문이다.

선남자여, 나는 이 열 가지로 법계를 관찰하여, 모든 선근을 쌓아 모아 도를 돕는 법을 갖추며, 부처님의 광대한 위덕을 알고, 여래의 불가사의한 경계에 깊이 들어갔다.

◉ 疏 ◉

於中三이니

初는 總標오

次何者下는 徵列이니 列法界中에 十種別義라 約十種行顯之니 以行必稱理하고 理由行顯故니 謂一은 無分量이오 二는 無邊際오 三은 無齊限이오 四는 無涯畔이오 五는 豎無斷絕이라 餘는 可知니라

後善男子我作下는 結前觀益이라

이 부분은 3단락이다.

① 총괄하여 밝혔고,

② '何者' 이하는 묻고 10가지 법계를 나열하였다. 법계 부분의 10가지 개별 의의를 나열하였다.

10가지 행을 들어서 이를 밝힌 것이다. 행은 반드시 이치와 하

나가 되고, 이치는 행에 의하여 나타나기 때문이다.
㉠ 분량이 없고, ㉡ 가장자리가 없으며, ㉢ 한계가 없고, ㉣ 끝이 없으며, ㉤ 시간으로 끊임이 없다. 나머지는 말하지 않아도 알 수 있다.

③ '善男子我作' 이하는 앞에서 말한 '10가지 법계 관찰의 이익'을 끝맺었다.

二 釋自在義
둘째, 자재의 해석

經
又善男子야 我如是正念思惟하야 得如來十種大威德陀羅尼輪호니
何者 爲十고
所謂普入一切法陀羅尼輪과
普持一切法陀羅尼輪과
普說一切法陀羅尼輪과
普念十方一切佛陀羅尼輪과
普說一切佛名號陀羅尼輪과
普入三世諸佛願海陀羅尼輪과
普入一切諸乘海陀羅尼輪과

621

普入一切衆生業海陀羅尼輪과
疾轉一切業陀羅尼輪과
疾生一切智陀羅尼輪이라
善男子야 **此十陀羅尼輪**이 **以十千陀羅尼輪**으로 **而爲眷屬**이니 **恒爲衆生**하야 **演說妙法**하나니라

또한 선남자여, 나는 이처럼 바른 마음으로 생각하여, 여래의 열 가지 큰 위덕 다라니 법륜을 얻었다.

무엇이 열 가지 다라니 법륜인가?

이른바 일체 법에 두루 들어가는 다라니 법륜,

일체 법을 두루 지니는 다라니 법륜,

일체 법을 두루 말하는 다라니 법륜,

시방의 일체 부처님을 두루 생각하는 다라니 법륜,

일체 부처님의 명호를 두루 말하는 다라니 법륜,

삼세 부처님들의 서원 바다에 두루 들어가는 다라니 법륜,

일체 승의 바다에 두루 들어가는 다라니 법륜,

일체중생의 업 바다에 두루 들어가는 다라니 법륜,

일체 업을 빨리 돌려주는 다라니 법륜,

일체 지혜를 빨리 내주는 다라니 법륜이다.

선남자여, 이 열 가지 다라니 법륜은 십천 다라니 법륜으로 권속을 삼아, 항상 중생을 위해 미묘한 법을 연설하였다.

● 疏 ●

自在義는 謂總持權實故라 各就所持立名이니 可知니라

　자재하다는 뜻은 다라니의 권교와 실교 때문이다. 각각 지닌 바에 나아가 그 명제를 세운 것이다. 이는 말하지 않아도 알 수 있다.

―

三 釋妙音義

　셋째, 묘음의 해석

經

善男子야
我或爲衆生하야 說聞慧法하며
或爲衆生하야 說思慧法하며
或爲衆生하야 說修慧法하며
或爲衆生하야 說一有法하며
或爲衆生하야 說一切有法하며
或爲說一如來名海法하며
或爲說一切如來名海法하며
或爲說一世界海法하며
或爲說一切世界海法하며
或爲說一佛授記海法하며
或爲說一切佛授記海法하며

或爲說一如來衆會道場海法하며
或爲說一切如來衆會道場海法하며
或爲說一如來法輪海法하며
或爲說一切如來法輪海法하며
或爲說一如來修多羅法하며
或爲說一切如來修多羅法하며
或爲說一如來集會法하며
或爲說一切如來集會法하며
或爲說一薩婆若心海法하며
或爲說一切薩婆若心海法하며
或爲說一乘出離法하며
或爲說一切乘出離法하노니
善男子야 我以如是等不可說法門으로 爲衆生說호라

선남자여,
나는 중생을 위해 듣는 지혜의 법을 말하기도 하며,
중생을 위해 생각하는 지혜의 법을 말하기도 하며,
중생을 위해 닦는 지혜의 법을 말하기도 하며,
중생을 위해 한 유위(有爲)의 법을 말하기도 하며,
중생을 위해 일체 유위의 법을 말하기도 하며,
한 여래의 명호 바다 법을 말하기도 하며,
일체 여래의 명호 바다 법을 말하기도 하며,
한 세계 바다의 법을 말하기도 하며,

일체 세계 바다의 법을 말하기도 하며,
한 부처님의 수기 바다 법을 말하기도 하며,
일체 부처님의 수기 바다 법을 말하기도 하며,
한 여래의 대중법회 도량 바다 법을 말하기도 하며,
일체 여래의 대중법회 도량 바다 법을 말하기도 하며,
한 여래의 법륜 바다 법을 말하기도 하며,
일체 여래의 법륜 바다 법을 말하기도 하며,
한 여래의 수다라 법을 말하기도 하며,
일체 여래의 수다라 법을 말하기도 하며,
한 여래의 집회 법을 말하기도 하며,
일체 여래의 집회 법을 말하기도 하며,
한 살바야 마음 바다 법을 말하기도 하며
일체 살바야 마음 바다 법을 말하기도 하며,
하나의 승에서 벗어나는 법을 말하기도 하며,
일체 승에서 벗어나는 법을 말하기도 하였다.
　선남자여, 나는 이처럼 말할 수 없는 법문으로 중생을 위해 말하였다.

● 疏 ●

於中二니
先은 別明이오 後는 總結이라
今初에 有二十三句하니

初三은 約三慧오 後 二十句는 爲十對니 約廣畧辨이라 畧而言인댄 一者는 通理通事니 理一有者는 二十五有理無二故오 事一有者는 同一有爲故니라 餘可思準이라

後'我以如是等'下는 總結이라【鈔_ '二十五有理無二故'者는 偈云'四洲四惡趣와 梵王六欲天과 無想五那含과 四空幷四禪이라'하니 義發前釋이라】

이는 2부분이다.

① 개별로 밝혔고,

② 총괄하여 끝맺었다.

'① 개별로 밝힌' 부분은 23구이다.

앞의 3구는 聞思修 三慧로 말하였고,

뒤의 20구는 10대구이다. 일부분과 전체 부분으로 논변하였다.

일부분으로 말하면, '一如來名海法, 一世界海法' 등의 '一'이란 이법계에도 통하고 사법계에도 통한다. 이법계로 말하는 '說一有法'의 '一有'란 25유의 이치가 둘이 없기 때문이며, 사법계로 말하는 '一有'란 동일한 有爲이기 때문이다.

나머지는 이에 준하여 생각해야 한다.

② 뒤의 '我以如是等' 이하는 총괄하여 끝맺었다.【초_ "25有의 이치가 둘이 없기 때문"이란 게송에 이르기를, "4洲(동불바제, 남염부주, 서구야니, 북울단월)와 4악도(지옥, 아귀, 축생, 아수라), 범왕천과 6욕천(사왕천, 도리천, 야마천, 도솔천, 화락천, 타화재천), 無想天과 那含天, 4空(무색계: 공무변처전, 식무변처전, 무소유처전, 비상비비상처전)과 4禪(색계: 초선천,

제2 선천. 제3 선천. 제4 선천)이다."고 한다. 그 뜻은 앞의 해석과 같다.】

第三 結益

㈐ 이익을 끝맺다

經
善男子야 我入如來無差別法界門海하야 說無上法하야 普攝衆生하야 盡未來劫토록 住普賢行호라
善男子야 我成就此甚深自在妙音解脫하야 於念念中에 增長一切諸解脫門하고 念念充滿一切法界호라

　선남자여, 나는 여래의 차별 없는 법계문 바다에 들어가 위없는 법을 말하여 널리 중생을 두루 거두면서 미래 세월이 다하도록 보현행에 머물렀다.

　선남자여, 나는 이 매우 깊고 자재한 미묘한 음성 해탈을 성취하여, 모든 생각마다 일체 해탈문을 더욱 키워나갔고, 모든 생각마다 일체 법계에 가득하였다."

● 疏 ●
於中二니
先은 別結甚深益이니 由入無差別故로 住劫而不疲오
後‘我成就’下는 通結妙音自在니 總持故로 增長解脫하고 妙音故

로 充滿法界니라

이는 2단락이다.

앞은 매우 심오한 이익을 개별로 끝맺었다. 차별이 없는 데에 들어간 연고로 겁에 머물면서도 피로하지 않음이며,

뒤의 '我成就' 이하는 미묘한 음성이 자재함을 전체로 끝맺었다. 다라니인 연고로 해탈을 더욱 키워주고, 미묘한 음성인 까닭에 법계에 충만하다.

第三 辨法根深
先問 後答이라

(3) 법문의 근원이 심오함을 논변하다
앞은 물음이고, 뒤는 대답이다.

經

時에 善財童子 白夜神言호되 奇哉라 天神이여 此解脫門이 如是希有하니 聖者證得이 其已久如니잇고
夜神이 言하사대 善男子야 乃往古世에 過世界轉微塵數劫하야 有劫하니 名離垢光明이오 有世界하니 名法界功德雲이라
以現一切衆生業摩尼王海로 爲體하야 形如蓮華하고 住四天下微塵數香摩尼須彌山網中하야 以出一切如來

本願音蓮華로 而爲莊嚴하고
須彌山微塵數蓮華로 而爲眷屬하고
須彌山微塵數香摩尼로 以爲間錯하며
有須彌山微塵數四天下어든 一一四天下에 有百千億那由他不可說不可說城하니라

그때, 선재동자가 밤을 주관하는 신에게 말하였다.

"신기합니다. 신이시여, 이 해탈문은 이처럼 드문 일인데, 거룩하신 이께서 얻은 지 얼마나 오래되었습니까?"

밤을 주관하는 신이 대답하였다.

"선남자여, 지난 옛적 세계의 티끌 수 곱절 티끌 수 겁 이전에 이구광명겁이 있었고, 그 세계의 이름은 '법계공덕운세계'라 한다.

일체중생의 업을 나타내는 마니왕 바다로 자체를 삼아 그 모습은 연꽃 같고, 사천하의 티끌 수 향 마니 수미산 그물 속에 있는데, 일체 여래의 서원 음성을 내는 연꽃으로 장엄하였고,

수미산 티끌 수 연꽃으로 권속을 삼았으며,

수미산 티끌 수 향 마니주로 사이사이 장식하였고,

수미산 티끌 수 사천하가 있는데, 하나하나 사천하에 백천억 나유타 말할 수 없이 말할 수 없는 성이 있었다.

◉ 疏 ◉

答中二니
先은 辨初劫修行이오

後從是已來下는 類顯多劫成益이라

今初分二니

一은 總擧刹劫이니 言世界轉者는 謂世界爲塵하야 一塵一刹을 復末爲塵故니 亦猶無量無量으로 爲一無量轉等이라 若取廻轉形世界塵者인댄 何以偏取此形이리오

대답 부분은 2단락이다.

앞은 첫 겁의 수행을 말하였고,

뒤의 '從是已來' 이하는 많은 겁에 성취한 이익을 유별로 밝혔다.

'앞의 첫 겁 수행'은 2단락이다.

(ㄱ) 세계와 겁을 총괄하여 말하였다.

'世界轉'이라 말한 것은 세계가 티끌이 되어 하나의 티끌, 하나의 세계가 다시 가루가 되어 티끌이 되었기 때문이다. 이 또한 한량없이 한량없는 것으로 하나의 한량없는 轉을 삼은 등과 같다. 만일 형체의 세계 티끌이 회전하는 것으로 말한다면 어떻게 이런 모습만을 들어 말할 수 있겠는가.

經

善男子야 彼世界中에 有四天下하니 名爲妙幢이오
中有王都하니 名普寶華光이며
去此不遠에 有菩提場하니 名普顯現法王宮殿이라
須彌山微塵數如來 於中出現하시니라

선남자여, 그 세계에 한 사천하가 있는데, 그 이름을 '묘당사천하'라 하고,

그 가운데 왕의 도읍이 있는데, 그 이름을 '보보화광'이라 하며,

그 도읍에서 멀지 않은 곳에 보리도량이 있는데, 그 이름을 '법왕의 궁전을 두루 나타내는[普顯現法王宮殿] 도량'이라 한다.

수미산 티끌 수 여래가 그 도량에 몸을 나타내었다.

● 疏 ●

二는 別彰遇佛이라

於中에 四니

初는 總擧佛數興處라

㈝ 부처를 만남에 대해 개별로 밝혔다.

이 부분은 4단락이다.

첫째, 부처의 수효와 몸을 나타낸 곳을 총괄하여 말하였다.

經

其最初佛이 名法海雷音光明王이오
彼佛出時에 有轉輪王하니 名淸淨日光明面이라
於其佛所에 受持一切法海旋修多羅라가 佛涅槃後에 其王이 出家하야 護持正法이러니
法欲滅時에 有千部異衆이 千種說法이라 近於末劫에 業惑障重한 諸惡比丘 多有鬪諍하야 樂着境界하고 不求功

德하야 樂說王論賊論女論國論海論과 及以一切世間之論이어늘

時에 王比丘 而語之言호되

奇哉苦哉라 佛이 於無量諸大劫海에 集此法炬어시늘 云何汝等은 而共毀滅고

作是說已하고 上升虛空호되 高七多羅樹하야 身出無量諸色焰雲하며 放種種色大光明網하야 令無量衆生으로 除煩惱熱하며 令無量衆生으로 發菩提心케하시니 以是因緣으로 彼如來敎 復於六萬五千歲中에 而得興盛하니라

時에 有比丘尼하니 名法輪化光이니 是此王女라 百千比丘尼로 而爲眷屬이러니 聞父王語하며 及見神力하고 發菩提心하야 永不退轉하야 得三昧하니 名一切佛敎燈이며 又得此甚深自在妙音解脫하니 得已에 身心柔軟하야 卽得現見法海雷音光明王如來一切神力하니라

善男子야 於汝意云何오 彼時轉輪聖王이 隨於如來하야 轉正法輪하며 佛涅槃後에 興隆末法者 豈異人乎아 今普賢菩薩이 是며 其法輪化光比丘尼는 卽我身이 是니 我於彼時에 守護佛法하야

令十萬比丘尼로 於阿耨多羅三藐三菩提에 得不退轉하며

又令得現見一切佛三昧하며

又令得一切佛法輪金剛光明陀羅尼하며

又令得普入一切法門海般若波羅蜜케호라

처음 부처님은 법해뇌음광명왕불이시다.

그 부처님이 세간에 나오셨을 적에 '청정한 햇빛 얼굴[清淨日光明面] 전륜왕'이 있었다.

그 부처님에게서 일체법해선 수다라를 받아 지녔다가, 그 부처님이 열반한 후에 전륜왕이 출가하여 바른 법을 수호하고 부지하였다.

불법이 사라지려 할 적에 1천 부류의 이단 대중이 삿된 지견으로 1천 가지 설법을 하였다. 거의 말겁에 이르러서는 업장이 두터운 흉악한 비구들이 서로 다투는 일이 많아 경계에만 집착할 뿐, 공덕을 구하지 않고서 왕의 권력에 관한 이야기, 도둑에 관한 이야기, 여인에 관한 이야기, 나랏일에 관한 이야기, 바다에 관한 이야기, 일체 세간에 관한 이야기 하기를 좋아하였다.

그 당시, 전륜왕 비구가 말하였다.

'참 이상하고 괴롭다. 부처님이 한량없는 겁 바다에서 법의 횃불을 쌓아갔는데, 어찌하여 너희들은 서로가 훼방하고 서로가 죽이려 하느냐.'

이처럼 말한 뒤에 허공으로 7다라수 높이 올라가, 몸으로 한량없는 색깔의 불꽃 구름을 쏟아내며, 가지가지 큰 광명 구름을 쏟아내어, 한량없는 중생으로 하여금 뜨거운 번뇌를 없애도록 하였고, 한량없는 중생으로 하여금 보리심을 내도록 하였다. 이런 인연으로 여래의 가르침이 다시 6만 5천 년 동안 흥성하게 되었다.

그때, 한 비구니가 있었는데, 그 이름을 '법륜화광비구니'라 하였다. 그는 전륜왕의 딸로서 백천 비구니로 권속을 삼았다. 부왕의 말을 듣고, 신통력을 보고서 보리심을 내어 영원히 물러서지 않는 삼매를 얻었는데, 그 이름을 '일체 부처님의 등불 삼매[一切佛敎燈三昧]'라 하였고, 또한 매우 깊고 자재한 미묘한 음성 해탈을 얻었다.

이런 삼매를 얻은 뒤에 몸과 마음이 부드러워, 바로 법해뇌음광명왕여래의 모든 신통변화의 힘을 나타내었다.

선남자여, 그대는 어떻게 생각하는가.

그 당시, 전륜성왕이 여래를 따라 바른 법륜을 굴리고, 부처님 열반하신 뒤에 말법을 흥성하게 한 분은 어찌 다른 사람이겠는가. 지금의 보현보살이며, 법륜화광비구니는 바로 나의 전신이었다.

나는 그때, 불법을 수호하여,

십만 비구니로 하여금 아뇩다라삼먁삼보리에서 물러서지 않도록 하였고,

또한 일체 부처님의 삼매를 얻도록 하였으며,

또한 일체 부처님의 법륜과 금강광명 다라니를 얻도록 하였고,

또한 일체 법문 바다의 반야바라밀에 널리 들어가도록 하였다.

◉ 疏 ◉

二는 別明於佛得法이오

三 '次有佛興'下는 畧擧次前百佛이오

四 '善男子如是等'下는 結畧顯廣이라

二中分六이나

一은 標佛現이오

二 '彼佛出時'下는 父王出家오

三 '法欲滅'下는 惡世過興이오

四 '時王比丘'下는 滅過弘闡이오

五 '時有比丘尼'下는 王女見聞하고 發心得法이니 卽正答得法久近也오

六 '於汝意云何'下는 結會古今이라

둘째, 부처에게 법을 얻음에 대해 개별로 밝혔고,

셋째, '次有佛興' 이하는 다음으로 앞의 1백 부처를 간단히 들어 말하였고,

넷째, '善男子如是等' 이하는 간단히 말한 부분을 끝맺으면서 전체 부분을 밝혔다.

'둘째, 부처에게 법을 얻은' 부분은 6단락으로 나뉜다.

① 세간에 나온 부처를 밝혔고,

② '彼佛出時' 이하는 부왕(전륜왕비구)의 출가이며,

③ '法欲滅' 이하는 악업의 세간에 잘못된 일이 일어남이며,

④ '時王比丘' 이하는 잘못된 일을 없애고 불법을 크게 밝혔으며,

⑤ '時有比丘尼' 이하는 전륜왕의 딸이 이를 보고 듣고서 발심하여 법을 얻음이다. 이는 '법을 얻은 지 얼마 되었는가.'에 대한 대답이다.

⑥ '於汝意云何' 이하는 고금의 일을 회통하여 끝맺었다.

次有佛興하시니 名離垢法光明이며
次有佛興하시니 名法輪光明髻며
次有佛興하시니 名法日功德雲이며
次有佛興하시니 名法海妙音王이며
次有佛興하시니 名法日智慧燈이며
次有佛興하시니 名法華幢雲이며
次有佛興하시니 名法焰山幢王이며
次有佛興하시니 名甚深法功德月이며
次有佛興하시니 名法智普光藏이며
次有佛興하시니 名開示普智藏이며
次有佛興하시니 名功德藏山王이며
次有佛興하시니 名普門須彌賢이며
次有佛興하시니 名一切法精進幢이며
次有佛興하시니 名法寶華功德雲이며
次有佛興하시니 名寂靜光明髻며
次有佛興하시니 名法光明慈悲月이며
次有佛興하시니 名功德焰海며
次有佛興하시니 名智日普光明이며
次有佛興하시니 名普賢圓滿智며
次有佛興하시니 名神通智光王이며
次有佛興하시니 名福德華光燈이며

次有佛興하시니 名智師子幢王이며
次有佛興하시니 名日光普照王이며
次有佛興하시니 名須彌寶莊嚴相이며
次有佛興하시니 名日光普照며
次有佛興하시니 名法王功德月이며
次有佛興하시니 名開敷蓮華妙音雲이며
次有佛興하시니 名日光明相이며
次有佛興하시니 名普光明妙法音이며
次有佛興하시니 名師子金剛那羅延無畏며
次有佛興하시니 名普智勇猛幢이며
次有佛興하시니 名普開法蓮華身이며
次有佛興하시니 名功德妙華海며
次有佛興하시니 名道場功德月이며
次有佛興하시니 名法炬熾然月이며
次有佛興하시니 名普光明髻며
次有佛興하시니 名法幢燈이며
次有佛興하시니 名金剛海幢雲이며
次有佛興하시니 名名稱山功德雲이며
次有佛興하시니 名栴檀妙月이며
次有佛興하시니 名普妙光明華며
次有佛興하시니 名照一切衆生光明王이며
次有佛興하시니 名功德蓮華藏이며

次有佛興하시니 名香焰光明王이며
次有佛興하시니 名波頭摩華因이며
次有佛興하시니 名衆相山普光明이며
次有佛興하시니 名普名稱幢이며
次有佛興하시니 名須彌普門光이며
次有佛興하시니 名功德法城光이며
次有佛興하시니 名大樹山光明이며
次有佛興하시니 名普德光明幢이며
次有佛興하시니 名功德吉祥相이며
次有佛興하시니 名勇猛法力幢이며
次有佛興하시니 名法輪光明音이며
次有佛興하시니 名功德山智慧光이며
次有佛興하시니 名無上妙法月이며
次有佛興하시니 名法蓮華淨光幢이며
次有佛興하시니 名寶蓮華光明藏이며
次有佛興하시니 名光焰雲山燈이며
次有佛興하시니 名普覺華며
次有佛興하시니 名種種功德焰須彌藏이며
次有佛興하시니 名圓滿光山王이며
次有佛興하시니 名福德雲莊嚴이며
次有佛興하시니 名法山雲幢이며
次有佛興하시니 名功德山光明이며

次有佛興하시니 名法日雲燈王이며

次有佛興하시니 名法雲名稱王이며

次有佛興하시니 名法輪雲이며

次有佛興하시니 名開悟菩提智光幢이며

次有佛興하시니 名普照法輪月이며

次有佛興하시니 名寶山威德賢이며

次有佛興하시니 名賢德廣大光이며

次有佛興하시니 名普智雲이며

次有佛興하시니 名法力功德山이며

次有佛興하시니 名功德香焰王이며

次有佛興하시니 名金色摩尼山妙音聲이며

次有佛興하시니 名頂髻出一切法光明雲이며

次有佛興하시니 名法輪熾盛光이며

次有佛興하시니 名無上功德山이며

次有佛興하시니 名精進炬光明雲이며

次有佛興하시니 名三昧印廣大光明冠이며

次有佛興하시니 名寶光明功德王이며

次有佛興하시니 名法炬寶蓋音이며

次有佛興하시니 名普照虛空界無畏法光明이며

次有佛興하시니 名月相莊嚴幢이며

次有佛興하시니 名光明焰山雲이며

次有佛興하시니 名照無障礙法虛空이며

次有佛興하시니 名開顯智光身이며
次有佛興하시니 名世主德光明音이며
次有佛興하시니 名一切法三昧光明音이며
次有佛興하시니 名法音功德藏이며
次有佛興하시니 名熾然焰法海雲이며
次有佛興하시니 名普照三世相大光明이며
次有佛興하시니 名普照法輪山이며
次有佛興하시니 名法界師子光이며
次有佛興하시니 名須彌華光明이며
次有佛興하시니 名一切三昧海師子焰이며
次有佛興하시니 名普智光明燈이니라
善男子야 如是等須彌山微塵數如來에 其最後佛이 名法界城智慧燈이시니
並於離垢光明劫中에 出興于世어시든 我皆尊重親近供養하야 聽聞受持所說妙法하며 亦於彼一切諸如來所에 出家學道하야 護持法教하야 入此菩薩甚深自在妙音解脫하야 種種方便으로 敎化成熟無量衆生하니라
從是已來로 於佛刹微塵數劫에 所有諸佛이 出興於世어시든 我皆供養하고 修行其法호라
善男子야 我從是來로 於生死夜無明昏寐諸衆生中에 而獨覺悟하야 令諸衆生으로 守護心城하야 捨三界城하고 住一切智無上法城케호라

다음 부처님의 명호는 이구법광명불(離垢法光明佛),
다음 부처님의 명호는 법륜광명계불(法輪光明髻佛),
다음 부처님의 명호는 법일공덕운불(法日功德雲佛),
다음 부처님의 명호는 법해묘음왕불(法海妙音王佛),
다음 부처님의 명호는 법일지혜등불(法日智慧燈佛),
다음 부처님의 명호는 법화당운불(法華幢雲佛),
다음 부처님의 명호는 법염산당왕불(法焰山幢王佛),
다음 부처님의 명호는 심심법공덕월불(甚深法功德月佛),
다음 부처님의 명호는 법지보광장불(法智普光藏佛),
다음 부처님의 명호는 개시보지장불(開示普智藏佛),
다음 부처님의 명호는 공덕장산왕불(功德藏山王佛),
다음 부처님의 명호는 보문수미현불(普門須彌賢佛),
다음 부처님의 명호는 일체법정진당불(一切法精進幢佛),
다음 부처님의 명호는 법보화공덕운불(法寶華功德雲佛),
다음 부처님의 명호는 적정광명계불(寂靜光明髻佛),
다음 부처님의 명호는 법광명자비월불(法光明慈悲月佛),
다음 부처님의 명호는 공덕염해불(功德焰海佛),
다음 부처님의 명호는 지일보광명불(智日普光明佛),
다음 부처님의 명호는 보현원만지불(普賢圓滿智佛),
다음 부처님의 명호는 신통지광왕불(神通智光王佛),
다음 부처님의 명호는 복덕화광등불(福德華光燈佛),
다음 부처님의 명호는 지사자당왕불(智師子幢王佛),

다음 부처님의 명호는 일광보조왕불(日光普照王佛),

다음 부처님의 명호는 수미보장엄상불(須彌寶莊嚴相佛),

다음 부처님의 명호는 일광보조불(日光普照佛),

다음 부처님의 명호는 법왕공덕월불(法王功德月佛),

다음 부처님의 명호는 개부연화묘음운불(開敷蓮華妙音雲佛),

다음 부처님의 명호는 일광명상불(日光明相佛),

다음 부처님의 명호는 보광명묘법음불(普光明妙法音佛),

다음 부처님의 명호는 사자금강나라연무외불(師子金剛那羅延無畏佛),

다음 부처님의 명호는 보지용맹당불(普智勇猛幢佛),

다음 부처님의 명호는 보개법련화신불(普開法蓮華身佛),

다음 부처님의 명호는 공덕묘화해불(功德妙華海佛),

다음 부처님의 명호는 도량공덕월불(道場功德月佛),

다음 부처님의 명호는 법거치연월불(法炬熾然月佛),

다음 부처님의 명호는 보광명계불(普光明髻佛),

다음 부처님의 명호는 법당등불(法幢燈佛),

다음 부처님의 명호는 금강해당운불(金剛海幢雲佛),

다음 부처님의 명호는 명칭산공덕운불(名稱山功德雲佛),

다음 부처님의 명호는 전단묘월불(栴檀妙月佛),

다음 부처님의 명호는 보묘광명화불(普妙光明華佛),

다음 부처님의 명호는 조일체중생광명왕불(照一切衆生光明王佛),

다음 부처님의 명호는 공덕연화장불(功德蓮華藏佛),

다음 부처님의 명호는 향염광명왕불(香焰光明王佛),

다음 부처님의 명호는 파두마화인불(波頭摩華因佛),

다음 부처님의 명호는 중상산보광명불(衆相山普光明佛),

다음 부처님의 명호는 보명칭당불(普名稱幢佛),

다음 부처님의 명호는 수미보문광불(須彌普門光佛),

다음 부처님의 명호는 공덕법성광불(功德法城光佛),

다음 부처님의 명호는 대수산광명불(大樹山光明佛),

다음 부처님의 명호는 보덕광명당불(普德光明幢佛),

다음 부처님의 명호는 공덕길상상불(功德吉祥相佛),

다음 부처님의 명호는 용맹법력당불(勇猛法力幢佛),

다음 부처님의 명호는 법륜광명음불(法輪光明音佛),

다음 부처님의 명호는 공덕산지혜광불(功德山智慧光佛),

다음 부처님의 명호는 무상묘법월불(無上妙法月佛),

다음 부처님의 명호는 법련화정광당불(法蓮華淨光幢佛),

다음 부처님의 명호는 보련화광명장불(寶蓮華光明藏佛),

다음 부처님의 명호는 광염운산등불(光焰雲山燈佛),

다음 부처님의 명호는 보각화불(普覺華佛),

다음 부처님의 명호는 종종공덕염수미장불(種種功德焰須彌藏佛),

다음 부처님의 명호는 원만광산왕불(圓滿光山王佛),

다음 부처님의 명호는 복덕운장엄불(福德雲莊嚴佛),

다음 부처님의 명호는 법산운당불(法山雲幢佛),

다음 부처님의 명호는 공덕산광명불(功德山光明佛),

다음 부처님의 명호는 법일운등왕불(法日雲燈王佛),

다음 부처님의 명호는 법운명칭왕불(法雲名稱王佛),

다음 부처님의 명호는 법륜운불(法輪雲佛),

다음 부처님의 명호는 개오보리지광당불(開悟菩提智光幢佛),

다음 부처님의 명호는 보조법륜월불(普照法輪月佛),

다음 부처님의 명호는 보산위덕현불(寶山威德賢佛),

다음 부처님의 명호는 현덕광대광불(賢德廣大光佛),

다음 부처님의 명호는 보지운불(普智雲佛),

다음 부처님의 명호는 법력공덕산불(法力功德山佛),

다음 부처님의 명호는 공덕향염왕불(功德香焰王佛),

다음 부처님의 명호는 금색마니산묘음성불(金色摩尼山妙音聲佛),

다음 부처님의 명호는 정계출일체법광명운불(頂髻出一切法光明雲佛),

다음 부처님의 명호는 법륜치성광불(法輪熾盛光佛),

다음 부처님의 명호는 무상공덕산불(無上功德山佛),

다음 부처님의 명호는 정진거광명운불(精進炬光明雲佛),

다음 부처님의 명호는 삼매인광대광명관불(三昧印廣大光明冠佛),

다음 부처님의 명호는 보광명공덕왕불(寶光明功德王佛),

다음 부처님의 명호는 법거보개음불(法炬寶蓋音佛),

다음 부처님의 명호는 보조허공계무외법광명불(普照虛空界無畏法光明佛),

다음 부처님의 명호는 월상장엄당불(月相莊嚴幢佛),

다음 부처님의 명호는 광명염산운불(光明焰山雲佛),

다음 부처님의 명호는 조무장애법허공불(照無障碍法虛空佛),

다음 부처님의 명호는 개현지광신불(開顯智光身佛),

다음 부처님의 명호는 세주덕광명음불(世主德光明音佛),

다음 부처님의 명호는 일체법삼매광명음불(一切法三昧光明音佛),

다음 부처님의 명호는 법음공덕장불(法音功德藏佛),

다음 부처님의 명호는 치연염법해운불(熾然焰法海雲佛),

다음 부처님의 명호는 보조삼세상대광명불(普照三世相大光明佛),

다음 부처님의 명호는 보조법륜산불(普照法輪山佛),

다음 부처님의 명호는 법계사자광불(法界師子光佛),

다음 부처님의 명호는 수미화광명불(須彌華光明佛),

다음 부처님의 명호는 일체삼매해사자염불(一切三昧海師子焰佛),

다음 부처님의 명호는 보지광명등불(普智光明燈佛)이시다.

선남자여, 이처럼 수미산 티끌 수와도 같은 여래 중에 마지막 부처님의 명호는 법계성지혜등불(法界城智慧燈佛)이시다.

모두가 이구광명겁의 세간에 나셨는데, 나는 모두 존중하고 가까이하고 공양하면서, 말씀하신 미묘한 법을 듣고 받아 지녔으며, 또한 그 일체 여래가 계신 도량에서 출가하여 도를 배워 불법의 가르침을 수호하고 지니면서, 보살의 매우 깊고 자재한 미묘한 음성의 해탈에 들어가, 가지가지 방편으로 한량없는 중생을 교화하여 성숙시켰다.

그 후로부터 세계의 티끌 수 겁에 부처님이 세상에 나오시면,

나는 그들을 모두 공양하고 그 법을 수행하였다.

　　선남자여, 나는 그 후로부터 나고 죽는 기나긴 밤의 혼매한 무명 속에 있는 중생들 가운데 홀로 깨어나, 중생으로 하여금 마음의 성을 수호하고 삼계의 성을 버리게 하였으며, 일체 지혜의 위없는 법의 성에 머물게 하였다.

◉ 疏 ◉

三은 畧擧요 四는 結廣과 及類顯成益이니 文竝可知니라

　　셋째, 간단히 들어 말하였으며,

　　넷째, 전체 부분을 끝맺음과 성취한 이익을 유별로 밝혔다. 이는 말하지 않아도 알 수 있다.

第四 謙己推勝

　　4. 몸을 낮추면서 선지식의 훌륭함을 추켜올리다

經

善男子야 我唯知此甚深自在妙音解脫하야 令諸世間으로 離戱論語하며 不作二語하며 常眞實語하며 恒淸淨語어니와

如諸菩薩摩訶薩은

能知一切語言自性하야 於念念中에 自在開悟一切衆生

하며

入一切衆生言音海하야 於一切言辭에 悉皆辯了하며

明見一切諸法門海하야 於普攝一切法陀羅尼에 已得自在하며

隨諸衆生心之所疑하야 而爲說法하야

究竟調伏一切衆生하고

能普攝受一切衆生하며

巧修菩薩諸無上業하고

深入菩薩諸微細智하며

能善觀察諸菩薩藏하고

能自在說諸菩薩法하나니

何以故오

已得成就一切法輪陀羅尼故니

而我云何能知能說彼功德行이리오

　　선남자여, 나는 오직 이 매우 깊고 자재한 미묘한 음성의 해탈만을 알고서 세간 사람으로 하여금 희롱거리 말을 여의고, 두말을 하지 않으며, 언제나 진실을 말하고, 언제나 청정한 말을 하도록 할 뿐이지만,

　　저 보살마하살은 일체 언어의 자체를 알아서 모든 생각마다 자재하게 일체중생을 깨우쳐주며,

　　일체중생의 언어와 음성 바다에 들어가 일체 언어를 모두 말하며,

일체 법문 바다를 분명히 보고서 일체 법을 모두 포괄한 다라니에 이미 자재하였으며,

중생의 의심한 바를 따라서 설법하여, 일체중생을 끝까지 조복하며,

일체중생을 널리 거두어 주며,

보살의 위없는 업을 잘 닦으며,

보살의 미세한 지혜에 깊이 들어가며,

보살의 법장을 잘 관찰하며,

모든 보살의 법을 자재하게 말하고 있다.

무엇 때문일까?

이미 일체 법륜의 다라니를 성취하였기 때문이다.

내가 그런 공덕의 행을 어떻게 알며, 어떻게 말할 수 있겠는가.

● 疏 ●

於中에 先은 謙己知一이니 畧顯四種業用이라 若約妙音釋인댄 則不綺와 不離間과 不妄과 不惡口니 如次配之니라 若約甚深釋者인댄 不與理合을 皆名戲論이오 理外發言이 卽是二語니라 旣與理乖면 則非眞非淨이니 反此는 可知니라

後如諸下는 推勝知多니라

그 가운데 앞부분은 자신이란 하나만을 안다고 겸양하면서, 간단하게 4가지의 일을 밝혔다.

만약 해탈의 이름의 일부분인 '妙音'으로 이를 해석하면 꾸미

지 않은 말, 이간질하지 않는 말, 허튼소리, 악담을 하지 않은 것으로, 차례와 같이 짝할 수 있다.

해탈의 이름의 일부분인 '甚深'으로 이를 해석하면 진리에 부합하지 않은 말은 모두 戲論이라 말하고, 진리에 벗어난 발언은 두말이다. 이미 진리와 어긋났다면 그것은 곧 진리가 아니며, 청정이 아니다. 이에 반함은 말하지 않아도 알 수 있다.

뒤의 '如諸菩薩摩訶薩' 이하는 선지식이 많은 것을 안다고 추켜올림이다.

第五指示後友
5. 뒤의 선지식을 소개하다

經

善男子야 此佛會中에 有主夜神하니 名開敷一切樹華니 汝詣彼問호되 菩薩이 云何學一切智며 云何安立一切衆生하야 住一切智리잇고하라

선남자여, 이 부처님 회중에 밤을 주관하는 신이 있는데, 그 이름을 '모든 나무의 꽃을 피워주는[開敷一切樹華] 주야신'이라 한다.

그대는 그를 찾아가 '보살이 어떻게 일체 지혜를 배우며, 어떻게 일체중생을 편안히 일체 지혜에 머물게 할 수 있는가.'를 묻도록 하라."

● 疏 ●

分三이니

初는 指後位오 次는 頌前法이오 後는 善財得益이라

今初에 開敷樹華者는 約事인댄 在香樹閣內故오 約位인댄 七地 是
有行有開發無相住故니라

3단락이다.

(1) 뒤 지위의 선지식을 가리켜줌이고,

(2) 앞 선지식의 법을 게송으로 읊었으며,

(3) 선재동자가 얻은 이익이다.

이의 '(1) 뒤 지위의 선지식' 부분에서 말한 '모든 나무의 꽃을 피워줬다[開敷樹華].'는 것은 현상의 사법계로 말하면, 향기 나무의 누각 내에 있기 때문이며, 지위로 말하면, 제7 원행지에서 無相住를 행하고 밝힘이 있기 때문이다.

經

爾時에 守護一切城主夜神이 欲重宣此解脫義하사 爲善
財童子하야 而說頌言

그때, 수호일체성주야신이 이 해탈의 뜻을 다시 밝히고자, 선재동자에게 게송으로 말하였다.

菩薩解脫深難見이라　　虛空如如平等相이니
普見無邊法界內에　　　一切三世諸如來하고

보살의 깊은 해탈 보기 어려워라
진여와 같은 허공의 평등한 모양
그지없는 법계에 계시는
삼세 여래 널리 보고서

出生無量勝功德하며　　證入難思眞法性하며
增長一切自在智하며　　開通三世解脫道로다

한량없이 훌륭한 공덕 내고
불가사의 진여 법성에 들어가며
일체 자재한 지혜 더욱 기르고
삼세의 해탈도 통하였어라

過於刹轉微塵劫하야　　爾時有劫名淨光이오
世界名爲法焰雲이오　　其城號曰寶華光이라

세계의 티끌처럼 많은 겁 이전에
그 당시 정광겁이 있었고
세계의 이름은 법염운이며
성의 이름은 보화광이었다

其中諸佛興於世하시니　　無量須彌塵數等이라
有佛名爲法海音이니　　於此劫中先出現하시며

그 세간에 나오신 수많은 부처님

한량없는 수미산 티끌 같은데
법해음불 명호 지닌 부처님이
이 겁에 가장 먼저 나오셨고

乃至其中最後佛이 **名爲法界焰燈王**이니
如是一切諸如來에 **我皆供養聽受法**호라

맨 나중 나오신 부처님은
법계염등왕불이시다
이처럼 나오신 모든 여래에게
나는 모두 공양하고 법문 들었노라

我見法海雷音佛의 **其身普作眞金色**하며
諸相莊嚴如寶山하고 **發心願得成如來**호라

법해뇌음불 친견하니
그의 몸은 모두 황금빛이고
모든 몸매의 장엄, 보배산 같음 보고서
여래 성취코자 발심 서원하였노라

我暫見彼如來身하고 **卽發菩提廣大心**하야
誓願勤求一切智호니 **性與法界虛空等**이로다

저 부처님 몸매 잠깐 뵙고
광대한 보리심 바로 내어

서원으로 일체 지혜 구하자니
그 성품 법계의 허공 같았다

由斯普見三世佛과　　　及以一切菩薩衆하며
亦見國土衆生海하고　　而普攀緣起大悲호라

이런 인연으로 삼세 부처와
일체 보살 대중 두루 뵈옵고
국토와 중생 바다도 보고서
두루 반연하여 대비심 내었노라

隨諸衆生心所樂하야　　示現種種無量身하야
普徧十方諸國土하야　　動地舒光悟含識호라

중생의 좋아하는 마음 따라
한량없는 가지가지 몸 나타내어
시방의 모든 국토 두루 가득히
땅 흔들고 빛을 내어 중생 깨우쳐 주었노라

見第二佛而親近하며　　亦見十方刹海佛과
乃至最後佛出興호니　　如是須彌塵數等이로다

둘째 부처님 가까이 뵙고
시방세계 부처님도 모두 뵈었으며
마지막 부처님 나시기까지

수미산 티끌 수처럼 많아라

於諸刹轉微塵劫에　　**所有如來照世燈**을
我皆親近而瞻奉하야　　**令此解脫得淸淨**호라

　　모든 세계 티끌 수 곱절 겁에
　　계셨던 세간 등불이신 모든 부처님을
　　내, 모두 가까이하고 받들어 섬겨
　　이 해탈을 청정히 닦았노라

● 疏 ●

二頌中에 頌前法者는 臨去慇懃하야 囑令修學故니라
十一偈는 分二니 初 二偈는 頌前體用이오 餘頌은 顯法根深이라
於中 亦二니 初는 頌初劫이오 後 一偈는 頌類顯多劫이라
前中三이니 初는 二通頌初後오 次四는 別頌於初佛得法이오 後一
은 頌中間百佛과 及後結文이라

　(2) 게송에서 앞 선지식의 법을 읊었다는 것은, 수호일체성주야신이 선재동자가 떠나갈 적에 은근한 마음으로 잘 닦고 배우도록 당부하였기 때문이다.

　11수 게송은 2단락이다.

　첫째 2수 게송은 앞 선지식의 해탈 본체와 작용을 읊었고,
　나머지 게송은 법문의 근원이 심오함을 밝혔다.
　나머지 게송은 또한 2단락이다.

(ㄱ) 첫째 겁을 읊었고,

(ㄴ) 뒤의 1수 게송은 많은 겁을 유별로 밝혀 읊었다.

'(ㄱ) 첫째 겁' 부분은 다시 3단락이다.

첫 2수 게송은 처음과 맨 끝을 전체로 읊었고,

다음 4수 게송은 첫째 겁의 부처에게 법을 얻었음에 대해 개별로 읊었으며,

뒤의 1수 게송은 중간의 1백 부처님 및 뒤의 끝맺은 문장을 읊었다.

經

爾時에 善財童子 得入此菩薩甚深自在妙音解脫故로 入無邊三昧海하며 入廣大總持海하며 得菩薩大神通하며 獲菩薩大辯才하야 心大歡喜하야 觀察守護一切城主夜神하고 以偈讚曰

그때, 선재동자가 보살의 매우 깊고 자재한 미묘한 음성의 해탈에 들어갔기 때문에 그지없는 삼매 바다에 들어갔고, 광대한 총지의 바다에 들어갔으며, 보살의 대신통을 얻었고, 보살의 대변재를 얻고서 마음으로 아주 기뻐하며, 수호일체성주야신을 살펴보고 게송으로 찬탄하였다.

已行廣大妙慧海하며　　已度無邊諸有海하사
長壽無患智藏身과　　　威德光明住此衆이로다

광대한 지혜 바다 이미 행하고
그지없는 25유 세계 이미 건너서
근심 없이 장수 누린 지혜의 몸
위덕과 광명으로 여기 계시네

了達法性如虛空하사 普入三世皆無礙하야
念念攀緣一切境호되 心心永斷諸分別이로다

 법성이 허공 같음 통달하여
 삼세 널리 들어가되 걸림 없어
 생각마다 모든 경계에 반연하되
 마음에 길이 모든 분별 끊었어라

了達衆生無有性호되 而於衆生起大悲하며
深入如來解脫門하사 廣度群迷無量衆이로다

 중생의 성품 없음 잘 알지만
 중생에게 대비를 일으키며
 여래의 해탈문 깊이 들어가
 한량없는 중생 제도하시네

觀察思惟一切法하며 了知證入諸法性하사
如是修行佛智慧하야 普化衆生令解脫이로다

 일체 법을 관찰하고 생각하며

모든 법성 알아 증득하여

부처님의 지혜 이처럼 닦고서

중생 널리 교화하여 해탈시켰어라

天是衆生調御師라　　　　開示如來智慧道하사
普爲法界諸含識하야　　　說離世間衆怖行이로다

천신은 중생 이끌어주는 스승

여래의 지혜 길 보여주어

널리 법계의 모든 중생 위해

세간 공포 벗어나는 행, 말씀하셨네

已住如來諸願道하며　　　已受菩提廣大敎하며
已修一切徧行力하며　　　已見十方佛自在로다

여래의 서원에 이미 머물고

보리의 큰 교법 이미 받았고

일체 두루 행하는 힘 닦으며

시방에 자재하신 부처 뵈었어라

天神心淨如虛空하야　　　普離一切諸煩惱하며
了知三世無量刹에　　　　諸佛菩薩及衆生이로다

천신의 청정한 마음 허공 같아

일체 번뇌 모두 여의고

657

삼세 한량없는 여러 세계와
부처, 보살, 중생을 모두 아시네

天神一念悉了知　　　晝夜日月年劫海하며
亦知一切衆生類의　　**種種名相各差別**이로다

천신의 한 생각에 낮과 밤
날과 달과 해와 겁 모두 아시고
중생의 일체 온갖 부류의
각기 다른 이름과 형상 죄다 아시네

十方衆生生死處와　　**有色無色想無想**을
隨順世俗悉了知하사　　**引導使入菩提路**로다

시방 중생의 죽고 나는 곳
유색계, 무색계, 유상천, 무상천
세속 따라 모두 알고서
인도하여 보리에 들게 하였네

已生如來誓願家하며　　**已入諸佛功德海**하사
法身淸淨心無礙하야　　**隨衆生樂現衆色**이로다

여래의 서원 집에 이미 나셨고
부처님 공덕 바다 이미 들어가
법신 청정하고 마음은 걸림 없어

중생 따라 여러 몸 나타내시네

● 疏 ●

三은 善財得益이니 雖通由前文이나 亦近由此니라

於中에 先은 長行敍益이오 後 '觀察' 下는 偈頌慶讚이라

十偈는 分四니

初一은 讚福智超絶이오

次四는 歎悲智甚深이니 念念攀緣一切境은 不礙分別事故오 心心永斷諸分別은 常契理故니라 又 上句는 約觀이오 下句는 約止니 卽止觀雙運이라 了達無性은 成無分別이오 而起大悲는 成上攀緣이니 攀緣이 卽分別耳니 不唯屬妄이라

次四는 總顯德圓이니 離障·攝益이오

後一은 成行·入位니라

(3) 선재동자가 얻은 이익이다. 비록 모두 앞의 문장에 연유한 것이나 또한 가까이 이를 연유한 것이다.

그 가운데 앞은 산문으로 이익을 서술하였고, 뒤의 '觀察' 이하는 게송으로 경하하고 찬탄하였다.

10수 게송은 4단락으로 나뉜다.

첫째 1수 게송은 복덕과 지혜가 뛰어남을 찬탄하였고,

다음 4수 게송은 자비와 지혜가 매우 깊음을 찬탄하였다.

"생각마다 모든 경계에 반연한다."는 것은 분별하는 일에 걸림이 없기 때문이며,

"마음에 길이 모든 분별 끊었다."는 것은 언제나 진리에 부합하기 때문이다.

또한 위의 구절은 觀으로, 아래 구절은 止로 말하였다. 이는 止觀을 모두 운용함이다.

"자성이 없음을 잘 안다."는 것은 분별이 없음을 성취함이며,

"大悲를 일으켰다."는 것은 위의 반연을 끝맺음이다. 반연이 곧 분별이다. 오직 망상에 속하는 데 그칠 뿐이 아니다.

다음 4수 게송은 공덕의 원만을 총상으로 나타냈다. 장애를 여윔과 중생 섭수의 이익이다.

뒤의 1수 게송은 행의 성취와 지위에 들어감이다.

經

時에 善財童子 說此頌已하고 禮夜神足하며 遶無量匝하며 殷勤瞻仰하고 辭退而去하니라

그때, 선재동자가 이 게송을 말하고서, 주야신의 발에 엎드려 절하고 한량없이 돌며, 은근한 마음으로 우러러 사모하면서 하직하고 떠나갔다.

⊙ 論 ⊙

從善財問證得此法其已久如已下로 以理事相表法中에 義隱難知處는 畧釋少分하야 以擧大綱호리니 意明約報境卽法故며 明以所行之法으로 成其報故로 因果相似하야 見報知法이니라

'其王及女 俱作比丘及尼'者는 爲般若波羅密三空寂滅門이 是出生死中智慈之門이니 '當時轉輪王者는 今普賢菩薩이 是'는 此明智也오 '比丘尼者는 我身이 是'는 此明悲也라

'我唯知此甚深自在妙音解脫'者는 此明一音徧法界音으로 復無體無所分別하고 能轉一切法門하야 敎化一切衆生일새 名之甚深自在妙音解脫이라

此是第六現前地니 爲一切智慧 皆現前故라 以般若波羅密로 爲主오 餘九로 爲伴이니 此位는 治三空智慧寂用不自在障하야 令得自在니라

"선재동자가 이 법을 증득한 지 얼마나 오래되었는가를 물었다." 이하부터는 이법계와 사법계로써 법을 나타내는 부분에서 그 뜻이 은미하여 알기 어려운 곳은 간단하게 조금 해석하여 큰 줄거리를 들어 말하고자 한다.

그 뜻은 과보의 경계가 바로 법임을 들어 말하기 때문이며, 행한 바의 법으로써 그 과보를 성취하기 때문에 인과가 서로 같음을 밝혀 과보를 보고서 법을 앎을 나타낸 것이다.

"그 왕과 딸이 모두 비구와 비구니가 되었다."는 것은 반야바라밀의 三空[我空, 法空, 俱空] 적멸문이 바로 생사를 벗어난 가운데 지혜와 자비의 문이다.

"당시의 전륜왕이 바로 지금의 보현보살이다."는 것은 지혜를 밝힌 것이며,

"비구니는 바로 나의 몸이다."는 것은 자비를 밝힌 것이다.

"나는 오직 깊고 자재한 미묘한 음성의 해탈만을 안다."는 것은 하나의 음성이 법계의 두루 가득한 음성으로서 다시는 본체도 없고 분별할 바도 없으며, 일체 법문을 전변하여 일체중생을 교화하기 때문에 '깊고 자재한 미묘한 음성의 해탈'이라 명명함을 밝힌 것이다.

이는 바로 제6 현전지이다. 일체의 지혜가 모두 앞에 나타나기 때문이다. 반야바라밀로 주체를 삼고, 나머지 9가지로 객체를 삼는다. 이 지위는 삼공 지혜의 寂用이 자재하지 못한 장애를 다스려서 자재함을 얻도록 하였다.

입법계품 제39-12 入法界品 第三十九之十二
화엄경소론찬요 제109권 華嚴經疏論纂要 卷第一百之九

화엄경소론찬요 ㉔
華嚴經疏論纂要

2025년 2월 11일 초판 1쇄 발행

편저자 혜거
발행인 박상근(至弘) • 편집인 류지호 • 편집이사 양동민
편집 김재호, 양민호, 김소영, 최호승, 정유리 • 디자인 쿠담디자인
제작 김명환 • 마케팅 김대현, 이선호, 류지수 • 관리 윤정안
콘텐츠국 유권준, 김대우, 김희준
펴낸 곳 불광출판사 (03169) 서울시 종로구 사직로10길 17 인왕빌딩 301호
　　　 대표전화 02) 420-3200 편집부 02) 420-3300 팩시밀리 02) 420-3400
　　　 출판등록 제300-2009-130호(1979. 10. 10.)

ISBN 979-11-7261-127-9 04220
ISBN 978-89-7479-318-0 04220(세트)

값 35,000원

잘못된 책은 구입하신 서점에서 바꾸어 드립니다.
독자의 의견을 기다립니다. www.bulkwang.co.kr
불광출판사는 (주)불광미디어의 단행본 브랜드입니다.